受験・進学・学校

近代日本教育雑誌にみる情報の研究

菅原亮芳 [編]

学文社

『受験と学生』

第1巻第1号（創刊号），1918年（大正7）10月，研究社

（表紙）

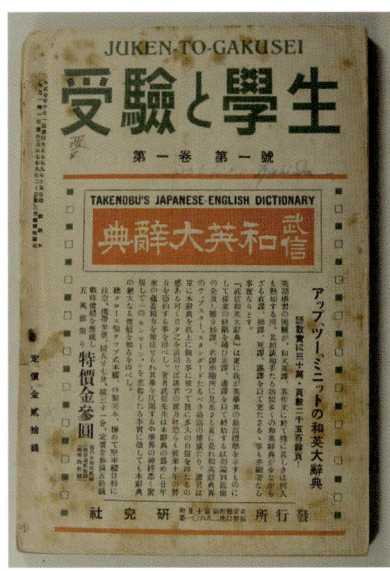

（裏表紙）

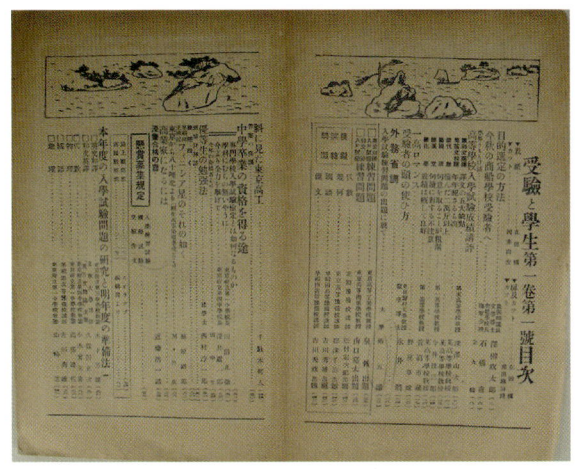

（目次）

『受験界』
第10巻第4号，1929年（昭和4）4月，受験界社

（表紙）

（裏表紙）

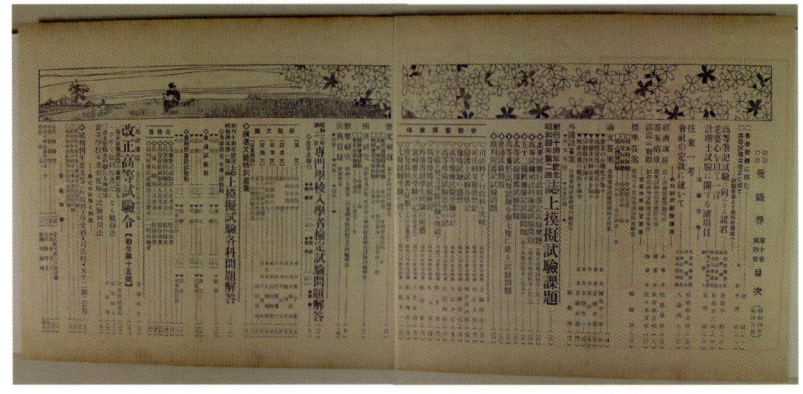
（目次）

『蛍雪時代』

第13巻第2号，1943年（昭和18）5月，旺文社

（表紙）

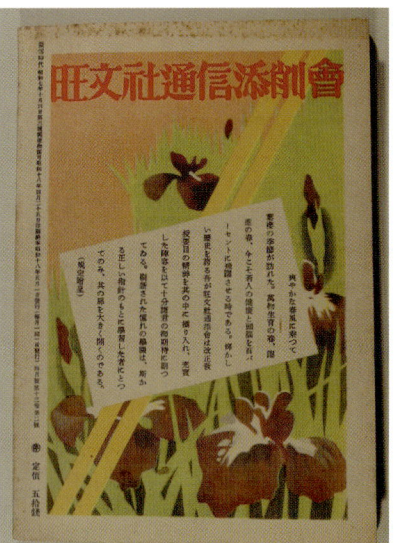
（裏表紙）

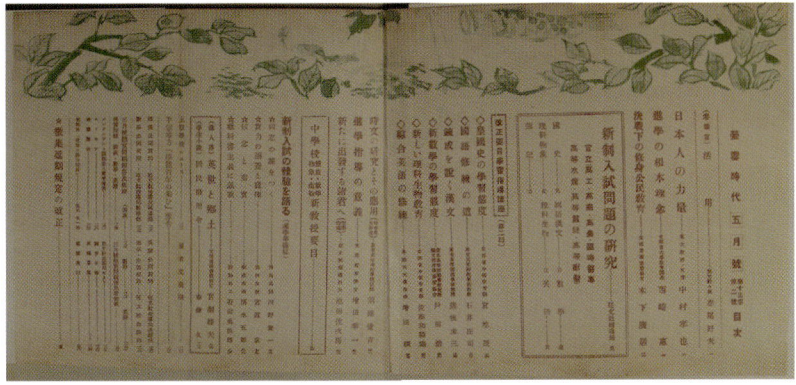
（目次）

進学・資格・受験雑誌（創刊年順）

『受験世界』第1巻第2号
1913年8月，文陣閣

『受験燈』第3巻第2号
1927年2月，敬文館

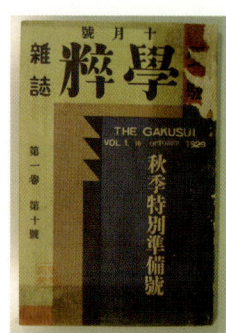

『学粋』第1巻第10号
1929年10月，慶文堂

『受験戦線』第4巻第38号
1935年12月，実力増進会

『旬刊受験研究』第3巻第25
1936年10月，研究週報社

『受験生』第16巻第10号
1939年10月，受験生社

『専検』第17巻第4号
1939年10月，通試社

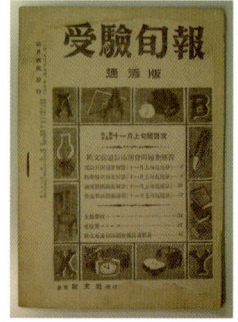

『受験旬報』第10巻31号
1940年11月，欧文社

『文検受験生』第13巻第1号
1941年1月，大明堂書店

さまざまな種類の進学案内書（発行年順）

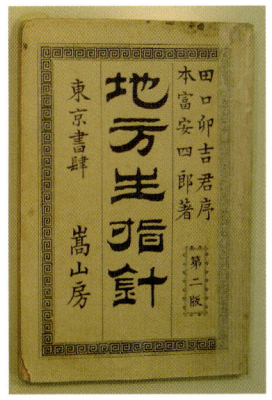

『地方生指針』
1887年6月，
嵩山房

『日用百科全書第三拾七編　就学案内』
1899年4月，
博文館

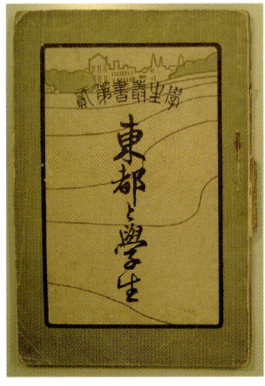

『学生叢書第二　東都と学生』
1901年9月，
新声社

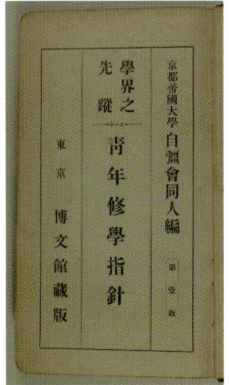

『学界之先蹤青年修学指針』
1906年6月，
博文館

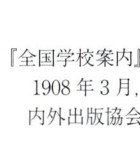

『全国学校案内』
1908年3月，
内外出版協会

『最近東京遊学案内』
1916年5月,
東華堂

河合卯之助
『一読明瞭
京都遊学学校案内』
1922年11月

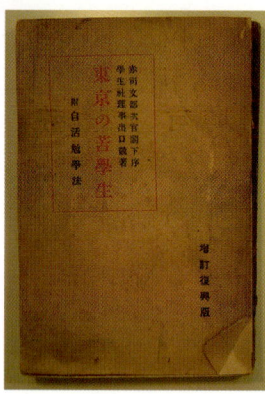
『東京の苦学生 増訂復興版』
1921年10月,
大明堂書店

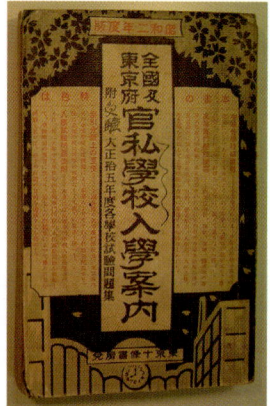
『昭和2年度版
全国及東京府
官私立学校入学案内』
1927年2月,
十篠書房

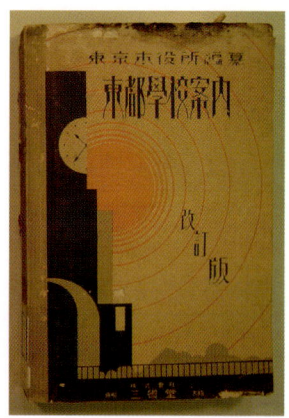
『東都学校案内
改訂版』
1927年10月,
三省堂

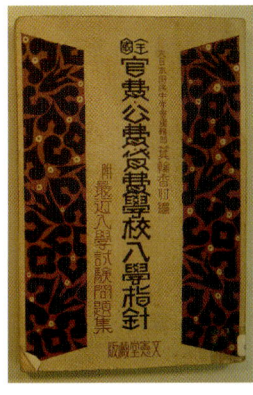

『全国官費・公費・貸費
学校入学指針』
1928年2月,
文憲堂書店

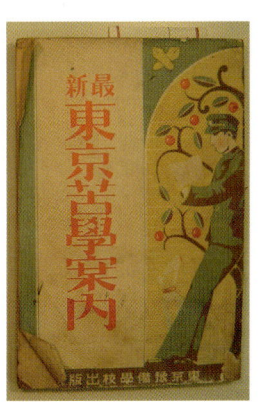

『最新東京苦学案内』
1934年11月,
鶴岡一雄

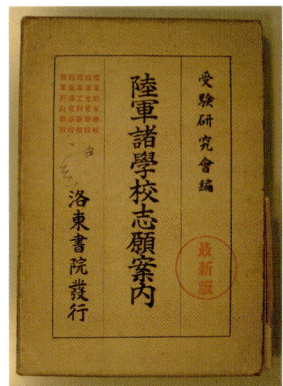

『陸軍諸学校志願案内』
1938年12月,
洛東書院

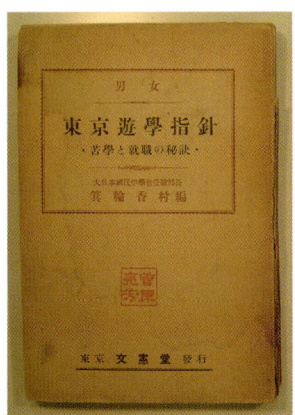

『男女東京遊学指針
苦学と就職の秘訣』
1941年11月,
文憲堂

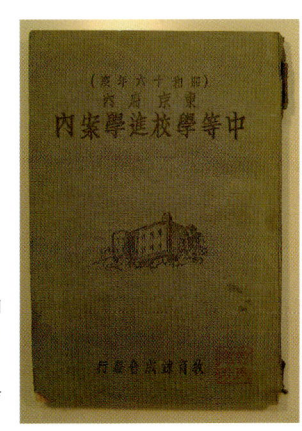

『昭和十六年度東京府内
中等学校進学案内』
1941年5月,
社会錬成会

『昭和十七年版東京女子専門中等各種学校しらべ』
1941年（昭和16）12月，イタリアの友の会

（表紙）　　　　　　　　　　　（裏表紙）

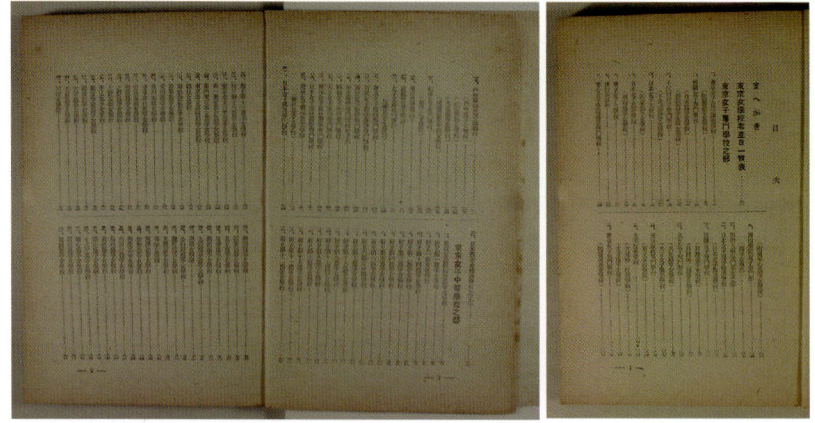

（目次の一部）

はしがき

　本書は，「近代日本における教育情報の歴史的研究」というテーマのもとに進めてきた共同研究の報告である。

　明治維新以後，教育が学校教育と同義語になる状況において「学校において学ぶ」という学びの構造が支配的になった。

　やがて初等レベルから高等レベルにいたるまで進学ルートが急速に整うにつれて，主として選抜試験を伴う「上級学校進学」が多数の若者の関心を集めるようになる。彼らが学校選択・受験・進学という一連の行動に「誘引」されたのはなぜか。

　他方，「受験」も「進学」も，大学，高等学校，専門学校等のいわゆる高等教育機関へのそれに限られるものではなかった。小学校から中学校へ，あるいは各種学校的な実業的学校その他への受験・進学を含むことはいうまでもない。また，学校選択・受験・進学という行動選択の前提には，現在および将来における自らのキャリア選択が密接に存在していたはずである。それに関する情報はどのように提供されたか。さらに，受験や進学の機会を持っていたのはもちろん男子青年だけではなく，女子青年も同様であった。だがいうまでもなく，戦前の女子青年たちは，昭和期に至るまで大学教育機会を大幅に制限されていた。彼女たちにとって受験や進学に関するメッセージはどのように伝えられただろうか。昭和期の文献を視野に入れれば，キャリア選択と関連した「女性にとっての進学情報」の実際と役割が明らかになるのではないか。

　以上のような問いに関しては，これまで，「立身出世」への願望や心性の形成，「学歴志向」への適応に関わる教育社会学的研究が行われてきた。しかしそれらにおいて手薄なのは，歴史的情報の分析である。明治・大正・昭和戦前期にかけて学校や大学についての広報活動はそれなりに行われ，また志願方法や入

試制度，出題問題などに関する情報が綿密大量に伝達・普及された。これらが「誘引」のもう一つの要因だったのであり，いったいどのような情報ないしメッセージがどのようなメディアを通じて若い世代に届けられたのかが，実証的に解明される必要がある。

本共同研究は，以上の課題に，主として雑誌メディア，進学案内書，その他の文献の解明を通して迫ったものである。

ちなみに，受験も進学も，そもそも子どもたちの初等学校への「就学」がなければ起こりえない。本書でまず中学校入試情報に関する雑誌を取り上げたのも，そのことによるものである。しかし，他方，初等学校・中等学校の段階で起こりうるのが，学校不適応や子どもの不就学といった事態であり，これに対応する学問的研究である。これについて専門的児童心理学雑誌はどのように扱ったかを見ておく必要がある。研究メンバーに臨床心理学の専攻者を加えてこの課題も扱ったが，それは受験や進学の基盤そのものに関する考察になるのではないかと考える。

よく知られているように，現在では，インターネットやwebなどの電子情報がある。しかし，戦前の日本では，雑誌メディアを舞台に，進学・受験・学校（大学を含む）やそれに伴う学習行動・キャリア選択行動のあり方がさまざまに報道された。明治・大正・昭和戦前期における支配的メディアとしての雑誌を取り上げる意義は大きいと考えた。本研究が，近代日本人の学びの構造史，学歴主義の歴史など，近代日本の学習・就学・進学・学校構造史研究という新開拓作業に当たるとすれば，大きなよろこびである。

一方，雑誌研究の基礎を広げることも必要である。私どもは『受験旬報』『螢雪時代』を全巻マイクロにとるとともに，今後の研究の発展のためにも，昭和戦前期の進学案内書の悉皆調査を行った。

本書では，受験雑誌『受験と小学生』『受験と学生』『螢雪時代』『受験界』『鉄道青年』の分析に加えて，3百余冊の進学案内書，さらには大学に関する専門情報誌『大学及大学生』の書誌的検討と内容分析を行った。学校・大学の評価・選択の基準はどのように変化し，時代ごとに諸雑誌は，受験や進学をめぐる国

民の意識の変化をどのように吸収・反映し，また拡大させたかなどを精密に検証した。また，専門学校入学者検定試験合格者の受験記の悉皆調査も行い，学習動機や学習過程についても検討を進めた。

　この研究を行うに当たって，多くの支援や協力を得ることができた。「あとがき」でも述べるが，日本教育学会では3度にわたる中間発表を行うことができた。それぞれの会場で出された質疑や討論は大きな励みとなり，力を与えてくれるものだった。また，『受験旬報』『螢雪時代』の全巻マイクロ化ができたのは旺文社のご尽力があってのことであった。厚く感謝する。

　本研究に多くの分野から忌憚ない感想や批評を受けることができれば，私どものよろこびはさらに大きい。

　2008年2月

編者　菅原　亮芳

目　次

口　絵

はしがき ……………………………………………………… 菅原亮芳　　1

研 究 編

序　章 ──────────────────────── 菅原亮芳　　15
  1　研究の視座
  2　なぜ，雑誌メディアに注目するのか
  3　本書の構成と雑誌の選択

第1章　受　験 ─────────────────────── 21

第1節　『受験と小学生』―入試制度改革と口頭試問―
  …………………………………………… 小熊伸一　　22
  はじめに
  1　雑誌『受験と小学生』の創刊とその内容
   （1）『受験と小学生』の創刊
   （2）『受験と小学生』の記事内容
  2　各教科に関する口頭試問の情報
   （1）修　身
   （2）国　語
   （3）算　術
   （4）国　史
   （5）地　理
   （6）理　科
  おわりに

第2節　『受験と学生』― 1918年～30年の高等教育受験情報―
  ………………………………………… 船寄俊雄・菅原亮芳　　47
  はじめに

　　　　1　小酒井五一郎と研究社
　　　　2　誌面構成とその変化
　　　　3　特集号
　　　　4　紹介された受験・進学・学校情報
　　　　　(1)　高等教育制度史と選抜，入試，進学との関連問題
　　　　　(2)　高等学校選択情報
　　　おわりに

　第3節　『螢雪時代』―戦中戦後の高等教育志願者にもたらされた教育情報―
　　　　………………………………………………………… 寺﨑昌男・浅沼薫奈　80
　　　はじめに
　　　　1　旺文社（欧文社）と赤尾好夫
　　　　2　赤尾好夫の言説の特徴と戦時下の変化
　　　　3　誌面構成とその変化
　　　　4　紹介された受験・進学・学校情報
　　　　5　教育情報の特徴とその変化
　　　おわりに

　第4節　『受験界』―「専検」合格体験記の整理を手がかりに―
　　　　………………………………………………………………… 菅原亮芳　107
　　　はじめに
　　　　1　「専検」試験制度史の展望
　　　　2　『受験界』の書誌的検討
　　　　3　『受験界』が伝える「専検」に関する情報
　　　　　(1)　「専検」制度について
　　　　　(2)　「専検」受験へのアドバイス
　　　　4　『受験界』と「専検」合格者たち
　　　　　(1)　全体的傾向
　　　　　(2)　受験者のキャリア
　　　　　(3)　講義録，夜学などの利用状況
　　　　　(4)　「専検」以外に合格した検定試験
　　　　　(5)　受験の動機
　　　　　(6)　どのように学習していたか
　　　　　(7)　小　括
　　　おわりに

第5節 『鉄道青年』―国鉄若年労働者・志願者にもたらされた教育情報―
　　　　　.. 三上敦史　139
　　　はじめに――「国鉄」について
　　　1　鉄道青年会と『鉄道青年』
　　　2　修養雑誌としての『鉄道青年』
　　　3　受験情報欄の拡大
　　　4　受験雑誌としての『鉄道青年』
　　　5　講義録としての『鉄道青年』
　　　6　戦時体制の深化による誌面の変化
　　　おわりに

第2章　進　学 ――――――――――――――――― 179

第1節　明治期における「学び」と進学案内書
　　　　　.. 菅原亮芳　180
　　　はじめに
　　　1　明治期刊行進学案内書の概観
　　　　（1）進学案内書利用者の回想
　　　　（2）種類及び発刊状況とその変化
　　　　（3）内容の概観
　　　　（4）著者と出版社と発行部数
　　　2　学校・学問選択に関する情報の分析
　　　　（1）上京にあたっての注意――奨励から苦言へ
　　　　（2）学校の選択に関する情報
　　　　（3）受験情報
　　　　（4）学問の選択に関する情報
　　　3　小括――青年たちにとって進学情報とはなんであったか
　　　おわりに――進学案内書の史料的性格

第2節　女子進学案内書にみられる進学・学校選択・キャリア情報
　　　　　.. 樗松かほる・野坂尊子　214
　　　はじめに
　　　1　概　観
　　　　（1）刊行状況とその推移
　　　　（2）著者・編者と書名
　　　　（3）発刊の趣旨
　　　　（4）構成の変化とその特徴

2　受験・学校・キャリア情報の内容
　　　(1)　受験情報と記述の特色
　　　(2)　学校情報
　　　(3)　キャリア情報
　　おわりに

第3章　学校・大学 ───────────────────── 265

　第1節　『児童研究』─学校の学びと教育病理情報─
　　　　　　……………………………………………… 下山寿子　266
　　はじめに
　　1　『児童研究』誕生の経緯
　　　(1)　『児童研究』創刊前史
　　　(2)　高島平三郎という人物
　　　(3)　『児童研究』の創刊
　　　(4)　日本児童研究会の成立と日本児童学会
　　　(5)　休刊から現在
　　2　編集主体・発行者・発行所と想定される読者層・欄構成について
　　　(1)　編集主体・発行者・発行所
　　　(2)　発行部数と想定された読者層
　　　(3)　欄構成の特徴と変化
　　3　「教育病理学」欄にあらわれた教育病理情報
　　　(1)　「教育病理学」欄の登場とその変遷
　　　(2)　タイトルからみた「教育病理学」欄の記事傾向
　　　(3)　記事の分類
　　　(4)　「教育病理学」欄の時期区分
　　　(5)　「精神病」「反社会的問題行動」「成績不良」に関する記事内容の特徴
　　　　　とその変化
　　　　①　「精神病」
　　　　②　「反社会的問題行動」
　　　　③　「成績不良」
　　おわりに

　第2節　『大学及大学生』─大学の本質とあり方に関する専門情報誌─
　　　　　　……………………………………………… 浅沼薫奈　306
　　はじめに
　　1　橘静二のライフコースと『大学及大学生』の刊行
　　2　欄構成の特徴

         3　橘静二の大学論
         4　『大学及大学生』にあらわれた大学論
             (1)　大学における教育・教授方法論
             (2)　女子高等教育論
             (3)　学制改革論
         おわりに

結　章 ─────────────────── 三上敦史・菅原亮芳　333
         1　要約とコメント
             (1)　受験
             (2)　進学
             (3)　学校・大学
         2　本書が明らかにしたこと

資料編

1　戦前日本における受験雑誌一覧 ……………………… 小熊伸一　344
2　近代日本における進学案内書の文献目録（未定稿，1883年〜1946年）
                    ……………………………… 菅原亮芳　346

あとがき ……………………………………………………… 下山寿子　369

索引 …………………………………………………………… 三上敦史　377
    人名索引
    事項・文献索引

編者・著者紹介

図表一覧

第 1 章
  第 1 節
    図 1.1.1　『受験生と小学生』1934 年 3 月号（第 2 巻第 3 号）の構成
    図 1.1.2　『受験生と小学生』1935 年 11 月号（第 3 巻第 12 号）の構成
  第 2 節
    表 1.2.1　小酒井五一郎略年譜
    表 1.2.2　『受験と学生』創刊号の構成
    表 1.2.3　1923（大正 12）年 3 月号（第 6 巻第 3 号）の構成
    表 1.2.4　1929（昭和 4）年 9 月号（第 12 巻第 10 号）の構成
    表 1.2.5　1930（昭和 5）年 7 月号（第 13 巻第 8 号）の構成
    表 1.2.6　特集号一覧（1920 年から 1932 年）
  第 3 節
    表 1.3.1　赤尾好夫略年譜
    表 1.3.2　1941（昭和 16）年 10 月号（第 11 巻第 25 号，改題第 1 号）の構成
    表 1.3.3　1942（昭和 17）年 12 月号（第 12 巻第 9 号）の構成
    表 1.3.4　1944（昭和 19）年 9 月号（第 14 巻第 6 号）の構成
    表 1.3.5　1945（昭和 20）年 11 月号（第 15 巻第 8 号）の構成
    表 1.3.6　1951（昭和 26）年 4 月号（第 21 巻第 1 号）の構成
    表 1.3.7　1949（昭和 24）年 9 月号（第 19 巻第 6 号）の「別冊付録」
  第 4 節
    表 1.4.1　1928（昭和 3）年第 1 回と 1929（昭和 4）年第 1 回「専検」の科目合格者一覧
    表 1.4.2　受験者のキャリアと受験歴
    表 1.4.3　講義録・夜学などの利用状況一覧
    表 1.4.4　「専検」以外に合格した試験一覧
    表 1.4.5　受験の動機
    表 1.4.6　受験者たちが合格した教科書・講義録・参考書などベスト 3
  第 5 節
    表 1.5.1　日本国有鉄道発足までの国鉄組織名称の変遷
    表 1.5.2　『鉄道青年』第 1 巻第 1 号（1909 年 6 月 1 日発行）の構成
    表 1.5.3　『鉄道青年』第 2 巻第 3 号（1910 年 3 月 1 日発行）の構成
    表 1.5.4　「試験問題及解答」の掲載問題（第 12 年第 3 号〜第 7 号）
    表 1.5.5　『鉄道青年』第 12 巻第 8 号（1920 年 8 月 1 日発行）の構成
    表 1.5.6　『鉄道青年』が掲載した受験体験記（1920 年から 22 年〈第 14 年第 6 号〉まで）
    表 1.5.7　1922（大正 11）年から発足した鉄道教育制度
    表 1.5.8　『鉄道青年』第 18 巻第 7 号（1926 年 7 月 1 日発行）の構成
    表 1.5.9　「試験問題及解答」の掲載問題（第 18 年第 3 号〜第 7 号）

表 1.5.10　『鉄道青年』第 21 巻第 3 号（1929 年 3 月 1 日発行）の構成
　　表 1.5.11　1920 年代以降に発行されたことが確認できる鉄道受験雑誌
　　表 1.5.12　『鉄道青年』第 35 巻第 6 号（1943 年 6 月 1 日発行）の構成

第 2 章
　第 1 節
　　図 2.1.1　明治期刊行進学案内書の種類と出版点数
　　図 2.1.2　明治期刊行進学案内書の発刊状況
　　図 2.1.3　文学・教育に関する学校系統
　　図 2.1.4　法律・政治・経済に関する学校系統
　第 2 節
　　表 2.2.1　「男女」および「女子」進学案内書リスト
　　図 2.2.1　男子・女子進学案内書刊行数の変化
　　図 2.2.2　案内書の情報構成
　　表 2.2.2　進学案内書比較

第 3 章
　第 1 節
　　図 3.1.1　「児童研究用説話（尋常小学校第一学年用）」「予備問答例」「説話」「注意」「問題」「答記載雛形」
　　表 3.1.1　日本児童研究会部会の設立状況
　　表 3.1.2　編集者・発行者などの一覧
　　表 3.1.3　発行所一覧
　　表 3.1.4　価格一覧
　　図 3.1.2　会員数の推移
　　表 3.1.5　道府県別の会員数
　　表 3.1.6　会員の所属とその数
　　表 3.1.7　誌面欄件数
　　表 3.1.8　「教育病理学」欄所載の記事の分類
　第 2 節
　　表 3.2.1　橘静二略年譜
　　表 3.2.2　総頁数中「大学論叢」欄の占める頁数
　　表 3.2.3　創刊第 1 号目次
　　表 3.2.4　「時の問題」欄のテーマ一覧
　　表 3.2.5　各号に掲載された「口絵」一覧
　　表 3.2.6　「大学論叢」欄に掲載された大学教育に関する論稿
　　表 3.2.7　「大学論叢」欄に掲載された大学制度論や大学の形態に関する論稿

研究編

序　章

菅原　亮芳

1　研究の視座

　明治維新以降，日本の近代教育は圧倒的な学校システム中心の形をとって形成され，近代教育の普及は急激な勢いで進み，教育は学校教育と同義語となっている。

　「学校において学ぶ」という学びの構造が支配的になったのはなぜか。いかなる社会的・心理的メカニズムが「学ぶ者」の側に生まれ，そして形成されたのか，それをもたらした情報とは何であり，その情報は，どのようなメディアを通じ，またさらに学校システムとどのような関わりをもって，「学ぶ者」の側に届けられたのか。これらは，近代日本の学習・就学，進学，学校の基本的な構造を明らかにするためにも，また近代日本の教育史を再構築するためにも不可欠なテーマになるものと考えられる。言い換えれば，学校システムの企画・構築に関わる政治過程の分析を重視する従来の伝統的教育史研究を超えて，子どもの側・青年の側の学びへの「志」がいかに喚起され，どのような方向性をもってキャナライズされたかを分析することが求められるのであり，本研究が目指すところもまたそこにある。

　このような問題関心のもとに，私どもは，2003年度以来，教育情報史研究会を立ち上げ，文部科学省の科学研究費補助金を受けて「近代日本における教育情報の歴史的研究」というテーマのもと，明治中期から昭和戦前期を対象とし，雑誌メディアや進学案内書のような半ば定期的に刊行されたジャーナルがどのような教育情報を発信したかについて研究を続けてきた。なかでも，主に「受験」，「進学」，「学校（大学を含む）」の選択に関わる情報がいかに発信され，どのように読者に届けられ，いかに定着したか，あるいはしなかったかを歴史

的に検証することを目指した。

　周知のように，戦前の日本では主に雑誌メディアを舞台として「進学」，「受験」，「学校（大学を含む）」及びそれに伴う学習行動・キャリア選択行動のあり方がさまざまに報道されてきた。その際，どのような情報が提示されたか。メディアごとの情報選択基準は何であったか，またどう変化したか。そしてそれらの情報は，子どもや青年男女の「学び」（学習の内容や様式，進学志向）をどのように方向づけたのか。こうした課題を実証的に明らかにしようと企画したのが本共同研究である。

　本書は，教育史プロパーを大部分のメンバーとし，教育心理学の研究者も加え，以上のようなテーマのもとに行われた共同研究の報告である。

2　なぜ，雑誌メディアに注目するのか

　なぜ，雑誌メディアがもたらした情報に注目するか。

　近代日本の学校システムが制度的な整備と完成を遂げたのは1900年前後，明治30年代初頭の時期とされる。明治という時代に着目すれば，明治後期，すなわち20世紀に入ってまもなく，初等義務教育の就学率は90%を超える勢いで高まった。市民社会未成熟のもとでの近代教育制度の性急なシステム化は，初等教育の拡大・定着の強行的な実施から始まった。以後，初等教育優先の政策と義務教育制度の段階的整備がいかに実施されたかはここに詳述するまでもない。

　19世紀末になると，整備された小学校制度を基盤として，中等・高等レベルまで一貫して機能する学校システムが成立することになる。

　中等教育の制度的整備は20世紀初頭まで待たなければならなかったものの，高等教育の制度的整備は，政府主導の下に，より早く進められた。1886（明治19）年第一次伊藤内閣の下で帝国大学令が出され，それ以前のような多様な学校形態や多元的な教育内容をもつ高等教育の学習世界は，帝国大学を鋭い頂点とするピラミッド型の学校体系下の学校分布へと変質した。1900年前後には

帝国大学を頂点としてすぐ下に予備教育機関である高等中学校（後の旧制高校）を配する学校システムが制度的な整備と完成を遂げた。「ピラミッド型の高等教育構造と結びついて法学・医学あるいは工業技術などに関するプロフェッショナルな資格制度が設立した」(寺﨑昌男)のもこの時期であった。

中等教育の法制度の整備は，1899年の「改正中学校令」「実業学校令」「高等女学校令」の制定によってなされた。大学・専門教育では，1903年の「専門学校令」の制定へと続き，これより早く京都にも帝国大学が増設された。周知の法制定を通じて，一方で戦前日本の基本的な学校体系が成立するとともに中等・高等レベルの教育システムがこの時期にすべて整ったのである。この時期を起点として，さらにこのシステムは安定化をみせることになる。

このような戦前日本の学校体系が整備され完成されたことは，同時に学ぶ者の側から見れば，進学体系の整備と完成がなされたことを意味する。

小学校を卒業した者が上級学校進学を目指す場合，一体どのような競争を余儀なくされ，選抜されるか。府県の設立した中学校に進むべきなのか，それとも上京進学して，東京に所在する中学校に入学し学んだ方がよいのか。旧制高校への道はどのような中学校で学んだ方が得策なのか。官立学校と私立学校のどちらに進学することが有利なのか。中学校を経由できなかった者にはどのような道が開かれているのかなど，進路選択と関連してどのような情報がいかなるメディアを通して青年たちの前に届けられたのか。学校序列が存在していたとしても，受験競争が激化していても，それらに関する情報はどういうルートを通じて国民に伝えられたか。序列化された学校体系が高等教育における官民格差をもたらし，学歴主義が成立し，特定校への進学者の集中と卒業生のキャリアパターンが固定化されたとしても，その事実はいかに広報されたのか。

進学・学校情報としての教育情報を提供した最大最強のメディアすなわち雑誌のほかに「進学案内書」，青少年向け雑誌などもまた「上級学校」に関する教育情報の拡大・普及に貢献していったとみられるのである。本研究が分析の主たる対象とするのは，これら広義の「教育ジャーナリズム」であり，なかでもいわゆる教育雑誌がその中心となる。

その際，特に雑誌研究について断っておけば，まず各雑誌の書誌的研究は不可欠である。しかし，いわゆる「書誌研究」の範囲にとどまらない作業が必要である。重要なのはそこに掲載された教育情報の構造であり，その質の検討である。それを通じて，学校・大学の評価・選択の基準はどのように設定されたか，時代ごとにどのような特質をもっていたのか，入試選抜試験制度の変化とともに，受験情報や学力の評価方法の変化があったかなどについても，研究を深めていく必要がある。

ところで，教育学研究分野，なかでも日本教育史研究分野における教育ジャーナリズム研究の蓄積は少なくない。例えば，戦後大いに進められてきた民間教育運動や木戸若雄が先鞭をつけた雑誌研究[1]，教育世論形成史研究[2]，教員史研究[3]，教育政策史研究[4]，最近ではジェンダー研究[5]などがあり，それらは資料としての雑誌を抜きにして行いえないものである[6]。

しかし，これらの研究は，第1に「雑誌を利用した研究」であるだけに，雑誌そのものの「顔」が見えないという憾みがある。また，雑誌そのものも，ともすれば断片的・恣意的に使用されている。第2に，私どもの関心からすれば肝心な，「学び」の質や中身が正面から分析することになっていないように思われる。第3に，初等・中等・高等の各レベルで「勅令」を通じて正規につくられた正統的な「学校」教育の「成功者」に光が当てられる結果となり，そのような「学び」の場での非成功者や，あるいはそうした学校での学習を断念していった人々に対してどのようなメッセージが届けられたかを分析する視点が弱いように思われる。本共同研究で目指したのは，こうした限界を克服して，限定した種類のジャーナリズムを選び，モノグラフィックに研究を深めたいということであった。

3　本書の構成と雑誌の選択

本書は，第1部「研究編」と第2部「資料編」からなる。

本論は第1部「研究編」である。第1章「受験」，第2章「進学」，第3章「学

校・大学」に分けた。

　第1章「受験」，第2章「進学」で取り上げた以上の文献は，日本教育史研究上今回はじめて検討されるものである。

　「受験」編で取り上げるのは，中等学校受験及び高等教育機関への受験情報を報じた3種の雑誌であり，ついで専門学校受験資格試験の受験情報と鉄道教習所受験者のための2誌である。中等学校の受験雑誌としては『受験と小学生』，高等教育機関の受験に関しては『受験と学生』(研究社)及び『螢雪時代』(旺文社)を紹介する。

　『受験と小学生』は，全巻の所蔵状況も定かでない小雑誌ではあるが，このテーマに関するほとんど唯一の刊行物ではなかったかと思われる。昭和戦前期に社会的関心を集めた「口頭試問」の伝えられ方を中心に考察してみた。『受験と学生』と『螢雪時代』とは，最も著名な全国版の受験雑誌であり，前者については全巻を対象にし，後者については戦中・戦後の10年余をそれぞれ対象として分析した。

　専門学校入学者検定試験制度（以下「専検」と呼ぶ）については，唯一の受験雑誌であった『受験界』の全巻を対象とした。『鉄道青年』は，日本国有鉄道従事者養成に特化された鉄道教習所への受験誌という意味で特別の雑誌であるが，他の職域について類例を見ない独自の雑誌であり，やはり全巻を取り上げた。

　「進学」の章で取り上げるのは，「進学案内書」と総称される文献群である。約3百余種が確認されるこの文献については，明治期の刊行開始から戦中期までの全冊を展望するとともに，その内容の変遷と特質を考察した。なお特に，女性への進学案内書については，それを取り出して，男性向けの案内書と比較しながら考察を加えた。

　第3章「学校・大学」では，独特の2誌を取り上げる。

　『児童研究』は，明治から現在までも継続して刊行されている著名な専門誌であるが，本研究では特に「教育病理」に焦点を当てて掲載情報を分析した。『大学及大学生』は，大正期の半ばにきわめて短期間刊行された商業誌ではあ

るが，編集者の人物的特色が興味深いだけでなく，大学の本質に関する徹底的な追究と海外大学事情の紹介に努めた点で異色の雑誌であり，検討に値すると考えた。この「学校・大学」の章におさめた2誌は，もちろん狭義の「受験雑誌」ではなく，学校案内書でもない。しかし，『児童研究』はいわゆる学校不適応の観点から多くの情報を含んでおり，『大学及大学生』は，戦前の学校体系のもとでは別世界のアカデミーであった「大学」そのものに関する情報を掲載しているメディアとして，特に検討してみたのである。

　研究編の最後に，結章を付し，「資料編」には「戦前日本における受験雑誌一覧」ならびに「近代日本における進学案内書の文献目録」を掲載した。

　「はしがき」で触れたように，本研究は9名の研究者による4年間の共同研究であるが，その間多数の受験雑誌を入手し，また進学案内書を収集することができた。また，日本教育学会では，2004年から2006年までの3回にわたって中間発表を行い，多数の会員諸氏から有益な質問や助言を受けることができた。さらに，旺文社資料室の許可を得て，『螢雪時代』の前身誌『受験旬報』の全巻ならびに『螢雪時代』の1950年までの刊行分についてはすべてマイクロ化し，研究材料とすることができた。

注
(1) 民間教育史料研究会『教育の世紀社の総合的研究』一光社，1984年。木戸若雄『明治の教育ジャーナリズム』近代日本社，1962年など。
(2) 本山幸彦『明治教育世論の研究 上・下』未来社，1972年など。
(3) 石戸谷哲夫『日本教育史研究』講談社，1967年など。
(4) 海後宗臣編『井上毅の教育改革』東京大学出版会，1969年。梶山雅史編著『近代日本教育会史研究』学術出版会，2007年など。
(5) 今田絵里香『「少女」の社会史』勁草書房，2007年など。
(6) 菅原亮芳「近代日本教育ジャーナリズム史研究関係文献一覧（稿）」『高崎商科大学紀要』第22号，2007年を参照されたい。

第1章 受 験

第1節 『受験と小学生』
―― 入試制度改革と口頭試問 ――

小 熊 伸 一

はじめに

　本節では，1927（昭和2）年の中等学校入学試験制度改革で重視された口頭試問に注目し，当時，いかなる受験雑誌が，子どもたちにどのような口頭試問に関する受験情報を提供しようとしていたのか，情報の伝えられ方について考察をしてみたい。

　周知のように，1920年代に入ると，中等学校への進学希望者が急増し，特に都市部では，多くの小学校が過度な受験準備教育を行うようになり，社会的な問題となっていた[1]。

　1927（昭和2）年11月22日，文部省は，「中学校令施行規則」の改正を行い，「入学試験」を「入学考査」に改め，あるいは「試験ニ拠リテ入学者ヲ選抜スヘシ」という規定における「試験」を，「検定」に改めるなどの改正を加えた。また，同時に，具体的な入学試験制度の指針として「中等学校試験制度改正ニ対スル入学者選抜方法ニ関スル準則」を発表した。これは，文部省が，中等学校の入試において筆記試験を廃止し，「小学校長の報告」（内申書）と「人物考査」（面接）と「身体検査」の三つを資料として入学者を選抜しようとしたものであった。なお，「人物考査」の内容として，「人物考査ニ就テハ主トシテ平易ナル口頭試問ノ方法ヲ用ヒ」るものとされ，口頭試問によって行われるべきことが指示された[2]。

翌28（昭和3）年3月から、この新しい入学考査は実施されたが、その後、内申書の記載不正が問題となり、不信感が広まったため、1930（昭和5）年には、再び筆記試験が復活し、口頭試問は継続して行われ、受験教育の問題は依然として解決に至らなかった。

また、1937（昭和12）年には、教学刷新を背景にして、大阪府知事時代に国史一科目制を採用して話題になった安井英二が文部大臣に就任すると、翌年1月25日、伊東延吉文部次官の名によって入試一科目主義の方針が指示された[3]。

しかし、この一科目主義も、翌38（昭和13）年3月の試験には、ほとんど励行されず、一科目採用県は、大阪府（国史）、福井県（国語）、京都府（綴方）、和歌山県（任意の科目）、広島県（国語）の6府県にとどまり、東京をはじめ、大多数の府県は、読方、算術の2科目を採用した。

このような状況の中で、1928（昭和3）年以降、多くの中等学校で実施されていた重要な考査方法の一つが、口頭試問であった。

1939（昭和14）年9月28日、文部省は、厳しい世論の声を受けて、「中等学校入学者選抜ニ関スル件」（通牒）を発し、再び中等学校入学者選抜方法の改正を行い、全国一律に学科試験（教科に基づくかつ筆記による試問）を撤廃し、「入学者ノ選抜ハ小学校長ノ報告、中等学校ニ於ケル人物考査身体検査ノ三者綜合判定ニ依ル」ものとした。

本節では、1927（昭和2）年から39（昭和14）年までを対象とし、当時の中等学校の入学筆記試験の廃止に伴い、登場した口頭試問の情報の特徴と変化について分析することにする。

1 雑誌『受験と小学生』の創刊とその内容

（1）『受験と小学生』の創刊

最初に、昭和戦前期、中等学校入試試験制度の改革が進行する中で、当時、創刊された受験情報誌の中から、雑誌『受験と小学生』を取り上げ、同誌の創

刊意図ならびに誌面の特徴と変化について分析をしてみたい。

　管見に入る限り，中等学校の受験情報誌は，『入学の鍵　小学生の友』(受験研究社，1911年)や『尋常五六年の友　受験と学習』(文献書院，1923年)など，すでに大正期から創刊されていた受験雑誌も見られるが，受験競争が次第に激化し，社会問題化しはじめた1927(昭和2)年の入試制度改革以降，創刊されたのは，『受験と小学生』(現代教育社，1933年)が唯一の雑誌ではないかと思われる。

　しかし，現在のところ，残念ながら，『受験と小学生』がいつ創刊されたのか定かではない。国内最大の蔵書量を誇る国立国会図書館をはじめ，全国の各大学や公共図書館などの雑誌の所蔵調査をしてみたが，発見できなかった。当時発行されていた『出版年鑑』などにも記載がない。手元には，古書店を通じて入手できた『受験と小学生』2冊(第2巻第3号，第3巻第12号)があるのみである。こうした史料的制約はあるが，中等学校入学試験が社会問題化されていた時期に，小学生が読んでいた貴重な受験情報誌と思われ，しかも従来の先行研究の中ではまったく知られてこなかった雑誌であるため，ここで取り上げることとしたい。

　『受験と小学生』は，1933(昭和8)年9月25日第三種郵便物認可を受けているところから推定して，同年，現代教育社から創刊された受験情報誌であったと思われる。少なくとも，現物が残っている1935(昭和10)年12月1日発行の第3巻第12号までは継続していたが，その後，いつまで続いて発行されたのか定かではない。発行部数も詳らかでない。

　発行元の現代教育社は，当時，東京市神田区神保町にあり，『受験準備・読方書取の学習』をはじめ，『受験準備・六大学習書』や『新しい各科口頭試問の模範問題と答へ方』など，多数の受験参考書や教育書を刊行していた書肆であった。

　また，同誌の編集は，初等教育実際研究会が担当し，同研究会には，責任執筆者として，東京高等師範学校訓導の田中豊太郎をはじめ，橋本為次，武井勇喜，東京女子高等師範学校訓導の斉藤英夫，飛松正など23名の訓導が名を連ねる一方，小西重直をはじめ，野田義夫，淡路円次郎，入沢宗寿，長田新など，

多くの教育学や心理学の研究者が顧問と賛助員になるなど，錚々たる布陣を敷いていた。

さらに，同誌の主幹には，現代教育社の社長・松枝良作自らが当たり，編集部には，井野川潔と藤野信二の両名が務めていた。井野川潔といえば，後世，教育運動史家として著名な人物であるが，井野川が，『受験と小学生』の編集部にいたことは，井野川潔関係の著作の中では，ほとんど触れられていない[4]。

以上の編集体制のもと，同誌は，「中学校・高等女学校・商業学校・工業学校等へ入学しようとする生徒のため」に創刊され，以下の四つの編集方針を示した。

　一，受験する生徒に至つて最も大切な心得は，無駄なく勉強することです。自分の出来不出来も考へず，滅茶苦茶に勉強したからとて，決して実力がつくものではありません。何よりも大切なことは，学問の基礎になる知識をしっかりと覚えることです。此の雑誌は，毎月各教科目の中で，最も試験に大切な問題をつかまへ，その知識の土台をつけることに，苦心して書いてをりますから，受験雑誌といふよりも，各科受験教科書とてもいふべき良書です。

　一，学問は自ら学ぶことです。進んで勉強しなかったら，どんなに親切に，先生方や御両親が教へて下つても結局無駄です。此の本は先づその土台になる知識をわかりよく教へ，それから大切な試験問題を選んで，応用練習が出来るやうに書いてありますから，どこまでも自分で勉強するのです。

　一，此の雑誌は，教科書の順に従はずに，教科書の材料をまとめてをります。だからまだ六年生のおけいこが，すんでをらぬ所は，教科書や参考書によつて，実力試しに勉強して下さい。

　一，模擬試験は皆さんの力試しで，最も大切な勉強法ですから，必ず答を出して下さい。

26　第1章 受験

まさに,『受験と小学生』は,「子供の中等学校実業学校受験を本位とした勉強雑誌」として編集されていたことがわかる。

(2)『受験と小学生』の記事内容

現存する1934（昭和9）年3月1日付で発行された第2巻第3号は,「全国男女中等学校入学準備」と題して「きっと出る口頭試問号」という特集を組み,総頁数240頁の冊子である。

巻頭言には,『受験と小学生』の主幹であった松枝良作が「油断ならぬ口頭試問」を執筆し,「中等学校の入学試験の仕方は,地方地方によって,いくらかづつ異つてをります。或る府県では筆記試験に重きをおき,或る所では出来るだけ口頭試問によって,修身,読方,算術,国史,地理,理科等の学力を調べその外に,人物（性向,品位,言語,動作）等までも調べるといふ所もあります」と語り,各府県で実施されている入学考査が,筆記試験に重きをおいた考査もあれば,口頭試問に重きを置き,各教科の学力と人物を調べようとしていた考査もあったことがわかる。

続いて,乾千義が「入学試験として大切な試問の心得」について触れ,これまでの入学試験は,読方,算術,国史,地理,理科,綴方（作文）という六つ

図1.1.1　『受験生と小学生』1934年3月号（第2巻第3号）の構成

の学科の筆答試験が行われてきたが、その中でも、特に読方と算術の成績を重く見てきた傾向があり、それでは「国民としての教養上大変な片手落である」という理由から、今年から「国民精神を養ふ上から最も大切である」修身と国史の考査に重きを置くことになったという新しい受験情報も伝えている。また、「準備の教育から受験生達を救はうとして在学中の五六年の学業成績、性格、趣味、家庭の状況等を書いた」内申書に重きを置くとともに、試験問題は全部小学校で学習した範囲から出し、成績考査の方法も筆記試験にはせず、口答試問の形になったことも知らせている。

さらに、立花茂が、1934（昭和9）年3月から実施される東京府の「新しく改正された入学考査諮問の仕方」を伝え、草野重利が「口頭試問と人物考査」を執筆し、口頭試問が、受験生の各教科の学力を見るばかりでなく、受験生の言語、動作、性質などを観察して学校長から出された内申書に書かれてあることと比べて人物を見抜くことを具体的に示している。

続いて、藤村喜世二が、「重くみられる人物考査の問題」と題して、人物試問の受け方とその勉強法について、本人、身体、趣味、性行、家族に関する試問に分けて紹介し、中村勇が、「常識考査試問」と題して、皇室、礼儀作法、一般常識、裁縫に関する試問に分けて、試問とその勉強法を伝えている。

次に、同誌は、こうした新しい入試方法の基準に合わせて「新入試方針基準・各科受験学習講座」欄を設け、各科の口頭試問の受け方と勉強法を展開している。

最初に、谷次郎が「新しい試問に必ず出る問題」として「教育勅語の解釈」ならびに「修身に出る人物」を取り上げている。なかでも、「教育勅語に関する試問の受け方と勉強法」に触れ、「修身科の考査を重く見る」ようになったこと、教育勅語から大切な試問の問題が頻出であることを指摘し、「教育ニ関スル勅語」の原文と逐語解釈を掲載するとともに、実際に出題された試問と口答・筆答を対比させて紹介している。また、「修身で学んだ人物の覚え方」「修身で学んだ格言」「修身で学んだ御製と和歌」についても触れ、実際出題された試問と口答・筆答を対比させている。この対比をさせて問題と解答を掲載する方法は、他の教科の記事にも使用され、受験生が回答しやすいように配慮し

て編集しようとしていたものと思われる。

　続いて，各教科の口頭試問の受験情報を掲載しており，『受験と小学生』の主幹であった松枝良作自身が「修身科の試問の受方と勉強法」を取り上げている。なかでも，「五年の修身から必ず出る問題」「六年の修身から必ず出る問題」「全国中等学校修身の口頭試問」に分けて，試問と口答・筆答を対比させて問題を収録している。

　国語に関しては，熊谷甫が，「口頭試問に出る読方の勉強」を紹介し，「文章解釈の問題」をはじめ，「語句の問題」「読み方の試問」「書取の試問」「短文を作る試問」「反対の意味の語句の試問」「熟語の試問」という7種類の試問とその解答を掲載し，文章読解力や語彙力の力を見ようとしていたことがわかる。

　算術に関しては，中島昇が「必ず出る算術の口頭試問」を執筆し，「算術に用ひられる言葉の問題」をはじめ，「金高」「郵便」「暦や時間」「長さ」「面積」「体積」「目方」「租税利息」などに関する問題の試問と答案を取り上げ，藤野信二が「算術公式問題の口頭試問」を執筆し，5年生から学ぶ算術公式学習の試問と解答を紹介するなど，算術の最新の動向も押さえている。

　修身とともに重要視された国史に関しては，原島好文が「きっと出る国史の口頭試問」を担当し，特に国史を研究しておられる教師の予想問題や試験場に臨む心構えを紹介している。また，先にも触れた編集者のひとり井野川潔は，「新方針による国史の重要試問」を執筆し，「建国と国体について」の試問と答え方，「政治および尊王の試問」と答え方，「外国との重なる事件」の試問と答え方について紹介をしている。なかでも，満州事変や満州国の建国，国際連盟脱退などの最新情報まで受験生に伝えようとしていたことがうかがえる[4]。

　地理科に関しては，岡山光雄が「地理の口答筆答模範答案」を担当し，「地理科で教わったことがらの整理」を行うと同時に，地理的用語の問題をはじめ，学習の順序に従い「地勢」「産業」「交通」「都邑」に関する問題の試問と口答・筆答を対比させて紹介している。

　また，奈良岡良二は，「東京府市立各中等学校必ず出る地理問題」を担当し，昭和7年度と8年度の東京府市立各中学校で出題された地勢，農業，工業，産

物と産地の関係，貿易，都会，気候の試問を分析・整理している。その結果，地勢と都会に関する問題が最も多いと指摘している。

理科に関しては，斉藤喜代治が「口頭試問に出る理科問題の答へ方」を担当し，理科の出題傾向を整理し，「植物」「動物」「鉱物」「自然現象」「物理」「化学」「身体，衛生」の順序で口頭試問とその答え方について紹介をしている。

最後に，石川五三二が「口答筆答に大切な各科智能検査の問題」を執筆し，メンタルテストが「一般」「国語」「算術」「国史」「地理」「理科」などの試問にどのように活用されているかを実例で示している。

その後，『受験と小学生』が，いかなる情報をどのように掲載していたのか定かではないが，1935（昭和10）年11月1日発行の第3巻第12号（受験と小学生社）を見ると，「特大輯　入試中心五・六年　国史総整理号」という特集が組まれ，「日本国民の精神を養ふ学科」として修身とともに大切にされている国史の特集が組まれている。

巻頭言には，松枝康裕が巻頭言「あます所一百日間の準備」と題して，「どこまでも落ち着いて，最も不安な，最も不得手な学科からこつこつと勉強することが肝要である。最後の準備期間として残された，この百日間の最も有効に勉強せねばならぬ」ことを説いている。続いて，初等教育実際研究会算術科主

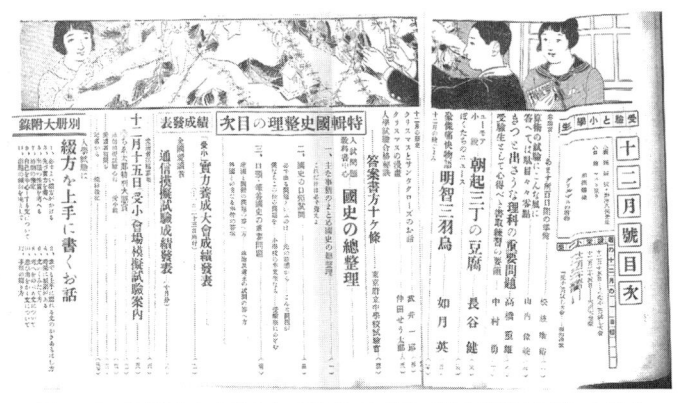

図 1.1.2 『受験生と小学生』1935年11月号（第3巻第12号）の構成

任山内偉皖が「算術の試験にこんな風に答へては─駄目─零点です」を掲載したのをはじめ，初等教育実際研究会理科主任高橋重雄の「きっと─試験に出そうな─理科の重要問題（一）」，中村勇の「受験生として─心得べき書取練習の要領」，東京府立中学校試験官の「入学試験合格秘訣─答案書方十ヶ條」などを掲載し，各教科の受験情報や受験の心構えを説いている。

次の「教科書中心入試問題　国史の総整理」の特集が，本誌が最も力を入れて編集した頁である。

最初に，三つの項目（「第一章　主な事柄のまとめ国史の整理」「第二章　国史の口頭試問」「第三章　口答筆答国史の重要問題」）に分けて，国史の総整理ができるようにまとめている。第一章では，上欄に，国史入学試験問題を掲げ，下欄に「第一　建国の体制」から「第二十三　大政奉還」までの歴史のポイントを示し，「これだけは覚えよ」としている。第二章では，国史を深く研究している先生に，もし出題されるとするならばどのような問題を出すかという質問をして，実際作成してもらった問題を掲載する一方，試験場に臨むにあたっての諸注意も載せている。第三章では，国史の口頭試問の問題を整理し，「第一，建国と国体の問題の答へ方」「第二，政治および尊王の試問」「第三，外国との重なる事件」に関する口頭試問とその答案を紹介している。

次に，「国史の勉強を読む心得」を示し，国史が「日本国民の精神を養ふ学科として，修身と共に大切にされてをる学科」であり，「どこまでも教科書を中心にして，勉強する」ことを説き，「五年　国史の勉強─尋常小学国史（上巻）各課重要問題と解答」「六年　国史の勉強─尋常小学国史（下巻）各課重要問題と解答」をそれぞれ掲載している。

このように，1934（昭和9）年以降，いかに国史が，修身とともに重要な学科として位置づけられ，口頭試問を通じて子どもたちにその大切さを認識させようとしていたかがわかる。

一方，同誌には，「「受小」実力養成大会成績発表」をはじめ，「全国愛読者通信模擬試験成績発表」や「十二月十五日「受小」会場模擬試験案内」など，入試問題を取り上げるとともに，「通信模擬試験」や「会場模擬試験」に関す

第1節 『受験と小学生』　31

る情報を発信しようとしていたことがうかがえる。

　なかでも，1935（昭和10）年11月23日に行われた「受小」実力養成大会は，参加者数小学6年生男女1002名であり，本郷区誠之尋常小学校の小口俊彦をはじめ，同小学校の大谷邦夫，赤坂中之町尋常小学校の米山良ठ，吉澤君子の4名が賞品贈呈を受けている。総勢252名の小学生の成績が発表されている。大半は，東京府，埼玉県，千葉県の子どもたちであるが，なぜか神奈川県は，ほとんどいない。また，10月に実施された「通信模擬試験」は，受験者総数小学5・6年生合計1407名が受験し，埼玉県北足立郡第一蕨小学校6年生の石村富生が置時計1個の賞品贈呈を受けている。この通信模擬試験には，北は北海道から南は鹿児島に至るまで受験者がある。全国の小学生が本誌を通じて，模擬試験を受けて，受験競争に参加していったものと推察される。

　ちなみに，同誌の読者であった兵庫県美方郡在住の三宅一雄は，「読者便り」の中で「拝啓入学試験に関する出版目録を大至急下さい。今年は僕等の組に沢山入学試験に行く人が非常に多いのです。記者様御一同寒さの折からお体を大切に。さようなら」と述べているが，当時，いかに多くの子どもたちが入学試験を受けようとしていたかがわかる。

2　各教科に関する口頭試問の情報

　次に，『受験と小学生』の他の号数が見つからないため，同時代に発行されていた教育雑誌や受験問題集などを手がかりとしながら，各教科に関する口頭試問の情報を分析し，その特徴を見てみよう。

　1927（昭和2）年，中等学校入学試験制度が改正され，翌年度以後，多くの中等学校において，口頭試問が実施された。

　翌28（昭和3）年には，東京帝国大学文学部教育学研究室が，わが国における入学生選抜の状況について調査を行っている[5]。調査対象校は，東京府下にあって尋常科を有する高等学校4校，東京府下高等女学校の中より44校，大阪市内の中学校11校，同じく高等女学校26校，全国に散在する中学校8校，

同じく高等女学校6校,合計157校であった。

その結果,考査方法について86校が回答しているが,口頭試問については,86校中,口問口答のみを行ったもの (36校) と口問口答と口問筆答とを行ったもの (32校) が最も多く,以下,口問口答と筆記試験とを行ったもの (9校),口問筆答のみを行ったもの (4校),筆記試験のみを行ったもの (2校),口問口答とその他の方法とを行ったもの (1校),口問筆答と筆記試験とを行ったもの (1校),口問口答,口問筆答,筆記試験を行ったもの (1校) の順になっており,当初は,圧倒的に口頭試問に対して口答あるいは筆答で答える方法が使われていた。

また,試問の内容については,「個人に関するもの」「一般に関するもの」「内容が小学校において学習したもの」を出題したと応えている。なかでも,小学校において学習した内容は,国語,算術,国史,地理,理科に及んでいる。このように,1927 (昭和2) 年の入学試験制度改革以降,個人や一般に関する口頭試問だけでなく,主要教科に関する口頭試問が実施されていたことがわかる。

東京府立第一中学校では,どのような口頭試問が出題されたのだろうか[6]。

　府立一中（受験者613名,採用者220名）
一．新聞は我々にどんなに役立つてゐますか。
一．憲法発布はいつであつたか,又その年に生れた人は今年かぞへ年いくつになりますか。
一．明治のはじめ頃に比べますと今は我国の面積は約七割程大きくなつたが何処がどうして殖えたのですか。
一．正方形の各辺が一割づつ増した時に面積はもとの何割何分増しますか。
一．石炭は何の役に立ちますか。
一．今上天皇陛下は何代目の天子様ですか。又神武天皇御即位から今年で幾年目になりますか。
一．植物はどんな方法で殖えますか。
一．（イ）御無沙汰に打過ぎ申訳これなくといふ文句の中,御無沙汰といふ言葉と申訳といふ言葉を漢字で書きなさい。

一．(ロ) 自然の現象には一定の法則あることが知られるといふ文句の中で自然の現象といふ言葉と一定の法則といふ言葉とを漢字で書きなさい。
一．熱はどうして起こりますか。

　日常生活のみならず，修身，算術，国史，地理，理科など，各教科の多彩な口頭試問が出題されていた。
　以上の10問題を1問題について2度ずつ試験官が読んで聞かせ，答を書く時間も入れて5分間で筆答にして区切り，10問題を50分，残る10分で整理させ提出させている。
　一方，私立学校の口頭試問は，どのような問題が出題されたのだろうか。
　当時から東京の進学校として知られていた私立麻布中学校に，1929（昭和4）年から39（昭和14）年まで実施された『入学考査問題綴』の簿冊が残されている。
　これは，文部省から筆記試験廃止の通達が出された2年後の入試考査問題の実態を知ることができる史料として貴重である。通達では，筆記試験は廃止であったが，1929（昭和4）年11月には，筆記試験も見直されたため，実際，麻布中学校では，口頭試問に加えて算術や国語の筆記試験も行われていた。
　当時，実施された口頭試問の問題は，以下のとおりである[7]。

　（一）今年は紀元何年ですか
　（二）衆議院議員にはどんな人を選んだ方がよいでせう
　（三）赤十字社はどんな目的で出来ていますか
　（四）八貫は幾キログラムですか
　答（一）二千五百八十九年
　　（二）人物も政治上の意見も立派でまじめに国の為につくしてくれる人
　　（三）戦争の場合には敵味方の別なく傷病者を救護すること
　　（四）三〇キログラム
　　　　昭和四年（朱書き）

翌年以降、麻布中学校をはじめ、多くの学校で、設問の数が増えると同時に、難問の傾向が見られるようになった。

こうした出題難問化の傾向を重く見た東京府では、視学や中等学校長を中心とした中等学校試験問題調査会を設置し、1934（昭和9）年3月の府下入試問題を検討した結果、（イ）出題は小学校教科書の範囲を超えず、なるべく簡易にする事、（ロ）国定教科書編纂の趣旨に則り、又その教科の進展を超えざる事、（ハ）国史、算術等に偏重せざる事、（ニ）なるべく全部の教科書から出題する事という指示を出した。翌35（昭和10）年2月7日、松田源治文部大臣も各府県に問題検閲のため委員会を設置して審査することを指示するとともに、次官通牒をもって「口頭又は筆記試験の問題は小学校の教科に本づきその範囲を超えざるものを選定せしめ」ることを発表した。

また、麻布中学校では、1934（昭和9）年からは、入試問題に国語・算術の他に国史が筆記試験として加わったが、文部省の「一科目主義」などの方針などにより、1937（昭和12）年から国史がなくなり、再び国語・算術と口頭試問という形態に戻っている。

このように、戦時体制への傾斜や受験競争の激化、文部省の統制の中で出題方法の変化が見られる。

次に、各教科ごとの口頭試問の情報について分析してみよう。当時、発行されていた口頭試問の学習書や入学試験問題集などを参考にしながら、教科ごとの考察をしてみたい[8]。

（1）修　身

修身に関する口頭試問は、1927（昭和2）年の中等学校入学試験制度改正以降、出題はされていたが、国語や算術に比べるとその比重は高くなかった。先にも述べたように、修身の問題が重要視されるようになったのは、「国体明徴」の思想が明確化された1934（昭和9）年以降である。

当時の小学校の各教科の目的は、1900（明治33）年8月21日に出された「小学校令施行規則」に示されているが、なかでも、修身科の目的は、「教育ニ関

スル勅語ノ旨趣ニ基キテ児童ノ徳性ヲ涵養シ道徳ノ実践ヲ指導スル」ことを目的に置かれ，特に尋常小学校においては初めは孝悌，親愛，勤倹，恭敬，信実，義勇等について実践に適切な近易の事項を授け，進んで国家及び社会に対する責務の一班に及ぼし，品位を高め志操を固くし，かつ進取の気象を長じ，公徳を尚わしめ，忠君愛国の志気を養うことに務めることが目標とされていた。また，特に教授上注意する点は，嘉言善行及び諺辞などに基づいて勧戒し常に之を服膺することをあげていた。

こうした修身科の目的や学習内容を踏まえ，口頭試問では，どのような内容の出題をしていたのだろうか。

1936（昭和11）年に刊行された受験参考書として著名であった木山淳一の『教科中心　口頭試問模範学習書』（受験研究社，50版）によれば，当時，実施されていた修身に関する口頭試問の問題は，大きく分類して「教育勅語に関する試問」「国家・国体に関する試問」「御製格言に関する試問」「社会公衆に関する試問」「自己修養に関する試問」に分かれると指摘している。

例えば，「教育勅語に関する試問」は，「教育勅語は何天皇様が何時御下しになりましたか」（出題校，札幌市高等女学校・龍野中学校・長野商業学校）をはじめ，「謹んで，教育に関する勅語の第一段を暗誦しなさい」（札幌市高等女学校・清水谷高等女学校）や「教育勅語の「国憲ヲ重シ国法ニ遵ヒ」の御言葉はどういふ意味ですか」（佐世保中学校・龍野中学校・新潟商業学校・佐賀中学校・長野商業学校）など，教育勅語がいつ誰により発布されたのか，またその内容を問う問題が多く見られる。教育勅語を暗誦し，理解をしていなければ回答できない問題である。

「教育ニ関スル勅語」は，その発布以来，教育の目的として最重視されてきた。しかも第一期国定修身教科書編纂の折には，教育勅語の趣旨に基づき「児童ノ徳性ヲ涵養シ道徳ノ実践ヲ指導シ健全ナル日本国民タルニ必須ナル道徳ノ要旨ヲ授クル目的」とすることが第一の基礎におかれた。この編纂方針は，第二期以降の国定教科書編纂にも変わりなく受け継がれ，この時期の中等学校の口頭試問の中で問われてきたと思われる。

次の「国家・国体に関する試問」は，「皇大神宮について／① 何所にありますか。国は，県は。② どなたを祀つてありますか。③ 御神体は何か。④ 神宮の御造営についてどんなきまりがありますか。⑤ 天皇陛下を始め奉り，国民が神宮を尊敬するわけを述べなさい」(姫路高等女学校・福岡高等女学校) や「我国の祝日の名前と月日をいひなさい」(福岡高等女学校) など，当時，高まっていた「国体明徴」の思想に基づいた試問を多数出題している。

1934 (昭和 9) 年度から，第 4 期の『尋常小学修身書』が使用されていくが，その内容は，前年の満州事変以後特に高まった国家主義思想を反映している。『尋常小学修身書』巻一は，「天皇陛下鹵簿」の口絵からはじまり，巻二は「キゲンセツ」，巻三は「明治節」，巻四は「国歌」というように，国体の思想によって国民道徳を統一し，歴史的に「臣民の道」を体系化しようとしたことがうかがえる。また，国旗や国歌も祝日と結びつけて取り扱われている。わが国の祝祭日は，国体と深い関連をもち，神国日本の象徴であるという立場から説かれ，「国体明徴」の思想と関連をもって編集されていた。こうした時代の影響が，入学選抜の口頭試問に色濃く反映されていたと思われる。

第 3 番目の「御製格言等に関する試問」は，「次の御製に含まれてゐる御教訓を簡単に述べよ。国を思ふ道に二つはなかりけり　軍のにはに立つも立たぬも」(金澤第二中学校) や「「天は自ら助くるものを助く」といふ格言のわけをわかり易くお書きなさい」(姫路中学校・山口高等女学校) など，天皇の詩歌や格言などについて簡単な説明を求める試問であり，こうした試問も多数出題されている。

第 4 番目あるいは第 5 番目の「社会公衆に関する試問」や「自己修養に関する試問」は，現代においても通用する試問である。前者は，例えば「団体生活にはなぜ規則が必要ですか」(桃山中学校) や「街路を歩く時はどんな注意がいりますか」(第一・二・三神戸中学校) など，社会のルールやマナーなどを尋ねる試問である。後者は，「誰にも良心がありますが，どうしてそれが，わかりますか」(松本高等女学校) や「倹約とはどんなことですか。今まで倹約したことがあれば言ひなさい」(富山高等女学校) など，良心や倹約など，身につけなけ

ればならない道徳に関する試問を出題している。

(2) 国　語

　一方，国語に関する試問の動向を分析した村上莞爾（青山師範学校附属小学校）は，「文章の読解力を見る問題」「語句の意味を捉える力を見る問題」「読みかなをつける問題」「かなを漢字に改める問題」などが多数を占めていると指摘している[9]。

　当時の小学校の国語科の目的は，「普通ノ言語，日常須知ノ文字及文章ヲ知ラシメ正確ニ思想ヲ表彰スルノ能ヲ養ヒ兼テ智徳ヲ啓発スル」ことに置かれ，特に尋常小学校においては，初めは発音を正し，仮名の読み方，書き方，綴り方を知り，進んで日常須知の文字及び近易な普通文に及ぼし，また言語を練習することを目標としている。

　このような目的や学習内容を踏まえ，各中等学校はいかなる口頭試問を出題していたのだろうか。

　例えば「文章の読解力を見る問題」は，「次の文を読んでその問に答えよ」「瀬戸内海には，至る所に岬あり湾あり，大小無数の島々各所に散在す。船の其の間を行く時，島かと見れば島なり。一島未だ去らざるに，一島更にあらはれ水路きはまるが如くにしてまた忽ち開く。かくして島転じ，海廻りて，其の盡くる所を知らず」と読ませ，以下の問い（「右の文のわけを短く纏めて云つてごらんなさい」「岬とは何ですか」「「水路きはまるが如くにしてまた忽ち開く」とはどんなことですか」など）に答えさせ，文章読解力を見ようとしている。

　こうした文章の読解力を見る方法は，この時期の国語の国定教科書の大きな変化と深く関わっていると思われる。なかでも，1933（昭和8）年から使用された小学国語読本は，従来の国語読本と大きく異なり，文学読本といってよいくらい，文学性豊かなものとして発行されていた。ただし，文学といってもいわゆる純粋文学ではなく，国家・社会・文化・人生を含む広い意味での文学であった。こうした影響が，国語の口頭試問の問題の中にも見られる。

　一方，「左の文を読んで次の問いに答へなさい」「我が国は世界無比の国体を

有し三千年の光輝ある歴史を展開し来って今や世界五大国の一に数へられるやうになったのは，主として我々国民にそれだけすぐれた素質があったからである」と読ませ，以下の問い（「①我が国体が世界無比であるわけは何か。②世界五大国とはどんな国をいふのか。③それだけとは何を受けたのか。④我が国民のすぐれた素質とは，どんな点か」）（東京府立第六中学校）など，満州事変以後に現れた国家主義的な教育思想による試問もなされていた。

その他，「文章中の語句の意味」をはじめ，「語句の意味」「文中のかなを漢字に」「読みかな」などの基本的な問題が，毎年頻出され，語句や文字力を高めようとしていたことがわかる。

(3) 算 術

算術に関する口頭試問は，「算術に用ひられる言葉」をはじめ，「金高」「郵便」「暦や時間」「長さ」「面積」「体積」「目方」「租税利息」に関する問題など，多岐にわたる試問が出題されている[10]。

従来，小学校の算術科の目的は，「日常ノ計算ニ習熟セシメ生活上ノ必須ナル知識ヲ与ヘ兼テ思孝ヲ精確ナラシムル」ことに置かれ，特に，尋常小学校においては，初めは十以下の数の範囲内における数え方，書き方及び加減乗除を授け，その範囲を広めて百以下の数に及ぼし，さらに進んで通常の加減乗除ならびに小数の呼び方，書き方及び簡易な加減を授け，本邦度量衡，貨幣及び時の制の大要を教授することを目的としていた。

こうした目的に基づき，算術の国定教科書が編纂され，口頭試問において，この目的に即した国定教科書から多くの試問が出題された。

しかし，1935（昭和10）年から新しく使用された『尋常小学算術』は，それまでの国定算術書と外見上も内容も明瞭に区別される画期的なものであった。特に，当時の数学教育改造運動の影響を受け，論理的・抽象的な数学教育を改めて，実験・実測を重んじ，函数（関数）観念を導入するなどの数学教育上の大改革が取り入れられて編集された。

この『尋常小学算術』の編集方針は，教師用書の凡例に「尋常小学算術は，

児童の数理思想を開発し，日常生活を数理的に正しくするやうに指導することに主意を置いて編纂してある」と記されているように，「数理思想の開発」と「日常生活を数理的に正しく指導する」ことを中心として編集している。

口頭試問の中にも，この国定教科書からの影響が見られ，例えば「電車で行くと30分かかる所を歩くと1時間45分かかる。この割合で同じ所を20分だけ電車に乗って残りを歩いた，歩いた時間はいくらか」（京都第一中学校）や「長さ40cmの紐がある。この紐で正方形を囲むのと，二つの辺が13cmと7cmの矩形を囲むのと，面積は何程ちがふか」（京都二条高等女学校）など，簡単な計算問題だけでなく，文章と数式，実物の観察と処理，量の観念と測定，空間観念などの試問が増えている。

(4) 国 史

昭和10年度東京府中等学校国史科入学考査問題を分析した大森與吉（女子師範学校附属小学校）は，国史が，教材の内容上から見て，「歴代天皇の盛業に関するもの」「忠良賢哲の事蹟」「文化材料」「外国関係教材」「歴史的名称の材料」「年代に関するもの」に分類されると指摘している[11]。

当時の小学校の国史科の目的は，「国体ノ大要ヲ知ラシメ兼テ国民タルノ志操ヲ養フ」ことに置かれ，特に建国の体制，皇統の無窮，歴代天皇の盛業，忠良賢哲の事跡，国民の武勇，文化の由来，外国との関係などの大要を教授し，国初より現時に至るまでの事歴を知ることを目的としていた。

この目的や学習内容に基づき，国史科では，どのような内容の口頭試問を出題していたのだろうか。

先の国史の教材内容の分類ごとに出題の傾向を見てみよう。

最初の「歴代天皇の盛業に関するもの」は，「天照大神の神勅について申しなさい」（福岡中学校・鳳鳴中学校・中学修猷館・広島第一中学校・浜田高等女学校）や「明治天皇が帝国議会をお開きになった大御心は五箇條の御誓文のどの箇條に最も深い関係がありますか」（小田原中学校・広島第一中学校）など，小学校の重要な教材として扱われてきた歴代天皇の事績を扱った試問が多く見られる。

また,「忠良賢哲の事績」も, 歴史教授の要旨の中で教授することが要請されていた項目である。例えば,「次の人々の中で忠義で名高い人の名の下に線を引け／北条時政, 藤原信頼, 足利義政, 北畠顕家, 細川頼之」(東京高等師範学校附属中学校) など, 歴史上の「忠良の臣」や「賢臣」を取り上げ, その人物がいかに「忠勤」に励み,「勤皇の志」を厚くもっていたかなどを問う試問が出題されている。

　「文化」の由来も, 歴史教授の要旨の中に見られる項目である。例えば,「大化の改新, 建武の中興, 明治維新について次のことがらを述べなさい」「① その時の天皇の御名／イ 大化の改新　ロ 建武の中興　ハ 明治維新」「② その時に功績のあった主な人々の名前／イ　大化の改新　ロ建武の中興　ハ明治維新」「③ 新政の行はれるようになったわけ／イ 大化の改新　ロ 建武の中興　ハ 明治維新」「④ 我が国体から見て最も重要な似た点を述べなさい」などの試問が出題されている。これは, 小学校の教材において, 特に「国体観念涵養」の課として重視している箇所でもあった。

　「外国関係教材」も, 歴史教授の要旨の中に見られる項目である。例えば,「国際連盟について次の問に答へなさい」「① 何時出来ましたか。② 何のために出来ましたか。③ 我が国が連盟から委任をうけて治めてゐる島々の名をあげなさい」(尼崎中学校・東京府立第五中学校) や「ワシントン会議について／① ワシントンはどこにありますか。② ワシントン会議は何の目的で開かれましたか。③ どんなことを評議したのですか」(高崎中学校・島原中学校) など, 第一次世界大戦後の国際連盟の成立, ワシントン, ロンドン両会議など, 新しい国際問題に関する試問が見られる。

　最後の「歴史的名称の材料」や「年代に関するもの」は, 特に歴史教授の要旨の中で示されていないが, 国史を学ぶ上で基本的な試問である。例えば, 前者は,「次の書物を著した人を問ふ。大日本史　古事記伝　神皇正統記　山稜志　海国兵談」(熱田中学校・豊橋第二中学校) など, 人物と書物をはじめ, 人名や地名を問う試問であり, 後者は,「明治時代に我が国の領土になった所はどこですか。又その領土になった時はいつ頃でしたか」(下関商業学校) など, 場

所や時期を問う試問が出題されている。

(5) 地理

地理科の中等学校入学試験問題が形態を整えて出題されるようになったのは，1930（昭和5）年頃からといわれている。しかし，当初は問題数も少なかったが，1934（昭和9）年より出題数が急激に増えている[12]。

地理科に関する考査問題は，「行政区域と行政庁所在地の問題」（首府の問題も含む）をはじめ，「地勢」「交通」「貿易」「産業」「都邑」「日本地理と外国地理」に関する問題が出題されており，ほぼ，小学校で学ぶ地理科の目的と学習内容に応じて出題されている。

当時の小学校の地理科の目的は，「地球ノ表面及ヒ人類生活ノ状態ニ関スル知識ノ一班ヲ得シメ本邦国勢ノ大要を理会セシメ，兼テ愛国心ノ養成ニ資スル」ことに置かれ，特に尋常小学校において，本邦の地勢，気候，区割，都邑，産業，交通などならびに地球の形状，運動等の大要を理会し，兼て本邦との関係に重要な諸国の地理に関し簡単な知識を学習することを目的としていた。

また，この目的達成のために，郷土地理を確実に学習し，その後地方別の行政区域を教科書を中心として幾つかの地理区に分け，その地域をよく観察しえた知識でその地理区を総合して特権な地域性を導き出すような学習が目標とされていた。その際，特に教授上注意すべき点は，①「常に清鮮なる材料による」②「具体的実際的ならしめる（作業を通じて）」③「推理的ならしめる（推究的）」④「つとめて略図を別用する」ことに置かれていた。

「行政区域と行政庁所在の問題」の中で最も多く出題されたのが，首府の問題である。

例えば，「次の問いに答えよ。」「①東京，大阪，京都は日本の大都市といはれますがそれぞれ大変違った特色を有つて栄えてゐます。その著しき特色をいってごらんなさい。②それでは三つが互ひに今のやうな，大都会になったわけを歴史と地理の上からいってごらんなさい」（京都府第一中学校）などというように，ただ単に区域や所在を問う問題ではなく，子どもたちに地域の特色を

考えさせる問題が出題されている傾向が見られる。この点は，学習の目標と合致しているものと考えられる。

次の「地勢」に関する問題は，「地勢上朝鮮の日本海方面・黄海方面・朝鮮海峡方面はどう違ふか」(夕陽丘高等女学校) など，全体的に地勢を眺める問題が多く見られる。

「交通」に関する問題は，例えば，「太平洋について次の問に答えなさい」「① 太平洋の航路が近年著しく発達して世界交通上一層重要になったのは何故ですか。② 太平洋の沿岸にある重なる港を言って見なさい」(大分商業学校) など，海上交通や陸上交通に関する問題が多く見られるが，航空路関係の出題はほとんど見られない。

「貿易」に関する問題は，「我国の主要な輸出品，輸入品及びその取引先をあげなさい」(高松高等女学校・丸亀高等女学校・善通寺高等女学校・宇都宮商業学校) など，輸出や輸入品に関する試問が比較的多く出題されている。

「産業」に関する問題は，「大阪・神戸地方に商工業の盛んなわけを書きなさい」(都島工業学校) など，全体を通じて最も多く出題されている。なかでも，農業や工業に関する問題が最も多く，次いで鉱業に関する問題であり，水産業，牧畜業，林業に関する問題は少ない。

「都邑」に関する問題は，「次の都会で歴史上有名なものの下に線をひきなさい。／上海，ニューヨーク，ローマ，シドニー」など，都会に関する問題が多く出題されている。

最後の「日本地理と外国地理」に関する問題は，「我国の海外移住民に就て左の問にお答へなさい」「① 最も多い地方より順次に挙げよ。② 概数を記せ。③ 如何なる仕事に従事して居るか」(岡山商業学校・大阪東高等女学校・西條中学校など) や「満州国の農産物の主なるものを三つあげて其の各々に就て知って居ることをかきなさい」(堀川高等女学校) など，満州国やハワイなどへの移住問題が多く出題されている。

(6) 理 科

　理科の中等学校入学試験問題の出題は，どの学校でも一般的に少なかったが，年度を追うごとに増えている。その出題範囲は，植物，動物，鉱物，自然現象，物理，化学，身体・衛生の7項目にわたっていた[13]。

　小学校の理科の目的は，「通常ノ天然物及自然ノ現象ニ関スル知識ノ一班ヲ得シメ其ノ相互及人生ニ対スル関係ノ大要ヲ理会セシメ兼テ観察ヲ精密ニシ自然ヲ愛スルノ心ヲ養フ」ことに置かれ，理科は植物，動物，鉱物及び自然の現象について主として児童の目撃しうる事項を授け，特に重要な植物，動物の名称，形状，効用及び発育の大要を知り，また，学校の修業年限に応じ，さらに通常の物理化学の現象，重要な元素及び化合物，簡易な器械の構造，作用，人身の生理衛生の大要を授け，兼て植物，動物，鉱物の相互及び人生に対する関係の大要を理会することを目的としていた。

　また，この目標達成のために，農事，水産，工業，家事などに適切な事項を授け，特に植物，動物等について教授する際は，加工品の製法，効用などの概略を知ることが目標とされていた。その際，特に教授上注意すべき点は，なるべく実地の観察に基づき，標本，模型，図画などを示し，また簡単な実験を施し，明瞭に理解することが求められた。

　理科に関する口頭試問も，こうした目的や目標が達成されているかどうか確かめるために多くの中等学校で実施された。

　なかでも，例えば「「をばな」と「めばな」とがある植物を知ってゐるだけいひなさい」（堀川高等女学校）や「「だいづ」の「たね」と「かき」の「たね」とをくらべるとどこが違いますか」（函館中学校）など，植物の名称や形状の知識を問う試問が多く出題されている。

　この名称や形状などの知識を問う試問は，動物や鉱物の領域の中にも見られる。

　また，「① 電磁石はどんなものに応用されてゐるか」（横浜第二中学校・横須賀中学校・松本中学校など）「② 電気を応用したものにどんなものがあるか」（伊丹中学校・甲陽中学校など）など，化学や物理などの知識を問う問題も出題されて

さらに、「毎日いろいろのものを食べるが、それ等食物の中の主なる養分は何々ですか」（京都第二中学校・福島中学校など）や「心臓はどこにあってどんな働きをするか」（下関商業学校・城東中学校など）などのように、生理教材の出題も多く見られる。

周知のように、小学生は、1886（明治19）年の「小学校ノ学科及其程度」以後、理科を第5学年と第6学年に教わることになっていた。しかし、1918（大正7）年の「小学校教育の改善に関する答申」が出され、第5学年から急に児童の負担が増加するとの理由で、第4学年から教えられることになった。その教授内容は、「植物、動物、鉱物及び自然ノ現象、通常ノ物理化学上ノ現象」となっている。各学年への教材配当を見ると、第4学年では、植物教材が最も多く、次いで動物教材、物理・化学・鉱物の順になっている。また、第5学年では、植物、動物、鉱物関係の教材が多く、次いで、物理・化学・天文・地質・気象関係の順になっている。さらに第6学年では、物理教材が最も多く、次いで化学教材であり、植物・動物関係の教材は減少し、新しく生理教材が加わっている。

このように、理科は第4学年から植物、動物、鉱物を学び、高学年になるにつれて、物理、化学、生理などを学んでいくが、口頭試問では、各領域の知識を問う問題が多く見られ、科学的思考や事物現象の関係などを問う問題にまでは至っていない。

おわりに

以上、昭和戦前期、唯一の受験情報誌として創刊された『受験と小学生』に焦点を当てて、同誌が、子どもたちにいかなる受験情報をどのように提供してきたのか考察をしてきた。同時に、当時出題された各教科の口頭試問の情報についても分析してきた。

最後に、分析の結果、今回、明らかになった点を整理し、まとめておこう。

第1節　『受験と小学生』　45

　第一に，『受験と小学生』は，1927（昭和2）年の中等学校入学試験制度改革以後の受験情報を伝える数少ない雑誌であった。なかでも，同誌は，主として入学試験制度改革以後実施された各教科に関する口頭試問を中心とした受験情報誌であり，多くの小学生たちに口頭試問とその答え方を伝えた。同時に，「通信模擬試験」や「会場模擬試験」を行い，全国の多くの小学生たちを受験競争に駆り立てた。

　第二に，入学試験制度改革直後は，一般常識に関する試問に加えて，国語ならびに算術の口頭試問が多く出題されていたが，次第に，修身，国史，地理，理科などの各教科に関する口頭試問が多く出題されるようになった。なかでも，1934（昭和9）年度以降，国語や算術から，修身や国史に関する試問に比重が置かれ，国家主義的な思想も試問の中に反映されるようになった。

　第三に，当時行われていた口頭試問の大半は，各教科の口頭試問の問題が圧倒的に多く，その出題範囲は，小学校で学習してきた内容に限定され，国定教科書の変化と密接に関わって試問が出題されていたことが明らかになった。特に，修身，国語，国史，地理に関する試問は，「国体明徴」の思想が反映された試問が多くなっていった傾向が見られる。一方，算術に関する試問は，数理思想や日常生活を数理的に理解する方向が見られたが，理科に関する試問は，植物をはじめ，動物，鉱物，物理，化学，生理など各領域の知識を尋ねる試問が多く，科学的な思考や事物現象の関係を問う問題までには至らなかった。

　今回，時間の関係上，戦時体制下における口頭試問の情報の分析までは，明らかにすることはできなかった。今後の課題としたい。

注
(1)　寺﨑昌男『日本の教育課題6　選抜と競争』東京法令出版，1994年
(2)　増田幸一『入学試験制度史研究』東洋館出版社，1961年
(3)　吉川卓治「1930年代後半の入試制度改革と国民統合―大阪府中等学校入試における「国史一本槍」の試みと挫折」『教育学年報7　ジェンダーと教育』世織書房，1999年，449〜471頁
(4)　長尾忠一「井野川先生を偲んで」井野川潔遺稿・追悼集刊行委員会編『教育と文学

に生きる』教育史料出版会，1998 年

関口安義『キューポラのある街　評伝早船ちよ』新日本出版社，2006 年

(5)　岡部弥太郎「本年我国に於ける入学生選抜の状況」『教育思潮研究』第 2 巻第 1 輯，目黒書店，1928 年，55 〜 180 頁

(6)　『中等学校入学考査の解説』朝日新聞社，1939 年

(7)　『麻布学園の 100 年　第 1 巻歴史』学校法人麻布学園麻布中学校・麻布高等学校，1995 年

(8)　木山淳一『改訂増補　教科中心口頭試問模範学習書　附入学考査問題の実例と其解答』昭和 12 年度準備用，受験研究社，1936 年，50 版

　　『全国中等学校入学試験問題集　近畿地方の部　附全国代表校の問題と解答』昭和 10 年度準備用，受験研究社，1934 年など。

(9)　村上莞爾「読方試験問題の跡を観る」『教育』第 4 巻第 2 号，岩波書店，1936 年，328 〜 334 頁

(10)　小林亮「算術科入学考査問題について」同上 334 〜 339 頁

(11)　大森與吉「昭和 10 年度東京府中等学校国史科入学考査問題に対する感想」同上 340 〜 347 頁

(12)　常深信夫「地理科中等学校入学試験問題の時代的変遷」同上 347 〜 352 頁

(13)　栗山重「理科入学試験問題の変遷」同上 353 〜 359 頁

第2節 『受験と学生』
――1918年〜30年の高等教育受験情報――

船寄 俊雄・菅原 亮芳

はじめに

　本節で取り上げるのは，研究社によって1918（大正7）年に創刊された『受験と学生』である。『受験と学生』は，戦前の日本における本格的な高等教育機関受験専門情報誌の一つであった。第1章第3節で取り上げる旺文社の『螢雪時代』よりも歴史は古い。そして「受験情報」だけでなく，高等教育問題総合情報誌ともいうべき性格をもっていた。

　ここに創刊号がある。その表紙にはオリーブの冠をつけた逞しい若者が，眼を遠くにこらし，長弓の弦を力一杯に引き，見えない目標に立ち向かう姿が描かれている（口絵）。この屈強な若者が矢の先に見据えた目標はおそらく官立上級学校であろう。

　創刊号に発刊の辞は記されていない。しかし「編輯局より」という欄で記者は，『受験と学生』発刊の趣旨を，次のように述べた。

　　各種高等専門学校の入学試験に，中学の一年から真面目に学科を習得すれば合格は易易たるべき筈でありますが，現在の様に競争が激甚になつては，四年級前後から特に所謂「試験準備」「受験勉強」を要する事は此処に今更贅言する迄もありません。故に此等中等諸学校の上級生並に卒業者諸君の所謂「受験準備」の為に，月刊雑誌として初めて生まれたものが此

『受験と学生』であります[1]。

『受験と学生』が創刊された1910年代以降は、中等・高等教育機関の拡充期に当たる。中等・高等教育への教育要求が高まるなか、入学準備によって獲得される「知」が国民の中に浸透し、学歴主義が強化された時代でもあった。しかし、国民の中等・高等教育への要求は高等教育に連なる中等教育と青年教育の系統に二元化されていた。

『受験と学生』の記者は、入試競争が激化する状況下、中学校までの勉強では、上級学校合格は不可能である。よって「試験準備」「受験勉強」「受験準備」専門誌が必要であると謳い、その役割を担う月刊の受験雑誌が『受験と学生』であると述べているのである。つまり『受験と学生』は高等教育機関受験専門情報誌として登場したのである。

本節で取り扱う時期は、1918年から『蛍雪時代』の前身雑誌『受験旬報』が刊行される前年の1930（昭和5）年までであり、高等教育機関が飛躍的に拡大する時期に絞ってみた。

対象時期における発行部数に関しては未詳である。しかし1923（大正12）年11月付で東京府内務部が海城中学校（現在の学校法人海城学園）の全校生徒756名を対象に購読雑誌調査を行った。その結果によると『中学世界』が84名、『中学生』が74名、『少年倶楽部』が51名、次いで『受験と学生』は48名であった。だが学年別に見ると第4学年は『中学世界』が10名なのに対して、『受験と学生』は31名になっている。学年が高くなるにつれて購読者は顕著に増加していた[2]。

また、鈴木省三は「第一次世界大戦による好景気のため、高等学校・専門学校への入学志願者の増大によって、毎号数万部を発行する大雑誌になった」[3]と記した。『ものがたり・東京堂史』に所載された「東京堂扱新年号雑誌部数表」によると、1935（昭和10）年に『受験と学生』は、3万8000部、1937（昭和12）年3万7000部と他の受験雑誌を大きく引き離し（例えば、1937年『受験生』は8700部、『考へ方』は4200部）、受験生の需要に応えた[4]。

しかし，国立公文書所蔵『雑誌調整』の記録によると 1943（昭和 18）年段階であるが，『受験と学生』の後継誌『学生』(1942 年 4 月に改称・『研究社八十五年の歩み』1992 年，106 頁）は 3 万部であるのに対して『螢雪時代』は，雑誌統制下にありながら 9 万部を超えていた[5]。戦前日本の受験雑誌の二大王国は研究社と旺文社であったが，『受験旬報』発行以降は旺文社が研究社を凌駕していたと思われる。高梨健吉は「1935〈昭和 10〉年ごろから競争誌『受験旬報』（欧文社）に押されぎみとなっていった」と指摘している[6]。

1　小酒井五一郎と研究社

　研究社の創業は 1907（明治 40）年 11 月のことである。創業者は小酒井五一郎である。五一郎は，1881（明治 14）年越後・長岡の生まれである。11 歳の時単身上京し，神田の取次店上田屋に奉公しながら経験を積んだ。住み込み店員となり，市内の書店に書籍を早朝から配達して歩いた。

　五一郎は勤勉に働いた。26 歳の時，すなわち 1907（明治 40）年 11 月，英語研究社を創立した。翌年には，月刊誌『初等英語研究』(1925 年 1 月号から『英語研究』と改称）を創刊した。五一郎は，出版社を創業するなら英語の本の刊行を目標とするのがよいと考えた。なぜかといえば，彼が独学・独習で英語を学んでいたからだけでなく，これからの日本人にとって，英語学習が必須条件であると考えたからである。主筆には英語教育の専門家であった久保田正文（立教大学予科）教授を迎えたこの雑誌は，きわめてよく売れたという。

　また，表 1.2.1 に示したように，五一郎は，大日本国民英語学会の名で「英語講義録」を出版した。この講義録が 1924（大正 13）年 10 月に「研究社英語通信講座」へと発展することになる。この間，戦前日本の多くの受験生たちが利用した市河三喜『英文法研究』や「カード式参考書」，大ベストセラーになった山崎貞の『自修英文典』などを刊行した。さらに，1916（大正 5）年には中学生を対象とした読みもの雑誌『中学生』(1927 年 4 月廃刊）を刊行した。『中学生』の主筆をつとめた服部嘉香（早稲田大学文学部教授）は「猛烈な売れ行きであっ

た」と回顧している。

　このような成功は，研究社の地位を確かなものにした。1916（大正5）年4月社名を「英語研究社」から「研究社」へと改めた。社名の変更を契機としてたくさんの新しい雑誌を創刊した。例えば『初等英語』『女学生』，そしてここで研究対象とする『受験と学生』などである。しかし，関東大震災を境に和文雑誌として残った雑誌は『受験と学生』のみであった。

　研究社といえば辞書で有名だが，研究社の知名度を一気に高めたのが1918（大正7）年9月に出版された武信由太郎編『武信和英大辞典』であった。1920（大正9）年4月には専属の印刷工場をもつまでに事業を拡大していった。

　小酒井は戦中においても，英文学関係の辞書や単行本を刊行し続けた。のちに著名な英語情報誌となった『英語青年』の創刊は1944（昭和19）年5月である。しかし，1945（昭和20）年6月，遂に一時的に業務を停止せざるをえなかった。作業再開は，9月であった。しかしその間も『英語青年』の刊行だけは続けた。

　1945（昭和20）年11月『時事英語』を創刊した。この雑誌は「米語」研究を第一にしたものであったが，現在まで長年にわたって継続している。このように英語研究・英語教育に関する情報を提供し発展し続け，研究社は現在に至っているが，小酒井五一郎は，1962（昭和37）年5月2日病没した。享年81であった。

　1906（明治39）年3月島崎藤村の自費出版小説『破戒』が刷り上がったとき，小さな荷車で運んできたのも小酒井であった。どのような本をどの時代に出版すれば売れるか，その勘が鋭かった人物であった。小酒井は，生粋の出版人であったといえよう。

表 1.2.1　小酒井五一郎略年譜

明治 14 年（1881）1 月 30 日	新潟県古志郡長岡町に，小酒井貞吉，ます江の長男として生まれる
20 年（1887）	表町小学校尋常科入学
24 年（1891）	表町小学校尋常科卒
25 年（1892）	上京，神田の書籍取次店上田屋に住込店員として入る
37 年（1904）	上田屋店主・長井庄吉の次女カツと結婚

第2節 『受験と学生』　51

40年（1907）11月3日	英語研究社（麹町区富士見町6丁目10番地）を設立吉田幾次郎を主筆に迎える
41年（1908）1月1日	雑誌『初等英語研究』創刊(1912年1月号から『英語研究』と改題) なお、このころ大日本国民英語学会の名で「英語講義録」を発行
大正元年（1911）	市河三喜『英文法研究』、山崎貞『英文解釈研究』刊行
2年（1913）	『ＡＢＣ研究』創刊
	山崎貞『自修英文典』刊行
5年（1916）	社名を研究社と改称
	『中学生』刊行
7年（1918）	武信由太郎編『武信和英大辞典』刊行
	『受験と学生』刊行（1942年4月戦時下の国策による雑誌統制のため誌名を『学生』と改称）
9年（1920）	『女学生』を刊行（1923年廃刊）
10年（1921）	「英文学叢書」刊行開始
13年（1924）	研究社英語通信講座を刊行
	『新年附録大正十三年版受験年鑑』刊行
昭和2年（1927）	株式会社研究社に改組
	岡倉由三郎編『新英和大辞典』刊行
17年（1942）	『東京府中等学校新入学案内』刊行
18年（1943）	『資格検定試験年鑑』を発刊
19年（1944）	『英語青年』(『英語教育』と合併) を発行
28年（1953）	『学生』を廃刊
37年（1962）5月2日	病没、享年81

（研究社社史編集室『研究社八十五年の歩み』1992年より作成）

2　誌面構成とその変化

　『受験と学生』の誌面構成は、どのような特徴を有し、いかに変化したのだろうか。先にも紹介した同誌の創刊号所載の「編輯局より」の記者は、次のように記した。

　　本誌は、学科の方面に於て、受験の予備知識、準備法、特に空前の誌上模擬試験を行って、諸君の準備練習に資する以外に、高等専門諸学校の実情を詳述し、延いては其卒業生の就職問題に迄及んで、新時代の要求を根底として正確な新事実の上に、真率に学生諸君の進路を示し、そして其後相談相手になる為に初めて生れたものが此『受験と学生』であります。さ

れば本誌の標語である受験中心——といふ語の意味は本号を御覧になれば直ぐご了解になる事と思ひます。

表1.2.2は『受験と学生』の創刊号の目次構成の復刻である。創刊号は全96頁，定価は20銭であった。『受験と学生』には欄構成が設定されていない。ここでは，上記の記述に従い4つの観点すなわち①「受験の予備知識」，②「準備練習」，③「模擬試験」，④「準備法」に大きく分けてそれぞれの記事を整理，紹介する。

① 「受験の予備知識」としては巻頭に澤柳政太郎の「目的選定の方法」を据え，次いで「高等学校入学試験成績講評」として和文英訳では「訳文の五大欠点」と題して深澤由次郎（第五高等学校教授）。

② 「準備練習」としては，とりわけ英文和訳，和文英訳の練習問題を掲載した。

③ 「模擬試験」としては，正則予備校，東京高等予備校，早稲田高等予備校の講師を執筆陣として，代数，幾何，国語，漢文の問題を出題している。

④ 「準備法」としては，「本年度の入学試験問題の研究と明年度の準備法（一）」では英文和訳では東京府立第三中学校教諭，木下芳雄，和文英訳では立教大学講師，『英作文雑誌』主筆，久保田正文などがある。「教授曰く」の欄は興味深い。受験者の入学試験答案採点顛末記のような記事を所載している。例えば，「良く出来てる答案は調て居て気持ちが好くて涼しい気がする。併し白紙は余に涼し過ぎる……」「試験準備法は何と云つても中学在学中から教科書の要所を縦横に研究して——」などである（『受験と学生』創刊号，60～61頁）。

⑤ その他の教育情報として，例えば，各学校調べとしては「斜に見た東京高工」，「早稲田王国」など，独学情報としては「中学卒業の資格を得る途」，読み物としては「一高ロマンス」，キャリア選択情報としては「商業家になるには」などを掲載した。

さて，残念ながら『受験と学生』は1918（大正7）年11月号から1920（大正9）年1月号までは現在，なお未発見である。そこで以下には，われわれが入手

第 2 節　『受験と学生』　53

できた同誌の中から 1923（大正 12）年 3 月号と 1929（昭和 4）年 9 月号，そして 1930（昭和 5）年 7 月号の目次をピックアップして誌面構成の特徴を見ておこう。

　表 1.2.3 は，1923（大正 12）年 3 月号の目次を一覧化したものである。創刊から 5 年後であった。①「受験の予備知識」としては，「物理学の意義と其将来（東京高等工業学校教授　竹内時男）」「高校入試に出さうな動物問題」「アクセントの試験問題」などである。②「準備練習」は創刊時の③「模擬試験」を合わせたものである。「誌上模擬試験問題解答竝講評」では，「和文英訳（『英作文雑誌』主筆　久保田正次）」「幾何（第七高校教授　中島宗治）」，「懸賞誌上模擬試験問題」では，「和文英訳（東京工芸教授　小松武治出題）」，「幾何（第七高校教授　中島宗治出題）」がある。④「準備法」関連情報は希薄化しているように見て取れる。⑤「その他」の教育情報としては，学校評判記としては「六高商の出身者競ひ」として東京高商，神戸高商など，「天下を二分する早慶両大学の解剖」など，生徒募集情報としては，「本年度各学校生徒募集要項」，「高等学校入学試験科目の発表」，独学情報としては，「女子専検の成績」「東京で施行した高検・専検の成績（東京府立三中校長　廣瀬雄）」，各種試験情報としては，「鉄道省教習所入学試験の改正」などが掲載された。

　このように創刊号と比べると，高等学校などの「募集する側」からの情報や「模擬試験」に力点が置かれた情報が発信されるようになるなどの若干の相違があるにせよ，ほぼ同様の情報が掲載されている。この号は全 127 頁，定価は 35 銭であった。

　次に表 1.2.4 は，1929（昭和 4）年 9 月号の目次を一覧化したものである。この号は「全国学校研究号」と題し「特集」が組まれていた。

　さて，1929（昭和 4）年 9 月号の目次構成を見てみる。①「受験の予備知識」としては，「学歴から見た濱口新内閣」「高校から大学卒業までの学資調」「実際に貸給費せる大学高等専門学校の直接育英事業」がある。そしてこの号でも②「準備練習」と③「模擬試験」は合わさり，「誌上模擬試験問題解答竝講評」，「誌上夏期受験講習会解答並講義」がある。④「準備法」としては，「専検受験準備法の総括的考察」がある。⑤「その他」のなかで，学校評判記とし

54　第1章 受験

表1.2.2 『受験と学生』創刊号の構成

タイトル	執筆者等
▼表紙	在田　稠
▼カット	河井　山左
▼扉及カット	在田　稠
▼カット	濱田麻須路
目的選定の方法	貴族院議員　文学博士　柳政　太郎
今秋の商船学校受験者へ	商船学校長　海軍少将　石橋　甫
学界うちとけ話	金九　輪
高等学校入学試験成績講評	
■和文英訳　訳文の五大欠点	第五高等学校教授　澤由　次郎
■英文和訳　年々犯さるる誤	某高等学校教授
■代数　悩んだ二萬斤以上	某高等学校教授
■国語　句意を取ることが粗漏	第一高等学校教授　井彦　三郎
■漢文　句読に対する不注意	某高等学校教授
■化学　成績は概して良好	第一高等学校教授　菅沼　市蔵
一高ロマンス	野尻　草雄
受験者の頭の使い方	東京医科大学教授　医学博士　永井　潛
外務省調	
入学試験練習問題の出題に就て	主筆　椿　五湖
□英文和訳入学試験練習問題	東京高等工業学校教授　泉　哲
□和文英訳入学試験練習問題	東京高等商業学校教授　山口　鍵太
模擬試験問題　代数	正則予備校講師　村定　次郎
模擬試験問題　幾何	東京高等予備校講師　根津　千治
模擬試験問題　国語	早稲田高等予備校講師　吉川　秀雄
模擬試験問題　漢文	早稲田高等予備校講師　吉川　秀雄
斜に見た東京高工	千駄木町人
答案の保護	
中学卒業の資格を得る途	
専門学校入学試験検定とは如何なるものか	
学科にむらの無いやうに	東京府立第一中学校長　川田　正徹
今より全力を挙げて	東京府立第四中学校長　深井鑑一郎
今年の合格者より	田中　生
優等生の勉強法	法学士　西村淳一郎
銀時計挿語	
教授曰く	
早稲田王国記フィニシア星のそれの如く	植原　路郎
東京から八十里北より（桐生高等染織学校だより）	Ｍ・Ｓ　生
商業家になるには	
漫画合格の喜	近藤浩一路
懸賞募集規定　入学練習試験・模擬試験・受験作文	
誌上顧問部	
直接顧問部	

```
スクラップ
編集局より
本年度の入学試験問題の研究と明年度の準備法（一）
    □英文和訳              東京府立第三中学校教諭 木下　芳雄
    □和文英訳              立教大学講師「英作文雑誌」久保田正次
                                                    主筆
    □代数                  東京府立第四中学校教諭 小木曽玉喜
    □物理                  東京府立第一中学校教諭 高田　徳佐
    □国語                  早稲田高等予備校講師 吉川　秀雄
    □地理                  東京府立第一中学校教諭 山崎　進
```

ては，「誌上学校周遊（一）（二）」「都下各大学評判記」。生徒募集情報としては，「最近の各種試験案内」。独学情報としては，「昭和独学苦闘陣」「専検合格者の実専入学数と得点調」。各種試験情報としては，「最近の各種試験案内」。また「保健顧問（医学博士 西川敏彦）」や「海外渡航顧問（横浜外語講師 田原春次）」も設けられている。「保健顧問」欄を見てみるとそこには次のような「規定」がある。

　一，用紙は葉書。　一，誌上の匿名は自由なれども，友人名簿作成の都合上，必ず住所本名を附記されたし。　一，質問は一人何問にてもよろし。字は明瞭に書くこと。直接，解答者への質問は返答せず。　一，宛名は「受験と学生」編集部「保健顧問」　一，質問は順次取捨回答す。

「友人名簿」の作成や，解答者を設けて読者とのやり取りを行っていることなどは興味深い。この号は全224頁，定価は50銭であった。
　ところで，創刊以来の同誌を通じて，所載された広告数は膨大なものであった。学習参考書，受験参考書の類，講義録広告，学生募集記事などが多数掲載されている。同誌の読者層はこの広告の種類からもわかるように高等教育機関受験者であり，彼らをターゲットして広告合戦が展開されていたのである。
　表1.2.5は，1930（昭和5）年7月号の目次を一覧化したものである。この構成からわかるように①「受験の予備知識」としては，「各帝大志望者の移動と

表 1.2.3　1923（大正12）年3月号（第6巻第3号）の構成

タイトル	執筆者等
▽寫生（表紙）	池田　永治
▽扉	浅井　政蔵
物理学の意義と其将来	東京高工教授　竹内　時男
高等学校入学試験科目の発表	
放たれたる二校合格者	
六高商の出身者競ひ	針井　健八
体格検査に就て学校当事者への希望	津留　美生
林学志望者諸君へ（東大農学部実料より）	小池　武夫
高校入試に出さうな動物問題	阿佐美昌三
強烈な脳神経衰弱をおして独学で弁護士試験に及第	弁護士　堤　幸一
判検事弁護士の改正	
四高試験の採点ぶり	H　I
鉄道省教習所入学試験の改正	一記者
欧米の速記術	貴族院書記官　小林　次郎
千里山の学窓から（関西大学評記）	藍弗　帽衣
東京で施行した高検・専検の成績	東京府立三中校長　廣瀬　雄
天下を二分する早慶両大学の解剖	城西　丘人
苦学案内ぐざ（二）	ＬＭＮ生
数へ歌歴史記憶法	木村己智春
懸賞誌上模擬試験問題	
□和文英訳	東京高芸教授　小松　武治
□幾何	第七高校教授　中島　宗治
夜間授業の大学及専門学校	記者
アクセントの試験問題	浦和高校　田村　精一
三角法公式処分の秘訣	唐牛　桃世
総合的受験準備法（第三講）	東京高師　豊田　国男
今年の高等試験資格試験	
税関監吏特別任用試験	
誌上模擬試験問題解答竝講評	
□和文英訳	「英作文雑誌」主筆　久保田正次
□幾何	第七高校教授　中島　宗治
□物理	東京府立一中教諭　小山　寅
□化学	陸軍教授　早稲田高院教授　池田　清
女子受験欄	
□女子専検の成績	東京府立第二高女教諭　平田　華蔵
□東京女子高師入学専門学校入学検定試験問題	
□女子生徒募集要項	
受験と学生日誌	
最近の各種試験問題	
▽陸軍士官学校予科入学試験	
▽高等学校入学資格試験	

▽専門学校入学檢定試験
　　▽実業学校教員檢定試験
　本年度各学校生徒募集要項
　　▽東京高等工業学校
　　▽台湾総督府医学専門学校
　　▽京都高等産業学校
　　▽水産講習所
　　▽明治専門学校
　　▽鹿児島高等農林学校
　　▽山口高等商業学校
　　▽旅順工科大学予科
　　▽名古屋高等商業学校
　　▽京都高等工藝学校
　　▽商船学校
　　▽東京商科大学
　　▽盛岡高等農林学校
　　▽神戸高等商業学校
　　▽名古屋高等工業学校
　　▽南満州工業専門学校
　　▽北海道帝国大学
　　▽鉄道省教習所
　　▽金澤高等工業学校
　　▽台湾総督府高等農林学校
　　▽大分高等商業学校
　　▽廣島高等工業学校
　　▽神戸高等商船
　　▽愛知医科大学予科
　▽誌上顧問
　▽読者欄
　▽受験作文優等者
　▽模擬試験合格者
　▽新刊紹介
　▽編集局から

高校別入学率研究」「高等専門学校入学費の実際計算」「中等教員になるにはどんな学科を選んだらよいか」「学校選択と知能検査」「中等学校英語リーダ難句難文詳解」「本年の入試成績を見て明年の受験者へ」「高等専門学校入学費の実際計算」がある。②「準備練習」と③「模擬試験」が合わさって、「懸賞誌上模擬試験問題」「懸賞誌上模擬試験解答竝講評」などである。②「準備練習」は「模擬試験」が合わさった。「誌上模擬試験問題」では、「和文英訳（姫路高

表 1.2.4　1929（昭和4）年9月号（第12巻第10号）の構成

タイトル	執筆者等
巻頭言	記者
明年度の高等入試科目と在学成績問題	記者
将に来らんとする実業専門学校時代	武江荘主人
入社試験と各学校卒業生の成績	東京朝日新聞秘書 豊原　瑞穂
銀行家たらんとする人へ	日本勧業銀行理事 杉浦　倹一
誌上学校周遊（一）	
◇東海に聳ゆる工藝の殿堂	東京高等工芸学校 新芝　浦生
◇露けき高原に蠶絲科学の建設	上田蚕糸専門学校　Ｔ　　生
◇興亞の使命を高く掲げて	旅順工科大学 雑誌部委員
◇波美しき瀬戸の海邊より	高松高等商業学校 南　国生
◇オレンヂ実る南国の高農へ	宮崎高等農林学校 四　本　生
◇特色ある成蹊高校の内容	成蹊高等学校 文芸部委員
◇繊維工業に重心を置く桐生高工	桐生高等工業学校 山崎　匡
◇世界的女流選手を生んだ我が体専	日本女子体育専門 校友会委員
全国高等学校展望台	
時代の趨勢と社会事業職員の要求	明治学院社会科教授 三好豊太郎
学歴から見た濱口新内閣	下棚　玄行
都下各代学評判記	三浦　暁星
専検合格者の実専入学数と得点調	記者
海軍志願者身体検査の研究	晶　郎
新合格者の夏期休暇活用法	本年度新合格者
九州帝国大学法文学部縦横観（下）	不老生
苦学生の夏期休暇利用法（二）	日本大学 和田　南粋
誌上夏期受験講習会課題	
誌上夏期受験講習会解答竝講義	
講習科目及講師　英文和訳	日進英語学校長 佐川　春水
講習科目及講師　和文英訳	学習院教授 長澤英一郎
講習科目及講師　代数	明治大学教授 松村定次郎
講習科目及講師　幾何	早稲田高等学院教授 高見　豊
講習科目及講師　国語	早稲田高等学院教授 吉川　秀雄
講習科目及講師　漢文	早稲田高等予備校講師 松本　洪
文検国漢科予備試験問題の傾向	濱田中学教諭 千代延尚寿
高校から大学卒業までの学資調	追鹿　学人
誌上学校周遊（二）	
◇感激に充ちた杜陵の生活	盛岡高等農林学校 柴　崎　生
◇生気溌剌たる日本医科大学	日本医科大学 波藤　雅隆
◇奉仕と犠牲をモットーとして	東京女子大学 文芸部委員
◇風薫る奥羽の杏林より	岩手医科専門学校 丸田倭文雄
◇愛宕山下の医学殿堂	東京慈恵会医大 西山　鵠司
◇北陸の商都高岡より	高岡高等商業学校 文芸部委員
◇希望と愛の三ツ葉のクローバー	東京女子歯科医専 文芸部委員

第2節 『受験と学生』　59

◇医界に打鳴らす黎明の鐘	昭和医学専門学校 中居　良悦
実際に貸給費せる大学高等専門学校の直接育英事業	文部省調査
懸賞誌上模擬試験問題	
（和文英訳）	第七高等学校教授 髙田　貞弥
（代数）	第二高等学校教授 柴田　寛
専検受験準備法の総括的考察	曠　寒　楼
女子専門学校の内容研究	寿　美　子
北海の一隅から商業生へ	小樽高等商業学校 青木　三良
不良少年が一躍模範生	文学士 山中　良知
昭和独学苦闘陣	
▽三回戦で専検全科目奪取	Ｋ　Ｓ　生
▽坑夫から発奮して専検突破	想　華　生
▽たどたどしき独学の歩み	川中　清
▽郵便局に勤務しつつ専検へ	眞佐　乃夫
▽血と汗と涙と熱の苦闘生活	野田　窓月
▽高資を目ざして突進又突進	のぼる生
▽薬剤師試験と専検に合格して	水　洞　生
懸賞誌上模擬試験解答竝講評	
▽英文和訳（七月号出題）	出口　一郎
▽漢文（七月号出題）	大島　庄之助
最近の各種試験案内	
▽弁理士試験	
▽東京高等商船秋季入学試験	
▽神戸高等商船秋季入学試験	
▽中等教員予備試験	
▽歯科医師並薬剤師試験	
▽灯台看守業務専修生採用試験	
海軍に於ける少年航空兵の採用	海　軍　省
保健顧問	医学博士 西川　敏彦
海外渡航顧問	横濱外語講師 田原　春次
▽受験と学生日誌	
▽受験顧問	
▽益々増加の博士数	
▽十月特大「秋季白熱準備号」予告	
▽模範試験合格者	
▽学校ニュース	
▽早大共済部事業成績	
▽本年度の高文受験者数	

等学校教授　多田斎司）」「幾何（東京高師講師　大島庄之助）」がある。④「準備法」
として「本年入試成績を見て明年の受験者へ」に多くの頁を割き，英語の記事
6編，国語1編，数学3編と各高等学校，高等専門学校の教員が講評を行った。

例えば、国語では弘前高等学校教授 三浦圭三「芳しからぬ擬古文の成績」、英語では「八高」教授 椎尾調「本年度の問題と正答案」などを掲載し、受験生に受験準備の指南を行っている。また「全国高等専門学校入学試験問題集（四）」や「各種女子専門学校入学試験問題」などを掲載している。⑤「その他」の教育情報としては、就職情報として「最近の学校卒業生の就職状況」「大学は出たけれど（就職対話）」など、キャリア選択情報としては「職業と学校との関係（一）」「陸軍軍医志望の学生諸君へ」「中等教員になるにはどんな学科を選んだか」など、さらに興味深いのは帝大在学生から高校志望者へのメッセージが情報化されたことである。「帝大生から高校志望者へ」と題して東京帝大工学部のSI生は「高等学校選択法」を、九州帝国大法文学部の柴田平は「高校・大学志望者の覚悟」という記事を寄稿した。そのほかには「保健顧問」「読者欄」「受験顧問」「模擬試験合格者」などの構成となっている。しかし、この欄には独学情報や生徒募集情報などは掲載されていない。全224頁、定価は50銭であった。なかでも、巻頭言の次に社会局社会部長・大野祿一郎の筆になる「最近の学校卒業生の就職状況」という一文が掲載されたことは象徴的であった。

　昭和初期の慢性的経済不況と「知識階級」の就職難問題は一層深刻となり、社会問題化した。帝国大学や官立大学出身者と私立大学出身者との間の雇用機会の学校差が如実に明確化されていた。このような時代状況下に、就職情報が発信されたことは注目に値する。この雑誌はまさしく時代状況をリアルタイムに情報化した雑誌メディアであったことの証左であるといえよう。

　このように各号とほぼ同様の情報が掲載されている。ただし、高等学校などの「募集する側」からの情報や「模擬試験」に力点が置かれた情報が恒常的に発信される。

　同時に大学在学生からのメッセージも情報化されるようになるなどの注目すべき相違がある。

表 1.2.5　1930（昭和5）年7月号（第13巻第8号）の構成

タイトル	執筆者等
巻頭言	記者
最近の学校卒業生の就職状況	社会局社会部長 大野緑一郎
実業学校規程の改正と中学卒業生の新生面	記者
職業と学校の関係（一）	記者
（1）官吏になるには	
（2）実業家になるには	
（3）技術家になるには	
（4）医者になるには	
陸軍軍医志望の学生諸君へ	陸軍二等軍医 渡部　秋雄
中等教員になるにはどんな学科を選んだらよいか	退役教員
「冶金」とは何か	明治専門学校教授 原田　蕃
学校選択と知能検査	森　一郎
各帝大志望者の移動と高校別入学卒研究	小島　競
本年度高校英語入試問題の傾向	文学士 赤祖父茂徳
帝大生から高校志望者へ	
▽高等学校の選択法	東京帝大工学部 S　I　生
▽高校の何科を選ぶべきか	東京帝大法学部 川村　寿三
▽高校・大学志望者の覚悟	九州帝大法文学部 柴田　平
本年の入試成績を見て明年の受験者へ	
（英語）問題の急所を看破せよ	神戸高等商船教授 中野　力人
（数学）本年度の問題と正答案	第八高等学校教授 椎尾　調
（英語）採点の主眼を推理力の考査に	桐生高工講師 西田巳四郎
（英語）精進と意気で行け	横濱商業専門教授 石井　眞峯
（英語）英作文合格率と合格の秘訣	熊本薬専教授 上石　保教
（数学）計算を正確に定理公式を徹底的に	神戸高等商船教授 堀　乙次郎
（英語）平素英文に親しめ	小樽高商教授 濱林生之助
（国語）芳しからぬ擬古文の成績	弘前高等学校教授 三浦　圭三
（数学）問題の総合点は大禁物	山口高等学校教授 田淵　一郎
（英語）再び繰り返す忠告	福島高商教授 S　O　生
入試レヴィウの・まかむだら	山口高商教授 今泉浦治郎
高等専門学校入学費の実際計算	
▽横浜高工造船科	小島　正男
▽東京医科大学予科	藤本　省一
▽一高文科甲類	髙橋　貞夫
▽東京慈恵会医大予科	小菅　正雄
▽東京商大専門部	武藤　秀雄
▽慶大医学部予科	岸田　壮一
▽日本医科大学予科	市原喜代雄
▽横浜高等商業学校	原　幸男
▽東京外語独語部	及川　一郎
▽東京工芸精密機械科	谷　昌徳

▽東京高師文科二部　　　　　　　　　　瀬川　義纓
▽成蹊高校文科　　　　　　　　　　　　松島　通夫
▽東京女子医専　　　　　　　　　　　　北見　ヒロ
▽京城帝大予科理科　　　　　　　　　　高丸　茂
▽第一早高理科　　　　　　　　　　　　鈴木　義之
▽大阪商大高商部　　　　　　　　　　　森川　正人
▽東京帝大農教　　　　　　　　　　　　日浦　晃
▽大阪外語英語部　　　　　　　　　　　香坂　龍男
▽東京高産養産科　　　　　　　　　　　大塚　利助
▽東京高芸木材科　　　　　　　　　　　金子　義寛
▽上田産絲製絲科　　　　　　　　　　　室岡　茂克
▽山梨高工電気科　　　　　　　　　　　内田　重春
▽第二早高文科　　　　　　　　　　　　高橋　政雄
▽神宮皇学館本科　　　　　　　　　　　藤本　吉雄
▽千葉医大薬専　　　　　　　　　　　　水口　純
▽国学院大学予科　　　　　　　　　　　坂田　憲勝
▽日大工学部予科　　　　　　　　　　　的場　潔
▽東京歯科医専　　　　　　　　　　　　杉田　潔
炬火台臺のアウトライン　　　　　東京外国語学校 吉田　呑天
問題紙が出来る迄（入学試験秘聞）　　　森里　村生
東北帝大数学教室の思ひ出　　　　前某高工教授 那川　空穂
大学は出たけれど（就職対話）　　　　　えす・ひろはる
健康と学校の選択　　　　　　　　医学博士 前田珍男子
全国高等専門学校入学試験問題集（四）
　　▽東京美術学校
　　▽東京慈恵会医大予科
　　▽神戸高等商船学校
　　▽水原高等農林学校
　　▽台北帝大農林専門部
　　▽京城高等商業学校
　　▽神宮皇学館
　　▽金沢医大薬学専門部
　　▽南満州工業専門学校
　　▽東京音楽学校
　　▽日本医学大学予科
　　▽大倉高等商業学校
　　▽鳥取高等農業学校
　　▽巣鴨高等商業学校
　　▽満州医科大学予科
　　▽大阪高等医学専門学校
　　▽九州医学専門学校
　　▽岩手医学専門学校
　　▽明治薬学専門学校

▽京都薬学専門学校	
▽九州歯科医学専門学校	
▽大阪医科医学専門学校	渡邊弥太郎
東京市内図書館巡り（一）	
懸賞誌上模擬試験問題	多田　齊司
（和文英訳）	姫路高等学校教授 田島庄之助
（国語）	東京高師講師 安田菊太郎
中等学校英語リーダー難句難文詳解	天理中学教師
各種女子専門学校入学試験問題	
▽東京女子医学専門学校	
▽帝国女子医学専門学校	
▽大阪府女子専門学校	
▽長野県女子専門学校	
▽京都府立女子専門学校	
▽廣島女子専門学校	
▽神戸女学院高等部	
▽活水女子専門学校	
▽大阪女子高等医専	
▽東京女子歯科医専	
▽宮城県女子専門学校	
懸賞誌上模擬試解答並講評	出口　一郎
▽英文和訳（五月号出題）	東京府立三中教諭 依田　操
▽平面幾何（五月号出題）	東京府立三中教諭
本年度全国臨時教育養成所入学試験問題	
外務書記生及外務省留学生採用試験問題	
最近の入学検定試験案内	西川　敏彦
保健顧問	医学博士 田原　春次
海外渡航顧問	横濱外語講師 竹野　長次
受験作文	早稲田大学教授
原稿募集	
▽記者より	
▽受験顧問	
▽読者欄	
▽模擬試験合格者	
▽新刊紹介	
▽既刊号目次	

3　特集号

表1.2.6は1920（大正9）年5月1日号から1932（昭和7）年8月1日までの『受験と学生』の特集タイトルを一覧化したものである。もちろん，この一覧は，

特集タイトルのすべてではない。その限界はあるが，この表からわかることは少なくない。

第1には大正期においては，どちらかというと高校の試験官の各科準備法，試験に関する準備などの「受験技術・方法」に関する情報が主体となって発信されていることを見て取ることができる。

第2に昭和期に入ると，「受験技術・方法」だけでなく進学に関する情報も特集化されることになる。受験生の立場に立てば，9月以降は受験準備の実力養成がさらに図られる時期である。同時に，入学したい学校すなわち「目的学校」の選定をしなければならない。どのような学校を選んだらよいのか，自分の実力と見合った学校とは何であるか，その志望校をきちんと決めて傾向と対策をとらなくてはならない時期である。

例えば，1928（昭和3）年9月1日号の『受験と学生』はその特集号のタイトルを『目的学校選定号』としている。さらに，時代が下がっていくと，1929（昭和4）年7月1日号『就職と学校選定号』，1930（昭和5）年7月1日『目的学校選定号』，1931（昭和6）年7月1日『志望学校案内号』，1932（昭和7）年7月1日『志望学校研究号』となっている。

第3には，受験情報や進学情報に加えて，学生生活情報や独学情報も発信されるようになる。例えば，1928（昭和3）年11月1日『学生煩悶解決号』，1929（昭和4）年11月1日『独学苦学研究号』，1930（昭和5）年9月1日『給費学校案内号』，1930（昭和5）年11月1日『私学研究号』，1930（昭和5）年12月1日『傍系入学研究号』などである。『給費学校案内号』には「本年は昨年に比して一般高等専門学校の志願者が著しく減少した。其の原因は財界の不況にある事もうすまでもないが尚詳しく云へば，財界不況の為め，学費至便の立場にある父兄の懐工合が悪くなった事と，深刻な就職難を見て，卒業後の生活に不安を抱く者が多くなった事による」と述べている。給費学校の特集を組んだのは慢性的な経済的不況に伴う卒業後の就職難に対する不安を払拭するためであったといえよう。

このように雑誌の特集記事を見ただけでも当時の受験，進学，学校を巡る時

代背景が映し出されてくるのである。さらに,『受験と学生』は『私学研究号』と『傍系入学研究号』を特集しているが,これなどは不況の影響によって傍系に入学したいという受験生の相談が『受験と学生』に設置してある「受験顧問」に多く相談が寄せられた結果であると『受験と学生』の記者は述べている。おそらくこれらの特集は,この「受験顧問」に寄せられた受験生の質問に答える形で組まれたものであると考えられる。

同誌の編集人,山田邦佑は『小酒井五一郎追悼録』(1963 年)において「2・26 事件当時……『受験と学生』という,旧制の高等学校や高等専門学校のための,中学生相手の雑誌がますます盛観をきわめていた。これは,そうした学校の入学難が,いかにはげしかったかと,いうことを,裏書きすることにもなるのであるが,そこには,新興出版社の××社の『××時代』という,同種の受験雑誌があって,しのぎを削っていた。ことにひどかったのは,入学試験直後の臨時増刊号,その問題正解号の発売で,量にして,まさに電話帳ほどのボリュームの大冊を,寸秒をきそって,××社と張りあったことである」と記している (227 頁)。

表 1.2.6 特集号一覧 (1920 年から 1932 年)

年 月 日	項 目
1920 年 5 月 1 日	高等学校入学準備号
6 月 1 日	入学試験問題号
9 月 1 日	受験準備開始号
1921 年 1 月 1 日	大正 10 年受験準備号
年 2 月 1 日	入学試験予想号
年 6 月 1 日	新準備著眼号
2 月 1 日	全国受験地案内号
5 月 1 日	入学試験大観号
1923 年 5 月 1 日	入学試験大観号
6 月 1 日	新受験秘訣号
10 月 5 日	受験準備号
1924 年 1 月 1 日	大正 13 年受験案内号
2 月 1 日	入学試験予想号
5 月 1 日	入学試験講評号
10 月 1 日	受験準備開始号
1925 年 2 月 1 日	入学試験予想号

	5月 1日	入学試験講評号
	10月 1日	受験準備開始号
	2月 1日	入学試験予想号
	5月 1日	入学試験講評号
	10月 1日	受験準備開始号
1927年	1月 1日	大正16年受験準備号
	2月 1日	入学試験予想号
	3月 1日	ラストヘビー号
	4月20日	入学試験問題解答・講評号
	5月 1日	必勝を期する新準備開始号
	6月 1日	試験官教示の新準備着眼号
	7月 1日	最後の勝利へ！健康第一主義号
	8月 1日	炎暑征服の秘訣夏期休暇活用号
	9月 1日	全国学校選択号　実質の比較研究
	10月 1日	決勝的第二期新戦術号
	11月 1日	受験公開状号改正高校入試法
	12月 1日	新入試の対応策改正試験研究号
1928年	1月 1日	昭和3年受験必勝総準備号
	2月 1日	入試問題予想号
	3月 1日	口頭試問研究号
	4月 1日	合格答案作成号
	5月 1日	改正試験速報号
	5月20日	全国各高校入試問題解答講評号
	6月 1日	専門学校新入試問題解答講評号
	7月 1日	新奮闘合格号
		誌上夏期講習号
	9月 1日	目的学校選定号
	10月 1日	出題方針対策号
	11月 1日	学生煩悶解決号
	12月 1日	入学難易研究号
1929年	1月 1日	昭和4年必勝総準備号
	2月 1日	入試問題予想号
	3月 1日	ラスト・ヘビー号
	4月 1日	入学点研究号
	5月 1日	入試問題速報号
	5月20日	入試問題解答講評号
	6月 1日	新実戦体験号
	7月 1日	就職と学校選定号
	8月 1日	夏期休暇活用号
	9月 1日	全国学校研究号
	10月 1日	秋季白熱準備号
	11月 1日	独学苦学研究号
	12月 1日	入試科目予想号

1930年 1月 1日	昭和5年必勝総準備号
2月 1日	入試問題予想号
3月 1日	身体検査の実際と受験地案内号
4月 1日	答案の作成法と口頭試問対策号
5月 1日	入試問題速報号
5月20日	入試問題解答講評号
6月 1日	新合格者体験号
7月 1日	目的学校選定号
8月 1日	夏期実力養成号
9月 1日	給費学校案内号
10月 1日	必勝準備開始号
11月 1日	私学研究号
12月 1日	傍系入学研究号
1931年 1月 1日	新年特大号昭和6年必勝総準備号
2月 1日	入試問題予想号
3月 1日	ラストヘビー号
4月 1日	答案作成秘訣号
4月20日	昭和6年度入試問題解答号
5月 1日	入試答案講評号
6月 1日	新合格者体験号
7月 1日	志望学校案内号
8月 1日	昭和7年入学試験予備問題号
9月 1日	問題傾向研究号
10月 1日	秋季決勝準備号
11月 1日	英数国漢征服号
12月 1日	入試科目予想号
1932年 1月 1日	昭和7年必勝総準備号
2月 1日	入試問題予想号
3月 1日	暗記学科征服号
3月25日	新受験者激励号
4月20日	昭和7年入試問題正解号
5月 1日	入試答案講評号
6月 1日	合格答案公開号
7月 1日	志望学校研究号
8月 1日	英数国漢根底六百題研究
9月 1日	学校生活展望号
10月 1日	昭和8年入学試験予備問題号
11月 1日	独学苦学制覇号
12月 1日	最近出題傾向号

※このリストには，判読できたもののみ記入した。

4 紹介された受験・進学・学校情報

ここでは,『受験と学生』が最も力を入れて報道した高等学校（旧制高等学校）選択情報の基本的特質を,教育制度の歴史的構造と入学者選抜・進学との関連の問題のあり方との関連において検証したい。

（1） 高等教育制度史と選抜,入試,進学との関連問題

ここで取り上げる時期における高等教育制度改革の大きな施策は,臨時教育審議会の答申をうけて,1918年12月に公布された高等学校令である。この勅令に依り高等学校は,第1には,男子の高等普通教育の完成を目的として官立の他に公立,私立高等学校の設置が認められた。第2には修業年限7年制（高等科3年,尋常科4年）を原則とし,第3には高等科は文科・理科の2科制となり,第4には高等科のみを置くことも許された。この制度変革によって,それまでに設立された高等学校はすべて高等科一本の高等教育機関となった。

高等学校令の実施に伴い,1919（大正8）年以降,官立では地名高等学校として,東京（七年制）・新潟・松本・山口・松山各高等学校など17校が設置され,公立では富山・浪速・府立など,私立では武蔵・甲南・成蹊・成城各高等学校が設けられた。私立高等学校は7年制高校として出発した。

入学試験制度は1919（大正8）年から「高等学校高等科入学資格試験規程」「官立高等学校高等科入学者選抜試験規程」により総合共通選抜制が学校別入学試験制度となった。1925（大正14）年と翌26（大正15）年は「官立学校高等科入学者選抜試験規程中改正」により入学試験を2グループに分けて行う2班制が実施された。この制度は1927（昭和2）年まで続いた。卒業・入試時期の問題は,もう一つの重大な変更だった。

では,このような制度改革を『受験と学生』はどのように受験生に伝えたのだろうか。

1921（大正10）年1月号は「大正八年度以降大正十三年に至る六ケ年計画を以て,高等教育機関の大拡張を企図としてより,年年数校の開校を見るに至つ

た（中略）所謂「学士になれる学校」が官立私立を通計して二十三校を算する事になる。学校乃至卒業者の自由競争，実力競争は愈ゝ実際的の域に入った」（2頁）と述べ，続いて「高等学校の学年開始期は新学令に則り愈ゝ十年度より四月に改り，従つて一般専門学校同様入学試験は三月施行の事となつたが，専門学校竝高等学校の志願者の志願者関係は，果して如何」と問い次のように述べた。

　　試験期が他の一般専門学校及大学予科と同期になつた為に，従来三・四月に専門学校乃至大学予科を受験して，不合格者は再び七月に高校を受験し，或は一度私立の大学予科に入学後，高校を受験するが如き事は不可能となった。（中略）諸君よ，諸君の志望，進むべき学校，最善の受験準備――此等の選定・努力に対して，飽くまでも真摯にして賢明成らん事を，記者は衷心より冀望する（3頁）。

1924年10月号に，記者は，「明年度受験界の新現象」という一文を掲げ，次のように記した。

　　官立高等学校の拡張計画は一先づ終を告げて今年開校した分までの二十四校で打切となつて，明年はもう新たに開校するものは無い。従つて新開校の学校に対する受験心理の動揺，受験作戦の苦心はなくなる訳で，今後は比較的落附いた学校選択が試みられよう。
　　二十四校の何れに受験するか，学校の新旧，自己の実力，家庭の事情に赤裸々に直面して考量する事が第一要件である。これが本当の意味の受験策戦である。（中略）明年の高等学校の入学試験科目は何か，明年一月十日前後でないと発表されないが（中略）外国語，数学，国語，漢文は毎年動かないが，其の外は，地理，歴史，化学か。これは合理的予想である。歴史も毎年日本史か西洋史に限られていたが，高等学校の東洋史担任教授会，東洋史も試験に課するやうに，文部当局に申請したそうであるが，果して

実現するか。さうでなければ明年は西洋史の番である (2〜3頁)。

　ここには，官立高等学校拡張計画の一段落の様子と入学試験科目に東洋史が追加されて課される状況を伝えた。

　翌年の 1925 年 7 月は「春の官立高等学校長会議と言ふものは，割合に平凡に終始して，入学試験期日をきめる事とか——それも一二日早くなるとか遅くなるとか言つた様な——又は試験科目を一つ二つ入れかへる位で，あとは建議案位のものであつた」が，「今年は，前から少々雲行きがかはつて」いたと次のように報じた。

　　岡田文相が，文部省案として，入学難緩和の一つの方便として，高等学校の入学試験を二回に分けて行ふと言ふ噂が伝つて居た。然し，これには相当実行難が伴ふことは誰しも考へて居た。もう一つ，年齢の多いものが入ることは困るから，或年齢以上は制限しようなどと校長側で相談してるとの説も伝つた。これは学校側から言へば多少の理窟はつかうが，「専検」や，「高検」を受けて独学者に機会均等を与へる事とした意識と甚だしく背馳するので，もし実行される様な機運があるなら反対し，それに代へるに，むしろ受験回数の制限を以てすべしと，之れが消息通の間に於ける輿論であつた。幸に，此の後者はものにならなかつたことを，受験生諸君の為めに喜ぶが，五月五日からの校長会議は，受験期二分案の為めに，甚だ穏やかならぬ雲行きをつくつた。が，結局，二分案は五月十三日，最終日を以て成立したのである。
　　今年だけのこととは決して思はないが，よく受験生に悲劇が起こる。高等学校へ入りは入つたが，猛烈な勉強の為に神経衰弱になつて死んだり，入れないのに悲観して死んだり，新聞紙上にあげられただけでも，今年は若人の死は普通より多く見えた。多少考へねばならぬと思ひつかれたらしい。そこで開会劈頭，「高等学校入学者選抜試験に関する件」を附議

し，(イ)十五年度より全国高等学校を抽籤を以て二組に分ち，第一組が先ず同一日に共通試験を行い，(ロ)次いで，第二組が同一日に共通試験を課すること第一組の如くすること，即ち，同一年度に，二回受験するの機会を与えようと言ふのであるが，之には次の如き困難がある。(中略)当分は，第一班を先に試験を行ふこととし，入学志願者は前後二回の試験を受けられる事。但し，志願すべき学校は第一班及び第二班に含む内の一校づつたる事。而して入学志願者の受験すべき学校は，志望学校中の一校たるべき事。前後二回の選抜試験を受けんとする者は，志願学校の何れにも合格したる場合に於ける入学志望順位を附して受験する学校へ出願すべきこと。選抜試験問題は各班別に同一とすること。(中略)之を受験者諸君の為に解訳すると次の如くなる。(一)来年から，一高と三高と云ふが如く，二つの試験を受けられること，さうして受かつた方へ入られること。もし二つ受かつた場合の為には，願書を出す時にどちらかの一つを書いておくこと。(二)二校を受けるにしてからが，七高のある鹿児島で七高と共に，第二班のどの学校でも受けられること。(三)入学試験の科目は，全科目を課するなどの説もあつたけれど，二回に行ふ為め事実上行はず，之までは試験科目は其の年の二月頃でなければ発表しなかつたものを，十二月末に発表する事としたので，準備に一ヶ月半強の余裕が生じたこと。(四)試験問題が二通りになつたこと。これらの事が，特別に従来と変つた事である。

官立高等学校入学者選抜試験の2班制は受験生の悲劇をもたらした。すなわち高等学校に入学したが，「猛烈な勉強の為に神経衰弱になって死んだり，入れないのに悲観して死んだり，新聞紙上にあげられただけでも，今年は若人の死は普通より多く見えた」といわれる状況が大きいことがわかる。

さらに記者は実業専門学校の動きにも注目して次のように伝えた。

　此のことが，パツと世間に発表されると，驚いたのは，その日から開く実業専門学校長会議であつた。之まででさへ，実業専門学校は，高等学

校に入れなかつたおこぼれを拾ふ様な形になつて居たのを，愈々之れでは素質低下に導くこととなる。殊に，此の春の景気を見ると，高等学校へ入学が出来た為に，折角，一方へ入れた権利を放棄して取消しをしてしまつたので，高等学校と同時の高工や受験者の少し毛色の変つた高農には影響が少かつたが，少し遅れて試験をした高商の中では，高松高商（入学者）二二二（取消者）九九（差引）一二三，小樽高商（入学者）二三六（取消者）六六（差引）一七〇，福島高商（入学者）一六〇（取消者）四九（差引）一一一，の如き，散々な体裁を演じた（中略）此の一班二班の組合せから出発して，と云ふ風に受験地が設けられてあつた。(一) 志望の学校の一班二班を通じて努力するか。(二) 志望の学校の一班に努力して見て，外れた場合を予想して，他の種の学校の二班に受験するか。どちらかに定めねばならない。

さらに，次のように記している。

　変つたのは官立高等学校だけではない。公立学校も之れに伴ふ。私立高校は今迄通りだと思つていいが，富山高等学校などでは，南日校長が，多分第二班の方へ入れずばなるまいと言つていたし京城帝大予科の小田科長は，一班と二班との間にでもしようかと之れも相談の為めに，大急ぎで帰鮮された。二通りの高等学校の入学試験同様，それがどう編まれるかは見物であるが，割合に変るまいかとも思ふ。異常なショックを起した実業専門学校では，之れまですら，高校に掣肘され勝であつたから，今度は積極的に自分の方で内容を天下に周知せしむる方法をとり，迷はず，ぐらつかず，一路我が校へ精進する生徒を求める考へであるとの事である。此の秋頃から，ぽつぽつさうした運動が始まることと思はれる。また，校長会議の文部省への建議の一つに，実業専門学校にも春秋二回入学せしむるの件が可決された。高等学校の専攻科設置も建議された。前者が実行される事となると，多少，私立学校側が影響すると思ふが，建議が実行案として灼熱して来るには，費用も要ることとて，今直ちに実行されるとは思はれな

い。但し，高等商船学校では，従来とても東京，神戸とも春秋二回づつ試験をして入れて来て好結果を得て居るのだから，実行すればいいには相違ない。

記者はこの新制度の実施から，遠からず，次の事が産れると思ふ。即ち，(一) 従来は両校に入学を許されたる場合に，自由選抜によりて入学を決定し得たが，(二) 之れから，前に発表された学校へ必ず入学せしむることとする事，に，つまり従前の旧制度に還元されるではないかと思ふ。記者の語つた実業専門学校の一校長が，稍その口吻を匂はして居た。既に，同種の学校へ二回の受験を許されたならば，さうした形にされても敢て不平も言へまいではないか。

記者は，明年から受験者諸君は，高等学校なら高等学校を，高工なら高工を，ハッキリ自問自答して，行くべき道を確立せられた方が，遙かに怜悧であることを，ここに明言しておき度いと思ふ（2〜7頁）。

1929（昭和4）年9月号の記者は「明年度の高校入試科目と在学成績問題」を掲載し「昭和二年九月末の全国高等学校入学試験の二班制が廃止され，同時に試験科目其他に就いて大改正が行はれるやうになった事」を伝えた（2頁）。

1927（昭和2）年11月22日文部省令第28号により，高等学校規程中に改正が行われた。第44条には「当該高等学校尋常科ヲ修了シタル者以外ノ入学志願者ノ数高等科各科ニ入学セシムヘキ人員ニ超過スルトキハ入学前ニ於ケル学業成績ト中学校四年修了ノ程度ニ依リ行フ試験ノ成績トヲ併セ考査シテ入学者ヲ選抜スヘシ但シ試験ハ之ヲ行ハサルコトヲ得前項ノ考査ノ外必要アリト認ムルトキハ入学志願者ニ対シテ人物考査ヲ行フコトヲ得」と定められた。同日高等学校試験制度改正に関して文部次官より各地方長官及び高等学校長に対して「高等学校試験制度改正ニ関スル件」についての通牒が発せられた。通牒には別冊として「官立高等学校高等科入学者選抜方法要項」がつけられた。それによると以下のようになっている。

① 入学者の選抜は志願者の入学前の学業成績と選抜試験の結果を合わせて考査する。
② 入学前の学業成績と選抜試験の結果を対等に評価する。
③ 各高校が入試を施行する。
④ 試験は一回実施，二班制を廃止する。
⑤ 試験科目は三科目以内，中学四年まで必修科目から選択し官報告示する。
⑥ 試験問題は各高校で作成する。但し暗記に偏るものは避けること，理解，判断，推理の能力を試す試験問題を作成すること。

記者は，暗記に偏るものは避けること，理解，判断，推理の能力を試す試験問題を作成することについて「果して之が実行されるであらうか」(2頁)と懸念する。さらに記者は「文部省では来る九月の下旬又は十月の上旬第二回の校長会議を招集するが（中略）受験生諸君はそれまでは試験科目の事などは顧慮せずに，只管自己の内容を豊富にする積りで，英，数，国漢の基礎科目を勉強されるが宜しからう」と注意を促している。

(2) 高等学校選択情報

『受験と学生』は，「学校選択情報」についてどのような情報を伝えたのだろうか。ここでは，「進学しやすい学校」はどのようなものか，というテーマに関する情報に注目してみた。1920（大正9）年8月号は次のように報じた。

　〇本年度各高校志願者数と難易順
　本年度十五高等学校の志願者数は左に示す通り二万三千百七十八名で，昨年の志願者数よりも三千二百六十一名増加している。而して昨年度の全体の入学率は七・〇二であつたが，本年は六・四〇で，〇・六二だけ低下している。之は，本年度新たに水戸・山形・佐賀の三校が開校されたるによつて緩和低下したのであるが，兎に角志願者が年々如何に増加するかが窺はれる。併し右の志願者数は正確な受験者数ではない。といふのは，一

名にて二校以上出願して置いて，願書締切後志願者の少い方を受験する者があるからである。
　次に各校の競争率を観ると，一高が最高で，次は三高，二高，水戸，山口，松本，松山，八高，山形，佐賀，新潟，五高，六高，七高の順で，四高が最低である。新開校の水戸は東京に近いだけに流石に多かつた。尚昨年の競争率は，六高が最高で次は一高，七高，八高，四高，三高，松山，五高，松本，二高，山口で，新潟が最低であつた。之と本年度とを対照すれば判る通り，昨年志願者数の少なかつた二高，山口等は本年は多く，昨年志願者の多かつた六高，七高，四高，五高等は本年は減少しているが，之が毎年の例である（34頁）。

　また，1922（大正11）年1月号は，「高等学校の合格点と入学者の学歴・受験者と入学者の学歴」と題して次のように報じている。

　高等学校には，四年修了者と中学卒業者は，どんな割合で受験し且合格するか。それを仔細に検するために，十年度一高入学者の学歴別表を下に掲げる。此の表の志願者学歴別表は，志願者でなくて，志願者の中の実際受験した者の学歴である。志願者もつと多く，従つて欠席者も他の高校同様に相当にあるが，之は受験者が数校の高校に願書を出して置いて，各高校の願書締切後志願者数の少い学校を選んで受験するからである。
　此（表略・筆者）の二表に依ると，中学四年修了者では，受験者も合格者も，何といつても其の年の四年修了者が一番多い。中学卒業者同様である。尚此の表には，専検合格者其の他の数が示してないが，高等学校入学資格試験合格者は中学四年修了者の中に入れ専門学校入学検定試験合格者其の他の入学者は，中学卒業者の中に入れてある事を断つて置く（79頁）。

　さらに，1922（大正11）年4月号は「本年度全国高等学校入学難易順」の中では，次のように記されている。

本年度全国高等学校の入学願書は、二月五日に締切つたが、各高校の志願者数は左表〔表略〕の通りである。志願者数は二八、四七一名あるが、之を昨年の二三、八五五名に比すると、今年の方が五千名ばかり増加している。併し高校は、願書を数校出して置いて希望の一校だけ受け得るので、願書の数を以て、実際の受験者の数を正確に計る事は出来ない。即ち実際の受験者数は、これよりも余程少い。

　志願者数から観た入学難易順は、左表の一、二、三の順位であるが、昨年は一高、三高、八高、水戸、六高、松山、二高、山口、松本、四高、七高、新潟、松江、五高、佐賀、山形、弘前の順であつた。本年佐賀が第三位を占めて居るが如き、昨年志願者の少なかつた所へ今年殺到するという傾向は依然として見る事が出来る。

　又、願書を数校出している者は、志願者数の多い処を避けて、志願者の少い処を受験するから、志願者の多い学校は、いざ試験となると、実際の受験者は案外に少い。従つて、志願者の少ない学校の方が、入学率が却つて高いといふ現象を呈する。だから受験心理の裏を掻いて、志願者の多い学校を受験した方が、却つて安全であるといふ奇現象を呈する。

　之は毎年の例であるが、今年は何れの学校に実際の受験者が殺到するか、受験者の策戦の興味は茲にある。因に、昨年の志願者一名に対する競争率は、最高の一高が九・九三、最低の弘前が三・四三であつた（34頁）。

超えて、1923（大正12）年4月号は「どの高等学校が入学し易いか」と問うている。

　「今年の全国高等学校の入学願書は二月五日で締切つたが、各高等学校の志願者の数は左表の通りである。この表に示す通り、今年の志願者総数は二萬九千百十六名で、これを昨年の二萬八千四百七十一名に比すると、六百四十五名増加している。尤も高等学校は、一人で願書を数校提出して置いて、其の中で志願者数の少い所を一校だけ受験する者が大分あるから、願書の数だけを以て、実際の受験者の数を計る事は出来ないのである。

今年の志願者の数から観た入学難易願(ママ)は，左表［表略］に示す通りである。一高，浦和，大阪，三高などは，毎年多いが，大体，昨年志願者の多かつた所は，今年少く，昨年少かつた所は今年多いといふ傾向がある。之は例年の例で，一昨年弘前が最も少かつたので昨年は動向に志願者殺到し，昨年多かつたから，今年は又少いといふが如き，其の一例である。

　志願者だけの数から見た難易順は斯うであるが，併し前に述べたやうに，一人で願書を数校提出して置いて，各学校が願書を締切つた後，其の志願者の多少によつて，なるべく志願者の少い所を受験するから，志願者の多い所は，却つて受験者が減少するといふ奇現象を毎年呈する。併し一高などは此の問題外である」(40頁)と報じた。

　1924(大正13)年4月号は「今年はどの高等学校が入学し易いか」で「本年の官立高等学校の志願者は総数三万二百八十一名で，昨年に比して七百七十四名の増加である。之が入学率を見ると，文科理科共に志願者六名に対し入学者一名の割合である。就中文科で其割合の最多なるは一高及び浦和の九名対一名であり，最少は新潟，弘前，高知の四名対一名である。理科も最多は一高及び大阪の九名対一名で，最少は山形，高知の四名対一名である。

　尤も高等学校は，一人で願書を数校提出して置いて，其中で志願者の少い所を選んで一校受験する者が大分あるから，願書の数だけを以て，実際の受験者の数を計る事は出来ないし，志願者の多い所(数校を除く他)が，却つて受験者が減少するといふ奇現象を呈し易い。従つて入学難易順はどんな番狂はせを来すか。

　昨年の志願者数は二九五〇七名であつたが，実際の受験者総数は二三四四二名(一高は志願者は三三一二名で受験者二三六六名)で，之を見ても，受験作戦上，同一人で数校願書を提出する者如何に多いかが窺はれる」(22頁)と報じた。

　1924(大正13)年9月号は「一高はどの中学から多く入学するか」(42頁)という記事は興味深い。この記事には一高入学者が多い順に一覧化された表が掲載されている。「東京一中」が53名，「東京四中」が52名，「東京五中」が32名，「東京高師附中」は14名，「麻布中学」が10名と続く。「開成中学」はずっ

と遅れて10位」である，と報じた。

1929（昭和4）年4月号は「本年度全国官立高校文理科別入学難易比較」という記事を掲載して次のように報じた。

> 文科に就て見ると，競争率の第一位は松江高等学校の一二・三一で，之は，高等学校としては殊に珍しい現象である。斯く志願者の殺到した理由は，例年地理的関係から，各地の秀才の多く集らないのと，国語及漢文，歴史（日本史）外国語の三科目で，数学がないからである。第二位は佐賀高校の九・六三で，之も地理的関係で全国の秀才が多く集らないのと，試験科目が国語漢文，地理（日本地理），外国語の三科目で数学がないからである。二校は，数学の不得意な中以下の受験者が殺到したものである。水戸高校の三・六一の下位にあるのは，何に帰因するか，誠に珍しい現象である。右の中，松江高校，佐賀高校などは，余りに志願者が多いから，数校出願している者は，志願者の多い出願学校を棄権して，他の学校を受験する者が多数ある事と思ふ。昨年度佐賀高校志願者が多いので，棄権欠席する者が三〇〇人もあつたので，一四・〇九の競争率は一〇・五〇に減じた如き実情を来すであらう。其他何れの学校も競争率は，棄権欠席する者があるから，上の表に示すものよりも低くなる訳である。水戸高校は志願者は少いが相当自信のある者が多いから，入学率は低くても，敢えて入学楽とは云はれない（62～63頁）。

おわりに

『受験と学生』は高等教育機関拡張期の出発期の1918（大正7）年に登場し，戦時中に『学生』と名称変更したものの戦後まで永きにわたって受験生に多くの高等教育機関受験情報を提供し続けた雑誌メディアであった。たしかに，1935（昭和10）年あたりから旺文社（欧文社）の『受験旬報』に発行部数などで追い越されたが，しかし，約3万部を発行した著名な受験雑誌であった。その

背景には研究社，とりわけ創立者小酒井五一郎の経営手腕があった。研究社は英語の辞書及び教科書，参考書などの出版で世に知られている。しかし，研究社のもう一つの顔があった。『受験と学生』（『学生』）の刊行は，その大きな軸の一つであった。

『受験と学生』は，

① 『螢雪時代』と同様，創業者の関与，経営手腕が大きかった。ただし小酒井は旺文社の赤尾好夫のように自らの教育思想を前面に出すということをしていない。
② 続いて，同誌の情報は第1は高等学校選択情報，第2は高等専門学校，そして第3は独学情報である。第1，第2では受験の予備知識・懸賞模擬試験としての練習問題，受験記などが主な情報であり，第3の独学情報は受験記などが主である。
③ 巻頭言には記者が高等教育制度と入学選抜との関係を受験界の変化という視点からとらえ，常にタイムリーな新受験情報を，受験対策指南として，的確，迅速に受験生に届けている。

今回は高等学校に焦点を当てたが，他にも多様な視点からの分析が求められるし，そのことが可能である。冒頭に述べたように『受験と学生』が受験・学習参考書という性格と，受験情報・学校選択情報を中心とした高等教育総合受験情報誌という性格との両面を有していたからである。

注
(1) 『受験と学生』創刊号，1918年，80頁
(2) 『学校法人海城学園百年史』1991年，184頁
(3) 『日本の出版界を築いた人びと』1985年，柏書房，206頁
(4) 田中治男『ものがたり・東京堂史』1975年，283頁
(5) 小熊伸一「戦時体制下における教育情報の統制」『教育学研究』第61巻第2号，1994年参照のこと
(6) 『英語教育史 5 英語教育事典・年表』東京法令出版，1980年，112頁

第3節　『螢雪時代』
——戦中戦後の高等教育志願者にもたらされた教育情報——

寺﨑　昌男・浅沼　薫奈

はじめに

　本節では旺文社によって1941（昭和16）年に「創刊」[1]された『螢雪時代』を取り上げる。戦時下から敗戦後までの新制度への過渡期において『螢雪時代』が果たした役割はなんであったのかを，誌面構成の変化・特徴，掲載情報のほか，旺文社社長・赤尾好夫による受験者へのメッセージや教育思想を通して分析を試みたい。

　『螢雪時代』は，戦中戦後にかけて最も著名な受験雑誌となった高等教育機関受験情報誌であり，本章第2節で取り上げた研究社刊『受験と学生』に次いで古い歴史をもつ。戦時下においては唯一の高等教育機関受験対策のための総合情報誌ともいうべき位置を占めた。

　前身誌は『受験旬報』という通信添削雑誌であり，1932（昭和7）年10月の創刊以降，誌名の通り月3回刊行されていた。『螢雪時代』へと誌名を変更し，通信添削を行うだけでなく受験に関する総合的な情報を提供していくべく内容の充実を図ったのは，1941（昭和16）年10月からであった。[2]そのためここでは，受験総合雑誌『螢雪時代』が「創刊」された1941（昭和16）年10月号から，戦後新制大学第4期の受験者たちが購読した1952（昭和27）年3月号までを分析対象として論じることとした。

　「螢雪」という成句は，中国の古典『晋書』の伝える故事，すなわち将来顕

官にのぼる若者たちが蛍の光や雪の明かりの下で勉強したという故事に由来するもので，熱心に勉学に励む意味として，卒業式の唱歌を通して，日本の学校でも広く知られていた語であった。しかし，こういった語を雑誌名に使用するということは他にほとんど類を見ず，斬新な試みであったろうと思われる。また，旺文社の社名はもともと「欧文社」であったが，戦時下において「敵性語」とされた「欧文」に連なることを避け，1942（昭和 17）年 8 月に「旺文社」へと変わっている。このことが示すように，戦中戦後に当たる 1941（昭和 16）年～ 1952（昭和 27）年の時期の『螢雪時代』及び旺文社からは，総じて「時局」への素早い対応と，努力精進への素朴な信仰とが，特徴的に見られる。

分析対象期の『螢雪時代』の発行部数の詳細は未詳であるが，唯一，国立公文書館所蔵『雑誌整備』[3] の記録によると，1943（昭和 18）年当時の用紙統制下にあっても，9 万 1000 部となっている。同記録に記されている当時の「総合学習指導誌」は 8 誌あるが，多いもので英語通信社『進学指導』の 3 万 6000 部，研究社『学生』（『受験と学生』後継誌）の 3 万部となっており，これらと比較しても，用紙統制下にもかかわらず『螢雪時代』の発行部数は格段に多く，高等教育志願者による需要が高かったことがうかがわれる。

1　旺文社（欧文社）と赤尾好夫

旺文社（欧文社）創業者である赤尾好夫は，1907（明治 40）年 3 月 31 日，山梨県東八代郡英村中川に，父良平，母ゆうの三男として生まれた。実際は 5 月 5 日生まれであったが，父親が 1 年早く学校へ進学させようとして 3 月生まれということにして届け出たという。家は肥料商を手広く営む商家であった。地元の中学校を卒業後，セネカの『幸福論』の影響を受けて東京外国語学校のイタリア語部に進学した。卒業後，不況の煽りと自身の健康を害していたことから企業への就職を断念し，2 カ月ほどの療養期間を経て，自分の才能を最も生かせる職業として選んだのが，出版業であった。父親から資本金 450 円を借用して，1931（昭和 6）年 9 月に『欧文社通信添削会』を立ち上げた。

地方の学生にも上級の学校に入れるような機会を与えてやりたいと考えた赤尾は、最初は会員を募り英語・数学・国語・漢文の問題の通信添削を行っていたが、翌32（昭和7）年には会員通信誌として『受験旬報』を刊行するようになった。『受験旬報』は10日に1回（月3回）の刊行であったが、そのうち少なくとも3分の1は赤尾が自ら執筆していたという。さらに、当時長崎高等商業学校の学生だった原仙作に『英文標準問題精講』（1933年）を書かせたり、『受験英語単語熟語の綜合的研究』、『英語基本単語集』（豆単）、『英語の綜合的研究』（1941年）、『エッセンシャル英和辞典』（1940年）など次々に刊行したりするなど、事業は急激に拡大していった。こののち、1941（昭和16）年10月号から『受験旬報』を『螢雪時代』と誌名改称して月刊誌[4]として発展させたことになる。この『受験旬報』創刊から『螢雪時代』へ移行していくまでの時期は、赤尾にとって「一番波風の少ないおだやかな時代」[5]であったと、赤尾自身懐顧している。そして、常にロングセラーの商品を生み出すことを念頭において仕事をしていた。1942（昭和17）年8月、赤尾は出版報国団副団長に就任するとともに、自社名の「欧」の字が敵国につながるとして「欧文社」から「旺文社」へと変更した。

　敗戦後すぐに、「戦犯出版社」として、旺文社のほか講談社や主婦の友社、家の光など7社があげられた。これに対し、赤尾らは一部民間企業に国家責任を転嫁すべきでないと反論した。それによって戦犯出版社とする解散は避けられたが、GHQによる著名出版人追放令により、「G項」に該当する者として赤尾個人は1947（昭和22）年11月に公職追放となった。しかしその半年後、東京外国語学校時代の友人小川芳男らの尽力によって、1948（昭和23）年5月に追放解除となった。赤尾は、再び出版事業拡大に乗り出していく。[6]

　追放前の1946（昭和21）年に赤尾はすでに『日米会話必携』を刊行し、ベストセラーとしていた。さらに追放解除によって戻ると、新制高校の発足（1948年）に伴って進学適性検査への模擬試験を実施し、大学受験のための『傾向と対策』シリーズ（1949年～）などの受験参考書のほか、『中学時代』（1949年創刊）や『高校時代』（1954年創刊）、『小学時代』（1975年創刊）など次々にヒット雑誌

第3節　『螢雪時代』

を刊行していった。また，1955（昭和30）年には赤尾自らの人生観や趣味などを語った『螢雪時代』の「巻頭言」の中から抜粋した文章を集め，『若い人のために』と題して刊行した。

　その後，赤尾は，こういった出版事業だけでなく放送事業にも深く関与し，多くの役職も務めた。日本文化放送の開局（1952年）に伴って「大学受験ラジオ講座」を毎日1時間番組として放送し，加えて「基礎英語ラジオ講座」(1955年〜)など放送数を増やし，さらに経営が思わしくなかった文化放送の経営に参画したことから，その代表取締役を務めた。またテレビ事業でも日本教育テレビ（全国朝日放送）の創設（1957年）から社長（最終的に名誉会長）として就任し，経営に携わった。赤尾は，学校教育だけでなく，こういった社会教育の振興や発展にも興味をもっており，ラジオ・テレビを媒体としつつ，「大学受験ラジオ講座テキスト」なども刊行していった。

　そのほか社会通信教育関係全般にも関わり，日本英語教育協会や日本英語検定協会の運営といった英語教育事業，LLセンターの設立，日本学生会館の設立，出版文化センターを（財）センチュリー文化財団として自身の収集した古美術品等を公開するなどの活動を行った。また赤尾は，小学生の頃から算術が得意で作文や和歌を好み，雑誌の懸賞にもさかんに応募していたが，ある懸賞応募がもとで3円を騙し取られるという詐欺にあった経験から，青少年の期待を裏切らないためにと，1957（昭和32）年に総理府・文部省の後援をうけて，旺文社内に「全国学芸コンクール」を創設した。自身では習字は生涯苦手であったとしているが，書自体には強い興味をもっており，社会通信教育協会会長をしていたことから日本書写技能検定協会会長も長く務めている。

　赤尾は趣味人でもあった。幼少時より銃に興味をもち，おもちゃの鉄砲を自分で作ってすずめを撃ったり，空気銃を持って遊んだりしていた。1939（昭和14）年から全日本狩猟倶楽部会長を務め，何度も全日本選手権の射撃競技に出場して団体優勝をしており，世界大会にも出場してスキートとトラップの二つの射撃種目で銀メダルを獲得している。

　赤尾の経営手腕は抜群であったという。旺文社や出版業界だけでなく，放送，

表 1.3.1　赤尾好夫略年譜

1907. 3. 31	（実際は5月5日）山梨県東八代郡英村に生まれる（父良平・母ゆうの三男）
1913. 4	英村尋常高等小学校入学
1920. 2. 4	母（ゆう）他界
1920. 4.	山梨県立日川中学校入学
1926. 3.	山梨県立日川中学校卒業
1927. 4.	東京外国語学校（イタリア語部）入学
1931. 3. 15	東京外国語学校卒業
1931. 9. 1	欧文社創業（目白文化村・東京市淀橋区下落合）
1932. 10.	『受験旬報』を創刊
1933.	『英語標準問題精講』（原仙作著）刊行
1938. 7	本社を新宿区横寺町55に移転（本格的出版活動へ）
1939. 4. 11	全日本狩猟倶楽部理事長に就任
1941. 10.	『受験旬報』を『蛍雪時代』と改題
1942. 4.	出版報国団結成（副団長）
1942. 8. 1	旺文社に社名変更
1944. 9. 20	旺文社を株式会社とする（代表取締役に就任）
1945. 8.	旺文社、「戦犯出版社」として名前をあげられる（自由出版協会（後の全国出版協会）を結成）
1946. 10. 26	城所鈴子と結婚
1947. 11. 13	G項該当で公職追放処分（東京都調布国領で自給自足生活を始める）
1947. 12. 27	父（良平）他界
1948. 5. 10	追放解除
1950. 1. 20	㈳全日本狩猟倶楽部会長に就任（～1979. 1. 30 退任）
1950. 9. 3	㈶日本英語教育協会理事長に就任
1952. 3. 31	㈶日本文化放送協会開局に伴い「大学受験ラジオ講座」放送開始（同年4月より「大学受験ラジオ講座テキスト」を創刊）
1954. 11.	第36回世界射撃選手権大会（ベネズエラ）出場。スキート・トラップで各々銀メダル獲得
1956. 1. 20	文部省認定通信教育連合会会長就任（1960. 1 社会通信教育協会会長）
1957. 11. 1	㈱日本教育テレビ創立に伴い代表取締役に就任
1958. 12. 17	㈶日本英語教育協会会長就任
1959. 11. 2	社会教育功労者として文部大臣賞受賞
1961. 8. 1	㈶日本書写技能検定協会会長就任
1963. 4. 5	㈶日本英語検定協会創立に伴い理事長に就任
1966. 2. 12	紺綬褒章受章
1967. 11. 11	藍綬褒章受章
1968. 9.	LL学習システム「カセットLL」開発
1975. 7. 8	㈶日本ラーニングラボラトリー教育センター設立に伴い理事長に就任
1977. 4. 29	勲二等旭日重光章受章
1979. 11. 29	㈶センチュリー文化財団設立に伴い理事に就任
1980. 7. 18	ローマ法王（ヨハネ・パウロ二世）より銀大勲章付大聖グレゴリオ市民二等騎士章受章
1985. 4. 29	勲一等瑞宝章受章
1985. 6. 26	㈱全国朝日放送取締役名誉会長就任
1985. 9. 11	急性心不全にて死去（享年78）　従三位に叙さる

教育など関係した関連事業はほとんどすべて順調に発展していった。これらの活動によって，赤尾は数度にわたって表彰を受けている。すなわち紺綬褒章 (1966年)，藍綬褒章 (1967年)，勲二等旭日重光章 (1977年)，勲一等瑞宝章 (1985年) を受章しており，その他にも文化放送を通じて教育文化向上に寄与し，キリスト教の布教に協力したとしてローマ法皇から銀大勲章付大聖グレゴリオ市民二等騎士章を授けられ (1980年)，また山梨県からは県政功績特別功績賞を受けている。1985 (昭和60) 年9月に78歳で亡くなると，従三位に叙せられた。

2　赤尾好夫の言説の特徴と戦時下の変化

　すでに述べたように，赤尾好夫は『受験旬報』という小冊子に近い情報誌を創刊し，それを『螢雪時代』に再編改称した。戦後は，公職追放という体験を経たのち社業への復帰を果たし，旺文社社長として働くとともに，『螢雪時代』の刊行や学習参考書・辞典の編纂，さらには広汎な文化・教育活動に参画した。この赤尾は，若い世代の学習や人生選択に関してどのような考え方を抱いていたのか。それは『螢雪時代』の分析に必要な論点であるに止まらず，昭和期の受験文化をリードした1人の人物の思想を理解することに連なると思われる。

　この項では，特に赤尾の考え方が色濃くあらわれている戦時下に限定して，(1)「進学・学校選択・受験」というテーマに関する赤尾執筆「巻頭言」のレトリックの特徴は何か，(2) 言説の内容は，太平洋開戦時と戦局逼迫期とで変化したか，という二つの視点から記しておきたい。

　赤尾執筆の「巻頭言」が掲載されたのは，誌名変更の 1941 (昭和16) 年 10 月号から戦争末期，臨時休刊となる直前の 1945 (昭和20) 年 4 月号までであった。全44編からなる。

　初回に当たる 1941 (昭和16) 年 10 月号の標題は「夢と現実」であり，最終回の標題は「信念」であった。通覧すると，レトリックに次のような特徴を指摘することができる。

　第1に，身辺瑣事のトピックから一般的な人生哲学に展開し，最後に受験や

勉学についての心得を示唆する，という順序になっていることである．これを仮に「日常性導入型のレトリック」と呼んでおこう．

「夢と現実」は日米開戦2カ月前の時点であるにもかかわらず，時局問題にはまったく触れていない．代わりに指摘しているのは志望校選びに関する「高望み」と「現実主義」の双方の問題である．

「青年に夢はつきものである」と認めながらも，「夢」派の若者は「外交官になりたいと言ふ．だが本人はとても一流学校に入る才能はないし，社交的でもないし，語学の才能もない．だがそんなことは殆ど考へずに，外交官になった自分を夢みて悦に入ってゐる」．他方「現実」派の青年は「徒らに現実の自己をみ過ぎて，わけもなく入学試験と云ふ様なものを怖れ，或は卒業後の給料の心配をしたり，仕事の適否などばかり心配してゐる」．続けて，日曜の朝自分の家に寝込みを襲って相談に来る学生の例をあげる．そして結局「夢と現実との間には必ず関連がなければならない」という教訓を示す．冒頭に具体的で具象的な例をあげ，それをきっかけにして人生訓または青年論を論じ，学校選択や自己発見につなぐ，というレトリックの原型が見える．

同じレトリックは，これに続く巻頭言の大半に共通していた．戦局が苛烈になって内地空襲が始まってからさえも，巻頭言の一部に残っていた．極端な例として「心構へ」(1944年11月号)においては，空襲に襲われたときの人々の対応の中からさえ，服装と人品，そして「学徒の覚悟」の関係を論じる．

　　　神田を歩いている中に空襲に逢った．街の様子は一変した．その時私はみた．服装が出来てゐる人は落ち着いて然る可き処置をするし，然らざる人は狼狽して走り廻るのを．

赤尾は，着飾っている婦人が泣き顔で走り廻る姿を「悲惨な滑稽」と言って憚らない．

そのうえで，

〔最近の政策変化によって〕上級学校の進学の方法に多少の変化をみた。それは勤労動員で働いてゐる諸君にとって，一応は考慮しなくてはならんことに相違ない。だが勤労動員も学問も総てが国家に捧ぐるものであるといふ信念の下に心の防空服装が出来て居れば何ぞ周章狼狽して右往左往せんや。

　日常性と人生論とをつなぎ，学業生活や進学・受験で結ぶ，というこのレトリックは，仏僧が行う「説法」の話術に似ていた。
　第2に，1942-43年頃には，導入に用いるトピックに大状況への配慮が加わる。すなわち「時局」や「戦局」への注意を喚起し，そこから進学・学問への意欲を喚起するという方法である。仮に「戦局呼応絶叫型のレトリック」と呼んでおこう。
　この説き方が最初にあらわれるのは1942（昭和17）年1月号であり「矢は弦を放れた」と題されている。総力戦の開始を声援し，それが「実に数百年に亘って世界に君臨してゐたアングロサクソンの二大国家との戦い」であることを訴え，「仮令如何なる事態に於ても青年の練成と云ふものが一日も停滞せしめられてはならない」「学問と云ふものは単に個人のためではない」という勉学鼓舞の言葉で結ぶ。こうした言説は，戦時下では他の論説でも決して珍しいものではなかった。しかし「日常性導入型のレトリック」に比べると，明らかに異質の論調である。
　その後，このような論調は次第に増えてくる。「無理」（1943年2月号）では戦争にも飛躍にも無理は伴うものだ，と説いた上で「此の無理，危険を押し通し而も失敗しない所に偉大なる人間の力があるのである。諸君の勉強に於ても亦然りである」と結ぶ。これが南方戦線における日本軍有利の戦況報道を多少とも反映したものであるとすれば，1943（昭和18）年後半に入ってからは，より直接的な説き方がさらに増える。
　「戦局と学徒」（7月号）では，精神と肉体双方を動員し尽くすことが総力戦であり，学徒もまた「国民」だという。「戦ひと学問」（9月号）では，すべては国

家のための学問だ，と強調し，「進学の基準」(11月号)では進学先の選択も個人的立場からでなく国家的立場からの選択であれ，と説いた。

　1944 (昭和19) 年に入ると，「相撲に関連して」(2月号)では，春場所見物の感想にこと寄せて「毎年春になると若い青年達が入試の関門に向かって突進する。僕は〔力士達が全力を挙げて争う姿と同じように〕突進する此の若い学徒の姿に同じやうな魅力を感じ，皇国の将来に対する限りない期待を，此の若者達に掛けるのである」というように，日常性導入型の文章はまだ残ってはいる。しかし，「胆力」(1月号)「勤労動員と学問」(7月号)「時局雑感」(8月号)「感覚の相違」(10月号) などのように，戦局への呼応を日常性導入型のレトリックにまぶして説く文が増える。特に「勤労と学問」では，勤労動員は学問を阻害するものではなく，かえって学問から形式性を脱しさせ，その真実の価値を発揮させるものだと論じる。結語は以下の通りである。

　　　真の学問を愛する学徒よ。安んじて剣をハンマーを握れ。此の中に真の
　　　学問探求の道は明瞭に存在してゐる。

　1945 (昭和20) 年に入ると「人間の力」(1月号)，「質と量」(2月号)，「反撃の好機」(3月号)，「信念」(4月号)と続く短文 (1944年度までの一編600字から450字に減った) に日常性導入の余裕はなくなり，話題を学業や進学に結ぶことも消え，すべてが時局呼応絶叫型に変わっていく。特に「質と量」では神風特攻隊の出現に寄せて「〔神風隊といえども一定の量は必要なのだから〕一億総てが神風隊となった時米英何ぞ怖るるに足らんや」と結んでいる。このころ，『螢雪時代』のおもて表紙裏には古今の勤皇の士らの詩歌が一号漏らさず連載されており (後述内容構成参照)，同誌は，もはや進学・受験情報誌というよりも，学生・生徒を対象とした戦意高揚誌の性格を強くもつものになっていた。

　以上のような言説の特徴と変化から，三つのことを指摘することができる。
　第1に，以上の巻頭言からも察せられるのは，戦時下であっても受験・進学という現象は消えてはいず，学校選択・受験といった行動それ自体は，受験

生たちの前にさまざまな形で存在していたという事実である（ただし次に「3.誌面構成とその変化」で示すように大きな比重は軍関係学校などにかけられてはいたが）。しばしば高等教育機関・大学の「崩壊時」に喩えられるこの時期にあっても，青年たちの前から受験・進学問題が消えていたわけではなかった。

　第2に，赤尾において一貫していたのは徹底した時代適応の思想態度であった。『螢雪時代』の変質だけでなく，旺文社自体が陸・海軍諸学校への進学情報や人材公募情報を積極的に広報していた事実を考え合わせると，上記の「適応」は軍部にも向けられていたことが容易に想像できる。

　第3に，「適応」そのものは，受験・進学情報の提供者として，また社主，雑誌発行責任者として不可避のものであったかもしれない。しかし，赤尾の巻頭言の対極には，修業年限短縮，勤労動員，学徒出陣，高等教育制度再編等の激動が続き，彼の言う「若き学徒」たちはそれらに翻弄されていた。だが，赤尾の言説には，それらの動きに対する一言の批評も，ましてや学徒擁護論も，見出すことはできない。教育情報の提供者であった赤尾は，青年「学徒」への激励者・叱咤者ではあったが愛護者ではなかった。特に敗戦が近づいた時点では，〈学習放棄・総力戦参加〉の明確な鼓吹者であった。

　巻頭言は，彼の戦後追放への前史を語る最も端的な証言であったということができよう。

3　誌面構成とその変化

　『螢雪時代』の誌面構成としては，一時期を除き，戦中戦後を通して毎号「巻頭言」が冒頭にあり，「実力錬成講座」や「特別指導」といった学習講座・学習指導のための欄，各界の識者や大学教授，中高教員，あるいは学生生徒たちが毎回学習方法や受験対策，受験制度や学校制度などについて語り合う「座談会」欄，「上級学校紹介記」や「学園紹介」など個別学校・大学を取り上げて紹介する欄，また「上級学校合格記」として学生による受験体験記が掲載されるというのが，基本的な構成となっていた。

表 1.3.2　1941（昭和16）年10月号（第11巻第25号，改題第1号）の構成

巻頭言	一受験生の回想
秋季実力練成講座（第二回）	学生短編小説
進学指導『第二期の勉強に就いて』	読者文芸欄
時事英文研究	上級学校ニュース・学園通信
不得意科目は斯うして克服せよ（上級学校教授ハガキ解答）	漫画　　マンガ集
『臣民の道』の学習研究	切抜帳
漢文学習の要訣	昭和十七年度海軍諸学校入試問題及解答
十六年度の入試から得た感想	誌上公開質問　進学相談　健康相談
秋の勉強会を語る座談会	ユーモア　読者の声　読者案内欄
全国医歯薬専数学入試の出題特徴とその対策	六月号懸賞問題解答及批評
全国医歯薬専英語入試の出題特徴とその対策	螢雪時代懸賞問題
栄冠を獲るまで	欧文社通信添削特賞者氏名　　表紙解説
弘前高校教授月旦（リレー式教授点描4）	メンタルテスト課題並入賞者発表
関西・東海方面学校巡り（商大・高商の巻）	原稿募集　七月号懸賞問題優良者発表
高校通信	次号予告
効果のある国史の勉強法	編集後記
ユーモアコント	別冊付録〈数学・誤り易き重要点と其の実例集〉

　戦中期全般に見られる特徴としては，一つに文部省関係者や大学人など教育関係者による論説・エッセーが数多く掲載され，時勢がいかなる人材を必要としているかといったことが繰り返し説かれていたことである。敗戦後には，こういった文部省関係者によるものはほとんど見られなくなる。

　二つに，断続的ではあるが「時事英文研究」や「時局常識」といった欄が設けられ，戦時体制下の時事的要素を多分に含んだ内容のものが見られるようになっていったことも特徴である。特に「時事英文研究」は，「英米陣営の焦燥」（1942年7月号）や「戦争と新語」（1942年8月号），「ダヴィンチ展と独ソ戦況」（1942年9月号），「戦時下の学生々活」（1943年1月号）といったようなテーマが選ばれていることからわかるように，戦時下の状況を色濃く反映した英文内容が大半を占めていた。同時に，「時局下英語勉学の意義」（1942年7月号）などの英語英文関連の論説も多数掲載された。しかし，こういった「時局英語」内容のものは，1944（昭和19）年1月号の「時事英文研究」欄内の「時文の研究とその応用」を最後として，一切見られなくなる。

表 1.3.3　1942（昭和 17）年 12 月号（第 12 巻第 9 号）の構成

巻頭言	官費・給費・学校の概要
詔書	栄冠は斯くて我が手に（進学準備記）
青少年に与ふ	小説
大東亜戦争戦争一周年を迎へて	学生小説
南方建設の理想	（学徒投稿）日本の歴史
技術者の信念	（苦学生記）開かれた門
義経の伝説と文学	（読者研究）鎧威一考
芭蕉から蕪村へ	上級学校ニュース　読者文芸欄
日本刀の持つ心	旺文社出版だより　（漫画）必勝の秘訣とは
細菌学の歴史	公開質問　進学・保健相談
特別指導講座	十月号懸賞問題解答及批評
戦時下学園の動きを語る（座談会）	懸賞問題　十月号懸賞問題優良者発表
歴史的に見た戦争と兵器	読者案内欄　メンタルテスト課題並入賞者発表
体力章検定の目標	次号予告　読者の声・ユーモア　原稿募集
初等教育への関心（進学指導）	編集後記
真摯なる抱負に燃ゆる学園（上級学校紹介記）	新しい観点に立った略解皇国史重要問題集
実力鍛錬講座（第六回）	

　一方，太平洋戦争開戦以降，「進学指導」欄は軍関係学校の紹介が主となった。同時に「職業指導」欄では「工業技術者たらんとする人々に」（昭和16年12月号）の次には「陸軍々人を志望する人の為に」（昭和17年2月号），「航空技術家を志す人に」（昭和17年6月号）といった軍事関係あるいは戦争生活を前提とした技術キャリアへの案内が多くを占めていくようになった。

　そして戦局が逼迫するにつれ次第に時局解説，軍事学校への進路指導といった欄が雑誌の前半部分を占めるようになり，学習問題は押し出されるように各号の後半に掲載されていくようになるのである。

　戦局が逼迫した時期になると，学習欄そのものに割かれる頁数は減少の一途を辿るようになり，変わって軍関係者による学徒動員・軍関係学校進学案内や時局解説が内容のほとんどを占めるようになっていった。特に，1942（昭和17）年から1944（昭和19）年にかけては「大日本の使命と学徒の覚悟」[7]「学徒よ起て」[8]といった，軍関係者らによる軍事動向に関する論稿が毎号数編掲載され，それが誌面の多くを占めるようになると同時に，「時局常識」や「動く

第1章 受験

表1.3.4 1944（昭和19）年9月号（第14巻第6号）の構成

巻頭言	日米関係の推移
青年学徒に与ふ	繁殖と遺伝
〈座談会〉海軍の訓育と新設予科制度	連続的変化ノ考察ト球面上ノ図形
（戦局解説）奮起勉励の自覚	物象学習の指針
潮風の中へ ―東京高等商船学校短期入学生に随って―	昭和二十年度海軍生徒（予科）募集要項
昭和二十年度海軍諸校数学入試問題研究	螢雪特報　進学保健相談・ユーモア
決戦下の僕等の生活	編集後記

世界（時局解説）」など戦時動向の解説が連載されるようになっていった。[9] わずかながら残された学習欄も陸軍予科士官学校教官が担当するようになり，彼らによって「特別指導講座 日本書紀の精神」や「実力完成講座 理科物象・物理の新精神」などが連載されるのみであった。

　敗戦直前の1944（昭和19）年以降はさらに頁数が激減し，創刊直後には総頁数200頁を超えていたのに対し，1944（昭和19）年5月号以降は64頁にまで落ち込み，その中には試験・学習問題がまったく見られないようになる。また，同年9月号以降は軍関係者による記事さえもなくなり，赤尾による「巻頭言」や編集部による「時局常識」のほか，断続的に掲載された「座談会」などによってのみ誌面が構成された。この期の内容は，戦局解説と学徒動員に関することのみで終始していたといってよい。

　なお，1945（昭和20）年4月号の刊行を最後として，敗戦前後の同年5月号〜9月号は刊行されていない。誌上にも特に休刊の知らせなどは書かれておらず，4月号の「編集後記」には「学徒敢闘記」を随時募集する旨が書かれていることから，休刊は戦局の悪化に伴い，やむをえない事情によって急遽行われたことと思われる。

　敗戦後，『螢雪時代』は1945（昭和20）年10月号より復刊された。

　復刊第1号は，「巻頭言」「学習指導講座」のほか，新たに設けられた「最近の時事問題」や「対談」などによって誌面が構成されている。復刊からしばらくの間，頁数は戦局逼迫期と同じく64頁のままであったが，内容は再び学習・試験問題が中心となった。1945（昭和20）年11月号以降は「時事英語」も復活し，

表 1.3.5　1945（昭和 20）年 11 月号（第 15 巻 8 号）の構成

巻頭言 進学を志す学徒に寄す 座談会・学園の動向を語る 進学する人々の為に（対談） 学習指導講座（国語解釈の訓練・等差数列と三角函数・ 　　　　　　英作文と会話・時事英語）	商船学校の前途 螢雪特報 編集後記 （小説）

　試験問題や受験対策問題欄も新たに設けられ，学習指導欄が頁の多くを占めるようになる。「学習指導講座」のほか，「英作文」「英会話」「模擬試験問題」「実力テスト」といった模擬試験問題が充実していく一方で，戦時下には誌面のほとんどを占めていた論説・エッセーが徐々に見られなくなっていった。

　新教育制度への移行が注目されていた中において，『螢雪時代』はいち早く論説や座談会のテーマに新制への移行問題や対策を取り上げた。赤尾は「巻頭言」において「入試制度への要望」(1946 年 1 月号) と題して新制度移行への注意を促すとともに，「座談会」のテーマとして「入試はどうなるのか」(1946 年 2 月号)，「新しい教え方と学び方」(1947 年 5 月号)，「特集　新教育制度　六・三・三・四制度を語る」(1947 年 5 月号)，「大学の変化と受験生の立場」(1949 年 4 月号) などを取り上げている。この「座談会」は，ほとんどの場合，赤尾が自ら司会をつとめ，新制度への対応策を具体的に講じ，受験制度への対応策を素早く示すような内容であった。

　その他，『螢雪時代』には「別冊附録」や「巻末附録」などの付録が付されていたことや，「懸賞問題」が巻末に掲載されていたことも特徴的である。

　1941(昭和 16) 年 10 月号〜同年 12 月号に掲載された「別冊附録」は，それぞれ，「数字・誤り易き重要点と其の実例集」「昭和十六年度入試に現れた国漢重要語句集」「昭和十六年度十月施行陸士・陸経・東船・神船入試問題及解答」となっている。1942(昭和 17) 年 1 月号〜1949(昭和 24) 年 8 月号には付録が付かなかったが，1949 (昭和 24) 年 9 月号からは『螢雪時代』本体を上回る頁数の「別冊付録」が毎号に 1 〜 3 冊 (第一付録，第二付録……のように) 付された。また，創

表 1.3.6　1951（昭和26）年4月号（第21巻第1号）の構成

グラビヤ	昭和二六年度新制大学入試要項
巻頭言	（二色刷）誌上添削教室
新制大学の前途	学生短編小説三等入選作
新旧両形式からみた各科解答のコツ	入試探訪
新たに受験勉強を始める諸君に	特別指導
（座談会）受験生の性格と進路と心構え	旺文社主催　進学適性検査模擬試験成績発表
昭和二六年度施行　進学適性検査について	懸賞問題
受験準備と時間の用い方	新刊案内　螢雪質問の頁　学園ニュース・特進員だより
大学生活の思い出	進学・保健相談　読者文芸・読者の声
昭和二六年度同志社大学入試問題並に解答	特進員募集　螢友会会員募集　時事用語解説
進学適性検査の新傾向	ユーモア・Xルーム・マンガ　編集後記
有名大学くさわけ物語	各科学習基礎講座（巻末附録）
本年度進学適性検査成績全国概況	別冊第一附録・第二附録
（付・各高校別成績一覧表）	

表 1.3.7　1949（昭和24）年9月号（第19巻第6号）の「別冊付録」

「別冊付録　＝学習指導講座＝」	
（生物）東大教授　沼野井春雄	（科学）御茶ノ水女大　林太郎
（国語）国語研究所　岩淵悦太郎	（解析）東大助教授　森繁雄
（世界史）東大助教授　吉岡力	（幾何）東大助教授　矢野健太郎
（物理）東大教授　金原壽郎	（英語）東外校長　井手義行

刊時より巻末に付されていた「懸賞問題」も『螢雪時代』の特徴の一つであるが，1943（昭和18）年9月号以降見られなくなっていたが，1946年（昭和21）9月号からは復活している。

なお，『螢雪時代』の定価は，1941（昭和16）年10月号の奥付を見ると50銭（送料2銭5厘）となっており，戦中期は1945（昭和20）年1月号より55銭へ一度値上げしている。敗戦後，復刊時の定価は1円（送料5銭）となり，1947（昭和22）年4月号より10円（送料50銭），1952（昭和27）年3月号以降の定価は80円（地方売価84円）となり，11年間でほぼ160倍となったことがわかる。

頁数については，1941（昭和16）年10月号は256頁であったが，用紙統制の影響からか1943（昭和18）年2月号では152頁，同年6月号は122頁と約半数まで落ち込んだ。さらに同年11月号は95頁と100頁を割ることとなり，休

第 3 節 『螢雪時代』　95

刊直前の 1944（昭和 19）年 5 月号〜1945（昭和 20）年 4 月号は 64 頁となっている。1945（昭和 20）年 10 月に復刊してからも暫くの間は 64 頁のままで，これは 1946（昭和 21）年 7 月号まで続いた。同年 8 月号〜翌年 3 月号は 96 頁と増頁されているが，4 月号から再び 64 頁に戻り，1948（昭和 23）年 12 月号までそのままであった。

しかし 1949（昭和 24）年 1 月号以降は徐々に頁数が伸び出し，1950（昭和 25）年 9 月号は 224 頁となり，これ以降は創刊時とほぼ変わらない頁数となった。1951（昭和 26）年 2 月号より 156〜186 頁となるが，これは付録が別冊となり内容が充実してきたためと思われる。

4　紹介された受験・進学・学校情報

さて，前述したように『螢雪時代』は戦中戦後を通して多くの学校を紹介していた。「学校紹介」の方法・内容としては，① 学生生徒による「上級学校紹介記」あるいは「受験体験記」(「上級学校合格記」「進学準備記」を含む)，② 編集部による「学校紹介」や「学校訪問」「進学指導」の記事中での志望校選定方法の指導や各種学校の紹介，③ 教員や職員といった上級学校関係者による自校の紹介，といった方法がとられた。また，「学校紹介」ではないが，各々の学校で行われる試験問題や個別学校募集要項が，時には学校当事者によって紹介されることもたびたびあった。

まず，戦中期のものを見ていくと，個別の「学校紹介」はそのほとんどが学生生徒による手記となっており，編集部や学校関係者による個別学校紹介は，稀に新設学校の紹介記事などが掲載される場合を除けば，ほとんど見られなかった。つまりこの時期の「学校紹介」は，学生生徒らが自分の通っている学校の特徴を示しつつ受験生に対して自校への受験を勧める，といった内容の「上級学校紹介記」(以下，「紹介記」) か，あるいは学生生徒自身がどのような受験対策を行ってどの学校へ進学したかといった「受験体験記」(以下，「体験記」と記す) のいずれかを中心としたものであった。

また，ここで紹介されている学校の種類は実に多彩であり，同年度中に同じ学校が紹介されることがほとんどないことからも，幅広い層の多彩な受験生が『螢雪時代』を学校選択の参考書としていたことがうかがわれる。

例えば，1941(昭和16)年10月号〜1942(昭和17)年3月号までの半年間の「紹介記」を見てみると，学生生徒らによって紹介された学校は35校ある。そのうち，鹿児島高等商業学校，長岡高等工業学校，仙台高等工業学校，大連高等商業学校，東京写真専門学校などのように高商，高工を中心とした高等専門学校の紹介が10校と，多くを占めていることがわかる。ほかに，戦時下体制の影響からか，水産講習所，気象技術官養成所，逓信官吏練習所などが紹介されている一方で，大学予科の紹介はごく稀であり，わずかに慶應義塾大学予科や旅順工科大学予科，台北帝大予科，神戸商業大学予科の紹介のみであった。なお，同様にわずかではあるが，第一高等学校・第三高等学校・第八高等学校といった高等学校の紹介もあった。

同時期の「体験記」を見てみると，紹介された合格体験記24件のうち，長崎高等商業学校や大倉高等商業学校，名古屋高等商業学校，横浜高等工業学校，千葉高等園芸学校，鹿児島高等農林学校，彦根高等商業学校，名古屋高等工業学校といった高等専門学校の体験記が10件とやはり大部分を占めている。そのほか，東京高等師範，広島高等師範といった高等師範学校の紹介が見られるほか，第二高等学校，第五高等学校，松江高等学校，高知高等学校，弘前高等学校といった高等学校などの紹介がなされている。

この後，1942(昭和17)年4月号〜1943(昭和18)年3月号までを見てみると，「紹介記」は37件，「体験記」は34件となっている。しかし，翌年度の1943(昭和18)年4月号〜1944(昭和19)年3月号までを見てみると，「紹介記」が6件，「体験記」が10件と，その掲載件数は激減したことがわかる。

昭和17年度の「紹介記」で紹介された学校は，前年度と同様にやはり高等商業学校，高等工業学校，高等農林学校などの高等専門学校を中心としており，全37件のうち16件を占めた。紹介された学校は，小樽高等商業学校，名古屋高等商業学校，京城高等商業学校，和歌山高等商業学校，大分高等商業学校，

多賀高等工業学校，名古屋高等工業学校，宇都宮高等農業学校，宮崎高等農業学校，鹿児島高等農林学校，千葉高等園芸学校，函館高等水産学校などのようになっており，そのほかには，京城鉱山専門学校，熊本薬学専門学校，千葉医科大学臨時附属医学専門部，東京高等師範学校などの学校を見ることができる。翌昭和18年度の「紹介記」で紹介された学校は，大阪高校，東京商船高等専門学校，千葉医科大学，慶應義塾大学，大分師範学校などであった。

　幾度も述べたように，戦中期は用紙統制の影響によって他誌と同様，『螢雪時代』も大幅に頁数の削減が行われた時期であった。また，読者によって構成されていた「紹介記」や「体験記」は投稿に頼るものであり，学園が戦時色を強めるにつれて連載が難しくなっていったと思われる。戦中期における学生生徒による「紹介記」あるいは「体験記」を見ることができるのは，1943（昭和18）年7月号までである。しかし，「編集後記」を見ると，戦中期最後に出された1945（昭和20）年4月号においても，読者に対して投稿を求める旨が記されており，このことから編集部側の「学校紹介」記事の掲載意思は戦中期を通じ，一貫して持続していたことをうかがうことができる。なお，主として軍関係学校の新設情報等に関しては，この間も載せられていた。

　復刊後は1948（昭和23）年5月号から「学校紹介」欄が見られるが，戦前期のそれとは大きく異なるものとなった。学生生徒らによる「学校紹介記」および「受験体験記」に変わって，編集部の取材によるものか，あるいは学校関係者による「学校紹介」が基本的な体裁となったのである。もっとも，学生生徒による「紹介記」「体験記」がまったく見られなくなったわけではなく，例えば1949（昭和24）年6月号〜同年8月号には「進学体験記」として学生による早稲田・同志社・中央・慶應義塾・関西・愛知・岐阜薬科・都立・津田塾の各大学合格記が掲載されているし，また1951（昭和26）年度のものには，「先輩より受験生へ」という欄で，学生が東京・京都・慶應義塾・奈良女子・九州・津田塾・一橋・早稲田の各大学を紹介し，また同年度の「進学体験記」欄では東京・お茶の水女子・京都・名古屋の各大学への進学体験を紹介している。しかし，いずれもごくわずかな頁数であった。

さて，1948（昭和23）年度の「学校紹介」は，編集部による「紹介記」が13件，学校関係者によるものが8件となっている。翌49（昭和24）年度の「紹介記」を見てみると，編集部によるものが4件，学校関係者によるものが23件となっている。前述したように，同年度には学生による「体験記」が9件見られるが，「紹介記」は一つもなかった。1950（昭和25）年度になると，編集部による「紹介記」のみとなっており，37件ほど紹介されている。なお，1950（昭和25）年度のみ「紹介記」の中に，日比谷・小石川・新宿・北園・両国・西・教育大付属・小山台といった都立新制高校紹介も含まれていることを特記しておこう。

1949（昭和24）年前後に学校関係者による「学校紹介」が集中したのは，言うまでもなく新制度の開始時期に当たったからであろう。また，紹介された大学も，東北，東京，名古屋，京都，九州などの旧帝大系のほかに，信州や新潟，広島といった新設の新制国立大学が紹介された。また，国公私立を問わず日本各地の大学がまんべんなく取り上げられており，津田塾やお茶の水女子，日本女子などの新たに「大学」として加わった女子大学も積極的に紹介されている。

このように，敗戦後の『螢雪時代』中における「学校紹介」欄の役割は，戦中期までの学生生徒によって自身が入学してから感じたことを中心に語った「学校紹介」をするための記事から，編集部が客観的に大学を評価・紹介したもの，あるいは学校関係者が受験要項的な内容を含めて大学を紹介する内容へと変化していったのである。

次に，『螢雪時代』に掲載された，個別学校受験対策のために設けられた「入試問題」欄について見てみよう。

さかのぼれば，『螢雪時代』にはいわゆる一般的な「入学試験問題」「学習講座」欄が多く設けられていたが，その中に混じって，個別学校入学試験問題にスポットを当てて，その傾向と対策を掲載することがあった。例えば，1941（昭和16）年10月号を見てみると，「全国医歯薬専数学入試の出題特徴とその対策」及び「全国医歯薬専英語入試の出題特徴とその対策」が掲載されているし，翌年1月号には「全国高商入試簿記の出題特徴と学習方法」といったものを見ることができる。休刊となる直前の1945（昭和20）年4月号にも，「昭和二十年

度官立専門・高師入試問題」が掲載されている。

　また，戦局が厳しくなるにつれて，軍関係学校への進学情報をより多く掲載する傾向へと変化していったこともあり，「昭和18年度陸軍諸学校入試問題・解答」(1942年10月号) や，「昭和20年度陸士予科数学入試問題研究」(1944年8月号) といったように，選択される学校種も徐々に軍関係学校へと広がっていった。

　このような，ある種の学校へ進学するための入試傾向を掲載すると同時に，各学校の教授陣自身が自校の入試結果を検討し評価したものも掲載された。例えば「十七年度英語・国漢入試成績の検討」(1942年5月号) や「昭和十七年度数学・物理入試成績の検討」(1942年6月号) といったものなどである。なお，「昭和十七年度全国上級学校入学競争率総覧」(1942年4月号)，「昭和二十年度高等専門学校入学者選抜要項」(1944年12月号) といった入試情報も，毎年欠かさずに掲載されている。

　敗戦後になると，復刊号である1945 (昭和20) 年10月号には「陸海軍諸学校出身者及在学者諸学校編入学実施要綱」が掲載された。さらに翌年1月号には「昭和二十一年度高等専門学校入学者選抜方針」が，また同年3月号には「昭和二十一年度全国上級学校入学者選抜要項」が掲載された。いずれも軍関係学校からの復員学生の編入学状況を意識した情報である。しかし，その後新制度が導入され，入試制度が整備されるにつれて，学校別の試験問題や対策等は見られなくなっていくのである。

5　教育情報の特徴とその変化

　これまで本誌の特徴として，英語英文関係が充実していたこと，戦時下において軍関係者及び文部省関係者の論説を積極的に扱っていたこと，「座談会」を多用していたことなどをあげてきた。最後にこの項では，それらの内容が具体的にどのようなものであったのか，読者に対してどのような情報やメッセージを送っていたのかを，記しておきたい。

まず，英語英文関係がどのように扱われていたかについて見てみると，戦中期から敗戦後までを通して連載されていたものとしては，先述の「時事英文研究」欄のほか，英語試験問題の入試傾向とその対策などが積極的に取り上げられていた。

「時事英文研究」は，1941（昭和16）年10月号～1942（昭和17）年4月号を原仙作が担当しており，続く1942（昭和17）年5月号～1943（昭和18）年3月号を花園兼定が，同年5月号～1944（昭和19）年1月号は「時文の研究とその応用」として須藤兼吉が担当した。初代の原仙作は，欧文社を立ち上げた当初，まだ長崎高等商業学校の学生でありながら欧文社のベストセラーとなった『英文標準問題精講』を執筆するなど，もともと欧文社と深いつながりを持っていた。また，須藤兼吉は当時東京高等商船学校教授であった。

そのほか戦中期のものとしては，「英語のユーモア」（1942年3月号），「英語の学力低下」（1942年4月号），「時局下英語勉学の意義」（1942年7月号），「英語学習の欠陥」（1943年8月号）といった，英語学習に関する論説もたびたび掲載されていた。

敗戦後になると，1945（昭和20）年10月号には「英作文と会話」が掲載され，また1949（昭和24）年2月号から同年12月号にかけては赤尾好夫とJ. B. ハリスによる「英会話」コーナーが設けられるなど，英会話が重視される傾向となっていった様子が見て取れる。『日米会話必携』のベストセラー化と関連していたのであろう。また，1945（昭和20）年11月号～1946（昭和21）年8月号には「時事英語」が掲載され，これは大和資雄が担当している。さらに1948（昭和23）年1月号～同年3月号には，原仙作による「入試英語時事論文研究」が掲載された。

1949（昭和24）年以降になると，英語のみを特にターゲットとした試験対策や論説が急激に増加してくる。敗戦後しばらくは「時事英語」や原仙作の「入試英語時事論文研究」が見られるくらいであったが，前述したように1949（昭和24）年2月号からは「英会話」コーナーが登場した。同年8月号からは断続的に「入試講評」として英語が取り上げられているし，そのほかにも「合格

答案の作り方『英語浮沈の分れ目』」(1950年4月号) や,「試験官の要望する学力『英語』」(1950年12月号),「新旧両形式からみた各科解答上のコツ『英語』」(1951年4月号),「出題者からの注文『英語』着実な勉強を」(1951年12月号) など,積極的に英語関係が取り上げられてくるようになるのである。

　次に,戦中期に多く見られた軍関係者及び文部省関係者による論説や試験問題を見ていこう。

　軍関係者によるものは当然ながら戦中期に限られ,掲載された期間は1942 (昭和17) 年1月号～1944 (昭和19) 年8月号となっている。この間に関係者が掲載した内容は,大きく分類すれば,①論説,②連載エッセー,③試験対策問題の三つに分けられる。

　①の論説については,「大日本の使命と学徒の覚悟」(海軍大将, 1942年1月号),「学徒の使命」(大本営海軍報道部海軍主計中尉, 1943年6月号),「青年よ山本魂に続け」(海軍大将, 1943年7月号),「戦局と学徒の使命」(海軍報道部海軍大佐, 1944年8月号) といったように,学徒の使命を説いたものがほとんどであった。ほかに,「決戦下の本校志望者に告ぐ」(陸軍少将, 1942年5月号),「我が陸軍の伝統と精神」(陸軍大将, 1944年4月号) といった軍関係学校への進学をうながすものや,「戦局と必勝の信念」(陸軍省報道部嘱託, 1943年7月号) などのように戦局を伝えるものがあった。②の連載エッセーについては, 1942 (昭和17) 年1月号～同年3月号に「時局常識」(情報局嘱記) が掲載され,続く4月号～10月号には「動く世界 (時局解説)」(情報局嘱記) が掲載された。また,③の試験対策問題は,例えば陸軍予科士官学校教官による「特別指導講座・日本書紀の精神」が1942 (昭和17) 年12月号～1943 (昭和18) 年3月号に連載されたり,同じく陸軍予科士官学校教官による「実力完成講座・理科物象物理の新精神」が1943 (昭和18) 年1月号～同年3月号に掲載されたりした。執筆者の肩書きは,上記のように海軍大将や陸軍大将から士官学校教官,報道部嘱託に至るまでさまざまであった。

　一方,文部省関係者によるものも同様に戦中期に集中していたといってよい。やはり①論説,②連載エッセー,③試験対策問題の三つに分けることができ

る。

　①の論説に関しては,『蛍雪時代』創刊時より1944 (昭和19) 年10月号にかけて, ほぼ毎号に文部省関係者のものが掲載されていた。しかし, それが同年11月号以降まったく見られなくなり, 文部省関係者によるものを確認できるのは, ようやく1949 (昭和24) 年1月号の「無名の偉人」(文部大臣 下條康麿) からである。それ以降1952 (昭和27) 年3月までの間で, 文部省関係者の執筆が確認できたものは,「短期大学の性格と構想」(大学学術局長, 1949年12月号),「昭和二十六年度新制大学入学者学力検査について」(文部省視学官, 1950年6月号),「新制大学入学資格検定試験について」(文部事務官, 1951年8月号), 文部大臣である天野貞祐による「人生の大道」(1952年1月号) が「巻頭言」として掲載されたものの計4件のみであった。戦中期における文部省関係者の論説は計52件であったから, 圧倒的に戦中期に集中していたといってよい。

　では, 戦中期に掲載された文部省関係者による論説はどのような内容のものであっただろうか。執筆者を見てみると, 文部省図書監修官が最も多く16件あった。この図書監修官によるものは,「決戦下の修身公民教育」(1943年4月号),「新制修身の指導精神」(1943年6月号) といった修身教育の徹底を図る内容のものが多いほか,「科学と皇国の道」(1943年8月号),「戦争と重工業」(1943年11月号),「科学技術戦と学徒」(1943年12月号) といった科学技術の増強を意図した内容のものも目立つ。文部省督学官や文部省教学官によるものも多くあり,「学制改革と学徒の態度」(文部省督学官, 1942年10月号),「青年師範学校に就いて」(文部省教学官, 1944年4月号),「商業専門教育の新発足」(文部省教学官, 1944年5月号) と題して戦時体勢下の臨時教育制度改正を述べたものが目立った。

　その他, 文部省体育局や文部省事務官によるものが見られるが, それは主として戦時体勢下における学徒の心がけを述べたものであった。例えば「夏の学徒動員の成果」(文部省体育官, 1943年10月号),「決戦下の学徒勤労動員」(文部省体育局, 1944年8月号),「学園の決戦態勢と進学」(文部省事務官, 1944年1月号),「決戦態勢の前進と進学」(文部省事務官, 1944年2月号) といったものであった。

　②の連載については, やはり戦中期の1943 (昭和18) 年4月号〜1944 (昭和

19) 年 2 月号に「(偉人伝)『英世と郷土』」(文部省図書監修官),「(維新志士伝)『真木和泉守保臣』」(文部省維新史料編修官),「(維新志士伝)『平野国臣』」(同),「(維新志士伝)『大田黒惟信伝』」(同)が連載された。③の試験対策問題としては,1943 (昭和 18) 年 4 月号~同年 7 月号に「改正要目学習指導講座進学指導の意義」(文部省事務官),1943 (昭和 18) 年 4 月号~同年 9 月号に「改正要目学習指導講座 皇国史の学習態度」(文部省中等教育課)があったほか,1943 (昭和 18) 年 5 月号~1944 (昭和 19) 年 2 月号に連載された「新しい理科生物教育」(文部省中等教育課),1944 (昭和 19) 年 5 月号の「文章の常識 (入試試験を顧みて)」(文部省事務官)及び「生物現象の考察態度」(文部省中等教育課)があった。このように,戦中期には軍関係者だけでなく文部省関係者によるものが誌面の多くを占めていたのであった。

　最後に,『螢雪時代』が精力的に載せていた「座談会」を見ておきたい。「座談会」欄は,特に戦局が厳しさを増した 1944 (昭和 19) 年後半から休刊となるまでの間における『螢雪時代』の誌面のほとんど中心をなしていたといってよい。敗戦直後にはますますその中心性を増し,大学新制度の導入の際には,特に一冊の中に二つあるいは三つの「座談会」や「対談」の特集が組まれることも珍しくないほどであった。

　初期の「座談会」欄を見ていくと,主として学習態度をテーマに掲げたものが多い。「秋の勉強法を語る座談会」(1941 年 10 月号),「時局下中等学生の学習態度を語る」(1941 年 11 月号),「重要学科の正しい勉強法を語る」(1942 年 4 月号),「理数科の正しい勉強法について」(1942 年 7 月号)といった内容が中心となっていた。これが徐々に変化してくるのが,1942 (昭和 17) 年 12 月号以降である。同号の「座談会」テーマは「戦時下学園の動きを語る」とあり,その後も「陸軍生徒の訓育と生活を語る」(1943 年 3 月号),「陸軍生徒の訓育と生活を語る」(1943 年 4 月号)といったような内容が見られるようになってくる。1943 (昭和 18) 年 5 月号~1944 (昭和 19) 年 2 月号では「座談会」は行われていないが,1944 (昭和 19) 年 3 月号からは再び「座談会」欄が掲載されるようになる。テーマは「体格検査を通して見たる中等学校学生の保健問題」となっており,以降

1944（昭和19）年度は10月号，11月号，2月号を除くすべての号に「座談会」欄が掲載された。それらのテーマは学徒動員かあるいは戦時下学生生活かのいずれかの内容となっており，「勤労動員の強化と科学技術教育」(1944年5月号)，「勤労動員と進学に就いて」(1944年7月号)，「勤労動員の明春の進学」(1944年12月号) といった学徒動員に関するものであったり，「商船仕官への道・清水高等商船学校の生活と環境を語る」(1944年6月号)，「海軍の訓育と新設予科制度」(1944年9月号) といった，軍関係学校への進学・学生生活についての内容であったりした。

　復刊した1945（昭和20）年10月号に最初に掲載されたものは，座談会ではなく対談形式で，テーマを「敗戦の後を省みて明日の学徒に贈る」として赤尾が識者と対談するというスタイルをとっている。この形式の対談は座談会形式と合わせて以降も何度も行われることとなる。「座談会」が最もピークを迎えるのは1950（昭和25）年度である。同年のものを見ると，同誌上において「座談会」や「対談」が複数本同時に掲載されることも多く，そのテーマのほとんどは新制度入試のあり方やその対策方法，また教科書内容の変化，大学側がどのような学生を望んでいるのかといった新制度移行に関するものとなっている。1951（昭和26）年度以降は，毎号に一つずつ「座談会」が掲載されるようになり，テーマも通常の入試対策や学習方法論となっている。

　この「座談会」参加者は，実に多様な人々によって構成されていた。大学あるいは上級学校の教授・教職員のみによる場合もあれば，そこに学生生徒らが加わることもあったし，学生生徒のみによる座談会もあった。座談会メンバーとして『螢雪時代』の編集者が加わることはほとんどなかったが，前述したように赤尾好夫だけは積極的に座談会や対談に出席し，時に司会をつとめており，多くの人々と，その時々に応じた教育のあり方についてさまざまな意見を交換していた様子が，うかがわれるのである。

おわりに

『螢雪時代』は，太平洋戦争突入直前の 1941（昭和 16）年 10 月に『受験旬報』から誌名を変更して「創刊」して以降，戦中期から敗戦後にかけての激動期においても実に多様な情報を送り続けた雑誌であった。特に，戦時下においては唯一の高等教育機関受験情報誌であり，多くの雑誌が縮小を余儀なくされていく中において，際立った発行部数を誇っていたといってよい。同時にそれは，戦時下にあっても高等教育志願者たちの前には受験・進学問題がさまざまな形で存在し，それが彼らにとってきわめて重要な問題であったということでもある。

『螢雪時代』が継続された背景には，旺文社社長・赤尾好夫の存在が大きく関与していたことはいうまでもない。赤尾の抜群の経営手腕に加え，時代適応の思想態度によって，戦時下における出版報国団副団長への就任や「欧文社」から「旺文社」への社名の変更，また雑誌『螢雪時代』に多くの軍事関係記事を盛り込んでいったこと，軍関係学校情報や文部省関係者の意見を多用することなどによって，『螢雪時代』は，受験参考書でありながら，青年向け教育情報総合誌としての役割を果たし，他方，戦時下を通してなお大量の出版部数を確保することを可能にしていったと見られるのである。

『螢雪時代』に見られる基本的な特徴は，1）「巻頭言」に赤尾のエッセーを掲載して赤尾の教育思想を常に発信し，それを念頭に編集した雑誌であることを大きく謳っていたこと，2）学習問題のみを掲載するのではなく論説や座談会によって学習論・学校論・時事問題を常に取り上げて情報を発していたこと，3）そして旺文社創設時よりあった通信添削や応募制の懸賞問題を学習者の励みとして断続的に行い，読者自身が投稿しまた学校紹介を行うことで読者参加型の誌面を形成していたことである。

敗戦後においても，『螢雪時代』はきわめて明瞭かつ「新鮮」な情報を送り続けた。新制度の導入に伴って受験制度が大きく変化する際にあっては，いわゆる試験問題だけでなく，座談会や対談に試験担当者や受験を経験した学生ら

を呼び，実際にはどのような試験を行っているのか，試験では何を見ているのか，受験では何が大切かなどを語らせることによって，新しい受験対策を的確にかつ迅速に受験生に届けていたのである。

このように，『螢雪時代』は学習参考書という側面とともに，総合受験情報誌としての側面を有していた。そのため，受験・進学・学校そのものについて，さらにそれを取り巻く社会的環境や制度変化について多様な情報を発信し，「時代」に対してきわめて適応的に対応しうる性格をもっていたのである。

注

(1) 前身誌となる通信添削雑誌『受験旬報』を基準とすると，創刊は1932（昭和7）年10月となる。
(2) ただし，月刊誌への移行はそれよりもやや早く，1940（昭和15）年9月からである。
(3) 国立公文書館所蔵『米国返還文書』中，『雑誌整備』。同資料については，小熊伸一「戦時体制下における教育情報の統制—教育雑誌の分析を中心に—」（『教育学研究』第61巻第2号，平成6年6月）中，「註26」に詳しい。
(4) 『螢雪時代』と改称された昭和16年10月号の「編集後記」には，「昨年九月に従来の旬刊を改めて月刊とした時に改題すべきものであったのですが，種々の事情から出来なかったものです」とある。
(5) 赤尾好夫「私の履歴書」『私の履歴書』第四十七集，日本経済新聞社，昭和48年1月20日，44頁
(6) 赤尾は『北海道新聞』（昭和50年4月13日）で，追放の経験について「この2年足らずの追放の間というものは，得るところが多かった」と語っている。実際に追放されていた期間は約半年間である。
(7) 海軍大将・末次信正，1942年1月号（11巻29号）
(8) 陸軍予科士官学校校長，1943年6月号（13巻3号）
(9) 「時局常識」は1942年1月号〜同年4月号に，「動く世界（時局解説）」は1942年5月号〜同年9月号に掲載された。同年10月号には「国内展望（時局解説）」が掲載されている。なお，すべて情報局嘱託・鈴木謙介によって執筆された。

第4節 『受験界』
――「専検」合格体験記の整理を手かがりに――

菅原　亮芳

はじめに

　ここでは，1920（大正9）年から1943（昭和18）年という長いスパンを時期対象として，雑誌『受験界』に所載された合格体験記，特に，「専門学校入学者検定試験」（後「専検」と略記する）の合格体験記だけをすべて抜きだし（見過ごしたものがなければ1920年から1943年に至る24年間に132の事例が掲載されている），それらを研究対象とし，年代別に並べて整理，検討することを目的とする。

　『受験界』に所載された合格体験記のフォームには，一定の共通性を見出すことができる。ほぼすべての体験記には，どのような環境のもとで「専検」受験を思い立ち，どのような受験勉強をして専検に合格したのかについて，すなわち，受験前の家庭環境，学歴・職歴，受験動機，学習のプロセスなどがこと細かに記されている。それらに加えて，試験場の様子や合格後の感想が書かれているものもある。かなりの共通性をもった合格体験記が毎号のように掲載されたという事実，その背後には，それに期待を抱いて読んだ数多くの読者の存在を想定することができる。合格体験記は，それを書いた本人と同様に専検受験を目指す読者に対する受験の指南書の役割を果たしていたのである。ただし，それは，教師の生徒に対する受験指導とは異なり，先輩の後輩に対するアドバイスに相当する位置づけであったと思われる。つまり体験記は，先輩と同様の境遇におかれた後輩がいかにすれば先輩と同じ「専検」合格に辿り着けるのか

についての直接的なモデルとしての役割を果たしていたといえよう。それゆえ，雑誌は合格体験記に多くの頁を割いていた。合格体験記に心酔して読んだ青年たちが数多存在したことは想像に難くない。

　ところで，筆者が，この合格体験記に着目するのは，それらから，戦前期において正規の中学校教育の機会にあずからなかった青少年たちが，どのような学習のプロセスを辿ることによって，正規に中学校卒業の学歴と同等の資格を得たのかについてを知ることができるからである。「専検」とは，後に詳述するが，中学校卒業の学歴を取得していない者が，それと同等の資格を得，専門学校の受験資格（専門学校によっては受験できない場合もある）を取得するための検定試験である。ちなみに，正規の中学校教育を受けていない者が，それと同様の教育内容を独自に学習するための手段として，「講義録」という活字メディアがあった。

　なぜ，『受験界』に着目するか。1920年代はどれほどの実力をもっていても学歴のない者は社会的に認知されず，報酬も少なかった時代であった。

　　学問おおくせしていふ証書
　　われ持たざれば頭あがらず
　　学問を持たで学歴持つ人と
　　肩ならぶるを許されぬ世界ぞ[1]

学歴社会の成立を多くの国民が感知し，その結果，中学校卒業資格のニーズが高まった時代であった。このような状況下で，該当雑誌は単独の専門学校受験資格取得の専門受験雑誌として登場し，長期にわたって刊行され，正規の学校教育以外の人々の学びを組織化しえた，唯一の雑誌メディアであったと考えるからである。

　ところで，これまで「専検」研究は関正夫・竹内洋・天野郁夫各氏，そして筆者のものがある[2]。しかし，雑誌メディアが「専検」の動静や合格者の学習体験情報などについてどのような基準に則って「専検」に関する情報を読者

に提供したかという観点に立った研究は部分的にしかなされていない。また，『受験界』そのものの研究は皆無と言わざるをえない。

では，受験専門雑誌『受験界』は，一体どのような選択基準を設けて「専検」の実態や受験者の受験動機や学習過程などを所載したのだろうか。「専検」情報を通して正規の学校教育にあずからなかった人々の学びをどのように組織化しようとしたのかを「専検」関係情報の分析を通して検証したい。

ここで行いたいのは，現時点までに収集しえた史料に基づいて，(1)「専検」制度の拡大・普及過程を中心に，その制度上の再整理を行い，(2)『受験界』の書誌的検討をし，(3)『受験界』に見られる「専検」の実態と動態を検証し，(4) 合格体験記に基づく合格者の経歴，動機，学習体験などを整理するという作業である。このような基礎的な作業の上に専検の特質と動態について若干の考察を加えてみたい。

1 「専検」試験制度史の展望

「専検」制度を歴史的に展望し法令の性格をもとに時期区分すると，次のように大きく3期に分けることができる。

第1期は1903（明治36）年から1923（大正12）年までの模索・形成期
第2期は1924（大正13）年から1931（昭和6）年までの確立・整備期
第3期は1932（昭和7）年からそれ以降の展開・戦時期

第1期は「専検」制度の模索・形成期である。
1903（明治36）年3月31日，文部省令第14号に依り「専門学校入学者検定規程」が定められた。

> 第一条　専門学校ノ本科ニ入学セントスル者ニシテ中学校若ハ修業年限四箇年以上ノ高等女学校ヲ卒業セサル者ハ此規程ニ依リ検定ヲ受クヘキモ

ノトス

　この規程によって「専検」制度は出発した。同年3月27日勅令第61号に依り専門学校を中等教育システムとの関連において明確にし、高等教育制度の中に位置づけることを目的として「専門学校令」が公布された。この勅令により帝国大学以外の高等教育機関はすべて専門学校という枠組みに統合されたのである。このことは中等教育と高等教育との接続関係が制度化されたことを意味した。専門学校への入学資格は原則として中学校あるいは高等女学校の卒業が必要条件とされた。つまり、中学校や高等女学校卒業者でなければ、原則、専門学校受験資格は付与されなかったのである。この結果、正規の学校教育以外の者は専門学校に入学どころか受験もできない状況が生まれた。そこに用意されたのが「専検」制度である。

　「専検」制度の特徴として、第1に、検定の種類は試験検定と無試験検定の二つのタイプであった。ここで取り上げるのは試験検定についてである。第2に、試験検定は、便宜上、官立、公立中学校あるいは高等女学校で実施されることになっていたが、実施するか否かは各学校の判断に委ねられていた。「毎年之を行なふものとは限らない」[3]放任主義的性格をもつ、不確実な試験であった。しかも、第3に、受験科目は、男子は修身、国語から図画、体操までの12科目に、女子は修身、国語から家事、裁縫、体操までの9科目に、一度の試験で合格しなければならなかった。「畢竟、禁止試験」[4]と言われるゆえんである。

　評論家・大宅壮一は、大阪の茨木中学校を自主退学した1919（大正8）年、「徳島中学で検定試験をうけ、百人近い中からたった一人、偶然にも合格した。退学されたお蔭で、いっしょに入学した仲間が四年生でいるうちに、私だけ卒業の資格を得た」[5]と述懐している。この回想からも明らかなようにきわめて難試験であったことがわかる。

　きわめて合格率の低い試験であるが、合格には100点満点で平均60点をとることが必要だったようである。

例えば，富山県立富山中学校所蔵の『明治四十三年以後専門学校入学者検定試験受験者名簿』に記載されたある生徒の場合は以下のような結果であった。

　　明治15年6月10日生／明治30年富山県立第一中学校入学／34年第5学年在学　中退学／43年3月検定受験（点数修身60・国語45・漢文60・英語70・歴史60・地理　地文67・代数50・幾何65・三角55・物理70・法制経済60）総点数662点平均点60　／明治43年合格証書授与[6]

　また，徳島県における「専門学校入学者試験検定心得」によれば，「第三条　各科目五十点以下六十点以上ヲ得タルモノヲ合格トス」[7]とある。これらから，試験の実施主体が府県である以上，出題内容も合格の裁量も各府県に任されていたであろうが，ほぼ平均60点で合格と共通性があったようである。
　第2期は確立・整備期である。
　上記の規程が改正（文部省令第22号）されたのは，1924（大正13）年のことである。検定の種類に変更はない。試験検定については，社会政策上の立場に立ち優秀な人材獲得という観点から大幅な改正が行われた。その変更内容の中で特徴的な点は，第1には，科目合格制度（合格証書を交付する）が導入されたこと，第2には，実施主体が文部省となり毎年少なくとも1回実施となったこと，第3には，出願期間や試験期日，場所は官報告示であったこと，第4には，検定料が5円から7円に増額，第5には，正規の中等教育機関で履修取得した学科目中1科目あるいは数科目につき，中学校あるいは4年制の高等女学校卒業者と同等以上の学力がある者と認定された場合には，その該当科目は試験を免除することとなったことなどである。つまり国家試験制度となったのである。
　第3期は展開・戦時期である。
　この時期の特徴は，従来，夜間授業を行う中学校に類する各種学校ならびに高等女学校に類する各種学校，すなわち夜間中学，夜間高等女学校に「専検」指定が認定された時期とも符合する。1932（昭和7）年に夜間中学が，1935（昭和10）年に夜間高等女学校が当該校の卒業生に専門学校入学者検定規程第11

条による指定内規に基づいて学校指定としての「専検」指定が認定されることになった[8]。

　翻って，出願者・合格者の特徴とその変化から見ると，第1期は統計数値が残されておらず全体を概観することはできなかった。『文部省年報』に出願者・合格者，科目合格者が記載されるのは1924（大正13）年以降のことである。すなわち第2期は出願者は男女とも漸増の傾向にあったのに対して合格率は徐々に低くなっていった。科目合格者は全体的に見ると漸増の傾向にあるが，女子の科目合格者は年々増加傾向にあった。しかし，第3期に入る1年前の1931（昭和6）年から出願者，合格者，科目合格者数は逓減していった。この逓減の理由は昭和初期から始まる慢性的経済不況による上級学校出身者の社会的待遇の劣悪化が背景にあると考えられるが，より直接的には前述したように夜間中学・夜間高女学校に「専検」指定が認定されたこと，夜間の実業学校の増加，甲種実業学校卒業者や1925（大正14）年には実業学校卒業程度検定試験合格者に「専検」合格者と同様の資格が付与されたことに起因していると考えられる[9]。『受験界』は，1935（昭和10）年3月号に「夜間通学する人せむとする人々へ」などを掲載し，夜間授業する中等教育機関を紹介した。

　しかし，1939（昭和14）年を境に出願者・合格者は急激に増加し，1941（昭和16）年には年3回の実施となった。戦争が泥沼化していく1944年以降は，出願者は大幅に減少するが合格率は高くなっていった。しかし，全体的に見れば合格率は平均5％程度と決して高い割合を示していたとは思われない[10]。それほど難しい試験であったのである。

　ちなみに，佐藤忠男氏は「専検」制度を次のように酷評した[11]。

　　独学が苦しいものだとされてきたのは，独学しようとする者の多くが，文部省の行う専門学校受験資格検定試験（専検といわれた）というモノモノしくバカバカしいものを目指してがんばったからである。

　「専検」は第二次世界大戦後，大学入学資格検定試験（通称「大検」）に統合さ

れていくのだが，文部省は「都道府県において行う新制大学の入学資格を認定する試験」を行うために 1948 (昭和 23) 年 5 月文部省告示第 47 号と改正告示同年 9 月第 79 号による「新制大学入学資格認定試験」制度をスタートさせた。これは旧制の中等学校卒業者及び「専検」合格者の大学入学資格を付与する試験制度であった。この試験制度は当時はよく知られていなかった制度であったといわれる[12]。大学入学資格検定規程が制定されたのは 1951 (昭和 26) 年 6 月 22 日文部省令第 13 号によってであった。2005 年 1 月 31 日文部科学省令第 1 号により「大検」は高等学校卒業程度認定試験 (通称「高認」) となった。

ここで研究対象とする『受験界』所載の合格体験記は，「専検」制度が国家試験としてシステム化されるようになって以降のことである。

2 『受験界』の書誌的検討

『受験界』は，いつ，誰が，どのようなねらいのもとに刊行したのだろうか。

1929 (昭和 4) 年，出版元である受験界社の社長・平岡壽は「創刊十周年の新年を迎へて」という一文を載せ，次のように述べた。[13]

> 試験制度の撤廃も屢々聴いている。されど駸々乎たる文明は暫時も止まず，一方人口の増加に随ひ，英才を輩出し，鈍物は続出する所謂玉石混淆の激しき今日，理想論は格別，限りある人物選択法としては，勢ひ試験制を採るはまた已むを得ぬ事象と言はねばならぬ。否時代の推移と共に益々熾烈ならむとするは自然の数のみ。されば吾人は試験難を喞つより，寧ろ積極的に晴の舞台で堂々と輸贏を決することが，男児たるの栄誉本懐ではあるまいか。既に試験が免れないものとすれば，周到なる計画と慎重なる準備と多大なる困苦とを覚悟して対戦しなければならぬ。此の間に処して後進受験者の師友たるべき指導機関は緊必の事たるに，世未だ此の挙なきを痛く概して起てるが抑々本誌の呱々の声を挙げたる所以である。

また1935（昭和10）年，平岡靖章は「顧みれば高文普文其他官界各種試験受験者の指導機関として後進受験者唯一の師表たるべく，暗夜の一大灯明として受験界が初めて呱々の声を挙げたのは大正九年の四月桜花爛漫と咲き乱れた春四月のことであった」[14] と記した。

『受験界』は，1920（大正9）年4月，受験界社社長・平岡繁樹の手によって創刊された。発刊の目的は「高文普文其他官界各種試験」「受験者の師友たるべき指導機関」として後進の受験指導に当たるというものであった。創立者・平岡繁樹は「福岡県の産，（中略）時恰も官界各種受験者が悲運に沈倫しつつあるを観るや，茲に之が指導に終生を委すへきの一大決意を堅め，之が警鐘して『受験界』を創刊（中略）大正十二年十一月二一日，遂に牛込甲良町の喬居に於て，溘焉として永遠の眠りに就かれた」[15] という。「故本社社長平岡壽君は福岡県朝倉郡三奈木村字城の出身。昭和二年四月叔父の平岡繁樹氏の後を継いで本社長に就任された」[16] のである。

ところで，受験雑誌が単独で，しかも本格的に出版されるようになったのは大正期に入ってからのことである。明治期には高等教育機関への受験希望者を対象に『中学世界』が定期増刊号として受験情報を提供した。他方で中学講義録などの発行所，大日本国民中学会は1903（明治36）年『新国民』を発行していたが，講義録購読者のみが手にすることができる限られたメディアであった[17]。大正期になると，1918（大正7）年に研究社が『受験と学生』を，1932（昭和7）年には欧文社（1942年に旺文社と改称）が添削指導をむねとする『受験旬報』（1941年には『螢雪時代』となる）をそれぞれ発行し，長期にわたって刊行し続けた。これらの雑誌のほかにも『受験世界』(1913年)，『受験燈』(1927年)，『学粋』(1929年)，『受験戦線』(1929年)，『受験往来』(1931年) などが刊行されている（口絵・資料編を参照されたい）。

他方で，資格検定試験を受験しようとする青年たち，とりわけ正規の学校教育以外の青年たちを対象として受験指導を行った雑誌メディアは，まさにここで研究対象とする『受験界』が創始である。のちに『受験生』(1929年)，『専検』(1932年) が出版されるが，現存状況，刊行のスパンからして『受験界』を凌ぐ

メディアはないと思われる。

　『受験界』は姉妹誌として，1916（大正5）年に『警察新報』及び『刑務界』を刊行したが，1941（昭和16）年「政府に於ては，今般総力戦体制強化の見地より，先頃来の用紙統制を更に徹底化することゝ相成つた」ことを契機として「時勢の推移に順応するの要を感ぜられ」先の姉妹誌を統合した[18]。また1944（昭和19）年5月号の表紙には『受験界』を改題し，『国家試験』（育成洞）・『教員と文検』（大明書院）・『文検』の統合誌として『教学錬成』となったと大書している。1946（昭和21）年10月『教学錬成』を『学芸界』と改題としたが，廃刊がいつなのかは定かではない。

　内容はいかなる特徴を有しているか。内容は一様ではない。創刊号の欄構成は「講話」「研究」「模範答案」「最近問題」「最新学説」「講評と注意」「受験談」「雑俎」とからなっていた。この欄構成は，基本的に全号に踏襲され，大きな変化が見られないのが特徴である。もちろん，欄の名称はしばしば改められる。試験の種類は「高文」だけでなく「普通文官」「裁判所書記」「専検」「文検」「神職」「弁理士」「外務省留学生」「森林主事」「県警部補」など幅広い資格試験を対象としていた。例えば，高等文官試験とはいかなる試験なのか，試験科目をどのように研究したらよいのか，どんな試験問題が出題されたか，受験上の注意とは何か，どのような答案が高得点に結びつくかといった，受験者が最も知りたい内容を提供しながら，他方で「受験談」「受験記」「奮闘の後」「受験奮闘記」という欄に多くの頁を割き，受験者を鼓舞する体験記を掲げるのである。また，各種検定試験受験へのアドバイス，試験問題，試験の講評，答案の書き方，さらには試験の日時などを知らせる「試験情報」を提供し，ときには出題者の「委員小伝」も連載した。創刊号の「講話」には大審院長法学博士・横田國臣「高等試験資格に就いて」，「研究」には神戸地方裁判所判事・江藤惣六，「模範答案」には「判検事登用試験・樺太庁文官普通試験」など，「講評と注意」には常任試験委員法学博士・馬場鍈一「大正八年高等文官試験」などを掲げている。

3 『受験界』が伝える「専検」に関する情報

(1)「専検」制度について

『受験界』は「専検」制度をどのように位置づけ，報じていたのだろうか。

1924（大正13）年8月号は「国家試験となる改正中学卒業検定試験制通過第一回を十月頃全国三十箇所で施行」という記事を掲げた。そこには「従来各府県に於て施行されていた該試験は殆んど禁止的試験と称する位合格困難なものであつた」と述べ，次のように報じた[19]。

> 夜間中学等の未だ認められざる今日独学者，中学校類似の各種学校等に通学する者，大学別科等の向学心に酬ゆる所以でないといふので之が試験制度改善の為め予算八千四百八十円を特別議会に提出し協算を得たのでいよいよ多年の懸案が解決することゝなり文部省の門戸開放主義に今一歩を進めることが出来た訳である[20]。

この記事は1924（大正13）年10月11日に発表になった文部省令第22号による「専検」規程の改正までの動向の一部を伝えたものである。ここには教育の機会均等の原則のもとに改正作業が進行中であると伝えていた。やがて『受験界』は，11月号に「独学者の福音　新専検令に就いて」を掲げた。記者の富島は「鈍才の為に入学試験にドロップする様なものはいざ知らず，それに合格するだけの確信があるものが，単に学資がない為に又資格がない為に入学が出来ないとすれば，不遇の学生を自然の成行に放置したならば，彼等は，天を，世を，人を恨んで，悪化するに違いない。社会の一構成員の不遇は，其の社会の不遇である。況や多数構成員の不遇をや，社会をして健全ならしめやうとするならば，その不遇者を救済し慰撫せねばならない」[21]と改正規程を歓迎した。そして富島は旧規程と新規程を比較紹介し，「これに因つて受験生は大なる負担の免除を得た」のであるが，資格取得後はそのことに満足せず「高等試験を受けるか，各高等専門学校へ入学」[22]することを鼓舞している。翌12月

号には「専検施行時期及場所」・「第一回専門学校入学者試験検定日時割並出願者注意」が掲げられた。これ以降，この情報は継続して読者に提供された。

さらにまた，「専検」の社会的意義について『受験界』は1937（昭和12）年以降，「専検」合格者で法学士・渡邊彌太郎に原稿を依頼し「専検の社会性と合格者の高文進出法」(1937年2・3月)，「専検の時代性と受験の要諦」(1940年3月)を掲げる，その一方で「専検の社会的意義と受験上の知識」(1937年2月)，「専検の社会的意義と受験者の心構へに就いて」(1938年2月)という記事を掲載した。

渡邊は「専検は，不遇なる一般独学苦学者にとつての唯一無二最大の登竜門」であると記した。専検合格者は「官公私立高等学校大学予科其他各種専門学校の入学試験は勿論のこと，判任文官竝宮内判任官の任用資格，各府県巡査の無試験採用資格，保姆竝小学校教員の無試験検定受験資格，竝同上特定科目に対する特別扱，中等教員竝実業教員両試験，計理士試験竝高等試験予備試験の各受験資格が得られる」[23]のであると述べている。

1944（昭和19）年，『受験界』編集局は「学歴萬能から実力本位へ！　時代は力強くも遷り行きつつあるが，然も尚現在の社会では資格がものを言ふ時代である。それに又考へて見るならば人間の教養の程度の一般に進んで居る現在に在つて中等学校卒業程度の学力を有する，この必要なのは当然であると言はなければならない」「毎年国民学校の門を出る三百万に達せんとする卒業生のうち，恵まれて中等学校に進む者はその一割にも当らない状態であつて，国民教育に於ける機会均等の精神より観れば遺憾なきを得ない訳である」と主張した[24]。そして1942（昭和17）年6月号に「専門学校入学者検定試験改正要項」を掲載したのである。

(2)　「専検」受験へのアドバイス

『受験界』は1921（大正10）年3月号に「独学者のための専検高検の成績」を載せた。「志願者三六七，数学外国語国語漢文合格六三，物理化学地理歴史博物図画合格三四，修身体操合格二四」と報じた[25]。1925（大正14）年7月号に専門学務局第三課長・菊澤季麿の名で「専検及高資試験の成績」を掲げた。こ

の記事はおそらく受験界の記者がインタビューを行い，それをもとに記事にしたものと思われる。専検出願者，男子1939名，女子243名，合格者男子113名，女子31名，科目合格者男子1184名，女子155名となったと紹介した。菊江課長は「物理，化学，数学の類」が「最も不成績」で「大部分の受験者が之等の科目に因つて落とされたやうである」と評した。その上で，わざわざ体操について特に言及し「実際は一種の体格検査位のものに過ぎないのであつて将来学問する上に於て差支へない程度の体格であつたならば合格をさしている」と述べた[26]。菊澤は1926（大正15）年1月号にも「専検応試者は更に熱心なる研究を要す」という記事を掲げさせ「専検は諸君を救済の意味ばかりもつて試験を施行しているのではない」「この試験の目的精神は，独学者諸君に対し中学卒業同等の資格を与へて，社会に活動していたゞきたいわけで，この社会は何事に於ても資格を必要とするのであつて，ある人にその資格を有するや否やにつき保証を与へるためにこの試験を課する次第である」[27]と学歴の時代の到来を告げ，学歴主義の意識化をはかった。また，1927（昭和2）年9月には前文部省大臣官房文書課員・田中幸助の「専検最後の戦法」を掲載した。田中は，「筆者が今日までの調査に依れば，専検受験者中大部分は苦学独行の諸子である。随つて昼間は役所に或は会社，工場に勤務され，夜間中学校等に於て勉学にいそしむ三学年程度の人々が最も多く，残る四，五年程度は各自独学に依る者が多い」「一方全然の独学者は高等小学校卒業位にて以来独学に依りて徐々に基礎を築きつつ」ある青年たちであると記した。そして表1.4.1のような昭和3年第1回と昭和4年第1回専検の科目合格者のリストを掲げた[28]。

田中は「筆者が例年毎回の科目合格数の統計に依れば，先づ男子にありては其の合格率の多きは国語・体操・漢文・地理・図画等にして博物・化学・歴史・物理等は比較的面倒なる科目であり，数学・英語・修身は最も合格率少く，随つて難関とされて居る」[29]と述べた。

1931（昭和6）年9月号には文部省普通学務局専検係，小田島政蔵は「独学者の登竜門『専検』に就て」（第12巻第9号）を掲げ，「専検」の試験の程度について「大体中学校，高等女学校の教科書を一通り勉強すればよい」「別に標準

第 4 節 『受験界』

表 1.4.1　1928（昭和 3）年第 1 回と 1929（昭和 4）年第 1 回の「専検」の科目合格者一覧

年度科目	昭和 3 年度第一回（人）	昭和 4 年度第一回（人）
合格者数（男子）	1420	4056
修身	535	71
国語	740	1182
漢文	291	1540
地理	293	591
歴史	354	394
数学	199	273
物理	132	352
化学	190	477
博物	81	1174
英語	181	148
図画	163	733
体操	615	865

合格者（女子）		
体操	―	467
国語	―	125
家事	―	131
修身	―	106
歴史	―	77
数学	―	56
地理	―	81
理科	―	39
裁縫	―	37
	―	27

参考書といふものは指定していない」と記した。しかし「教科書は唯要点だけが述べているから，よくそれを理解する必要がある」。「講義録によるとか，受験準備の学校に行くとか，ラヂオに依りて勉強するとか」した方がよいと述べた。加えて，小田島は「兎に角試験問題の山をかけずに一通り精読することが肝要である」とも注意している[30]。

『受験界』は『文部時報』の記事を転載し，1934（昭和 9）年 10 月から翌年 3 月にわたり，不連続ではあるが「研究資料本年度第一回専検答案調査報告要旨(1) ～ (6)」（第 15 巻 10 号～第 12 号・第 16 巻第 1 号～第 3 号）を連載する，その一方で 1936（昭和 11）年 3 月には「受験指針専検各科勉学法乃至答案の認め方」を載せ，「専検」受験指南講座をなした。1941 年 12 月号は「専検施行回数増

加と受験法」を掲載し「専検」の施行が従来の2回から「四月, 八月, 十二月の三回に亙つて」実施されることを伝えた。「独学少年達に, 働きつゝも学問に励むといふことが, 何よりも国家奉仕の道なのだといふことを教へる意味に於て深い意義を持つものだと思ふ[31]」と記者はコメントした。

4 『受験界』と「専検」合格者たち

(1) 全体的傾向

では,「専検」合格者はどのようなプロフィールをもっていたのだろうか。筆者は132の事例を,『受験界』への掲載年（これは, 専検合格年とほぼ対応する）, 性別, 出身県と現在の居住県, 学歴, 職歴, 利用した講義録の種類, 夜学や予備校などへの通学経験, 専検合格までの受験回数（もしくは, 合格までにかかった年数）,「専検」以外に合格した各種資格試験について整理した。しかし合格体験記の記載方法・内容は多様であり, すべての体験記にこれらの情報がもれなく記載されているわけではなく, そのため以下で扱う数値は厳密さの点では問題があるが, おおよその傾向を把握することは可能である。

まず全体的傾向を概観すると1920（大正9）年から1943（昭和18）年にいたる24年間に掲載された132の事例のうち, 女子は20例で15.2％にあたる。最も早くには, 1928年に女子の事例が掲載されているが, 1930年代後半から1940年代に集中している。

出身地域と現在の居住地域が記載されている者についてみると, 全国さまざまな地域に合格者は広がっている。ただし, 132の事例中24例（18.2％）が, 地方から東京（大阪が1例）へ上京して受験生活を送っていることが注目される。上京の理由は, ほとんどが「専検」受験のためである。地方よりは東京の方が, 参考書, 予備校など受験勉強の機会にも恵まれ, 受験に関する情報の入手も容易であり, たとえ東京で苦学したとしても, 合格に至る時間は短縮できると考えてのことである。

(2) 受験者のキャリア

ここでは，合格時における学歴，職歴そして受験回数について整理したい。

表1.4.2 からわかるように，「専検」とは，すなわち中等学校卒業資格，専門学校受験資格を得るための試験であるから，受験者は当然のことながら，正規の中等学校を修了していない。学歴に関する記載がない13例を除いた123例のうち，57例 (46.3%) が高等小学校卒業であり，最も多い。高等小学校以上の教育を受けているのは，中学・高女・実業学校の中等教育機関中退者が13例 (10.6%)，通信講習所などの官費学校修了者が9例 (7.3%) ある。また，数は少ないが，専門学校受験資格が得られない乙種の実業学校卒業者もいる。

「専検」合格までの受験勉強期間の生活を維持するための生計の手段は，農業・家事手伝いなどもあるが，多くが官庁，会社，商店などの給仕，事務員，店員など，下級のホワイトカラー的な被雇用者となっている。こうした職業の雇用機会が多いという点でも，東京へ上京することは，多くの受験生にとって魅力ある受験生活と映ったであろう。

「専検」制度は，1923 (大正12) 年から科目合格制度となったが，合格までに要した受験回数についてみると，それに関する記載がある106例のうち，最も多いのが3回で23例，次いで2回の20例，1回と4回の16例と続く。5回以上になると少なくなり，5回が8例，6回が6例，7回以上1例である。1回で合格するのは，やはり相当困難であったようである。多くが，今回はどの科目，次回はどの科目というように初めから数回に分けて合格を目指していた。通常2〜3回で合格することを目指しているようである。

また，「専検」受験が主目的ではあるが，それと併行して，「高資」や「高検」を受験して合格している者がいる。ここでは合格者のみをまとめたが，受験したが不合格となった者を加えればその数は更に増加し，「専検」以外の資格試験と掛け持ちで受験勉強をするような層が，一定数いたことがわかる。

(3) 講義録，夜学などの利用状況

表1.4.3 は，受験勉強でよく利用された講義録・夜学等を一覧にしたもので

表1.4.2 受験者のキャリアと受験歴

	学歴	人数	%	職歴	人数	%	受験回数	人数
第1・2期（36人）	高等小学校卒	16	55	給仕・雇員・書生	7	25	1	4
	尋常小学校卒	3	10	店員・小僧・住み込み・手代・奉公	5	18	2	10
	通信講習所	2	7	会社勤め	4	14	3	8
	その他	2	7	小学校教員	3	11	4	3
	鉄道教習所	1	3	農業	2	7	不詳	10
	中学校中退	1	3	巡査	1	4		
	中学校在学	1	3	鉄道員	1	4		
	高等小学校中退	1	3	郵便局	1	4		
	女学校中退	1	3	家事手伝い	1	4		
	乙種実業学校	1	3	造船所	1	4		
	合計	29	100	役所勤め	1	4		
	不詳	7		学校勤め	1	4		
				合計	28	100		
				不詳	7			
第3期（99人）	高等小学校卒	41	44	会社勤め	14	21	1	12
	尋常小学校卒	15	16	給仕・雇員・書生	11	16	2	10
	中学校中退	8	9	家事手伝い	7	10	3	15
	実業学校中退	4	4	役所勤め	7	10	4	13
	乙種実業学校	4	4	店員・小僧・住み込み・手代・奉公	6	9	5	8
	通信講習所	4	4	農業	6	9	6	6
	各種学校	4	4	見習工	5	7	7	3
	その他	4	4	鉄道員	3	4	8	3
	高等小学校中退	2	2	郵便局	3	4	9	0
	師範学校中退	2	2	学校勤め	3	4	10	1
	女学校中退	2	2	食堂経営	1	1	不詳	24
	鉄道教習所	2	2	新聞配達	1	1		
	実業補習学校	1	1	牛乳配達	1	1		
	青年学校	1	1	小学校教員	0	0		
	中学校在学	0	0	巡査	0	0		
	合計	94	100	造船所	0	0		
	不詳	2		合計	68	100		
				不詳	25			

ある。ここからわかることは，昼間は働き，主に夜の時間を受験勉強にあてるため夜間中学など，夜学や予備校の利用者が多いことである。具体的学校名をあげれば，研数学館，正則英語学校，開成予備学校（夜間中学）などが代表的予備校である。その他，記載された事例は多くはないが，日本大学，中央大学な

表 1.4.3　講義録・夜学などの利用状況一覧

期	名称	人数	%	夜学・予備校の利用	人数	%
第1・2期（36人）	早稲田中学講義録	6	25	正則英語学校	5	16
	英語講義録（研究社）	5	21	研数学館	4	13
	大日本国民中学会講義録	4	17	夜間中学	4	13
	大日本中学講義録	3	13	夜間実業学校	4	13
	某講義録	3	13	国民英学会	3	9
	中学講義録	2	8	英語の学校	2	6
	東京数理専修学院講義録	1	4	日本大学専門部別科	2	6
	合計	24	100	予備校	2	6
	不詳	16		夜学	2	6
				大日本国中学会付属予備校	1	3
				正則予備校	1	3
				二松学舎	1	3
				明治大学夜間部	1	3
				合計	32	100
				不詳	15	
第3期（99人）	早稲田中学講義録	17	31	夜間中学	11	31
	大日本国民中学会講義録	12	22	夜学	7	19
	英語講義録（研究社）	7	13	夜間女学校	3	8
	某講義録	5	9	夜間実業学校	3	8
	早稲田尚学会専検講義録	4	7	日本大学専門部	2	6
	中学講義録	3	6	裁縫学校	2	6
	井上英語講義録	2	4	YMCA英語夜学校	1	3
	英語の講義録	1	2	研数学館	1	3
	帝国教育会講義録	1	2	中央大学法科別科	1	3
	大日本通信中学講義録	1	2	私立大学専門部別科	1	3
	日本通信大学法制学会講義録	1	2	電気学校電気科	1	3
	合計	54	100	大阪数学院	1	3
	不詳	47		中学校中退	1	3
				早稲田大学校外生	1	3
				予備校	0	0
				合計	36	100
				不詳	62	

どの私大の専門部別科に在籍して法律を学びながら「専検」を受験し，そこから専門部へ移ることを目指している者がいる。「専検」合格者が合格後どのような進路を辿ったかについては記載されていないが，進学するとすれば多くがここにあげたような私大であったのではないかと推測される。第2期にはいる

と夜間中学の利用者が多くなるのも一つの特徴である。

　「専検」受験と講義録の密接な関係については言うまでもないことだが、その講義録の利用状況を見ると、どの時期においてもかなり利用されている。最も人気の高かったのが、『早稲田中学講義録』で、次いで『大日本国民中学講義録』である。中学校の教科をオールラウンドに学習するにはこの二つの講義録が最適であったのだろうが、それ以外に特定の科目についての講義録としては、研究社の『英語通信講義録』が比較的よく利用されたようである。中等教育をまったく受けたことのない者にとっては、英語の習得が最も困難であったようで、そうした点からこの研究社の英語の講義録は特定科目の講義録として人気があったのだろう。第2期に入ると夜間中学の利用者が激増しはじめるのも大きな特徴である。講義録が、夜学・予備校などに学ぶ機会に乏しく、そのうえ参考書の入手が困難な地方の居住者に特に利用されたかというと、必ずしもそうした傾向は見出せないし、また、年代が下がるほど利用頻度が下がるかというと、そうした傾向も見られない。ただし、一つ言えることとしては、中学校中退者は、講義録をあまり利用していないようである。中等学校のカリキュラムの初歩を学ぶためには、大いに得るところがあったようだが、講義録だけでは専検合格は覚束なかったらしいことが、合格体験記からうかがえる。

(4)　「専検」以外に合格した検定試験

　合格者たちはいかなる「専検」以外の資格試験に挑んだのだろうか。その結果を示したものが表1.4.4である。この一覧から明らかなように、全体としてはその割合は低いが、その中でも所謂「高資（高等試験令第七条試験）」「高検（高等学校高等科入学資格検定試験）」「文官普通試験」「尋正（尋常小学校本科正教員検定試験）」に挑戦している者が多い。第1・2期と第3期と比較しても大きな変化は見て取れなかった。つまり、学校教育以外の機会を利用して「専検」合格を目指す青年たちにとって、このような資格はもう一つの自己証明の証書（あかしぶみ）であったが、合格への道は険しい道のりであったといえよう。

第4節 『受験界』　125

表1.4.4　「専検」以外に合格した試験一覧

	名称	人数	%
第1・2期（36人）	高等試験令第7条試験（高資）	5	36
	高等学校高等科入学資格試験（高検）	2	14
	文官普通試験	2	14
	尋常小学校正教員資格検定	2	14
	尋常小学校准教員資格検定	1	7
	判検事試験	1	7
	弁護士試験	1	7
	合計	14	100
	記載無し	25	
第3期（99人）	高等試験令第7条試験（高資）	6	23
	高等学校高等科入学資格試験（高検）	6	23
	文官普通試験	5	19
	尋常小学校正教員検定	3	12
	尋常小学校准教員資格検定	1	4
	中等教員検定	1	4
	高等試験予備試験	1	4
	裁判所書記	1	4
	看護婦検定試験	1	4
	森林主事試験	1	4
	合計	26	100
	記載無し	76	

(5) 受験の動機

　上述の(1)から(4)で明らかにしたように，このようなプロフィールをもつ専検合格者は，苦境にあるなかでいかなる動機のもとに，どのように学習することによって合格に至ったのか，その学習のプロセスをいくつかの事例を引いて検討しよう。

　『受験界』の編集部はどのような動機の持ち主を掲載したのだろうか。表1.4.5は合格体験記に所載された，受験動機を一覧化したものである。言うまでもないが，「動機」というものは一様でない。このことは筆者も承知している。また編集部は出版上，商業主義的な配慮から，なにがしかの思惑をもって，すなわちこういう動機を書いていた者は掲載するとか，しないとか，編集上の意図のもとに合格者に原稿を依頼していたのかもしれない。たしかに，この資料群

には史料の性格上, なんらかの限界があるのかもしれない。しかし, ここではあくまで『受験界』という雑誌メディアの提供した合格体験記に所載された人々の動機を抽出して整理しておきたい。

この一覧からも明らかなように, 受験動機は第1・2期を通して, 全体的に見れば実に多様であることを, まずもって指摘しておきたい。そのような中でも, この特徴は「中等学校卒業資格取得」が7名,「資格がないと社会的に認められない」が3名, 併せて10名と他を大きく離していた。例えば, 1920 (大正9) 年合格の岡山県のM生は「将来何に成るにしろ中学だけはすまさねばならない, それには専検を受けるより他に道がない」[32]と記す。1921 (大正10) 年に合格した, みのる生は「高等小学校卒業後は夜学で普通学を学びました。年と共に一定の資格を有たなければ社会で充分の活動が出来ぬことを熟々感んずるやうになりました」[33]とか, 名古屋地方裁判所司法官試補のKは「中学卒業の資格をもつて置かなければ, 私立大学の正科へも入れないし, 徴兵猶予も出来ないし, 高文 (今の行政科) も判検事 (二年の司法科) も受けられないと思つた」[34]から専検を受けたという。1927年に合格したSは, 高等小学校卒業後に単身, 上京して某会社に勤務する傍ら夜学校に入学・卒業した。当初は,「時恰も欧州戦乱の好景熟期とて最初はかなり嬉しかった」が,「私の心には又段々と不満の雲が生じ始めました。そして世の中が次第に暗黒の様になって来ました。鬼の首と思ったのが, いや鬼の足にもならないではありませんか」と, 夜学校を卒業しただけでは, 充分とは思わなくなった。「私も何とかして人後に落ちざる様にと一奮発せんとすれば何ぞ計らんや, 何処の学校でも, 直ぐに中学校卒業程度とか何とか言うではありませんか (略) その時初めて専検なるものが, 我々独学者の為一途の公道として, 開放せられて居る事を知りました。それは大正12年の初めのことでした」[35]と,「専検」受験により, 中学校卒業資格を取得することを決意する。1929 (昭和4) 年に合格したXYZ生は「老ひたる下級官吏が自分の子供位の年頃の大学出の上役にペコペコ頭をさげるのを見せつけられた時, 其処にやがて来らん自己の姿をまざまざと見たやうな気がした。(中略) 今の自分より抜け出で向上の道を歩ゆまんとなど、思つて」[36]

第 4 節 『受験界』 127

受験したと記している。このように資格取得を目指し，今ある自分の境遇を脱出し，社会的効用すなわち status-seeking を求める受験者がいる。その一方で，「合格体験記からの影響」が 3 名，恩師や友人の影響，さらにはメディア影響などを指摘すると同時に「上級学校進学断念の為」がそれぞれ 2 名という結果になっている。1928（昭和 3）年に合格した KI 生は「独学苦学の戦場に於て戦ひつゝある諸君よ，同じ人として生まれながら僅かの財力に左右せられて，貧しき農民として下級労働者として一生を暮すやうな事が，吾等青年としての正しい理想であらうか」と問い「同じ農業でも研究的にやりたい」といって「専検」に向かい栄冠を勝ち取っている[37]。

　第 3 期に入ると，第 1・2 期と同様に「中等学校卒業資格」「資格がないと社会的に認められないから」が併せて 53 名とダントツであるが，この理由に加えて「向学心から」という動機が第 1・2 期と比してその数が増加している。例えば，1932（昭和 7）年「五回にして専検合格」と題した体験記を書いた，福岡の H は，「小学校卒業後直ちに測候所の給仕」として勤務する傍ら，「福岡市の夜間中学」に入学，5 年間学んだのち，「併し夜間中学は昼間の中学」と「同様の資格が与えられ」ない，「俺だってその位の実力が有るのだぞ」ということを「昼間の中学生に示してやりたい為」専検受験を思い立ったという[38]。1933（昭和 8）年に 6 回目で合格した M は「小学校を卒へたのが大正十四年の十五歳の春でしたその夏一給仕として森林事務所へ入りましたが，好学の心と境遇とは私を励まして遂に勉学を志すに至らしめました」[39]，「私は昭和六年大なる希望を抱いて女師に入学しました。(中略) 僅か一年で退学のやむなくさせられました。(中略) 私は昨年十一月大阪に兄の病気看護中専検のある事を知りました。例の向学心が活動し出しました」と M 女史は述べている[40]。1934（昭和 9）年，「血涙四ヵ年専検を征服す」とした合格者，長崎の N は，20 歳にして合格した。彼は言う。尋常小学校「八ヵ年は常に首席で通したのだが，自分より成績の悪かった他の級友達が続々中学校へ入る。休暇ともなれば見よ制服制帽に金釦天下国家は我が物とばかり満面得意然として大道を闊歩する彼等の姿」に「悶々たる心情に日夜」悩まされ「単調な童心には羨望と嫉妬が凡べて

表 1.4.5 受験の動機

内容	第1・2期受験動機(人)	%	第3期受験動機(人)	%
中学校卒資格取得	7	23	32	26
資格がないと社会的に認められないから	3	10	21	17
合格体験記の影響から	3	10	9	7
恩師の影響	2	7	7	6
政治家・官吏になる為	2	7	1	1
上級学校進学断念の為	2	7	0	0
学問の必要性にきづいて	2	7	0	0
メディアの影響	1	3	7	6
友人の影響	1	3	7	6
先輩の影響	1	3	5	4
同僚の影響から	1	3	1	1
夜間中学への入学を契機として	1	3	1	1
家族の幸福の為	1	3	0	0
東京への憧憬	1	3	0	0
人格者となる為	1	3	0	0
高師受験の為	1	3	0	0
向学心から	0	0	20	16
病気からの脱却	0	0	7	6
家庭の事情	0	0	1	1
歯科医師になる為	0	0	1	1
高校への憧れ	0	0	1	1
兄弟の影響	0	0	1	1
合計	30	100	122	100
記載なし	8		4	

を支配した」と。そして「登竜門専検の征服を誓」い，高等小学校に入学と同時に『早稲田中学講義録』を買い求め勉強を続けるとともに，卒業後，長崎の夜間中学に入学した。彼は新聞配達人をしばらく経験したのち，長崎紡績の給仕となったが，夜間中学3年の時県立中学理科教室の助手となり，その傍ら勉強を続けた[41]。1934（昭和9）年に合格したMH生は，「私は非常に，と云つては変だが兎角勉強は此上なく好きで」[42]『大日本中学講義録』を購入して勉強したという。同年「思想的煩悶を解決して専検合格」したIは「最初に専検の存在を知ったのは国民中学会の機関雑誌『新国民』に依つてであつた」，また「先輩の燃ゆるような受験記に刺激されていた」という。彼は17歳の秋に

通信講習所に入所，1年間の学生生活ののち「東京××局出向を命」ぜられたが，「忘れていた向学心が湧きだし」「専検」受験を志した(43)。1936（昭和11）年に合格した横浜のHは「学歴万能から実力本位へ　時代は力強くも遷り行かうとはしているが，然も尚，社会は必要以上に学歴を過重視し，事毎に資格，資格を以て吾々の前途を阻まうとする。が一面，考へてみるならば，人間の教養の程度の一般に進んだ現代に在つては，中等程度の学力の如きは，最早常識化しているとも思はれる。吾々が如何なる方面に目的を立つるにもせよ，『専検』なる関門を突破せねばならぬ所以であり，同時に私自身が専検受験を志した理由でもある」と記している(44)。また1938（昭和13）年合格のFK子は通信講習所に在所中，そこの先生から「『君，是からの女性は高女卒で普通のレベルだよ。高小や実補では社会は認めてくれないからネ」」「通講の先生から戴いた（中略）其の御言葉こそ今日の動機となり，学問への関心を呼び起さして下さつたのだ」(45)。1943（昭和18）年に合格したH女史は「弟妹の多い貧しい家庭の長女に生まれた私は小学校卒業後直に実社会に出ました。女学校の制服を着たお友達にあふと何んだか自分一人取りのこされてしまふ様な気がしてなりませんでした。（中略）本を読みたい勉強したいと云ふ思は捨てきれず昭和十五年二月早稲田の校外生となりました」(46)。

(6) どのように学習していたか

　一体，これら「専検」合格者はどのような教科書，講義録，参考書などを使用し，どのように学習していたのだろうか。表1.4.6は主要科目において，どのような教材を利用したか，ベスト3を一覧化したものである。しかし，教科ごとに教科書・講義録・参考書を記した人物を抽出した。合格体験記に所載された参考書の名称には省略や誤記が多く正確さに欠けることが多々ある。そこでできる限り正式名称を探り当てる調査はしたが，不正確な面がある。また教科書，講義録は各科目ごとに複数利用していても，1人1回としてカウントした。このような限界はあるがおおまかな傾向は読み取れるものと思っている。

　この表からわかるように，第1には教科書中心主義をとる合格者が多かった

こと，第2には，おそらく尋常小学校卒業者が多く利用したと思われるのが講義録である．つまり，第3には，①教科書＋参考書は，高等小学校以上の学校の卒業者，②講義録＋参考書は尋常小学校卒業者，③参考書のみは夜間中学などのなんらかの中等程度の教育機関に在学しているものか，卒業者と大きく三つに分類できるように思われる．

　では，実際に合格者たちの声を聴いてみよう．まず第1・2期の合格者たちの声である．例えば，乙種の工業学校を卒業したKは「予備校は二ケ月位で止めました．理由は第一に経済上の都合と，第二に時間を浪費することが多いからです．勿論中学校の課程を全然初歩からやられる人は，予備校に入られて実力を養はれる事を望みます，独力で充分理解出来ると云ふ人は独力でやられる方がよいと思ひます」「全科を通じて私は教科書主義で行きました」⁽⁴⁷⁾。私立の商業学校夜学専修科に通学したKは，「家庭の事情」で高等小学校卒業後，図書館の給仕として勤務する一方で，私立商業学校夜学専修科に2年通学したが，あまり勉強もしないでいたが「こんな風にして居てはならないと考え」国民中学会の講義録をとって勉強した．しかし，「独学の悲しさには時として一問を何時間もかかって出来ず，講義録はたまる一方でやめてしまおうかと思うことも度々」であった．「続けて居りますと大正11年3月から9月始めまで近所に居られた辻氏が代数，平面幾何，英語の初歩を教えて下さった」「専検という制度がある事を知ったので熱心に勉強」を始めた．その時17歳であった．途中でどこかの中等学校に勤めが替わったようである．勤務先の中学校で教師に英語を教わり，「生徒と共に代数の講義」を聴講した．彼の勉強方法は，国民中学会の講義録を利用するだけでなく，同時に参考書を使用している．彼がよく利用した参考書は（書名等は原文のままとした）「修身＝講義録及び修身書，国語＝講義録，漢文＝講義録，数学＝天野氏代数講義（敬文館），林氏中等教育幾何学教科書，竹内氏中等三角法教科書，英語＝藍谷氏ニュースクールグラマー（開成館），斉藤氏イングリッシュランゲージ　プライマリー2巻（興文社），上條氏ザ　カルチャー　リーダーズ（開成館），地理＝小川氏地理教科書，西田氏地文地理概説（目黒書店），歴史＝講義録，物理＝教科書，化学＝高田氏

表1.4.6　受験者たちが合格した教科書・講義録・参考書などベスト3

科目	学習材	著者	書名	出版社	人数
国語	教科書				28
	講義録			早稲田・大日本国民中学会・帝国教会・尚学会	11
	参考書	塚本哲三	『国文解釈法』	有朋堂	53
		塚本哲三	『現代文解釈法』	有朋堂	23
		塚本哲三	『国文学び方教へ方と解き方』	山海堂→考へ方研究所	6
漢文	教科書				23
	講義録			早稲田・大日本国民中学会・帝国教育会	10
	参考書	塚本哲三	『漢文解釈法』	有朋堂	37
		塚本哲三	『漢文の学び方教へ方と解き方』	考へ方研究所	6
		佐藤正範	『漢文の解釈』	山海堂	6
数学	教科書				49
	講義録			早稲田・大日本国民中学会・帝国教育会・数理専修学院	16
	参考書	藤森良蔵	『代数学び方考へ方と解き方』	山海堂	23
		藤森良蔵	『幾何学び方考へ方解き方』	山海堂	22
		藤森良蔵	『三角法学び方考へ方と解き方』	山海堂	11
英語	教科書				43
	講義録			研究社・井上・早稲田・大日本国民中学会・正則英語学校	28
	参考書	小野圭次郎	『英文の解釈』	山海堂	35
		小野圭次郎	『英語の作文』	山海堂	15
		小野圭次郎	『英語の文法』	山海堂	14
地理	教科書				39
	講義録			早稲田・大日本国民中学会	8
	参考書	諏訪徳太郎	『最も要領を得たる外国地理』	大修館書店	35
		諏訪徳太郎	『最も要領を得たる日本地理』	大修館書店	29
		諏訪徳太郎	『最も要領を得たる地理通論』	大修館書店	19
歴史	教科書				39
	講義録			早稲田	6
	参考書	諏訪徳太郎	『最も要領を得たる日本歴史』	大修館書店	30
		諏訪徳太郎	『最も要領を得たる西洋歴史』	大修館書店	30
		諏訪徳太郎	『最も要領を得たる東洋歴史』	大修館書店	26
物理	教科書				37
	講義録				1
	参考書	高田徳佐	『物理学粋』	慶文堂	13
		河邊要之助	『新選物理学提要』	盛林道	6
		三省堂編	『学生の物理学』	三省堂	5
化学	教科書				29
	講義録			大日本国民中学会	3

	参考書	高田徳佐	『化学粋』	慶文堂	15
		三省堂編	『学生の化学』	三省堂	6
博物	教科書				37
	講義録			大日本国民中学会	7
	参考書	水野矢作	『博物通論の講義』	大修館書店	4
		三省堂編	『学生の鉱物』	三省堂	4

答案式化学粋，博物＝講義録，図画＝富岡氏用器画法神解（武田芳進堂）」[48]であった。21歳で「専検」を志した，東京在中の近藤生は「私は教科書主義参考書主義両方を取つた」[49]。会社員の傍ら夜学に学んだＳは「如何なる学習法に依るべきかは知らなかったのですが，東京等に居住する者は大抵夜間中学校に通学する事が，便利なることを知りました。然し，私は年齢を考へなければなりませんでした。(中略)一ケ年の独学突破する覚悟にて早速国民中学会の正則講義録(一ケ年半卒業)の一年及二年級分を古本屋から買求め尚四月より三年級へ入会して丁度翌年の三月に卒業の予定でありました。(中略)震災後は会も災厄を蒙り，大切な講義録の原版が焼失の為中止となり，我前途は全く暗黒の如き心細さを感じました。(中略)大正十三年其時我国民中学会に講義録にて独学せられた者に対して，実力を補充し，以て専検，高検に応ずる目的の為に予備校があることを知りました。(中略)私はいきなりＢ級へ入学し」た。この予備校は「Ａ級Ｂ級の二ヵ年終了にて，Ａ級は中学校の一，二，三級分を，Ｂ級は四，五級分を各一ヵ年宛教授するので，勿論時間の少ない夜間のことですから，修身，図画，体操等はやりません」という，専検あるいは高検受験者のための予備校であった。彼は休暇を利用し徹底的に勉強し，見事合格した。ある受験者は，「専検の準備には何と云つても中学の教科書は第一です。(中略)教科書丈で理解に困難な学科や不足を感ずる学科には参考書は是非其必要です」[50]。27歳で合格したＪは「世の合格者の中には教科書万能主義を，唱へらるる人々があるやうですが，私としては寧ろ参考書万能主義を唱へたいと思ひます。教科書は先生ある人々への書籍と思ひます」[51]と述べる人もいる。

第3期に入ると，例えば，横須賀の夜間中学で学んだＫは「僕は教科書参考書併用主義です」[52]とか，森林事務所の給仕Ｍは，「明治44年生まれ。大

正14年小学校卒業後，給仕として森林事務所に勤務する傍ら，国民中学講義録で「全科併合進主義」」で勉強したという。彼は「日程表を作つてどんなに苦しくても必ずやりました。夜です。十二時を越したようなことは毎夜続きました。時には，二時も三時頃までやり疲れきつて前後不覚の眠りに落ちたことも一再に止りません」と述べている。ここでも，使用参考書が詳細に列挙されている。「数学＝代数を除いたほかはすべて講義録＝根津秋山氏『代数』，修身＝講義録，国語＝講義録，漢文＝講義録，博物＝中等植物教科書，化学＝『学生の化学』(三省堂)，地理＝講義録，物理＝『学生の物理』(三省堂)，歴史＝日本・『学生の日本歴史』(三省堂)，東洋・諏訪氏『最も要領を得たる東洋史』，西洋・『学生の西洋史』(三省堂)，図画＝大村氏『用器画法詳解』，英語＝小野氏『英文の解釈』『英語の作文』」[53]。新潟のＳは「教科書で充分合格出来るのだ。徒に無用の而も非常に難しい解し難いものは避くるべきです。但し物理化学は教科書では不充分です。英語数学も参考書に依れば得る所大です」[54]，長崎の夜間中学に通学したＮは「凡べての学科を教科書本位に」学習したと記す[55]。鉄道局の職員となったＮは「最初定評ある講義録で一通り仕上げ，自己の好きな学科が分つて来れば，その学科に定評ある参考書，又は教科書(科目に依り参考書を要しないものもある)を求め懸命に邁進する」[56]，そうすれば効果的に合格することが出来るであろうと述べるのである。なかには「高検」に合格したＩのように「参考書至上主義者」[57]とか，銀行勤務のＮ女史のように「私は基本参考書一科一冊主義でした」[58]という者もいる。群馬のＮは「私は主として講義録を用いました。尋常小学校を卒業しただけで教師も学友も無い独学の境遇ではこれより外には方法がありませんでした」[59]。早稲田の校外生Ｈは「早稲田の女学講義録のみで参考書は余り使ひませんでした。早稲田の女学講義録は名実共によい講義録だと思ひます。尋常小学校卒業の私にはむづかしい参考書は見てもわからず，又よい参考書も知りませんでしたので唯この講義録を頼りに専検を突破いたしました」と記している[60]。

(7) 小 括

　これらの事例から，一定の共通性を見出すことができる。
　まず，「専検」受験を決意した動機であるが，おおむね，以下の二つのことが要因となっている。第1に，主として経済的事情から正規の中学校へ進学できなかったことに対するルサンチマンが，基層にある。第2に，中学校卒業の学歴をもたないと，社会で充分な処遇を得られないことに対する不満や焦燥感が，受験を思い立つバネとなっているのである。このことは，大正中期には，すでに，中学校や中卒の学歴が，誰にとっても手を伸ばせば届く範囲にあるものと思われるほどに身近なものとなり，逆に，そのために，それをもたないことが，さまざまな社会的場面において，不利に働くと認識されるようになっていることを示唆している。
　次に，「専検」受験のための学習プロセスが詳細に記述されている点に，共通性を見出せる。これこそが，読者が最も必要とした情報であろう。正規の中学校教育を受けていないこれらの青少年たちは，基本的には独学で学習するしか方法はないのだが，そうであるがゆえに，どうやって勉強したら合格を掌中にできるかについての情報に餓えていたと思われる。
　さらに，この学習プロセスそのものにも，いくつかの共通点がある。その第1には，講義録は随所に使用されているが，全面的にはそれに依拠して受験勉強をしてはいない。第2には，講義録以外に，各種参考書を使っているが，それぞれの科目で定番らしきものがあった。第3には，夜間中学，予備校，あるいは，中学校の助手といった形で，学校教育に触れているということである。
　すなわち，制度改正後も合格率の低かった「専検」に合格したきわめて少数の者は，正規ではないが中学校に相当するレベルの「学校」教育を享受し，正規の中学生と同様の参考書を使用して勉強しているのである。独学とはいえ，「学校」という対面の教育の場からまったくかけ離れたところで，中学校の教育内容を印刷した活字メディアである講義録だけに依存していたわけでないことがわかる。彼らの合格の秘訣の一つに，なんらかの学校教育に接触できたことがあげられるならば，講義録―「専検」という独学の道は，「学習」だけで

は容易に完結するものではなかったことを指摘でき，さらには，そこから「教育」と「学習」の関連構造についての示唆を読み取ることができる。

おわりに

　正規の中学校卒業の学歴と同等の資格を得る道としての「専検」，正規の中学校の教育内容を学習するための活字メディアである講義録，この二つの関係を『受験界』の「専検」合格体験記から検討してきたが，ここでは次の四つの事実を明らかにできた。

　第1には，「専検」制度が1924年に改正されるのと相前後して受験指導専門雑誌が登場し，それに「専検」の合格体験記が掲載されるようになる。その代表的雑誌として，『受験界』を位置づけることができる。第2には，「専検」受験者が，正規の中学校教育の享受を，主として経済的理由から断念せねばならなかった社会層であることは，彼らの受験を思い立つにいたる環境や動機から明白である。第3には，『受験界』の合格体験記から，「専検」受験者の学習のプロセスを知ることができるが，それによれば，講義録はほぼすべての者が利用しているが，講義録だけで学習しているわけではなく，中学生と同様の参考書を使用している。第4には，合格者は，まったく独学で合格したわけではなく，なんらかの形で「学校」教育に触れており，そのことが，合格の要因の一つとなっているように思われる。大正中期にはすでに，中学校が，誰にでも比較的身近な存在になると同時に，それなしでは充分な社会的地位が保証されないと意識されるほどに学歴主義が汎化し，そうした背景のもとで学歴をもたない青少年たちは，多く，独学の道へと向かったのであろう。しかし，その独学の道も，まったくの孤独な学習ではなく，「学校」という場における対面の教育を利用することにより，「独学」が成り立ちえたということができよう。

　「学習」を効果的に進めるうえでの「教育」の重要性，逆に，「教育」の効果をあげるうえでの「学習」の必然性。「専検」受験の合格体験記には，こうした「教育」と「学習」の関連構造を解き明かす鍵が隠されているように思われ

てならない。

注
(1) 天野郁夫『学歴の社会史』新潮社, 1992年, 278～279頁
(2) 関正男「戦前期における中等・高等教育の構造と入学者選抜」広島大学大学教育センター『大学論集』第6集, 1978年, 竹内洋『立志苦学出世』講談社新書, 1991年, 『立身出世主義』NHK出版, 1997年, 天野郁夫『日本の教育システム』東京大学出版会, 1996年, 菅原亮芳「戦前日本における『専検』試験検定制度史試論」『立教大学文学部教育学科年報』第33号, 1989年
(3) 『明治以降教育制度発達史』第7巻, 357頁
(4) 注(3)と同じ
(5) 『大宅壯一日記』中央公論社, 1971年, 『裸の大宅壯一』三省堂, 1996年
(6) 『明治四十三年以降専門学校入学者検定試験受験者名簿』より
(7) 寺本伊勢松編『専門学校入学者検定独学受験法』大明堂, 1923年, 146頁
(8) 菅原亮芳「昭和戦前期『夜間中学』史試論」『日本の教育史学　教育史学会紀要第30集, 1987年, 水野真智子「女子教育史における夜間女学校」日本の教育史学　教育史学会紀要第35集, 1992年, 『明治以降教育制度発達史』第7巻, 370～373頁, 文部省普通学務局『昭和十三年十月一日現在専門学校入学者検定規程ニ依ル指定学校ニ関スル調査』1939年を参照
(9) 『明治以降教育制度発達史』第8巻, 998～999頁, 渋木直一『夜間実業学校』全国夜間実業学校連合会, 1935年参照
(10) 注(2)菅原前掲論文, 41頁
(11) 『いかに学ぶべきか』大和出版, 1975年, 11頁
(12) 佐々木享「新学制の最初の大学入学者選抜における高校―大学の接続関係について」愛知大学短期大学部『研究論集』第22号, 1999年。佐々木先生よりご教授賜った。
(13) 平岡壽「創刊十周年の新年を迎へて」『受験界』第10巻第1号, 1929年1月, 2～3頁
(14) 平岡靖章「独立独行の成果を収めよ」『受験界』第16巻第4号, 1935年4月, 2～3頁
(15) 平岡壽「創刊十周年の新年を迎へて」『受験界』第10巻第1号, 1929年1月, 2～3頁
(16) 柴田義彦「故受験界社々長平岡壽君を悼む」『受験界』第12巻第4号, 1931年4月, 2～3頁
(17) 「受験界新体制の出発」『受験界』第22巻第1号, 1941年11月, 2頁
(18) 菅原亮芳「中学講義録の世界」『近代化過程における遠隔教育の初期的形態に関する研究』研究報告67, 放送教育開発センター, 1994年参照

第 4 節 『受験界』

(19) 「国家試験となる改正中学卒業検定試験制通過　第一回を十月頃全国三十箇所で施行」『受験界』第 5 巻第 8 号，1924 年 8 月，41 頁
(20) 注 (19) と同じ
(21) 宮島「独学者の福音新専検令に就て」『受験界』第 5 巻第 11 号，1924 年 5 月，8 頁
(22) 注 (21) 11 頁
(23) 渡邊彌太郎「専検の社会性と合格者の高文進出法」『受験界』第 18 巻第 2・3 号，1937 年 2・3 月，92 ～ 93 頁
　　 「専検の時代性と受験の要諦」『受験界』第 21 巻第 3 号，1940 年 3 月
　　 「専検の社会的意義と受験上の知識」『受験界』第 18 巻第 2 号，1937 年 2 月
　　 「専検の社会的意義と受験者の心構へに就いて」『受験界』第 19 巻第 2 号，1938 年 2 月
(24) 「専検制度と其の受験方法の解説」『受験界』第 23 巻第 6 号，1942 年 6 月，94 頁
(25) 「独学者のための専検高検の成績」『受験界』第 2 巻第 3 号，1921 年 3 月，中表紙
(26) 「専検及高資試験の成績」『受験界』第 6 巻第 7 号，1925 年 7 月，7 頁
(27) 「専検応試者は更に熱心なる研究を要す」『受験界』第 7 巻第 1 号，1926 年 1 月，11 ～ 12 頁
(28) 田中幸助「専検最後の戦法」『受験界』第 10 巻第 9 号，1929 年 9 月，70 頁
(29) 注 (28) 71 頁
(30) 小田島政蔵「独学者の登竜門『専検』に就て」『受験界』第 12 巻第 9 号，1931 年 9 月，99 頁
(31) 「専検施行回数増加と受験法」『受験界』第 22 巻第 12 号，1941 年 12 月，133 頁
(32) 「専門学校入学者検定試験合格記」『受験界』第 1 巻第 6 号，1920 年 6 月，72 頁
(33) 「専検突破の後に」『受験界』第 2 巻第 5 号，1921 年 5 月，51 頁
(34) 「小学校訓導をなしつつ専検より判検事試験に」『受験界』第 2 巻第 7 号，1921 年 7 月，35 頁
(35) 「専検を通過し去るまで」『受験界』第 8 巻第 4 号，1927 年 4 月，64 頁
(36) 「専検突破の記」『受験界』第 11 巻第 9 号，1930 年 9 月，98 頁
(37) 「独学独歩専検への努力」『受験界』第 9 巻第 12 号，1928 年 12 月，97 頁
(38) 「五回にして専検合格」『受験界』第 13 巻第 9 号，1932 年 9 月，95 頁
(39) 「連闘六度専検攻落の記」『受験界』第 14 巻第 5 号，1933 年 5 月，87 頁
(40) 「志あるところ」『受験界』第 14 巻第 11 号，1933 年 11 月，100 頁
(41) 「血涙四カ年専検を征服す」『受験界』第 15 巻第 3 号，1934 年 3 月，100 頁
(42) 「独学で専門学校に入学する迄」『受験界』第 15 巻第 11 号，1934 年 11 月，97 頁
(43) 「思想的煩悶を解決して専検合格」『受験界』第 16 巻第 1 号，1935 年 1 月，161 頁
(44) 「道は光明の彼方に通ず」『受験界』第 18 巻第 6 号，1937 年 6 月，139 頁
(45) 「これからの女性として」『受験界』第 19 巻第 9 号，1938 年 9 月，122 頁
(46) 「苦闘遂に酬いられて」『受験界』第 24 巻第 12 号，1943 年 12 月，54 頁

(47) 「専検に合格して」『受験界』第 6 巻第 11 号, 1926 年 11 月, 84 頁
(48) 「専検受験記」『受験界』第 8 巻第 2 号, 1927 年 2 月, 76 〜 77 頁
(49) 「専検合格まで」『受験界』第 8 巻第 3 号, 1927 年 3 月, 80 頁
(50) 「専検を通過し去るまで」『受験界』第 8 巻第 4 号, 1927 年 4 月, 64 〜 66 頁
(51) 「鈍才は斯くして西洋史の年号を記憶せり」『受験界』第 10 巻第 2 号, 1929 年 2 月, 78 頁
(52) 「第一回専検に合格する迄」『受験界』第 13 巻第 10 号, 1933 年 10 月, 158 頁
(53) 「連闘六度専検攻落の記」『受験界』第 14 巻第 5 号, 1933 年 5 月, 87 頁
(54) 「専検合格と勉強法」『受験界』第 14 巻第 10 号, 1933 年 10 月, 163 頁
(55) 「血涙四カ年専検を征服す」『受験界』第 15 巻第 3 号, 1934 年 3 月, 102 頁
(56) 「若き血潮をたぎらせて」『受験界』第 18 巻第 7 号, 1937 年 7 月, 189 頁
(57) 「戦跡を追憶して」『受験界』第 18 巻第 10 号, 1937 年 10 月, 167 頁
(58) 「健康に留意しつゝ突破するまで」『受験界』第 22 巻第 10 号, 1941 年 10 月, 134 頁
(59) 「十六年度専検受験記」『受験界』第 23 巻第 2 号, 1942 年 2 月, 124 頁
(60) 「苦闘遂に酬いられて」『受験界』第 24 巻第 12 号, 1943 年 12 月, 54 頁

第5節　『鉄道青年』
――国鉄若年労働者・志願者にもたらされた教育情報――

三上　敦史

はじめに――「国鉄」について

　『鉄道青年』は，国鉄勤務の若年労働者の修養を主目的とする鉄道青年会が，1909（明治42）年から43（昭和18）年にかけて発行した機関誌である。

　鉄道青年会は任意団体だが，国鉄の強いバックアップを受けており，それゆえ『鉄道青年』は，近代日本の国鉄の若年労働者を対象とする受験雑誌として最も威信を持った。本節は同誌の掲載記事ならびに受験質疑欄を中心に分析を行い，国鉄の若年労働者あるいは新規就職希望者（鉄道教育機関への進学希望者を含む）にもたらされた教育情報の特徴及び歴史的変遷について明らかにする。

　ここまで，単に「国鉄」と書いたが，若干説明が必要だろう。日本における国鉄とは，最も狭義でいえばGHQの指示によって1949（昭和24）年6月1日に発足し，国鉄再建をうたった分割民営化によって1987（昭和62）年3月31日限りで消滅，JRグループの基盤となった公共企業体（公社）たる日本国有鉄道を指す。ただ，公共企業体といっても実質は国家機関にほかならず，その意味では1872（明治5）年の鉄道創業以来，連綿と続いてきた歴史がある。これが最も広義の国鉄であろう。参考までに，日本国有鉄道総裁室修史課編『日本国有鉄道百年史』の各巻から，組織名称の変遷を中心とした歴史を表1.5.1に掲げておく。同書は，日本の鉄道百年にあたる1972（昭和47）年に合わせて企画され，1969〜74年に出版された国鉄の「正史」である。

表1.5.1 日本国有鉄道発足までの国鉄組織名称の変遷

年月日	内容
1870年 4月19日 (明治3年 3月19日)	民部大蔵省土木司・監督司・出納司が鉄道建設事務を担当。
8月 6日 (7月17日)	民部省・大蔵省分離により**民部省鉄道掛**を設置。
12月12日 (閏10月20日)	工部省新設により移管して**工部省鉄道掛**。
1871年 9月28日 (明治4年 8月14日)	太政官制改革により改称して**工部省鉄道寮**。
1872年10月14日	新橋-横浜間の鉄道開業。
1877年 1月11日	太政官制改革により，改称して**工部省鉄道局**。
1885年12月22日	内閣制度発足により，工部省廃止。暫定的に内閣直属の**鉄道局**。
1890年 9月 6日	内務省に移管，外局化して**鉄道庁**を設置。
1892年 7月21日	逓信省に移管，外局として**鉄道庁**。
1893年11月10日	逓信省官制改革により，内局化して**逓信省鉄道局**。
1897年 8月18日	逓信省官制改革により，現業は外局化して**鉄道作業局**を分離新設。許認可業務は逓信省鉄道局として存置。
1905年 3月31日	「鉄道国有法」制定。1907〜08年にかけて幹線系17私鉄を国有化。
1907年 4月 1日	「帝国鉄道庁官制」制定。鉄道作業局にかえ，逓信省の外局として**帝国鉄道庁**を設置。
1908年12月 5日	「鉄道院官制」制定。帝国鉄道庁・逓信省鉄道局を統合，内閣直属の**鉄道院**を設置。地方組織として，鉄道管理局を東部（設置箇所は上野，以下同じ）・中部（新橋）・西部（神戸）・九州（門司）・北海道（札幌）に設置。
12月 6日	益富政助が，修養団体として鉄道青年会を組織。
1909年12月16日	朝鮮統監府鉄道庁を鉄道院に移管。韓国鉄道管理局(龍山)を新設。
1910年 9月12日	韓国併合により，韓国鉄道管理局を朝鮮鉄道管理局と改称。
9月30日	朝鮮鉄道管理局を廃止，所管業務は朝鮮総督府鉄道局に移管。
1912年 3月12日	外国人旅客誘致斡旋のため，ジャパン・ツーリスト・ビューロー（現在のJTBの前身）を設置。
1919年 5月 1日	鉄道院官制改革により内地の鉄道管理局の名称・担当区域を変更し，東京・名古屋・神戸・門司・仙台・札幌とする。
1920年 5月15日	鉄道省官制により鉄道院にかえ，**鉄道省**を設置。鉄道管理局を鉄道局と改称。
1928年 4月13日	神戸鉄道局が大阪に移転，大阪鉄道局と改称。
1932年 2月25日	公傷病者救済のため，財団法人鉄道弘済会を設置。
1935年 8月 1日	広島鉄道局を新設。
1936年 9月 1日	新潟鉄道局を新設。
1943年 4月 1日	樺太の内地編入により，樺太庁鉄道を大東亜省から鉄道省に移管，樺太鉄道局（豊原）を新設。
1943年11月 1日	鉄道省・逓信省を統合，**運輸通信省**を設置。
1945年 5月19日	運輸通信省を分離，**運輸省**を設置。

	6月19日	四国鉄道局（高松）を新設。
1946年	2月 1日	ソ連侵攻により，樺太鉄道局を廃止。
1949年	6月 1日	運輸省を分離，現業は公社化して日本国有鉄道を分離新設。許認可業務は運輸省鉄道局として存置。

　1872（明治5）年の鉄道創業から鉄道国有化までは逓信省などの所管する部局に過ぎなかったが，以後は「省」に次ぐ独立性の高さを持つ「院」になる点で，鉄道国有化は歴史上の画期となっていることがわかる。それに対応する形で，政府が建設・運営する鉄道を指す一般的な通称も，「官設鉄道」から「国有鉄道」へと変化した。ここからすれば，鉄道国有化から公共企業体を経て分割民営化されるまでの約80年間が，人口に膾炙した「国鉄」だといえよう。本節ではこれに習い，鉄道国有化以降を国鉄と呼ぶこととする。

　さて，その国鉄の業務内容は，きわめて広範囲に及んでいた。現在でいえば，現業部門として鉄道・船舶・自動車の経営を行うJR各社（及び多くの関連企業）はもちろん，政策立案・許認可を行う国土交通省鉄道局，新線建設・改良を行う独立行政法人鉄道建設・運輸施設整備支援機構（旧日本鉄道建設公団）をも網羅する。さらにはジャパン・ツーリスト・ビューロー（JTBの前身）を通じた外貨獲得，財団法人鉄道弘済会による公傷病者救済のための厚生事業，外地官庁・民間鉄道会社への出向による運輸統制，帝国陸軍鉄道連隊に対する技術支援など，現在は存在しない業務も担っていた。

　また，国鉄は現業中心の機関のため，大量の，しかも技術性を有する労働力を必要とした。雇員・判任官として遇される職種——例えば，駅員・車掌・機関士など——はもちろんのことだが，一般に高等小学校卒業程度の採用試験により傭人として採用され，単純労働に従事する者——例えば，駅・機関区内の掃除や雑用（駅手・庫内手），線路保守作業（線路工手）など——も10万人単位で必要だった。しかも，これが重要な点だが，同じく現業中心の国家機関（逓信省や陸海軍）にはない人事上の特徴が，国鉄には3点存在した。

　第1に，傭人として働く者の多くがいわゆる階梯職[1]であって，選考または試験によって上級職種へ，身分も傭人から雇員を経て判任官へ，職種によっ

てはさらに高等官[2]へと昇格できたことである。しかもメインルートは学科試験であり，その内容は現場における職務経験で得られるノウハウや規程・技術に関する知識はもちろんのこと，中等程度の国語・算術・英語・作文のように一般教養に関する科目が必ず課されていた。

　第2に，鉄道局所在地には部内教育機関（Off-JT）である教習所を設置しており，その専修部に入所して3〜6カ月の転換教育を受けることで，階梯を進むスピードを促進できたことである[3]。募集規模は科によるが，一般に年2〜4回，それぞれ数十名単位と相当な数になる。ここでも入所試験には中等程度の一般教養課目が必ず課されていた。よく言われるような「独学＝クールアウト」などではなく，独学によって昇進していくことを奨励していたといえる。

　第3に，教習所には専修部以外に「普通部－専門部」という学校階梯を用意し，中等段階から高等専門段階に及ぶ教育を実施，卒業後は国鉄部内限定でそれぞれ相当の学歴として遇する制度をとったことである。その多くは鉄道省に勤務していなくても受験でき，合格すれば入学できる。そして，それは同時に就職でもあるから，授業料負担がないばかりか手当まで得られるのである。

　この結果，鉄道省に勤める膨大な数の若年労働者は，総じて勤務の傍ら学ぶ形をとることになった。職階と学習とがリンクした鉄道省は，高度に「学校化」した社会である。入職した職種は仮の姿で，試験によって人生を切り拓いていけるし，そうしなければならない。

　一方，経済的に恵まれず，上級学校進学がかなわない者には，給料を得ながら勉強ができる進路として注目を集める機関でもあった。その場合，勉強することこそ鉄道入りした本来の目的ということになる。国鉄は経済的に恵まれない青少年にとって，実のところ，隠れた学校でもあった。

　そうしたさまざまな学習の需要に応えたのが『鉄道青年』『鉄道知識』『鉄道受験界』『驀進』『鉄道』といった数々の鉄道受験雑誌であった。

　このうち『鉄道青年』は最も早くに創刊され，雑誌統制によって終刊となるまで35年にわたって刊行された。また，教習所入試や各種採用試験の問題解説は教習所教官が，採用・昇進など人事上の質疑応答には本院（省）人事課職

員が回答しており，記述内容の正確さ，威信という点で他誌の追随を許さないものがある。同誌の内容分析をすることは，国鉄に勤務していた若年労働者，国鉄勤務（国鉄の部内教育機関への進学を含む）を希望していた青少年にいかなる教育情報がもたらされていたのかを明らかにする上で不可欠の作業だといえよう。

　所蔵状況については，若干の欠落はあるものの，1909〜11（明治42〜44）年分は東京大学，1916（大正5）年分は同志社大学，1917〜33（大正6〜昭和8）年分は北海道大学，それと一部重複するが1924〜43（大正13〜昭和18）年分は国立国会図書館にある。これに筆者の私蔵分を加えると，全409巻のうち74.6％にあたる305冊の分析が可能である。創刊直後の1912〜15（明治45〜大正4）年が完全に欠落しているのは残念だが，この前後で誌面の傾向に大きな変化は見られないことから，概略的な書誌的分析を行う上で大きな問題はないと思われる。

1　鉄道青年会と『鉄道青年』

　『鉄道青年』は，鉄道青年会の機関誌である。同会は，東京基督教青年会宗教部主任だった益富政助が主唱し，発起人代表に江原素六（初代会長）・新渡戸稲造（顧問，のち第二代会長）・大隈重信（顧問）らを迎えて，鉄道院発足の翌日，1908（明治41）年12月6日に発会式を行った団体である。ただし，同会は募集要項に「基督教徒たらねばならぬ義務はありません」[4]とうたう通り，宗教色はない[5]。この経緯について，同誌の記事を追うことでやや詳細に見ておきたい[6]。

　1908（明治41）年2月，鈴木才次郎（国鉄飯田町駅長）[7]は東京市神田美土代町の東京青年会館において，東京基督教青年会の講演会に出席していた。講師は益富政助（東京基督教青年会宗教部主任）。その内容に感銘した鈴木は，益富に管下の飯田町駅員約150名に対して講話を行うよう依頼した。益富はこれを快諾，以降，飯田町駅で月2回の出張講話を行うことになった。内容は渙発さ

たばかりの戊申詔書に関するもので，例えば「上下心ヲ一ニシテ忠実業ニ服シ」について内容解説を行い，奉公運動綱領の「我等ハ一致協力ヲ念トシ，職分奉公ノ実ヲ挙ゲム」と同一の趣旨であることを指摘，その大切さを説くといった具合であった。官製講話そのものだが，単に意味不明なスローガンを暗唱するのではなく，懇切丁寧に意味を説き，また（おそらくは）益富の巧みな話術もあって駅員に感化が及んだのだろう。「欠勤者は減じ精勤者がうんと殖えて来る。(中略)貨車積込みの能率がよくなり，貨車の回送率が著しく違って来たといふので駅長さんがホク〻喜んで話されたこともある。只機械的仕事をするのと，陛下の御言葉を畏みて奉公の誠を致すのとでは，その仕事の成果にも自ら相違を生ずる」との結果をみたという[8]。

同年3月，山本邦之助（東京基督教青年会主事）は半年に及ぶ欧米の基督教青年会の視察から，矢沼伊三郎（元日本鉄道社員，実業家）はアメリカの鉄道事情の視察からそれぞれ帰国した。二人はアメリカ滞在中にそれぞれ米国基督教鉄道青年会の活動の活発さ，またその活動が鉄道経営に大きく貢献していることを知り，また偶然知己となってからは帰国後に必ず日本でも同様の組織を立ち上げるよう誓い合っていた。

益富が飯田町駅に赴いていることを知った二人は，鉄道青年会の萌芽だとして喜び，帝国鉄道庁，東京付近の各駅，私鉄各社を歴訪して，その重要性を訴えた。その結果，各所とも若年労働者に対する精神的なフォローに異存はなく，合計約6,000名を対象に飯田町駅と同じ出張講話を実施するようになった。その実施箇所は，翌1909年12月段階で，国鉄は英語練習所・上野駅・田端駅・秋葉原駅・両国駅・隅田川駅・飯田町駅・新宿駅・品川駅，東京電車鉄道（東京市電→都電の前身）は甲賀町・青山・三田・新宿・浅草・浜松町の各出張所，京浜電気鉄道会社（京急の前身），横浜電気鉄道会社（横浜市電の前身），東武鉄道会社などに広がり，受講者は国鉄・東京電車鉄道だけで4,000名を超えるに至った[9]。

同年11月8日，東京基督教青年会は「鉄道従事員慰労会」を開催する。午前8時から東京青年会館の図書室・遊戯室・浴場・理髪室・屋上運動場・娯

楽室を開放し，昼には弁当を実費提供した。午後からは武部憲吉（帝国鉄道庁），細川風谷（作家）の講演，四元義一の薩摩琵琶演奏を行った。この企画には600名を超える参加者が詰めかけ，大好評を博した。このため11月17日にも同一の趣旨で慰労会を実施，700名ほどの参加者が安藤太郎（元ハワイ総領事），増田義一（実業之日本社長）の講演，琴合奏，某駅少年隊の唱歌，薩摩琵琶演奏などを楽しんだ。

あまりの盛況に，東京基督教青年会ではこれを独立の事業とすべきとの機運が高まり，益富，山本，矢沼のほか，井深梶之助（明治学院教授），江原素六（麻布中学校長），新渡戸稲造（第一高等学校長），留岡幸助（家庭学校長），井上敬次郎（東京鉄道株式会社取締役），木下立安（鉄道時報局社長），元田作之進（立教学院教授），藤本良多（京浜電気鉄道）ら教育関係者ならびに私鉄各社の幹部らを発起人代表として，鉄道院発足の翌日の12月6日に発会式を行った。式には鉄道・軌道に関係する名士をはじめ，1,500名もの現業従事員が集まった。開会式では，大隈，新渡戸らが演説を行っている[10]。

鉄道青年会は現業機関での修養講話会を業務の中心とし，他に社会事業（殉職者遺児養育・公傷者職業再教育など）・福利厚生事業（田端簡易ホテル経営・臨海学校など）を幅広く行うこととした[11]。会則によれば，会員は「鉄道軌道又は之に関係ある業務に従事する者」[12]で，賛助会員（月額20銭以上）と普通会員（同5銭）があり，前者は部内外の有志者から，後者は「全国の鉄道軌道其他運輸業に関係ある方々主に国鉄部内の青少年」から広く募集した。賛助会員には，評議員となった発起人代表のほか，島安次郎（鉄道院運輸部工作課長），田島富士太（鉄道院運輸部運転課長），平岡錦作（鉄道院新橋運輸事務所長），村越嘉一郎上野駅長以下助役8名・主任3名，矢島菊次郎田端駅長以下助役4名など，鉄道院の中堅幹部や現場の管理職が名を連ねた[13]。国鉄・私鉄各社とは直接関係のない団体とはいうものの，発起人代表の顔ぶれなどから同会が鉄道界全体から重要視されていたことは疑いない。

鉄道青年会が発足した1908（明治41）年は，日本の鉄道史上の一大画期となる年であった。この年，帝国鉄道庁は幹線系鉄道17社を版図に収めて路線延

長を約 2,500 キロメートルから約 7,500 キロメートルへと 3 倍増させ，12 月 5 日から名称を鉄道院と改めた。しかし，これは相当な荒療治でもあり，また事前の準備不足も手伝って，出身会社ごとの気風・職制・賃金体系をすぐには統一できなかったから[14]，その意味からも若年労働者の修養を旨とする鉄道青年会に対する鉄道院の期待は大きく，逓信大臣兼鉄道院総裁・後藤新平は鉄道院による保護を申し出た。益富は御用団体に堕するのを恐れて拒絶したが[15]，これ以降，一貫して鉄道院総裁（のち鉄道大臣）を顧問に迎えており，両者の精神的な紐帯は堅固だった。

鉄道青年会は順調に発展を遂げ，会員数は 1909（明治 22）年末には早くも約 2 万名[16]，1916（大正 5）年 6 月末には 3 万 2684（うち国鉄 2 万 4114，私鉄 9974，軌道 6415，その他 1181）名に達する[17]。1925（大正 14）年 6 月の頃には 3 万 5000 名を超えたとの記述もあるが[18]，会務報告を見る限り，概ね 3 万名で毎月 500 名内外が出入りという状況だった。

また，その活動内容が評価された結果，宮内省・内務省・東京府・東京市からの助成金を受けるようになったほか，1923（大正 12）年には震災救護事業に対して皇室から 1,000 円の御下賜金を受けている[19]。

2 修養雑誌としての『鉄道青年』

『鉄道青年』の発行は，修養講話会と並ぶ鉄道青年会の基幹事業として 1909（明治 42）年 9 月 1 日に始まった。ちなみに教習所の発足もこの年のことである。

創刊号（第 1 巻第 1 号）は，表紙最上部に誌名を横書きで記載し，その下に「精神の修養・智識の研磨・心身の慰安」とうたった。本文は 36 頁。1 頁には戊申証書，2 頁にはその解説を掲げた。3 頁には益富による「発刊の辞」を配し，創刊の目的を以下のように記している。

　　抑我々は何の為に此微々たる雑誌を出すに至りましたか。此雑誌を通して普く全国の鉄軌道従事員諸君とお近付になり，親しく交際がしてみたい

のが一つ。東京近辺の鉄道軌道従事員諸君とは何時も御目にかゝってお話は申して居れど，地方の方々には，さう度々は会はれないのがつらさに，せめては手紙即ちこの雑誌でゝも互ひに消息を知らしたり，知らされたりしたいのが一つ。かくて親愛なる諸君の朋友となり，互に相助け相励まして，人生最貴最要の精神修養，品性陶冶といふ事に努力したいのが一つ。更に進んでは智識の研磨，或は心身の慰楽といふ事にも，及ぶだけ力を尽して見たし，又別欄にも記載して置きました通り，人事上百般の相談相手ともなり，お困まりの方のためには医療，救済の道をも講じ，要するに如何にもして諸君の幸福と利益とを増進したいといふのが本会の目的であり，又本誌の使命であるのです[20]。

創刊にあたっては，平井晴二郎（鉄道院副総裁），山之内一次（鉄道院総務部長），千家尊福（東京鉄道株式会社社長），龍居頼三（南満州鉄道株式会社秘書役長），山口準之助（鉄道院調査所長），図師民嘉（鉄道院経理部長），上村俊平（九州鉄道管理局長），岩崎彦松（西部鉄道管理局長），古川阪次郎（中部鉄道管理局長），長谷川謹介（東部鉄道管理局長），海野力太郎（帝国鉄道協会書記長）などから祝辞が，笠松慎太郎（上野運輸事務所駅務練習所講師主任兼車掌練習所主任），杉生仙蔵（米原駅長），鈴木才次郎（飯田町駅長），小倉鎮之助（横浜電気鉄道会社支配人），安達泰睦（東京鉄道株式会社甲賀町出張所主任），鉄道院英語練習所生一同などから謝辞が届けられた。創刊号には，その全員の氏名・文章全文を掲載した。

なお，創刊号は会員用以外に1万部を印刷したが，鉄道院がすべて買い上げて現業機関に配布したため，さらに「南満鉄道，韓国統監府鉄道，台湾総督府鉄道，内地各私設鉄道会社，並に東京，京浜，横浜，大阪，京都，阪神，京阪，名古屋等の重なる各鉄道会社の現業及び運輸従事員諸君の為め」1万部を増刷した。定価は5銭で，普通会員の会費と同額である。

誌面構成は以下に示す通りで，巻頭の戊申証書を筆頭に，少々抹香臭い記事ばかりが並ぶ。受験情報はなく，読者参加の頁も「娯楽」欄のみ。のちの時期に比べると修養雑誌という性格が強い。本体の頁数もわずか36頁に過ぎない。

表1.5.2 『鉄道青年』第1巻第1号（1909年6月1日発行）の構成

○戊申詔書	・身辺を綺麗にせよ
○詔書略解	○お客様の取扱ひ方
○発刊之辞（幹事長益富政助）	○車掌評判記
○祝辞及び謝辞	○殉職者の遺族を憶へ
（鉄道院副総裁平井晴次郎ら）	○家庭
○我国鉄道の由来（大隈重信公爵）	・七日に一度位は落ち着いて考へよ（蟹骨）
○鉄道青年会の目的	・家庭感話　華を去り実に就き
（農博・法博新渡戸稲造）	夫婦の和合
○鉄道青年会の事業	親の子孝行
○本会の経営に関して鉄軌道関係者諸君に	節酒と禁酒
訴ふ（益富政助）	○娯楽
○唯愛あるのみ（鉄道院総裁後藤新平）	・夜［小説］（山内秋生）
○上下一心論	・蜀山人の狂歌
○忠実論	・一口噺
○忠実の模範	・和歌
○六郷川の如き椿事に際し乗務員は何を最	・都々逸
も注意すべきか	・読者文芸募集［日記文、一口噺、狂句、
（平岡新橋運輸事務所長）	都々逸、謎、和歌、俳句］
○鉄道員の心得	○鉄道青年会の由来
・鉄道員一般の注意	○鉄道青年会会員名簿
・旅客の取扱方に就て	

　その後、翌1910（明治43）年の第2巻第3号までには、総頁数を62頁と創刊号に比べるとほぼ倍増させた。内容的にも、以下に示すように英単語・英会話の独習に応ずるための「英文欄」を創設したほか、「雑録」の一トピックという扱いで、教習所の学習・生活について2本の記事を掲載した。教習所を紹介する記事の始まりである。

　「汐留官舎の一夕」は、木下淑夫（鉄道院運輸部営業課長）宅で開催された中央教習所（中教）中教英語科卒業生の送別会の報告である。執筆者は益富。本院・中教の担当職員・教官、外国人教師がホスト役で、益富は倫理講話の担当者として招かれている。教官のみならず卒業生も、皆、英語でスピーチをしており、「僅か数ヶ月間の練習に於て斯くも大なる成功を収められた」と成果を称え、さらに「今後今回はアーチクラブ（穹窖会）と称して永久に生徒及教師間の

表1.5.3 『鉄道青年』第2巻第3号（1910年3月1日発行）の構成

●口絵及巻頭	●学術
○中部鉄道管理局（写真版）	○鉄道概説
○中野氏井上氏安藤氏肖像（写真版）	（鉄道院参事・法学士筧正太郎）
○忠実の模範募集（広告）	○駅夫必携（九管門司駅長渡邉六一郎）
○購読者諸君へ謹告	○余が実務上の経験（各会員）
○投稿募集	●雑録
●修養	○三十六年前の回顧
○鉄道の恥辱　鉄道の名誉（会説）	（中管新橋機関庫主任日下輝道）
○何故に勤勉忠実なれと云ふか（会説）	○同情深き乗客の実例（MA生）
○生活問題に就て（顧問・伯爵大隈重信）	○井深先生を訪ふ（一記者）
○品性は成功の根底なり	○我駅の気風（東管上野駅長村越嘉一郎）
（評議員・衆議院議員根本正）	○汐留官舎の一夕
○如斯心持にて世を送りたし	○東部管理局地方教習所懇談会
（評議員・実業之日本社長増田義一）	●家庭
○ハートの人後藤総裁	○逆境感想録（笠松慎太郎）
（台湾総督府土木部長尾半平）	○我父の家には第宅多し（益富政助）
○月給十円の社員より東鉄重役となりし安藤保太郎氏（春光生）	○母親の為（益富きの子）
	●娯楽及会報
○部下の見たる安藤重役（部下の一人）	○講談
●論説	○会員の領分
○余が見たる米国の交通機関	○読者歌壇
（東京商業会議所会頭中野武麿）	○青年会報
○東部管理局の消息	○会員名簿
（東部鉄道管理局長長谷川謹介）	●英文欄
○救済組合に就て	○鉄道用語
（鉄道院保健課長井上正進）	○英語会話
○青年現業員諸君に望む	●付録
（九州管理局門司駅長渡邉六一郎）	○鉄道青年会員忠実日記
○北海道の現業員に同情す（吉川敬治）	

交誼を温める機関にされる」こと，木下課長の「令夫人及令妹其他家内総出で歓待に努められた」ことを好意的に報じた。

「東部管理局地方教習所懇話会」は，東部地方教習所（東部地教）の寄宿舎で「各地方から，選抜して上京した生徒を指導するには，単に教習所内ばかりでなく，各自の起居寝食するにも相当の注意をして其風紀及健康を維持することに努めるのが必要である」という方針から，毎月1回，教習所長・教官と生徒一同が会合して晩餐を共にしており，食後はそれぞれが講演や楽器演奏を行い，

さらに余興に移って楽しい時間を過ごしていることを報じている。

　いずれも教習所は家族的な雰囲気の中で勉学三昧の日々を送る場所であるというイメージをかき立てるもので，苛酷な労働に勤しむ若年労働者たちにとってある種の羨望をかき立てずにはいなかったはずである。

　これ以降も「東部地方教習所教務一斑」(第2巻第5号)，「中央教習所第一回教習の成績」(同第6号)，「算術試験問題解答」(同第7号，同第9号，同第11号，同第12号)，「鉄道にて立身せんと欲する青年の注意すべき要項」(同第10号)，「東鉄車掌運転手の採用法と其待遇」(同第11号)といったように，受験案内や鉄道で立身出世を果たした者に関する記事を頻繁に掲載する。

　なかでも注目すべきは，第2巻第9号に掲載した「上野駅駅夫藤川福衛君の奮闘的生活」である。経済的事情から小学校も満足に終えられなかった傭人が夜間中学で学びながら中等程度の地方教習所に入学，このたび首席卒業に至ったとの記事で，幼時のことから今に至るまでを以下のように描いている。

　　男子志を就すは関東にありと，車窓揺々芙蓉函嶺花の香ばしきを眺めながら東都にやってきた。時正に君が齢十五歳の春であった(中略)よし是からは自身が終生の事業として最善最良なるものに就くのである。夫は何？，「鉄道」……と決心して愈日給十五銭を以て上野駅々夫として，駅長村越嘉一郎氏が事務室の給仕となった。(中略)爾来茲に五星霜職務に忠実で熱心で而も滾々たる向上の英気は連綿として少しも変ることなく，所謂奮闘的生活を継続して居るのである。此五年間君の思想と学業は非常の速力を以て進んで来て而も休養日毎に通ふて居た下谷夜学中学校に於ける成績は常に群を抜いて首席を占めて居た。本年一月六日東部地方教習所第一回の業務課教習を開始されて東管(ママ)(鉄道院東部鉄道管理局—三上注)全体の雇員中より特に有為多望の人々のみを召集(ママ)された時，村越上野駅長は特に其身分が傭人である此藤川君を推撰して入学方を申出されたのである。長谷川局長も傭人一般の奨励の為夫も面白からうと云って之を認可された。人世は知己に観ず，藤川君の篤学と熱心を以ては是又衆を凌ぎ，未来永遠

第5節 『鉄道青年』

東部地方教習所第一回第一等の卒業生といふ冠が此度藤川君の手に帰した。(中略)啻に夫のみならず君は昼間教習所の授業を受け，更に其足で下谷夜学中学の通学を続けて居たが，本年三月是も第一等の成績を以て修業証書を得，校長よりして特に「学徳を彰す」と記したる書付を其終業式に於て交付されたのである。

　藤川は，この時19歳。後に専門学校程度の中央教習所，大学程度の鉄道省教習所高等部へと進学し，1921（大正10）年の高文予備試験合格を経て，1923（大正12）年には高文行政科に合格する。藤川は，これ以降も1924（大正13）年の第16巻第2号「独学で高文試験に合格した藤川福衛君のこと」，1928（昭和3）年の第20年第4号「奮闘努力高等官に!!　前途洋々たる鉄道立志伝中の人，藤川福衛氏のこと」，1930（大正5）年の第22年第9号「誌上科外講話　最後に勝利を得る者は誰？　刻苦奮励自ら強めて息まぬ人である」と，たびたび登場する。官界における最高峰の試験を，独学及び鉄道教習所という無学歴学校での学びで制覇したのだから教習所の威信を飛躍的に高めることになるだろうし，また読者に学習・受験への意識を高める効果は少なからずあるだろう。

　ところで，非常に興味深いのは，この3頁に及ぶ記事の中で，幼時の不遇さや成績の優秀さを指摘する部分は前半に限られることである。後半は藤川の勤務態度，成績優秀なことを誇らぬ謙虚さ，弁論の練習に取り組みつつ同僚のために学術講演会を企画したり，間食・喫煙・飲酒などをせず本を買う真面目さ等々を書き立て，賞揚することに費やされている。特に繰り返されているのは勤務態度である。

君は斯くて種々の栄誉を荷ふたが勿論之を以て慢心しない。「私は駅夫の仕事が好きで御座ります」とて今も尚小倉服を着て箒を持ち，雑巾も掛け，車も押す。そして夜は毎晩神田の或夜学に通って研学を続けて居る。(中略)而して君は謙譲の人である。殊に鉄道院服制の定められて此方知ると知らざるとを問はず，苟も制服を著用したり人に遭ふ時は必ず佇立挙手

注目の礼を恭く為さねば決して前進しない。

　一読して，藤川は単なる鉄道受験の成功者として登場したのではない。学力を裏打ちするのは円満な人格，なかんずく職務に対する精励さだということが強いメッセージとして伝わってくる構成である。

　同じ1910（明治43）年の第2年第5号「算術試験問題解答」から，早くも同誌の特色である本省・鉄道局の各業務担当者，教習所教官，現場幹部などの執筆記事が登場した。この記事は前年9月に施行された鉄道院判任官機関手採用試験の算術の問題解説で，担当したのは東部鉄道管理局平機関庫主任（現在のJR東日本いわき運輸区長）平岡三郎右衛門である。この形式が，教習所や各職任用試験を受験しようと考える者に大きな励みとなることは疑いない。

　続いて1916（大正5）年までには「身の上相談」（のち「読者の質問」）が登場した。これは受験相談（教習所，各職試験，民間の鉄道学校など），生活相談（衛生，法律，共済など）などに応じるものである。会と会員とのキャッチボールにより，会への帰属意識を高める効果は少なくないだろう。のちには一問一答形式で多数の質問に答えるようになるが，当初は長文の（まさに）身の上相談に対し，これまた長文の回答がなされており，諄々と諭す内容が興味深い。1916年の第8年第1号から一部を抜粋しておく。

△問　一，私は生れ付き字が下手で大いに困って居りますが，習字速成会に入会したいと思ひますが，実際広告の様に上達しませうか，二，私は生れ付き小柄で只今四尺九寸しかありませんが事務雇員に採用されませうか，三，此頃噂によれば雇員の試験は廃止せられる様に聞きましたが，事実でせうか，四，私は耳が悪くはありませんが電話がどうしてもおろ聞えます。如何したのでせうか，五，大阪の或店で身長増加器を販売すると云ふ広告がありましたが事実効果がありませうか（九管，鷲尾生）

▲答　一，字は稽古さへすれば必ず上達するものです，其稽古する心を起さしむる為めに習字会に入会するも亦良法でせう。二，別段身長の制

限はありません事務を取るのに支差へ(ママ)がなければ，無論採用されるのには関係しませぬ。三，雇員の試験が廃止になると云ふ事は決してないと思ひます，鉄道は青年を引立てゝ向上せしむる為めには益々其道を開きこそすれ，道を閉すと云ふ様な事は決してないと思ひます。四，電話は機械でありますから，必ず宜く聞えると極まったものでもありませぬが，又電話は馴れない内は誰でも宜く聞取る事は出来ないものです。五，合理的に身長が伸びる様にはなって居りますが，短いものがながくなる事はありません。唯，伸びる状態にあるものを伸ばすに止まるのであります。

△問　私は中学四年まで行きまして家事貧困の為め残念ながら退学致し，只今機関庫部内の検車手 (注油夫) に入って居りますが，どうも駅側がよいように思はれてなりません，転勤致す事が出来ませうか (TS生)

▲答　機関庫側と，駅側とは全く仕事の系統が違ひます。一方は技術系統で，他は事務系です，それであなたが，何れが宜しい方を撰んで，其目的に向って突進すれば，何をやっても結局は同じ事です。唯何れがあなたの性質に適合して居るかが問題でせう。其れはあなたの身上を宜く知った先輩に相談するのが一番正鵠を得るでせう。人の仕事は宜いようでも，内に入って見ると，想像以上の苦しい事が多いものです，職を転ずる時は，余程冷静に考へて先輩の人とも相談して上の事(ママ)でなければ取返しの付かぬ事となってしまひます。

　当初は受験相談と生活相談が半々で，次第に受験相談の比率が高まってゆくことになるが，この段階では数ある相談の一部を占めていたに過ぎない。また，当初は回答者が「係り」とあり，鉄道青年会本部で執筆していたものと推測される。ストレートな回答ではなく諄々と論すようなものになるのは，一つには修養を旨とする団体の性質の反映，今一つは回答者が人事上の知識に疎かったことの反映であろう。

　なお，この間に総頁数は52頁へ，さらに同年の第8年第5号からは40頁へと減少している。第一次世界大戦中の物価高騰のさなかでもあり，頁数を維持

するのは負担が重過ぎたのだろう。それでも1919（大正8）年には会費を倍額に値上げ（5→10銭）して約70頁へ戻しており，誌面の質・量を維持しようという意欲が強かったことがうかがわれる。

3　受験情報欄の拡大

1920（大正9）年の第12年第3号から，「試験問題及解答」が常設欄として登場した。この号の場合，東京鉄道管理局の信号手採用試験・車掌採用試験の一部問題を掲載し，地教講師でのちに昭和高等鉄道学校長を務める亀川徳一が問題解説を行っている。

これ以降，同年第7号までの掲載問題を表1.5.4に示す。

特定の試験種別・科目に偏らないよう網羅的に掲載されており，さまざまな志望をもつ読者に対応していることが見て取れる。

この年は5月から鉄道院が鉄道省に昇格となった年である。その直後の第12年第6号では，「会員一同の投票に依りて」と題する記事を掲載した。これは「東京付近の会員有志一同」から会員に向けた誌面改善の提案である。具体的な内容は以下の通りであった。

　　全国に散在せる我等の敬愛なる鉄道青年会員諸君。我等東京付近の会員有志一同は茲に諸君の一般投票によりて左の事件を決定したく提議致します。
　　　　　　　　議　　案
一，我等の愛する『鉄道青年』の頁数を現在の二倍とし，少なくとも毎号百三十頁内外とすること。
二，内容は精神修養に関する記事の外，鉄道界各方面に亘りての記事を網羅し，更に時代に順応する万般の新知識を豊富にし，日常百般の常識を養ふ資料を蒐集し，文芸，慰安，娯楽，家庭に関する部分を拡張し，趣味と実益の両方面より見て共に充実せる雑誌たらしむること。
三，従って会費を一ヶ月金弐拾銭とする事。

表 1.5.4 「試験問題及解答」の掲載問題（第12年第3号～第7号）

号	実施局	試験種別	掲載科目
3	東 京	信号手	規程
		車掌	旅客
4	東 京	機関手見習	技術
	門 司	雇員	算術, 読書
		電信修技生	算術, 英語
		操車掛信号手	規程, 読書, 算術
5	東 京	機関助手	技術
	門 司	車掌	運転及信号, 旅客, 貨物
		雇員	読書, 筆算, 珠算, 作文, 書法
6	東 京	機関手見習	技術
		地方教習所電信科	国語書方, 羅馬字綴, 算術
		地方教習所検車科	国語, 算術
		地方教習所電車科	国語, 作文, 算術
		電信修技生	算術, 読方, 英語, 作文
	本 院	中央教習所予科	国文解釈, 国文書取, 漢文解釈, 数学, 英文和訳, 和文英訳
7	本 院	中央教習所業務科・機械科・電気科	国文解釈, 国文書取, 作文, 数学, 英文和訳, 和文英訳

　四，右に就き会員諸君は単記又は各駅，庫，区代表者（代表者は幾名代表を含む）の名を以て賛否を七月十五日限り，東京神田，鉄道青年会本部内会員有志宛に表明すること。

　若し何等異議のなきものは賛成者として計算す。

　五，此提案にして若し会員多数の一致する希望なりと確定せば青年会編集局は来る八月より之を断行すること。

　これに続いて理由が記載されているが，会費・頁数を倍増（10→20銭，約70→130頁）することで，紙価の騰貴による会の経営逼迫を助けようという趣旨である。提議の直接の契機は，東京での会員有志懇話会の席上，益富が用紙購入・印刷に要する費用が第一次世界大戦前に比べて3倍になっており，しかも3月号は2月号に比べて6割増だったことを報告，「今後は遺憾乍ら，五十ページ内外に切り詰めざるべからざるべし」[21]と述べたことに端を発するという。これについては，鉄道青年会本部の意向を受けたある種の「出来レース」あ

るいは「やらせ」の可能性もなくはない。「今は新聞でも雑誌でも，非常に騰貴して居る。小さな小供(ママ)の絵草紙さへ一冊二十銭三十銭もするし，少し実のある雑誌になると四五十銭から一円以上もする今日此頃」[22]という提議理由に偽りはない。例えば『中央公論』を見ると1899（明治32）年に12銭，1909（明治42）年に20銭，1916（大正5）年に30銭，1919（大正8）年に40銭，1920（大正9）年に60銭と値上げが相次いでいる[23]。『鉄道青年』が月額10銭という会費（購読料）を継続することは困難であっただろう。

　ただ，この前年の1919（大正8）年には，法制時報社（東京）が同じく国鉄勤務の若年労働者を対象とする受験雑誌『鉄道世界』を創刊させていることは見逃せない。こちらも月刊誌だが，毎号およそ100頁で月額25銭（駅員に限り20銭）。内容は本省幹部による「講話」と読者投稿欄を除けば，教習所入試・各職採用試験の問題研究，受験体験記，一問一答式の質疑応答など，受験に直結する記事で埋め尽くされている。これまではおそらく『鉄道青年』が独占してきた，国鉄の若年労働者及びその志願者を対象とする受験問題研究という分野に強力なライバルが誕生したのは間違いなく，縮小傾向が続けばそちらに存在が脅かされるという危惧もあったはずである。ただ，そうした記述はなく，真相は不明だが。

　投票の結果，回答の集計だけでも「大凡賛成三，反対一の割合」[24]であったとして，値上げと抱き合わせの誌面改革が8月号から実施となった。以後，明らかに誌面は大幅な充実をみた。以下に示すように，読者参加頁の増大はもちろんだが，受験体験記や教習所・任用試験の問題解説を毎号必ず掲載するようになったことに注目したい。提議にあるように「精神修養に関する記事」を中心に据えた修養雑誌から総合雑誌へ移行し，なかでも受験関係記事に力を注ぐようになったのである。

　また，1920（大正9）年の第12年第9号から毎号，受験体験記を掲載するようになった。該号では，省教予科生徒である大塚末雄の「鉄道省教習所予科受験記」で，3頁ものスペースを割いた。内容的には，まず約2頁で受験した科目順に，国語・漢文，算術・幾何，英語，代数・三角，歴史，地理の受験感想

表 1.5.5 『鉄道青年』第 12 巻第 8 号（1920 年 8 月 1 日発行）の構成

- ○（巻頭言）一掬の涼味謙遜の自覚
- ○元田鉄道大臣の訓辞を読む
- ○雑誌拡張会費二十銭案決議公表
  （発起者一同）
- ○貧困の価値（法学博士山脇玄）
- ○軌道変更を要せず
  （建設局長大村鋼太郎）
- ○基督教の三大精神
  （早大教授内ヶ崎作三郎）
- ○社会の旅人生の旅（法学士山村草堂）
- ○現業委員会について
  ・優秀なる成績を挙げよ
  （上野運輸事務所長大河内一要）
  ・良心より其の信ずる処を
  （両国保線事務所長岩井宇一郎）
  ・生気に充ちた人格者
  （上野機関庫主任佐藤信雄）
  ・委員会と労働組合
  （東京機関庫機関手田中利三郎）
  ・幹部諸公に望む（札鉄有田恵郎）
- ○読者論壇
  ・感ずべき鉄道番（浜松保線・風戸生）
  ・痛ましき犠牲者（彼の同僚）
  ・如斯事実奈何（会津若松・憤慨生）
  ・昇格と吾人の覚悟（沼津・馬力好）
  ・労働組合の団結権（一会員）
  ・乗務員の苦心（桐生機関庫・D 生）
  ・判任機関手待遇論（門鉄・一機関手）
  ・救済範囲の拡張を（夕張駅・森浩）
  ・普通選挙論（一宮駅・伊東圓一）
  ・転轍手の優遇を（宇島駅・鼓堂生）
  ・事故反省の記帳（直方機関庫・緒方生）
  ・我が友と時の声（大宮公園駅・一塞生）
  ・生命の信頼（検車手・HI 生）
  ・噫貴き模型（新橋保線事務所・木村健一）
  ・割増運賃徴収（三国駅・山崎留吉）
  ・死！（新橋駅・横山生）
  ・手を失って（上野連結手・柴田芳松）
  ・万骨枯る（元浜金谷駅・古宮生）
  ・花より団子（三原駅・森本正助）
- ○尼港問題夜話（益富政助）
- ・生活改善問題
  ◇食物欧米風
  ◇世界的禁酒運動決議
  ◇米価如何
  ◇総理大臣の労働
  ◇代議士の年齢と職業別
- ○新著所感
  ・小林鉄太郎氏著「近時の社会問題」を読む（MI 生）
  ・石井満氏著「鉄道と社会」を読む（SY 生）
- ○軌道営業法注釈
  （鉄道省参事官喜安健次郎）
- ○列車通信取扱心得略解
  （東京鉄道局参事官建部元吉）
- ○湊町運輸事務所の実行週間
- ○異議ある線路巡回（行橋保線区吉武義造）
- ○鉄道時事
  ・城東線払下問題
  ・成田中越鉄道買収
  ・満鉄事業計画
  ・東京横浜直通列車
  ・東京下関間時間短縮
  ・旅客道徳向上の為
  ・悲しむべき記事
  ・米国鉄道王逝く
  ・長田君の犠牲
- ○旅客百態（茶目夫人）
- ○家庭欄
  ・胃腸の潰瘍に就て
  （鉄道青年会嘱託医今野幸吉）
  ・家庭と病気及其手当（高橋里子）
  ・百病の手療治法
  ・糖尿病の新療法
  ・回虫と十二指腸虫
  ・子どもの消化器病
  ・虎疫に就いて
  ・バタの栄養分
  ・ナメクジ，油虫，蠅の退治法
  ・主婦主人訓
- ○伝説お芳ヶ池物語（草野青一）
- ○戯曲天来夢明月
- ○読者文芸
- ○鉄道省教習所入所作文を採点して

○普通選挙の話（明治大学教授石井宗吉） ○社会小観 　・両陛下の御下賜金 　・世界日曜学校大会 　・敵国賠償金の割当 　・労働法案に就ての建議 　・労働局の設置 　・怠業はゆるさず	（試験委員） ○算術試験答案の書き方に就て 　　（東京鉄道局教習所講師沢村大字） ○試験問題解答 ○英語の研究 　　（東京鉄道局教習所講師赤司繁太郎）

と，どのような受験勉強をしたかを簡略にまとめている。次いで口頭試問・身体検査の内容であった。

　ただし大塚は部外出身者であり，職務の傍ら受験準備に取り組んだわけではない。より重要なのは，部内からの入学者が書いた受験体験記であろう。そうしたニーズに応えたのかどうかは不明だが，翌月の第12年第10号は，省教本科業務科在学の桜田正雄の「鉄道省教習所受験記」を掲載した。4頁にわたる文章から，特徴的な部分を抜粋しておく。

　　僕が此教習所の試験を受く可く決心しその準備に取りかゝったのは，昨年八月の新宿駅の貨物掛に勤務して居った時であります。当時は，徹夜勤務でしたので，非番の日は，昼間は，疲れてゐますから眠り，午後は一時から，五時迄数学。夜は七時から，十一時迄，英語を見ることにしてゐました。しかし，十月の末に，只今まで居りました汐留駅に転勤を命ぜられ，日勤するやうになりましたので，毎夜七時から十一時迄，四時間づゝ数学を先に，英語を後に何れも二時間づゝ見ることにしました。一週に一度の公休日は後れた所を回復するのにつかひました，そんなに急ぐ必要を認めなかった時には，大抵独りで，郊外へ散歩に出かけました。この時間の割当は，駅の仕事の上に差支がある日は例外として，自分の怠惰から，休んだ日も，一ヶ月に一度位はあって，それすら後の悔の種になったことを感じ，今でも自分に恥ぢてゐます。僕にはあんまり友達がなかったので，友達との交際上勉強を妨げられた事は，ほんの二三度ぎりしかありません。

身体の壮健な人はどうか分りませんが，非常に虚弱な僕には，一日の駅の複雑な整理と，統計（簡単ではありますが）の仕事に疲れた頭脳を，更に四時間も働かす事は，決して楽ではありませんでした。(中略) 受験者にして，たとへ自らが如何なる境遇にあらうとも，よく寸陰を惜んで，自分の労力を惜しまず，且飽く迄追究する心を，振ひ起して進んだならば，必然の結果として，成功があらはれるのではありますまいか。(中略) 他人の何々をどれ丈け読んだ等といふ話には，あまり驚かずに自分は自分丈けで，誰が何と云ふても，真に自からの信ずる所を断行して，邁進する，凡そ男として，痛快な心が必要です。

こうした現場出身者の体験記こそ，一般の受験雑誌にはない『鉄道青年』の特徴であった。どの参考書・問題集を用い，どのような順序・時間配分で取り組んだかということよりも，どうやって時間を捻出するか，どうやって勤務に影響が出ないように受験勉強をするかといったことこそ，読者が求めている情報であるはずだ。

受験体験記は常設の欄という位置づけではなかったが，これ以降も収集した限りにおいては，1922（大正11）年の第14年第6号まで，毎号必ず受験体験記を掲載している。その内容を表1.5.6に示す。

教習所入試・各職採用試験のさまざまな種類を網羅的に取り扱っていることがうかがえる。こうした情報が一般の受験雑誌に掲載されることは考えられない。それぞれの試験を希望する者にとって，大いに有益なものであったことは間違いない。

しかし，『鉄道青年』の場合，受験体験記の効果は単に受験者への情報提供にとどまらないであろう。読者の多くは小学校卒業の学歴しかもたず，現場で働く若年労働者である。教習所専修部や判任官機関手，普文程度ならいざ知らず，省教・給費生・高文などは雲の上の存在だと感じたに違いない。そうではなく，努力すれば挑戦しうる目標なのだ，現に同じ境遇の仲間から合格者が出ているではないか，という形で発奮を促す効果は当然あったに違いない。

表 1.5.6 『鉄道青年』が掲載した受験体験記（1920年から22年〈第14年第6号〉まで）

年（年-号）	学歴	所属・職名（身分）	受験先と合否など
1920 (12-11)	?	山田機関庫機関手（雇員）	判機手採用○
1921 (13-9)	中卒	部外	省教予科○
1921 (13-9)	小卒	部外	省教予科○
1922 (14-3)	小卒	若松駅	雇員採用○
1922 (14-3)	?	下関駅駅手世話役（傭人）	雇員採用○
1922 (14-5)	小卒	駅?	局教普通部○
1922 (14-5)	?	戸畑炭積機	電信修技生×
1922 (14-6)	専検	本院運輸局旅客課	給費生（京都帝大法）○中教卒，京大選科から本科編入
1922 (14-6)	?	東神奈川電車庫掃除夫（傭人）	給費生（東京商大専門部）○

（注）学歴の「専検」は，小卒で（専門学校入学者検定試験）に合格した者。専検は戦後の大検（現在の高認）の前身で，合格者は中学校卒業者に準じた取扱いがなされる。

ただし，受験体験記にせよ本文記事にせよ，勤務の手を抜いて受験準備をしたとか，いったん退職して受験準備に専念したといったものはあらわれない。難関の受験に合格するためには，規則正しい生活をし，余暇を勉強に充てるのが重要で，勤務は正しく続けよというメッセージが隠されているというのは読み過ぎであろうか。いずれにせよ，『鉄道青年』が掲載した受験情報は，修養雑誌としての性格を一層強化する効果をもっていたといえよう。

ところで，こうして受験情報を充実させた『鉄道青年』は，新進の受験雑誌『鉄道世界』に対して激しいシェア争いをすることになったのだろうか。実のところ，その点についてはわからない。ただ，管見の限り，『鉄道世界』は筆者が古書店で発見し，私蔵している1冊を除き見つからない。全国の大学図書館や国公立図書館における所蔵状況，古書店で出くわす回数から考えると，『鉄道青年』が圧倒的なシェアを保ち続け，『鉄道世界』はさほど広まらなかったということになるのだが，どうか。

4 受験雑誌としての『鉄道青年』

1920（大正9）年段階で誌面を縮小せず，逆に拡大路線を取り，しかも受験関係記事を充実させる方針をとっていたことは，『鉄道青年』に思わぬ効果をも

たらすことになった。1922（大正11）年から鉄道省は表1.5.7に示す教育制度の大拡充を行ったのである。この結果，取り扱うことが期待される受験問題の情報量が格段に増加するとともに，受験情報にアクセスすることを望む者の数も増加することとなったのである。

　若干，解説をしておこう。

　①は教習所の新学科である。札幌・仙台・東京・名古屋・大阪・門司の各鉄道局が設置していた地方教習所を鉄道局教習所（局教）に転換し，従来から実施していた職業訓練のための学科に「専修部」の名称を付し，別に中等程度の「普通部」を増設した。普通部の学科は文系の業務科，理系の電気科・機械科・土木科の4科である。専修部は修業期間が2～6カ月で，技能の習得に目標を置く学科だが，普通部は3年もの間，座学で普通教育を中心とする教育課程をこなす学科である。前者は「職業訓練」だが，後者は「学校教育」であり，同じ教習所といっても意味合いはまったく異なっている。

　さらにこれとは別に，東京に設置していた中央教習所を鉄道省教習所（省教）に再編し，「普通部」で専門学校程度，「高等部」で大学程度の教育を行う。いずれも文系の行政科，理系の電気科・機械科・土木科の4科を設置する。局教普通部と同様にそれぞれ修業期間は3年の長期にわたり，教育水準は文部省所管の大学・専門学校に比肩するほどであった。例えば，省教高等部行政科では1期生11名全員が在学中あるいは卒業後に難関の文官高等試験（高文）行政科に合格している[25]。

　これら教習所の「学校教育」を行う学科は，部外からの受験も可能だった。

　しかも卒業者は鉄道部内に限り，対応する文部省所管の学校の卒業学歴に準じて取り扱われた。例えば，小学校卒業の学歴しかなくても，局教を卒業すれば中学校・実業学校の，同じく省教普通部なら専門学校の，高等部なら大学の卒業者と同格とみなして処遇したのである。部外から教習所に進むのは，一般的な言い方をすれば鉄道省への「就職」であろうが，実態としては「進学」にほかならない。すなわち局教普通部・省教の新設は，官費で中等程度から大学程度まで学べる文部省所管外の総合教育体系が誕生したことを意味するのである。

表1.5.7　1922（大正11）年から発足した鉄道教育制度

区分	名　称	教育程度	年限	受験資格	備　考
①	鉄道省教習所高等部	大学	3年	部内；不問 部外；中卒程度[i]	授業料無償，給与支給
	同　普通部	専門学校	3年	部内；不問 部外；中卒程度[i]	授業料無償，給与支給
	鉄道局教習所普通部	中等学校	3年	部内外とも不問	授業料無償，給与支給
②	鉄道省給費生	―	―	部内；勤続3年[ii] 部外；受験不可	派遣先の授業料等は鉄道省が負担，給与支給
③	東京鉄道中学	中学校	5年	部内；不問 部外；職員の子弟	夜間中学（各種学校），部内者には授業料補助

（注）i；部外者は中学校・甲種実業学校（商業・工業）卒業者または専検合格者。ii；指定学校の受験に必要な学歴を有することが前提。

②は指定する官立大学・専門学校（高等学校はなし）の入学試験に合格した職員を，鉄道省に在籍のまま派遣する給費生制度である。文部省所管の学校に派遣されるので，大学を希望するものは高等学校卒または専門学校卒の，専門学校を希望する者は中学校・実業学校などの卒業学歴（または検定合格）が必要である。また，卒業すれば自動的に派遣先の学歴を持つことになり，処遇はそちらにアップする。

③は財団法人鉄道育英会を組織して，全国の局教に鉄道中学（夜間中学）[26]を附設するもので，原則として職員またはその子弟（公傷病による退職者・死亡者の子弟を含む）を対象としたが，部外から受験も可能であった。この時代の夜間中学は，制度的にいえばあくまでも各種学校であり，正規の中学校の夜間部ではない。上級学校（高等学校・専門学校など）を目指す場合は文部省が実施する高等学校高等科入学資格検定試験（高検）・専門学校入学者検定試験（専検）などの検定試験に合格して中学校卒業程度の資格を得る必要があった。それでも省内においては，鉄道界に多くの人材を輩出してきた私立岩倉鉄道学校卒業者よりも優遇されたという[27]。

さらに「局教→省教」「鉄道中学→（検定試験）→給費生」のようにこれらを組み合わせた進学も可能である。経済的に恵まれない者からは，鉄道は苦学による立身出世の道の一つと目されるようになった。「高文試験にパスした鉄道

省の二秀才」(1923年，第15年第1号)，「機関車掃除夫から弁護士となった徳矢清太郎君」(同，第15年第3号)，「独学で高文試験に合格した藤川福衛君のこと」(1924年，第16年第2号)といったハイレベルな試験に合格した者の特集記事が頻繁に見られるようになったことは，その証といえるだろう。

また，部外からの教習所受験も可能になったことを受けて，『鉄道青年』の読者層は一般の青少年にも広がったとみられる。それは「駅手」「庫内手」のように最下層の，したがって鉄道省入職時に就く職種の採用試験問題が掲載されていることでもわかるが，「読者の質問」欄に寄せられる質問項目を読み込むとさらに明らかとなる。例えば，1922(大正11)年の第14年第3号「会員の質問」欄には，国鉄部外者からと思われる以下のような質問が掲載されている。

【問】私は大日本通信鉄道学校高等研究科の講義録によって勉強して居りますが，同校を卒業した者は鉄道省では雇員に無試験で採用されますか，又門鉄雇員採用試験に応ずる資格がありますか。(質問生)[28]
【答】雇員に無試験採用はされません，門鉄雇員採用試験は門鉄管内の職員であって年齢満十六年以上満四十年以下の者であれば志願が出来ます。
【問】修業年限三年の乙種農学校の卒業生は無試験で雇員に採用されますか。(TK生)
【答】雇員採用資格はありません。
【問】東京商工学校，関西商工学校，岩倉鉄道学校等の本科機械科卒業はどう云ふ資格で鉄道省に採用されますか。(S生)
【答】最初雇員として採用される資格があります。

これ以外にも，下士適任証を持って満期除隊してきた者(制度上，各省庁とも雇員採用可，以下同じ)，師範学校講習科卒の尋常小学校正教員(小学校本科正教員の免許状があれば雇員採用可)，逓信講習所など他の文部省所管外学校卒業者(当該省庁であれば雇員採用可)などで，鉄道に就職したいという内容の質問・相談が頻繁にみられる[29]。その中には私鉄に勤務しているが国鉄への就職を希

望しているというものもあろうが、内容的にまったくの門外漢からの質問と思われるものが多い。おそらくは鉄道と関係のない職業に就いているものの、国鉄に就職を希望する会員がこれまでにないペースで増加したと推測される。

また、こうした受験関係の質問が殺到するようになったのであろう。1923（大正12）年の第15年第7号からは「読者の質問」を「受験質疑」に特化させ、生活相談は必要に応じて掲載することにした。また、この号からは回答者の氏名を明記するようになった。最初に記された氏名は「岩田清」。どのような人物かは不明だが、わざわざ氏名を記すのは、その回答に権威をもたせるためとしか考えられない。おそらくは鉄道省職員で、職員録を繰れば然るべき位置に掲載されている人物であろう。なお、翌1924（大正13）年の第16年第6号から回答者を引き継いだ「猪川清」は鉄道省職員であり、1930（昭和5）年の第22年第10号からは「鉄道省人事課　猪川清」と所属も明記するようになった。

1924（大正13）年の第16年第6号からは会費を10銭値上げして30銭とし、約200頁へと拡大した。理由の筆頭に「業務研究欄の拡張」「受験講義欄の拡張」「文芸及び雑誌欄の拡張」をあげ、これによって同誌が「謂はゞ『簡易教習所』」の役割を果たすことをうたった。このうち、実際に会員の側から拡充を要望されているのは受験講義欄であったという。拡張理由には、以下のようにある。

> 受験講義（試験問題答案集）は、これまでも四五ページ位は必ず掲載して来たが、これでは迚（とて）も不十分で屡々不平の声を聞いた。向上心に富める若き従業員のためには、受験欄は最も適切なる独習書であって、右の研究講義録と合せて、謂はば『簡易教習所』だといふてもいゝ。まことに必要な欄で、どうしても此儘ではならぬ。[30]

なお、1920（大正9）年の時のような、会員による「投票」方式はとっていないが、第16巻第3号の誌面でにおいて会費の値上げと誌面充実に関する計画を発表し、「どうぞ速かに御意見を御聞かせ下さい。（何等御意見の開陳のない方は、御異議のない方と認むることを御許し下さい。）」と付記している。わずか5年

の間に会費は3倍となるが，もともとが安価であったし，物価の騰貴は周知のことで，例えば，先に掲げた『中央公論』の定価は，1922（大正11）年に60銭から80銭へと改定されている(31)。反対意見はさほど多くなかったと見え，この価格改定・誌面拡張も計画通り実施となった。

　この時期の誌面についてあげると，例えば，1926（大正15）年の第18巻第7号の構成は以下の通りである。鉄道業務に関する一般的な記事が大きな比重を占めており，受験雑誌とはいえない状況であることがわかる。

　ただし，受験関係の記事は受験講義欄や受験体験記だけではない。業務研究欄も教習所入試や上級職種の採用試験の専門科目の学習欄という性格を有している。そのいずれもが拡充されたのである。見方によっては，受験雑誌としての性格を一層強めたともとれる。

　特に「誌上鉄青教習所」はさまざまな教育機関・制度の試験に対応すべく，掲載量を増加させた。表1.5.9には，1926（大正15）年の第18年第3～第7号が掲載した問題を示す（ただし第4号は欠）。表1.5.6と比較すると，その量的拡大は見て取れるだろう。幹部・関係者が執筆した受験案内を読み，試験問題を解き，出題者でもある教習所教官が執筆した問題解説によって自己採点し，細かい受験情報はハガキで質問すれば本省人事課職員が回答してくれるという同誌の特徴はこの時期に確立された。

　ところで，一大伽藍を構築した鉄道省の教育制度はわずか3年後の1925（大正14）年，看板ともいえる省教を失う。大学程度の高等部は廃止となり，専門学校程度の普通部は東京鉄道局教習所に統合して「専門部」と改称，部外受験を不可とした。『日本国有鉄道百年史』には，「講師や生徒に要する費用は年々膨大な額にのぼった。その後一般に高等教育が普及し，鉄道に志願する公私立の専門学校・大学の卒業生が急激に増加した。加えて，鉄道50年祝典記念事業として設けられた給費生制度による専門学校および大学の卒業生が復職してきた。そのため鉄道はわざわざ膨大な費用をかけてまで，必要以上に高等教育をほどこす必要がなくなった」とある(32)。

　それでも鉄道青年会の会員数（すなわち『鉄道青年』の購読者数）に大きな変動

表 1.5.8 『鉄道青年』第 18 巻第 7 号（1926 年 7 月 1 日発行）の構成

○「親切の種」を蒔け（益富政助）	（大垣駅長津田立根）
○鉄道旅行の印象雑感	○鉄道と警察（法学博士松井茂）
（元総裁後藤新平、北大総長佐藤昌介ら）	○サボタージュの法律
○文学に現れたる鉄道旅行	（法学博士末広厳太郎）
○汽車に乗りて（文学博士上田敏）	○健康保険法と共済組合
○道徳の第一階段（トルストイ）	（鉄道省保健課杉山龍）
○社会教育者としての鉄道職員	○無題録（素風生）
（私立三輪田高女校長三輪田元道）	○偽らざる生活手記
○己に克ちて後世に克て（小豆沢英男）	○第十一回東鉄現業委員会傍聴記
○新鉄道大臣井上子爵	○人間の需給問題（法学博士下村博）
○労働法制の問題	○生活戦の第一線に立ちて［当選生計表］
（社会局河原田稼吉労働部長）	○国民礼法
○豪州の鉄道（女子大学生江孝之教授）	○普選的編集法実行に就き会員諸君へ
○小さく生きる（松本すなを）	○博学問答
○乗客百姿百態番付（長谷川千鳥）	○新しき会員
○国有鉄道公傷者の統計図表（K生）	○魔の誘惑［戯曲］
○時事解説（鉄硯生）	○当選小説　落花　［一等］
○最近思潮（HK生）	彼等の良心［二等］
○七月の歴史（白丘）	選後評
○時事漫画	○読者文芸
○東鉄野球大会	［小品、短歌、俳句、川柳、小曲］
○御親切様［漫画］（下川凸山）	○談話室
○実験上の健康法［投書発表］	○共済問答
○軌間の話（矢口一）	○法律問答
○鉄道読本を読みて（益富政助）	○衛生問答
○列車電灯と其取扱方（小野寺長）	○仙鉄車掌試験の講評
○鉄道運賃の基礎たるべき貨物等級の研究	○受験質疑応答
（後屋敷保啓）	○本部だより
○現業管理に対する私の信念	○試験問題及び解答

はみられないことは注目に値する。省教高等部は，一般的な鉄道青年会員，すなわち高等小学校卒業程度で採用される若年労働者及びその志望者にとっては学力的に高度すぎて，その存廃が学習意欲に影響を与えることはなかったためだろう。

5　講義録としての『鉄道青年』

『鉄道青年』の受験雑誌としての色彩は，その後も少しずつ強まっていく。

第5節 『鉄道青年』 167

表1.5.9 「試験問題及解答」の掲載問題（第18年第3号～第7号）

号	実施局	試験種別	掲載科目
3	札 幌	教習所専修部機関手科	国語，作文，算術
		教習所専修部駅員車掌科	国語，作文，算術
	名古屋	教習所専修部信号操車科	国語，作文，算術
	神 戸	車掌	鉄道法規，旅客に関する法規，列車運転及信号に関する法規，貨物に関する法規
	門 司	教習所専修部駅員車掌科	国語，作文，算術
		教習所専修部信号操車科	国語，作文，算術
5	本 省	判任官機関手	法規，機関車運転及構造
	札 幌	教習所専修部電工科	国語，算術
		教習所専修部検車手科	国語，作文，算術
		教習所専修部電信科	国語，作文，算術
		教習所専修部機関助手科	国語，作文，算術
	仙 台	教習所専修部駅員車掌科	国語，作文，算術
		教習所専修部検車手科	国語，作文，算術
	名古屋	電灯検査手	読書作文，算術
		教習所専修部機関手科	国語，技術
		教習所専修部電信科	国語，英語
	神 戸	教習所専修部機関手科	技術
		教習所専修部機関助手科	国語
		教習所専修部検車手科	国語，作文，算術
6	本 省	判任官機関手	数学
	仙 台	雇員	算術
	東 京	教習所専修部電信科	算術
	名古屋	教習所専修部機関手科	算術
	神 戸	教習所専修部機関手科	算術
		教習所専修部機関助手科	算術
		教習所専修部検車手科	算術
7	東 京	電気機関車運転手見習	技術，算術，法規
		教習所普通部	国語，算術
	神 戸	車掌	旅客に関する法規，列車運転及信号に関する法規，貨物に関する法規，鉄道法規
		教習所普通部	国語，作文，算術

1927（昭和2）年の第19年第3号からは，「懸賞誌上模擬試験」（のち「鉄青模擬試験」）欄を新設する。これは教習所入試・各職採用試験の問題解説とは別に，教習所教官が算術・国語を数問ずつ出題して解答を募るものである。1回目は，「雇員採用模擬試験」で，神戸鉄道局教習所講師の難波富雄，由比信夫が作成した算術・国語の問題を掲載した。提出締切は3月20日，2カ月後の5月号

で正解を掲載し，正解者のうち10名に賞品を贈呈するとした。

この欄は大人気を博したようで，実際に採点が終了し，模範解答・成績優秀者氏名を掲載するのは国語が6月，算術が11月までずれ込んだ。採点費用も徴収せず，こうした企画を継続するのは財政的負担が大きかったと思われるが，その後も年1回ほどのペースで不定期ながら継続している。

また，翌1928（昭和3）年の第20年第11号からは，同様の形式で「課題作文」が始まる。「現代青年の使命」の題目で応募し，優秀者は氏名・所属とともに全文を掲載した。

これらはいずれも講義録[33]形式で学ぶだけで実力がつくのだろうかという会員の不安を和らげるとともに，会と会員とのコミュニケーションをとる回路だといえよう。また，成績優秀者については，学習の成果が顕彰されて確認できる機会となる。昼間働きながら余暇を使って学んでいた若年労働者にとって，大きな励みになったであろう。

従来からあった受験講義欄・業務研究欄も，さらに拡充を続けた。「鉄道英語講座」「算術自習室」「新聞辞典」に加え，同第11号から「代数学講座」，第12号から「幾何学講座」，1929（昭和4）年の第21年第2号から「鉄青国語講座」を追加する。この結果，約200頁中40頁が受験記事となり，しかも講義録の性格をも併せ持つようになった。

誌面の充実ぶりは，記事にも及ぶ。1927（昭和2）年の第19年第7号から各界著名人の訓話や専検受験案内などを掲載する欄を設け，「誌上鉄道教習所」と命名した。この欄は通例，24頁を占めた。1929（昭和4）年の第21巻第3号の構成を表1.5.10に示す。

この時期は省教高等部に続いて局教普通部が廃止され，部外からの教習所受験が局教専修部電信科のみになった時期にあたる1932〜39（昭和7〜14）年を含む[33]。『鉄道青年』に縮小の動きがないことから判断して，官費の中等教育を望んでいた国鉄労働者及び志願者にとっては痛手であったろうが，会員の学習意欲は衰えをみせていないといえそうである。いったん国鉄に就職してしまえば廃止を免れた専門部・給費生や，転換教育を行う局教専修部を受験するこ

表 1.5.10 『鉄道青年』第 21 巻第 3 号（1929 年 3 月 1 日発行）の構成

○春笑み初めぬ［巻頭言］ 　（ウィルアム・ブレーク） ○国際人と世界人（新渡戸稲造） ○政治家と評論家（鶴見祐輔） ○如是我観（益富政助） ○渋茶独言（正富壽） ○新興独逸の青年運動（石田友治） ○第五十六回議会の一日（速水信） ○靖献遺言に通ずる新京（西田知一） ○解説と講座　問題解説 　両税委譲案に就いて（木村慶二） 　経済講座・鉄道会計の話（高森新二） 　法律講座・親族法の大体（岩本紫郎） 　常識講座・外交官の話（中山俊雄） ○現業委員会に対する所感（風満楼主人） ○国有航路の沿革と現状（森澤徳太郎） ○将来の汽車（元吉理） ○岡本米蔵氏と其鉄道観（岡村浩） ○合衆国鉄道の閑談（益子梓） ○点呼をして意義あらしめよ（ＨＩ生） ○なめる・なめられる［現業漫談］ 　（奇水生） ○斯う云ふ危険は止めなさい（熊谷綾雄） ○新しい鉄道唱歌 ○新しい客車と貨車（一記者） ○分り易い機関車問答（編集部） ○東鉄管内の貨物より観た年中行事 　（山崎千穂） ○ユーモア・パレス	○漫談（天道公平） ○共済質疑（回答者；杉山龍） ○法律相談（回答者；大槻弘道） ○親切な車掌さん（幹塔生） ○街の喜劇 ○偽らざる生活手記（読者諸君） ○沼津の活劇猛火と闘ふ女丈夫（一記者） ○新入学の児童を持つ家庭へ（松山みどり） ○三月の行事 ○主婦の常識 ○噫!!悲しき殉職を憶ふ（須藤吉之助） ○東京駅地階の夢の殿堂（今野賢三） ○小説・羽子［一等当選］（上野龍三） ○小説・雪の朝［二等当選］（坪内清） ○小説・創作の選後に（沖野岩三郎） ○雛まつりと子等（若山貴志子） ○短歌に志す人のために（尾崎孝子） ○読者文芸 　（短歌・短文・俳句・川柳・ものは付） ○誌上鉄道教習所 ・受験者に与ふる注意 ・鉄青国語講座（秋本富士雄） ・代数・英語・幾何学講座 ・最近施行された入学試験問題 ・受験質疑及受験日誌（回答者；猪川清） ・生徒募集 ○鉄道青年会報 ○編集雑記

とは可能である。各職任用試験は従来と変わらない形式で実施されていた。純粋に学校教育を求める者以外は、これまでと変わらぬ熱心さで同誌を読み込んだのであろう。

　ところで、局教普通部の廃止によって俄然注目が集まったのが、高等小学校卒業程度で実施される傭人採用試験であった。経済不況の影響もあって受験者に中等学歴を持つ者が殺到するようになった結果、傭人の高学歴化が進み、中等学歴による各職任用上の優遇措置が撤廃される結果となった。例えば、機関

士養成コースでは，中等学歴を持つ者であれば直ちに機関助士見習として採用し，上級職種の受験に必要な勤続期間も短縮していたが，1930（昭和5）年からは小学校卒業者と同様に庫内手から採用することとなった[34]。

この時期，『鉄道青年』には新しい傾向がみえる。

第1に，「受験問答」で，東京鉄道中学のみならず一般の夜間中学・夜間実業学校に関する質問が増えたことである。1932（昭和7）年から夜間中学に対する専検指定[36]が始まったため，進路として興味を持つ者が増加したことが背景にあることは確かである。だが，話を国鉄に限定すれば，教習所縮小によって最も深刻な影響を受けたのが中等程度の学びを求める者であり，彼らが部外の学びの場に目を向けはじめたことの反映であることもまた疑いない。

第2に，希望進路の部外への拡大である。代表的なものを列挙すれば，職業資格である文官高等試験（高文）・文官普通試験（普文）・裁判所書記採用試験（普文と同程度）・文部省師範学校中学校高等女学校教員検定試験（文検）・私設無線通信従事者資格検定試験，進学資格であり一部の職業資格を兼ねる専検や高等学校高等科入学資格検定試験（高検），教習所同様に文部省所管外の官費学校である通信官吏練習所や陸海軍の諸学校，中等学歴のみで入学できる帝大・官公私大の選科，学歴不問の私大・専門学校の別科，各種学校，外地鉄道や私鉄の就職情報などである。これはこの時期の『受験と学生』『受験界』『考へ方』といった一般の受験雑誌の質疑応答欄と同様の傾向にある。また，例えば「東京市内に何か歯科技工術の学校がありますか」（1931年，第24年第5号）といった少々お門違いの質問にも調査のうえで回答していることも同誌の大きな特徴で，新たな目標へ進もうとする者の不安を軽減したことであろう。ただ，会員の多くが小学校卒業程度の学歴しか持たないことを反映し，質問は中等程度の教育機関・検定試験に集中している。

第3に，廃止になった省教や局教普通部に関する質問はその後も引き続き存在し，そのたびに「既に廃止済み」「専門部は部外からの受験不可」といった回答がなされていることである。それは，国鉄内部の情報に疎い部外の読者が増加し続けていることを示す。逆に言えば，国鉄内部の情報に接する機会の少

表 1.5.11　1920 年代以降に発行されたことが確認できる鉄道受験雑誌

雑 誌 名	発 行 者	創刊年	頁数	価格	備　　考
鉄道知識	日本交通学会	1926	50	10	
鉄道技術	日本技術社	1927	70	15	保線職員対象に特化
鉄道受験界	交友社	1935	90	20	
驀進	東教社	1937	70	15	1942 年改題『国鉄教養』
鉄道受験研究	鉄道情報社	1938	不明	不明	
鉄道	鉄道合同雑誌社	1941	120	32	年払いだと 3 円 60 銭

(注)　いずれも月刊。頁数は標準的な数字。なお,『鉄道受験研究』は小熊伸一の教示による。

ない一般市民の間では,「鉄道＝苦学者の目標」というイメージは省教・局教普通部の廃止後も強固に維持され続けたのであろう。

　また, この時期以降, それまで『鉄道青年』がほぼ独占していた「鉄道受験」というジャンルにライバルが出現する。すなわち各種の鉄道受験雑誌の創刊である。表 1.5.11 には, 管見の限り確認できた鉄道受験雑誌を示す。これらは, いずれも月刊誌である。

　しかし, その多くは 50 〜 90 頁程度にとどまり, 記事も受験案内と問題解説がそのほとんどを占め, 発行者と購読者のキャッチボールという性格は薄い。内容的にも, 読者を保線関係の職員に絞った『鉄道技術』, 希望者全員に無料で通信添削を行うことをうたった『鉄道受験界』以外は差別化・個性化できておらず, 老舗の『鉄道青年』あるいは一般の受験雑誌を前に, 出版部数を伸ばすことはできなかったと思われる。この時期, すなわち 1920 年代末から 1940 年代初頭にかけての 10 数年間,『鉄道青年』の誌面構成に大きな変化が見られないことからも, 強力なライバルが存在しなかったことがうかがえる。

　修養雑誌として始まり, 受験雑誌の性格を次第に強めながら, 講義録の役割をも果たすようになった『鉄道青年』は, 鉄道受験というジャンルにおけるガリバーであり続けたのではなかろうか。

　ただし, これらの雑誌は満足に所蔵されておらず, 発行部数・終刊年など具体的なことはわからないので, 断定的なことはいえない。

6　戦時体制の深化による誌面の変化

『鉄道青年』は戦時体制の深化の前に，どのような誌面の変化を余儀なくされたのかを確認しておく。

まず，国策への順応である。1941（昭和16）年の第33年第9号では，別冊として『臣民の道』を添付し，この号のみ50銭を徴収した。これについては，「計画に先立ち，予め全国数百ヶ所の会員世話係の方々に書面を以て此旨を伺ひましたところ，何れも大賛成であったばかりでなく，会員数以上の追加申込みも多数に上る有様でしたので」実施に移したとのことで，別冊のみ追加購入する場合は25銭で注文に応じるとある。結果，会員以外からも注文が殺到，3万部を増刷したという[37]。また，1942（昭和17）年の第34年第11号では，巻末に「鉄道に賜はりたる勅語」本文を，翌月にはその解釈を掲載した。

次に，頁数の縮小である。1941（昭和16）年の第33年第11号からは128頁となった。同号には「減頁に付き会員諸君に謹告」と題する文章を掲載し，「我々は，むしろこの減頁を機として一層記事の精選拡充に努力し，諸君の知徳増進・心身錬成・技能養成の資として必須欠くべからざるものたらしむるべく邁進したいと思ひます」と述べた。内容を見ると，まんべんなく減らされており，誌面構成に大きな変化はない。受験関係記事も42頁から30頁へと急減しているから，単なる受験雑誌ではなく修養雑誌という位置づけは死守されたというべきだろう。

続いて1942（昭和17）年の第34年第2号からは112頁となった。翌月の第3号の編集後記では，「昨年の今頃に比べると本誌も随分痩せたものだ。（中略）痩せたといっても，皮を透して骨を見るていの痩せ方ではない。無用の脂肪分を捨て贅肉を切落し，すんなりした姿に変ったのであるから，この点読者諸君にも十分御満足を頂けると思ってゐる」と強がって見せているが，さらに第5号からは96頁となった。この「減頁の代償」として，3カ月ごとに付録をつけることとした。翌月の第6号についたのは「南方早分り絵図」。「南方諸島及び諸国の面積，重要資源，人口，鉄路等を一目瞭然たらしめたもの」とい

第5節 『鉄道青年』

表 1.5.12　『鉄道青年』第35巻第6号（1943年6月1日発行）の構成

○廃刊の辞（益富政助）	○別れを惜しむ（飯塚信二［要員局錬成課］）
○労苦に謝し功績をたたふ 　　（八田嘉明［鉄道大臣］）	○忘れ得ぬ御恩（武藤一夫［公傷者画家］）
○鉄道青年会に告別す 　　（永井柳太郎［大政翼賛会総務］）	○空虚と哀傷の念（山中寛治［神戸駅長］）
○益富兄と私（田子一民［衆議院議員］）	○散る花を惜しむ（天野辰太郎［東京駅長］）
○青年会の発展的解消 　　（星島二郎［衆議院議員］）	○功績を顕ふ（宮井甚太郎［京都駅長］）
○誌は滅すとも精神は滅せず 　　（中西晴郎［鉄道省要員局厚生課長］）	○不朽の精神（天春純一［姫路駅長］）
○鉄道青年と訣る（石井満）	○功績正に殊勲甲 　　（小宇羅友一［吹田操車場駅長］）
○鉄道回顧録（小林鉄太郎［衆議院議員］）	○鉄道青年と鉄道大家族主義（坂田俊夫）
○四十年の功績を顧ふ（笠松慎太郎）	○大家族主義鼓吹者（関文蔵［木更津駅長］）
○青年会の思い出話（益富政助）	○私と鉄道青年（海山末次郎［山田上口駅］）
○鉄道青年会絵巻	○荻生徂徠の「政談」（高山福良）
○新時代への胎動 　　（高折茂［鉄道省体力課長］）	○君国の為に往け（杉浦勇［静岡駅］）
○黒磯時代の思ひ出 　　（清計太郎［元上野駅長］）	○感無量（田邊東吾［新津駅］）
	○我等は誓ふ（楢岡生［名鉄局］）
○記憶に残る一事（立川鉄雄［名古屋駅長］）	○「青い鳥」の思ひ出 　　（幸田量平［鉄道青年会主事］）
○自分の雑誌といふ気持 　　（加藤源蔵［千葉管理部総務課長］）	○不滅の生命（山内秋生）
○恩師・慈母・良友（山崎花郎［両国駅長］）	○本誌俳壇の諸君に（岩崎磯五郎）
○「鉄道青年」を憶ふ（横川四郎）	○歌壇の人々に餞す（佐野翠坡）
○私の受けた感化（米山武［鉄道省秘書課］）	○詩欄八年（村田平二郎）
○私の思ひ出（福島清成［有楽町駅］）	○悲壮！丸山駅長の引責自決
○思出深き錬成大会（井原知）	○教習所入所試験国語問題解答
	○教習所入所試験算術問題解答
	○編集室の一隅から

う。読者のニーズにどれほど合致していたものかは不明であるが、「最近の会員の増加は夥し」[38]とあるから、相当に歓迎されたのかも知れない。ただし、戦時下における教習所の膨張によって、部外からの入所者が激増していた時期であるから、内容の如何にかかわらず読者は増加したはずであり、そのペースと見合っていたのかどうかはわからない。

　さらに翌43（昭和18）年の第35年第2号からは64頁となった。もはや会員への説明はない。説明する紙幅すら惜しいということだろうか。受験関係記事は12頁に過ぎない。そして、同年の第6号をもって『鉄道青年』は終刊となった。

174　第 1 章　受　験

益富政助の手による廃刊の辞には，以下のようにある。

　　御承知の通り鉄道省は，時代の要請に即応し，国策を遂行する最善の途として，財団法人陸運協力会を創設，この機関に依って爾今鉄道界に於ける報道，指導，教育の唯一の機関たらしめ，斯くして斯界の新聞雑誌の統一を図られたい希望であります。従って，本会に於ては，一に国策に順応し此当局の新方針に協力する意味に於て，本会理事会の決議を経て，今月限り『鉄道青年』を廃刊する事に決した次第であります。(中略) 今や，多くの仏像，銅像，古来の名鐘さへもが赤襷をかけて，続々と応召して居ります。初代の鉄道青年会長故江原素六先生の沼津に於ける銅像もいよゝ応召と決まりました。されば我『鉄道青年』もさうした意味に於て応召し，御国のお役に立つ事が出来ましたことは此上なき光栄とせねばなりません。

益富によれば，『鉄道青年』は廃刊にするほかないが，鉄道青年会の他の事業は継続することも検討したという。しかし「事業経営上の唯一の財源は，雑誌による会費」という実情に鑑みれば，それは困難であり，廃刊とともに鉄道青年会も解散することとなった。

最終号の構成は，表 1.5.12 のようであった。この最終号だけは 72 頁であった。

おわりに

以上，鉄道勤務の若年労働者の修養雑誌として始まった『鉄道青年』の内容分析を通じて，彼らにもたらされた教育情報のありようを概観した。ここからは次の 3 点が指摘できよう。

第 1 に，修養団体の機関誌として始まった『鉄道青年』は，1920 年代に入ると受験雑誌へと変貌を遂げ，さらには 20 年代後半に講義録の役割をも果たすようになったということである。つまり，以下のように概括することができる。

> 1909〜20年；「修養雑誌」期
> 1920〜27年；「修養雑誌＋受験雑誌」期
> 1927〜43年；「修養雑誌＋受験雑誌＋講義録」期

　一貫して会員との交流，あるいは意見のキャッチボールを重視していた同誌であってみれば，この変化は単に編集方針の変化というだけでは捉えきれない。鉄道省では1910年代までに最下層を含む強固な学歴社会が形成されており，会員間には編集部に対してより充実した受験情報の提供を望む広汎な世論が存在していたことを受けて雑誌の性格も次第に変化していったという説明の方が妥当性が高いだろう。

　第2に，同誌が提供した教育情報は多岐にわたるが，中等程度の教科の学習内容あるいは教育機関・資格に関するものが多いことである。各職任用試験や教習所入試では規程・技術といった専門科目のほかに国語・算術・英語・作文といった一般教科が必ず課される。職務に伴って得られるノウハウや付け焼き刃の知識だけでは太刀打ちできず，中等程度の一般教養を身につけることがどうしても必要なのである。このように職階と学習とがリンクした鉄道省は，高度に「学校化」した社会であるといってよい。仮に安定のみを願って就職した者がいたとしても，まもなく「万年庫内手」「万年駅手」ではなく機関士や駅員になりたいといった意識に染められたはずである。その機能の一端を，『鉄道青年』も担っていたといってよい。

　第3に，教習所制度の縮小によって読者の学習熱が減衰したようには見受けられないことである。多くの読者は現存する制度の中で向上の道を探り続けた。目指すべき目標を失った層は鉄道部内外の新たな目標を探し，そちらに照準を定めることになったのだろうが，その際，同誌はその手引きともなった。もちろん目標を専検に定めれば『中学世界』，教員検定に定めれば『文検世界』というように，それぞれの専門雑誌に移行していった者もいたであろう。だが，未だ目標が定まらない段階では『鉄道青年』にとどまり，鉄道に関するさまざまな情報を得つつ目標を探すということになった者が多いと思われる。受験質

疑欄の多様な質問内容は，その反映でもあろう。

なお，本節ではふれられなかったが，鉄道省勤務の若年労働者の教育について考える上では，中等程度の教育機関（実業補習学校を含む），通信官吏練習所・陸海軍学校など他の文部省所管外学校，大企業を中心に行われていた坐学形式の企業内教育，社会教育など他のさまざまな学びの場の普及度やそれとの関係，また専検・文検をはじめとする各種検定試験へ向けた独学の実態にも目を配ることが不可欠である。これらを含めた総体を明らかにすることで，鉄道勤務の若年労働者についてはもちろん，さらに近代日本の青少年の学びの多様なありよう，とりわけ従来は「無学歴者」とみなされていた者たちの学びの実態を浮かび上がらせることができるはずである。こうした点は今後の課題として，さらなる研究の深化を期したい。

注
(1)　例えば，列車を運転する機関士は傭人採用試験（国語・算術・作文）でまず庫内手に採用される。ススと油にまみれながら一日中機関車を清掃する日々を10カ月以上送り，区長の推薦を得て機関助士採用試験（算術・技術・規程）を受験する。合格すれば機関助士見習となり，3カ月以上勤続して実地試験に合格すれば機関助士（雇員）に昇格する。機関車にシャベルで石炭をくべる重労働に2年6カ月以上勤続し，区長の推薦を得て機関士採用試験（算術・技術・規程）を受験，合格すれば3カ月以上の機関士見習及び実地試験を経て，機関士に昇格する。ここまで最短でも3年10カ月を要するが，実際には上がつかえており，10～15年程度はかかった。その後は機関士として2年勤続で判任官機関士採用試験（算術・法規・技術）の受験資格，5年勤続でその無試験任用資格が生じる。なお，各職任用試験の詳細については，広田照幸・吉田文編『職業と選抜の歴史社会学――国鉄と社会諸階層』（2004年，世織書房）掲載の河野誠哉論文を参照。

(2)　駅関係の場合，東京・横浜・京都・大阪・広島・下関・門司などの一等駅の駅長は奏任官であり，文官高等試験（高文）を経ずに任用された。これが「現場上がり」の経歴のみで到達する最高位である。

(3)　前述の機関士の例では，庫内手勤続7カ月で「機関助士科」（入試科目は国語・作文・算術，修業期間は4カ月）が受験でき，修了後は機関助士見習となる。同様に機関助士勤続1年10カ月で「機関士科」（国語・作文・算術，4カ月）を経て機関士見習となる。さらに機関士勤続2年で「機関士高等科」（国語・数学・英語・規程・技術，6カ月）を経て判任官機関士の資格が得られる。こちらは機関士まで最短3年7カ月だが，各職任

用試験による昇進とは違って推薦による受験制限はない。学科中心の入学試験,専門に関する卒業試験,見習終了の際に共通の実地試験に合格しさえすれば,最短年数で機関士となることも可能だった。なお,教習所の詳細は前掲書掲載の拙稿を参照。
(4) 「賛助普通会員募集」『鉄道青年』第1年第1号,1909年,表紙見開き
(5) 　創刊号の記事「本会の経営に関して鉄軌道関係者諸君に訴ふ」には,「何か基督教会からの後援でもあるかとお思ひの方もございませうが,失礼ながら事実一厘の補助をもうけては居りません。(中略) 或る親切なる米国の友人から『こちらで寄付金を集めてやるから会の概況を書いて送れ』と申して参ったこともありましたが,然し考へて見れば我鉄道青年会は,純然たる基督教徒の団体ではない。又基督教の説教をする会でもない。(中略) というやうな訳で外国人からは,一厘も寄付金をねだらぬ事に致しました」とある。
(6) 「鉄道青年会の由来 (其一)」『鉄道青年』第1年第1号,34頁
(7) 　飯田町駅は中央本線の貨物駅で,現存しない。飯田橋駅に近接していた。
(8) 　益富政助「鉄道青年会昔物語 (一)」『鉄道青年』第34年第10号,40頁
(9) 『鉄道青年』第1巻第1号,15頁
(10) 　注 (9),12頁
(11) 　ただし,社会事業に関しては発会当初からのスタートとはならず,1914年からとなった (益富政助「鉄道青年会の使命いよゝ重大」『鉄道青年』第16年第3号,1924年,5頁)。
(12) 「鉄道青年会の由来」『鉄道青年』第1巻第1号,35頁
(13) 「鉄道青年会会員名簿」同上,36頁
(14) 　青木槐三「鉄道を育てたひとびと」日本国有鉄道総裁室修史課編『日本国有鉄道百年史』別巻 (1973年)。青木はジャパン・ツーリスト・ビューロー文化部長,華北交通東京支社長などを歴任。
(15) 　益富政助「後藤伯と鉄道青年会」『鉄道青年』第21年第6号,1929年,14頁
(16) 「青年会員現況」『鉄道青年』第8年第1号,1916年,37頁
(17) 「会員募集」『鉄道青年』第8年第8号,1916年,29頁
(18) 　村上義一「間口より奥行に」『鉄道青年』第17年第6号,1925年,24頁。村上は鉄道省文書課長。
(19) 　益子梓「鉄道青年会の功績及び其使命」『鉄道青年』第16年第7号,1924年,44頁。益子は仙台鉄道局文書掛長。
(20) 「発刊の辞」鉄道青年第1年第1号,1909年,3頁
(21) 『鉄道青年』第12年第5号,1920年,2頁
(22) 　同上,3頁
(23) 　週刊朝日編『値段の明治大正昭和風俗史』朝日新聞社,1981年,15頁
(24) 『鉄道青年』第12年第8号,5頁

(25) 青木槐三『国鉄繁盛記』，1952年，108頁
(26) おそらく財政的な理由であろうが，結果的には東京以外には設置されなかった（鉄中育英六十五周年記念事業委員会編『鉄中育英六十五周年 1922-1986』，1986年，19頁）。
(27) 『鉄道青年』第32年第5号，1940年，157頁，「受験質疑」による。
(28) 門鉄は門司鉄道局の略称。
(29) ちなみに，前者は電信科卒であれば無試験で電信掛（雇員）に採用可。後者は無試験で雇員に採用されうる資格なので，傭人としての最下層（例えば機関庫なら庫内手，駅なら駅手）の勤務をパスして各職の見習（同じく機関助手見習，車掌見習など）として採用，見習としての勤務を経て実地試験に合格すれば雇員である当該職（同じく機関助手・車掌）に昇進する。
(30) 「鉄道青年会の大拡張計画」『鉄道青年』第16年第4号，1924年，2頁
(31) 週刊朝日編『値段の明治大正昭和風俗史』朝日新聞社，1981年，13頁
(32) 前掲注(14)の『日本国有鉄道百年史』第7巻，1971年，351頁
(33) 日本の遠隔教育の初期的形態で，毎月各教科の教材が合冊で送られてくるものの，現在の通信教育のように添削はなく翌月に解答が添付されるという形態が一般的。ただし，一般の学校の校友会誌に相当する会報がついているものが多いこと，郵送による質問を受けつけるものがあることなど，単なる教材の通信販売とは様相を異にする。詳しくは菅原亮芳「日本の近代化過程にみる講義録の世界──『少年園』掲載講義録広告の整理を通して──」（『日本私学教育研究所調査資料』第168号，1992年）を参照。
(34) 電信技術の習得は適性の有無が決定的に重要だったため。
(35) 注(1)の河野論文を参照。
(36) 1903年3月31日文部省令第14号「中学校ニ類スル各種学校卒業者ノ専門学校入学者検定規程」第11条により文部大臣から学校指定を受けることで，その学校の卒業者全員に無試験で専検合格の資格が付与される制度。宗教教育を行うため中学校に準ずる各種学校となることを選んだ私立中等学校の救済のために発足したが，徐々に範囲が拡大し，実業学校や一部の文部省所管外学校・夜間中学などにも及ぼされた。詳細は拙著『近代日本の夜間中学』(2005年，北海道大学図書刊行会)を参照。
(37) 『鉄道青年』第33年第10号，1941年，160頁
(38) 『鉄道青年』第34年第7号，1942年，96頁

第2章　進　学

第1節　明治期における「学び」と進学案内書

菅原　亮芳

はじめに

　本節では，明治10年代半ばに登場し，その後明治末年まで夥しい数の出版を続けてきた進学案内書の分析を行うことを目的としている。言うまでもなく，進学案内書とは，就学あるいは進学，時には上京進学し，学問しようと志していた青年たちに対して，第1に上京にあたっての注意，第2に各学校の学則，そして第3に各主要学校の入学試験問題などの項目を設け，進学に関する情報を提供したガイドブックである[1]。進学案内書が盛り込んでいた情報は，特にマス・メディアの発達していなかった明治時代においては青年たちの就学，進学あるいは勉学の志と，具体的な学校—制度としての学校—とをつなぐ有力な手段であったと同時に，彼らの「志」に一定の方向性を与える有力な要因であったと考えられる。

　ところで，これまで日本近代教育史研究の中で進学案内書を使用した先行研究がなかったわけではない。例えば寺﨑昌男，天野郁夫各氏らが学校序列や入学試験の歴史，学歴主義の成立という観点から取り上げている[2]。しかし，それらにおいて進学案内書は補助的な資料として利用されているに過ぎない。一方，教育史以外の分野においても政治学者の岡和田常忠氏が青年論の分析において，その重要性を指摘しているが，書誌的研究が丁寧に進められているとは思えない。これまでこれらの進学案内書が教育史研究の資料として軽視され

第1節 明治期における「学び」と進学案内書 **181**

てきたのはなぜか。一つの大きな理由として，これまでの教育史研究が政策主体者，政策意志決定過程，法令の性格などを中心に述べられてきたため，現実に教育を受けてきた人々が具体的に進学の道を，どう切り開いたかなどという視点は不問に付されてきたからではないかと思う。そこで，筆者は，近代日本における青年と学校という観点から日本近代学校の構造的・機能的性格を明らかにする立場に立ってみたとき，青年たちの進学要求を方向づけていったと思われる，これら進学案内書群に目を向けていかなければならないと考える。そのためには，基本的な作業として，進学案内書群を恣意的ではなく，網羅的に取り上げ，本格的な書誌的分析，全面的な内容分析を行う必要があると考える。例えば，進学案内書は一体いつ頃から登場してくるのか，どのような人物が何を目的として編集したのか，進学案内書を刊行した出版社の立場，意向はどこにあったのか，そして，進学案内書の出版頻度は時期ごとにどのような変化と特色をみせているのか，案内書によって青年たちに提供された情報は時期ごとにどのような変化を示すのか，その変化は何を意味するのか，またその情報を得た青年たちは，どのように方向づけられていったのかなどの問題を明らかにする必要がある。その上で，進学案内書の情報の歴史的変化を明治教育史の中に位置づける必要があると考える。

　本節の目標は，第1には進学案内書の収集とその整理に力点をおいた書誌的分析を，第2には青年たちが，学校・学問などの選択をする際に進学案内書はどのような情報を提供したのか，その内容の歴史的分析を試み，第3には，その分析を通じて青年にとっての進学情報の特徴とその変化を二つの角度から分析し，そして，おわりにでは，進学案内書の史料的性格について述べたい。

1　明治期刊行進学案内書の概観

（1）　進学案内書利用者の回想

　作家・正宗白鳥は岡山で，宣教師経営の学校で学んでいた。しかし，その学校はつぶれ，故郷に戻り遊学の風景を夢見ていた。明治20年後半から30年に

かけてである。

> これから何処の学校へ行こうかと, 『遊学案内』などを取りよせて考慮しながら, 他郷遊学の光景を空想しているのは楽しかったのであろう。私はキリスト教関係なら京都の同志社へ行こうかと思っていたが, どうせ他郷遊学の目的を果すのなら東京でなければいけないと思った。(中略) 東京なら慶應義塾と早稲田専門学校か。当時は五大法律学校といわれて, 法律の学校がまだ栄えていたが, 法律は私にとっては考慮の外であった。それで私はとにかく英語を学ぶことを東京における修業の中心目的とした。ただの英語学校に入るよりも規模の大なる早稲田にでも籍を置いていようと思って, 早稲田の専修英語科に入ることにした。籍は早稲田に置いていても, 富士見町のイーストレーキの英語塾に通ったり, 山吹町の宣教師経営の英語夜学校へ行ったり, 日曜日には, 神田の国語伝習所へ通っていたこともある。私は自由勝手な自由教育をやっていたのだ。
>
> (『私の履歴書第二集』1965 年, 261 頁)

また 1921 年 3 月号の資格受験雑誌『受験界』(1920 年創刊) に「中学の夜学と編入試験」という一文を投稿した司法官試補, S 生は次のように記した[3]。

> 私は中学校を楽々と卒業さして貰へるやうな豊かな家に生まれたのではない。勉強どころではない家業を手伝はなければならぬのだが, 検事が頭にこびりついて居る私の悩みは一通りではなかった。苦学案内書とか何とかいふ一書を手にして東京の様子とか, 編入試験模様の大体を知った。そこで私は僅かばかりの旅費を調へ, 父に強請つて家を飛び出し種々波瀾曲折を経て, 幸いに判検事試験に及第し今は地方裁判所に在りて司法官試補として実務の修習を命ぜられ程遠からず判事に任命せらゝ運になつた。

このように白鳥の記述は他郷遊学, とりわけ東京遊学を空想し上級学校進学

第 1 節　明治期における「学び」と進学案内書　**183**

を志し，S生は苦学案内書を水先案内人として上京進学し，中学編入を果たし，判検事試験に合格し，見事，夢を実現しようとしている。このことは，青年たちの学ぶという志に一定の方向性を附与するメディアとして，案内書がきわめて有効な本であったことを証左している。

(2)　種類及び発刊状況とその変化

　正宗白鳥も取り寄せた，進学案内書は，いつ頃登場し，どのような変化と特色を示すのだろうか。【資料編2】(346頁)は近代日本において刊行された，あるいは刊行されたと思われる進学案内書を一覧化し，目録化したものである。この目録からもわかるように，現在の調査段階ではあるが，案内書は1884(明治16)年のものが最初であると思われる。ついで1885(明治18)年7月，諸学校令発布直前に，下村泰大が編輯し，春陽堂より「留学」という2文字を冠して刊行した『東京留学案内』である。同書は四六判で94頁からなり，その構成は「留学者への注意」「学則」という2部構成であった。この案内書は同年10月に増補再版され，学校の規則の掲載が初版と比して倍以上になっていた。明治10年代に出版されたものは，管見の限り，この3冊である。20年代に入ると，1877(明治20)年，当時書生であった本富安四郎の手になる『地方生指針』を皮切りに，今日，現存し，手に取って見ることが可能なもの，また，刊行されていたという記述のある案内書を含めて12冊が刊行されていたことがわかる。ここで注目されるのは，1890(明治23)年を初版とする少年園編『東京遊学案内』が登場することである[4]。この案内書は毎年版を重ね，時には年2回の出版を続け，1905年まで20版というように他の本を引き離すほど多くの版を重ねていた。この少年園の案内書は出版過程で発行所が変わるが，その精神は移社した内外出版協会に継承されているように思われる。この内外出版協会は1909(明治42)年に『全国学校案内』を，1911(明治44)年に『最新学校案内』を出版した。20年代においてこの種の案内書の主流を占めていた案内書であったと同時に，その後出版される夥しい数の進学案内書の先駆をなしたものであったと指摘できよう。

明治30年代に入るとどのように変化したか。図2.1.1に示したように，さまざまな種類の案内書が登場した。第1には従来の案内書が刊行され続ける。その一方で，第2には，貧書生を対象とした苦学案内書，これの最初の登場は光井深が大学館より出版した『学生自活法』である。このことは貧書生の問題が社会問題化してきたのでないかと思われる。第3には明治20年代が東京中心の案内書であったが，30年代に入ると地域的広がりをみせ，全国の諸学校を紹介する案内書が登場する。例えば，個別的な地域としては，京都，大阪の案内書が登場する。これは1897（明治30）年に京都帝国大学が創立されたことと関連があろうかと思われる。第4としては，学生論や処世論などとともに案内されはじめるもの，第5としては女子を対象とした案内書，第6には学問の選定に関する情報を中心としたもの，第7には学生自身の手で書かれたと思われる案内書，第8に実業界を対象としたもの，第9に各学校の評判を案内するもの，第10としては軍人を目指す青年たちを対象とした案内書というようにさまざまの案内書が登場してくるのである。出版傾向は，図2.1.2からも判明するように，1900年を境に出版点数が増加し，とりわけこの時期は急増した。案内書の出版点数は明治10年代・20年代の都合29冊に比べ，1900年から明治末年までの出版総点数が88冊と3倍近くの出版を続けていたことが明らかになった。40年代に入ると，30年代と比して案内書の種類などに大幅な変化は見えないが，注目すべきことは，小学校卒業生を対象としたものと中学校卒業生を直接対象とした案内書が出版されることをあげることができる。このように10種類以上の案内書が登場した。また博文館などの大手出版社が案内書を出版するようにもなった。

(3) 内容の概観

内容は一様ではない。「上京の準備と注意」「学校の種類と選択」「宿所の選定」「交際上の注意」などに始まり各学校の諸規則を明細する。各学校の所在地，学科内容，入学試験，授業料，学風などである。明治30年代に入ると入学試験問題を掲げる案内書も登場する。また書名も「遊学」から「修学」「学校」「就

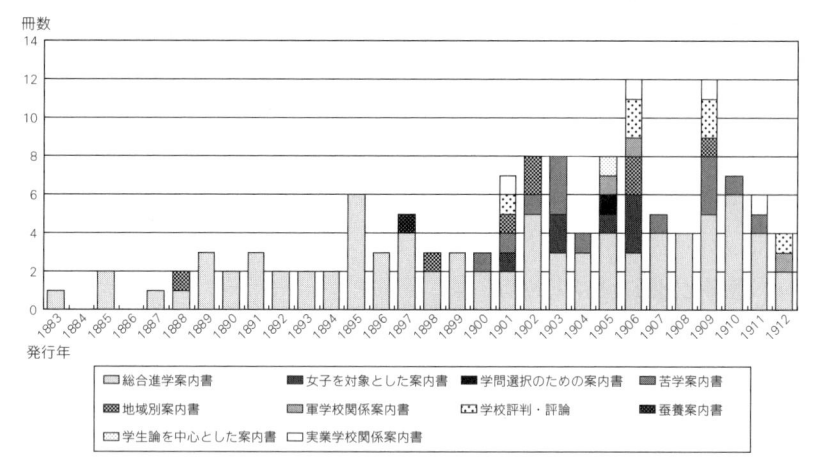

第 1 節　明治期における「学び」と進学案内書　**185**

図 2.1.1　明治期刊行進学案内書の種類と出版点数

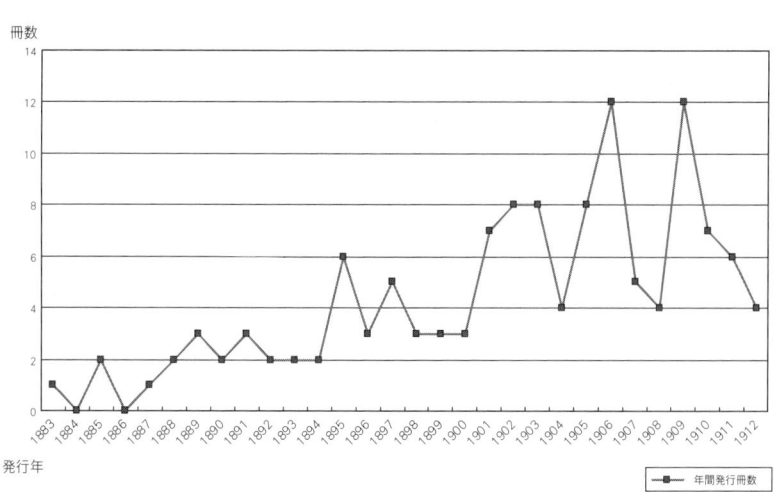

凡例：総合進学案内書／女子を対象とした案内書／学問選択のための案内書／苦学案内書／地域別案内書／軍学校関係案内書／学校評判・評論／蚕業案内書／学生論を中心とした案内書／実業学校関係案内書

図 2.1.2　明治期刊行進学案内書の発刊状況

凡例：年間発行冊数

学」などに変化するものも現れる。さらに学校の諸規則の掲載の仕方にも変化が現れる。30年以前は制度システムとしての学校の紹介であったものが，「法律・政治・経済」というように学問領域ごとに紹介されるようになる。学校の種類は高等教育機関だけでなく中学校・高等女学校，さらには各種学校にあたる学校も案内の対象としている。

(4) 著者と出版社と発行部数

進学案内書の著者たちは，無名な著者たちが多く，なかなか彼らのキャリアはつかめていない。今回の調査で判明したもののみを紹介する。

例えば『地方生指針』の著者本富安四郎は新潟県立長岡尋常中学校校長となった人物であるが，この案内書を著したのは東京英語学校(1989年10月卒業)在学当時である[5]。この書の序に東京経済新聞主幹・田口卯吉は一文を寄せ「此書の著者本富君は今尚書生の境遇にある人なり」[6]と記した。『東京修学案内』の著者須永金三郎は「当時としては例のない発行部数一万部」(『博文館五十年史』)の青少年向け雑誌『日本之少年』(1889年創刊，後『少年世界』に継承)の編集主幹(第3代目)であった[7]。内山正如は博文館刊行の『日本之教学』の編集部員[8]，上村貞子は高知県の出身，土陽新聞社に入るが，のち上京し博文館に入り『中学世界』の主筆になった。そして，『日用百科全書第37編官私立諸学校就学案内』を出版した，その翌年には，40歳という若さであったが，病没している[9]。吉川庄一郎は都新聞社に1892(明治25)年に入社するが，この間，出版社・保成社も経営していた。渡辺光風は群馬県前橋出身の歌人。文芸雑誌『新文林』(のち，『中学生』と改題)の主筆をつとめた[10]。『新苦学法』の島貫兵太夫は，苦学生救済を目的として設置された日本力行会の創始者で宮城県に生まれ，小学校教員検定試験に合格後，小学校訓導，校長まで歴任した。17歳で洗礼を受けた。教職を退き東北学院に入学，卒業後東北救世軍を組織し東北中を伝道して回った。やがて上京，1897(明治30)年に力行会を興し，のち力行実業学校，女学校を設置したが47歳の若さで他界した[11]。

このように，著者のキャリアとしては，第1に書生であったもの，第2に青少

年向け雑誌などの編集に携わっていたもの，第3に新聞記者，第4にクリスチャンなどであることがわかった。

　出版社としては，第1には明治10年代から20年代にかけては近代青少年雑誌の先駆的役割を果たした少年園のもの，第2には明治30年代から末年まで一大青少年向け雑誌を中心とした雑誌王国を築いた博文館などの大手出版社のもの，第3にそれらと平行して修学堂，大学館，東華堂などの受験参考書などを刊行した出版社によって進学案内書は出版されたものと推察される。

　発行部数については皆目判明しない。ただ『少年文庫』の記事によれば1890（明治23）年版の少年園「案内書」は2000部印刷したという記述が残されている[12]。

2　学校・学問選択に関する情報の分析

（1）　上京にあたっての注意——奨励から苦言へ

　ここでは，学校・学問を選択しようとした青年たちに進学案内書の著者たちは具体的にどのような情報を提供していたったのか，その歴史的変化を分析したい。

　まず上京にあたっての注意である。

　明治10年代の上京進学に関しては，以下の資料群からわかるように，案内書は比較的そのことを喜ばしきこととして迎えている。

　　地方ヨリ遠ク笈ヲ負フテ都下ニ遊学セントスル者ノ心得ベキコト種々アリ是等ノ事柄ヲ一向ニ頓着セズシテ只一東京々々トノミ口ニ称ヘ心ニ思ヒ東京サヘ出レバ袖手シテ居ルモ大学者ニ成ラル丶如ク考フルハ大ナル誤解（中略）茲ニ概括シテ其要件ヲ挙レバ第一事ノ得失ヲモ考ヘズシテ妄リニ東京ニ遊学セントスルノ志ヲ圧ヘ地方ニ在テ学ビ得ベキ丈ハ成ルベク地方ニアリテ実力ヲ養成スベキ事第二既ニ遊学セシ後ハ確立不変ノ目的ヲ定メ目的ヲ定メ且始終其進路ヲ維持スル事第三学校ヲ択ム事第四遊惰放蕩ニ流レ

ザル事第五摂生ニ注意スベキ事

(下村泰大編『東京留学案内　完』1885 年，1〜2 頁)

　王政維新ニ及ンテハ（中略）少壮青年ノ徒ハ皆笈ヲ負フテ東京ニ遊学シ大学ニ中学ニ各専門学校ニ各々志ス所ニ入リ才ヲ磨キ知ヲ研キ一府ノ数万ノ書生ヲ群集スルニ至ル（中略）而シテ僅々二十年間ヲ以テ今日ノ如ク文明ノ駸々乎トシテ其歩ヲ進メシハ和漢西洋古今ノ史乗ニ照シテ嘗テ其比類ヲ見サル所ニシテ（中略）是ニ由テ之ヲ観ルトキハ書生ノ増加スルハ即チ文明ノ進歩スル所以ニシテ国家ノ為メニ大ニ慶スヘキナリ

(本富安四郎『地方生指針』1887 年，序 2〜3 頁)

　振古無双の大事業も往々此の如き少年の計画に依て成就せられ，前人未発の大真理も適々此の如き少年の想像に依て発揮せられ，忽然世界の大舞台に光輝を放ち来ること誠に先例がなしとせず。然るに何者の老大漢か，敢て少年の壮図を斥け其計画を無謀なりと排して，諸君が折角の巧名心に挫折を与へむと試むる者ぞ。少年の企画と想像とは往々身を誤るの原因となれども，又事を成すの大原力たり。只其成功を得ると得ざるとは，堅忍不抜の精神を具すると具せざるとにと帰すべきのみ。(中略)東京遊学の一念は又何としても禁ずべきにあらず。(中略)諸君が遊学と出掛けらるゝは素より国の為家の為又各自の為にして，誠に望ましきことなれども，諸君は家を出るの初めに如何に世に処するの目的を立てしぞ。(中略)朝に政治学を修めながら又夕には経済学を志し，今日法律を学ぶと思へば又明日は医学に転ず。附和雷同，流行を珍ふて奔ること影の形に隋ふが如く，時好に投じて転ずること響の声に応ずるが如し。斯くの如くして此処に一年彼処に二年と歳月を送り，遂に何事も為すなくして其身を誤る者の多きは，恐らく一般の弊習なるに似たり。当時在京の書生に就て其志す所を問へば，其目的を定めずして各所を漂泊して歩く者，或は十中の五六居らむ。(中略)在京の書生十幾万，是等の中に就て優等なる者は先づ官立の学校に

第 1 節　明治期における「学び」と進学案内書

就き各自専門の学業を修めて其志を遂けむんとすれども，学校の定員に限りありて，十に一を取り，百に十を採り，甚しきに至つては二千名の志願者より僅に二十人を挙ぐる仕末なれば，普通の学力を有する者は余儀なく従来の素志を変じて手当り次第招募に応じ，斯くても尚僥倖を期する能はずして中途に彷徨ふが多かるべし。(中略)専門学科を修めむとせは大いに普通学の知識を要すること，(中略)将来社会に出るに及んで如何なる業務に従事して其身を処せむとする積りなるか，此事諸君が履修すべき学科に関係あることなれば，大いに考察を要すべきなり。

(少年園編『東京遊学案内』1891 年，2 〜 10 頁)

このように国家，家，個人といったように国のための勉学ということに力点が置かれている。しかし，目的の確立，「普通学」の養成を強調し，遊惰放蕩に流れないこと，摂生などについての注意情報を提供している。

しかし，明治 30 年代に入ると 20 年代とは違い，進学案内書の著者たちは徐々に上京進学することの無益さを語るようになる。

東京に遊べる学生は殆ど十万に近し，彼らの嘗て笈を負ふて郷貫を辞するや何人か学若し成らずんば死すとも還らずの意気なきものあらんや。東京に出づれば一躍して学士となり，博士となり，局長となり，大臣とならんと夢の如き巧名の影を追ひしものに非らんや，斯くして彼等の東京に入るや，漸次に鉄の如き剛腸は，東都淫蘼の風に軟化せられて綿の如くなり，再び其身を検する時は全く一個の遊蕩児となり了せざる者幾何ぞ，斯くして十万の学生中其名を成すものは僅に百分の一だにも足らざるに至る，東都は斯くの如くにして多くの地方青年を殺せり，或る意味に於ては東都は慥に青年に死を与ふる者他，嗚呼。(後略)

(柳内蝦洲『東都と学生』1901 年，6 〜 7 頁)

そして，明治 40 年代に入ると「中央」へ出て立身出世する機会は，明治初

年のように皆の前には開かれていなかったことを哀れみをもって物語っている。

　吾人は東京至る処，殊に神田本郷辺を通る毎に，其の無数の学生を見，彼等の前途を思ふて坐ろに暗涙に咽ばざるを得ないのである。彼等の多くは父兄が粒々辛苦の余に出づる汗水金を学資となし，其のあたら青春の精力を窮屈極る学窓の下に傾けて，やがて一片の卒業證書を得れば，社会は直ちに礼を厚うしてこれを迎へ，黄金名誉立処に与へられ，土百姓の息子一躍して当世の紳士となり，美しき妻君の手を携へて故郷に錦を飾るべく夢想しているであらう。而して彼等の父兄もこれを楽みに働いて居るのだ。あゝ又悲惨なる哉である。彼等は此の如き大希望を似て，学校の門を出て会社の門に入る，社会は果たして彼等が夢想の如く易々たるものであつたらうか，曰く否，否，大に否！礼を厚うして迎ふるどころか一顧だも与へてくれぬ。多少の学識あるもの手に唾して相当の地位を取ったは昔日の夢に過ぎない。職業少なくして，人徒らに多き今の社会に於て，明治草創時代の夢を繰返す如きは馬鹿の骨頂である。(中略) あゝ粒々辛苦の余に出た汗水金を学資と為し，多年刻苦勉励，自由を束縛され，頭脳を悩まし，漸くにして学校を出で，も己一人の食料すら得られない彼等の失望幾何ぞ其父兄の失望幾何ぞ。堂々たる学士様にして二十円，三十円の地位を争ふ世の中，況んや他の私立学校出身者の如きに於てをやである。
　　　　　　　　　　（渡辺光風『立志之東京』1909年，176〜179頁）

　この時期になるとますます詳しい案内書が出てくるのは，何を意味するのか。それは，一つ目は学歴社会の形成，二つ目には中学校の激増が上級学校進学者を常に保っていたこと，三つ目には案内書が伝える内容とは裏腹に学校を卒業すればなんとかよい職につけるという明治以降，行動してきた日本人の意識が根底に根づきはじめてきたことを意味するのではないかと思われる。

（2） 学校の選択に関する情報

　次に案内書の進学情報のメインである学校の選択に関して検討してみよう。この案内項目の中で基調として流れる情報は官立学校と私立学校の格差についてである。明治 10 年代後半から 20 年代の中頃においてはもっぱら学校の設備についての格差を述べていた。

　　東京ハ（中略）教育ノ田園即チ学校ニ至テモ其数甚多ク大学専門学校中学校等各所ニ聳立シ小学校ノ如キハ数百十ノ多キニ至ル（中略）然レトモ退テ其学校部内ニ就キ一々調査スルトキハ往々教育ノ真面目ヲ失セルモノナシト云何カラス蓋シ官立若シクハ公立ニ属スルモノハ無論憂慮スベキ者ナシト雖トモ新設ノ私立諸学校中ニハ往々其設立目的ノ一ニ射利ノ点ニアリテ復タ世益ノ如何ハ措テ問ハザルモノアリ若シ誤テ此等ノ学校ニ入ルトキハ豈遠ク笈ヲ負フテ都下ニ来学スルモノノ利ナランヤ殊ニ晩近甚タ驚クベク又タ恐レベキ弊風ノ生ゼシ（中略）頃日府下ニ於テ何学院若クハ何学館ト称シ新ニ大館大校ヲ建築シ大ニ生徒ヲ募集スル如キ有様ヲ諸新聞ニ広告シ或ハ此度ニ限リ無束脩ニテ生徒若干名ヲ限リ入学ヲ許可ストカ又ハ院外生徒地方独習員ヲ応募スルナド広大ニ宣告シ巧ニ其虚勢ヲ張ラントスルモノアリト雖トモ実際其校ニ就キテ之ヲ見レハ豈図ランヤ小矮ナル下宿屋ノ二階ニシテ其職員ハ先生兼取次一人アルノミ其規則ヲ問ヘハ本館別課学云々ノ活版摺リ一紙ヲ携ヘテ来テ示サル因テ顧テ基本料ヲ問ヘバ其答辞誠ニ曖昧ニシテ或ハ更ニ解ス可カラサルモノアリ蓋シ本科ナルモノハ実ニ有ルコトナクシテ其広告ハ菅ニ世人ヲ瞞着シテ僥倖ノ利ヲ射ラント欲スルノ狡猾手段ニ出ルノミ　　　　（下村泰大編『東京留学案内』1885 年，2 ～ 4 頁）

　　今東京府下私塾ノ多キ幾百タルヲ知ラス而シテ十ノ八九ハ皆書生ノ設立ニ係リ其教員タル者ハ皆学資ニ窮スル貧書生カ内職ヲナスニ非サルナシ現時私塾ノ教員ニハ帝国大学及高等第一中学校ノ生徒タル者其タ多シ

　　　　　　　　　　　（本富安四郎著『地方生指針』1887 年，10 頁）

これらの資料からわかるように，私塾を中心とする私学教員に語り，そのほとんどが帝国大学，第一高等中学校の学生であると明確に表現している。

次の資料は日清戦争期に出版されたものだが「官立学校と私立学校」という一項目を設け，私学の実態を学科目の未整備さ，特典の有無の面から官立学校の勝っている点をはやくも強調している。

　　皇都十五区八百有八街，日本帝国学術中央集権の焼点として，大小学校の数は実に百を以て数ふ可し（勿論小学校は之を算せず），而して此等大小の学校中には，或は政府の設立に係るものあり，一私人の設立に係るものあり，公共の設立に係るものあり，其内官公二つの種類の学校に至りては，勿論毫末も懸念をなす可きものとてはあらずと雖も，所謂私立の学校に至ては，其名公利公益を目的とするとか，学術技芸の普及を主とするとか，外面上立派に金看板を掲ると雖も，裡面に立入つて仔細に之を観察する時は，其実所謂学問の問屋技芸の仲買人にして，単だ校主の懐中を温むるを以て唯一の目的とせるもの少なからず，此等の学校に於ては生徒に一人も多からんことを望むが故に種々の手段を用ひて少年書生を誘入せんと力むるなり，日く速成を以て僅々何週の間に何学の全科を終らしむ可し，日く何月の間に何々の書籍を用ひ，スペリングより万国史に一足飛をなさしめ，万国史終ればスペンサーの哲学書を読ましめ，結局原書読みの原書知らずなる一種の不具的学者を養成する如きもの，屈指すれば其数啻に十数のみならず，此等はまだしも可なり，猶一層甚しきものに至つては，卒業後は其職業を求め得さす可しと云ひ自活の傍充分に勉強せしむ可しと云ひ，不相当なる低額を以て就学寄食一切之を引受く可しと云ひ，其他種々の甘言を以て誘ひ寄せ，其所持金を巻き上げて突き放すと云ふ如き詐欺的偸盗的な奸計を廻らすもの等往々之ありと聞く（中略）官公私立学校其孰れか最も之に適当するか。是れ吾れ吾人の一言せんと欲する所なり。今日の有様を以て云へば，外面上私立学校は遠く官立が公に及ばざるなり（中略）官立学校の卒業生には種々の特権あるも，私立学校の卒業生には之あること

なし，故に衣食の為に学問する者は，勢ひ官立学校を択んで之に入らざる可からず，貧乏なる私立学校に於て設け置かざる学科を修めんと望むものは之れまた是非とも官立学校を望んで之に入らざる可らず。所謂官立学校の特権なるものは其校々によりて区々なれども，大抵諸校に通じて之を有するもの，一，徴兵令に在て在学間徴兵の猶予を乞ふ得る事，及一年志願兵となるを得る事，一，試験を経ずして官職を得る事（但し此任官は各校階級の上下及其校の所管により一定せず譬へば帝国大学の法学士は第二回試験のみにて高等試補となるを得可く又民間に在ては試験を経ずして弁護士となる得可く医学士は病院長医員及開業医となるを得可く，文，理，農，工の諸学士は各其専門の業務に向かって技師試補，技手又は高等，尋常，師範学校等の教員となるを可し又高等中学，高等商業学校の卒業生は私立学校に於る特別許可生と同じく高等官の試験に応ずるの特権あり（後略）

（須永金三郎著『東京修学案内』1893年，17〜28頁）

著者須永は私立学校の実態を学科目の未整備さ，特典の有無の面から官立学校が勝っていることを強調した。

ところが，明治30年代も半ばに入ると，官（公）立学校の欠点を指摘する案内書も登場するものの，結局，主調は，「されば学費に充分の余裕あり，修業年限に制限なきものは順序を踏んで帝国大学に進むを可とす」（松本亀蔵『立志成業東京修学案内』1902年，3頁）。そして博文館の案内書も「学費に充分の余裕あり，修業年限に制限なきものは順序を踏んで帝国大学に進むを可とす」といったように帝大を最終目標とすべきと次のように案内をするのである。

　学科の選択に次で起こるべき主要の問題は学校の選択なりとす，官立の諸学校は，国費を以て支弁するものなるが故に，教授の任に当る職員の良好なるは云はずもあれ，書籍器具等悉く完備し，其他教授の法方（ママ），生徒の監督の如き，汎て教育上の設備欠くる所なしと雖も，私立学校の多くは其財源主として生徒の束脩月謝等に在るを以て，往々にして資力饒ならず，

随つて万事不整頓なるを免かれず、尤も私立学校中にも諸般の設備能く整頓して、官立学校を凌駕するもの亦少からざれども、市内到処に散在する紛々たる小私立学校に至りては其内部の不秩序極まるものあり、甚だしきに至りては羊頭を懸けて狗肉を売るの猾策を以て諸君を瞞着し、只管金銭を騙取することを目的とせる山師的学校さへありと云ふ、地方の新聞などに仰々しく広告し、極めて速成に修業し得て、而も容易に好地位を得らるべきが如く吹聴する私立学校の中には、実に此種のもの多しと聞く、東京の事情に慣れざる地方青年諸君の迂闊に斯る甘言を信じて上京入学せば、後悔立所ろに到るべし、仮令此程の山師学校ならずとも、資金饒ならざる小私立学校に在りては、良教員を聘する余裕なきは勿論、其維持上の必要より、成るべく多くの生徒を収容せんとし、生徒に対する規律も寛大なるより、風儀著しく乱れ居り、為めに良家の子弟をして、知らず知らずの間に挽回すべからざる墜落の弊習に染ましむる虞れ多し。諸君が地方に在りて、学校を選択するに際し、警戒を要すべき所なり、官立諸学校に在りては、何等疑念を挿むを要せざること論を持たず、家に余財ありて、又修業年限にも制限を要せざる身分の人は、順序を踏みて帝国大学に進むを第一とし、然らざるも其他の諸官立学校の中に就て我目的の学科に適する学校を選まば可なり、若し或事情より私立学校に入らんとせば、創業日久しくして基礎固く、已に天下の信用を縛せる私立学校の中に就て選まんこと最肝要なり、猥りに入学の容易なると修業の速成なるとに惑はされて、如何はしき私立学校に入らば、失敗を招くの因となるべし。本篇載する所の各私立学校は大概相応に信用あるものなり、中にも慶応義塾、早稲田大学の如きは私立学校の巨擘として名声夙に世に洽ねく、官立の諸学校に比して毫も遜色なし、又東京法学院大学、明治大学、日本大学、法政大学、専修学校は従来五大法律学校として知られしものにして創立日久しく基礎鞏固なり以上諸学校を始め、国学院、哲学館大学、東京慈恵会医院専門学校、台湾協会専門学校、明治学院、青山学院、東京農学校、等皆是専門学校令に基き文部省の認可を得たる専門学校にして、いづれも基礎固きもの

に属す。又程度のより低き実業学校，其他各種学校の中にては，国民英学会，正則英語学校，正則予備学校，岩倉鉄道学校，東京商業学校，工手学校，東京物理学校，早稲田実業学校，早稲田尋常中学校，麻布中学校，独逸学協会中学校，大成中学校，正則中学校，錦城中学校，日本中学校，成城学校，京北中学校，京華中学校，開成中学校，日本女子大学校，跡見女学校，東京女学館，三輪田高等女学校，共立女子職業学校，女子美術学校，日本女学校，東京裁縫女学校，女子美術学校，等の如きは私立学校中殊に盛大なるものなり。（上村貞子編『官公私立諸学校改定就学案内』1904 年，5〜8 頁）

　これらの記述からもわかるように，官立学校への志向性を強調しつつも，「天下に信用を博せる私立学校の中について」選択することが最も肝要であるとも述べる。また，専門学校令の公布に伴い専門学校入学資格を得るためには「専検」に合格し，専門学校入学資格を獲得することの重要性も指摘するようになる。
　さらに，上級学校進学と職業と結びついた人生選択としての学校選択の関係を論じるようになるのも明治 30 年代後半から 40 年代にかけてである。
　さらに，官立学校が上級学校進学者の向かうべき道であると (1) 学校の設置，(2) 特典の有無，(3) 私立の長所，(4)「私立に入る人」と「官立に入る人」と項目を立てて情報を提供する進学案内書も出てくる。

(1) 学校の設置
　　私立学校が，堂々たる官立諸学校に対し，その校舎，教師，諸器具の設備に於て，到底之に比肩し能はざる。

(2) 特典の差異
　　さて其の特典とは，概ね左の如くで有る。（◎符あるは官立私立共に有する特典，●符は官立にのみ有する特典。）
　　▲徴兵上の特典
　　　◎徴兵猶予

196　第2章　進学

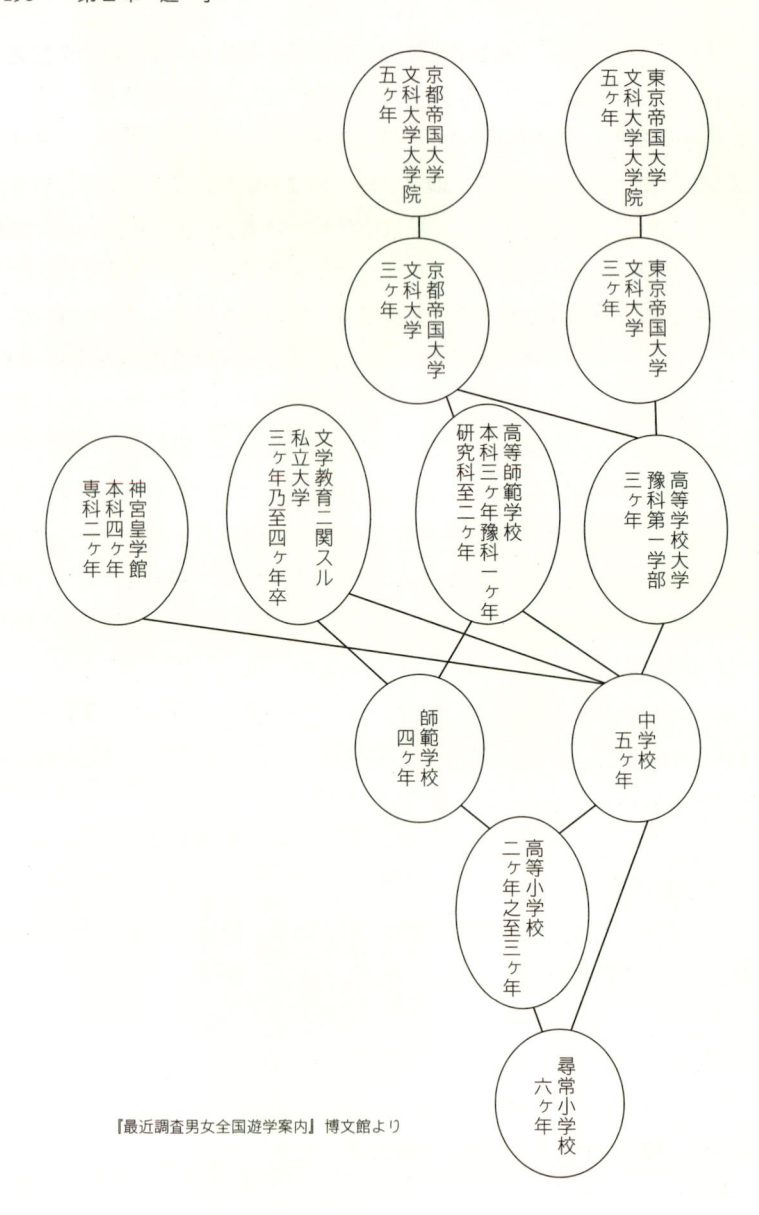

```
                    京都帝国大学           東京帝国大学
                    文科大学大学院         文科大学大学院
                    五ヶ年                 五ヶ年

                    京都帝国大学           東京帝国大学
                    文科大学               文科大学
                    三ヶ年                 三ヶ年

      文学教育ニ関スル   高等師範学校         高等学校大学
      私立大学           本科三ヶ年豫科一ヶ年 豫科第一学部
      三ヶ年乃至四ヶ年卒 研究科至二ヶ年       三ヶ年
神宮皇学館
本科四ヶ年
専科二ヶ年
                         師範学校           中学校
                         四ヶ年             五ヶ年

                                           高等小学校
                                           二ヶ年乃至三ヶ年

                                           尋常小学校
                                           六ヶ年
```

『最近調査男女全国遊学案内』博文館より

図 2.1.3　文学・教育に関する学校系統

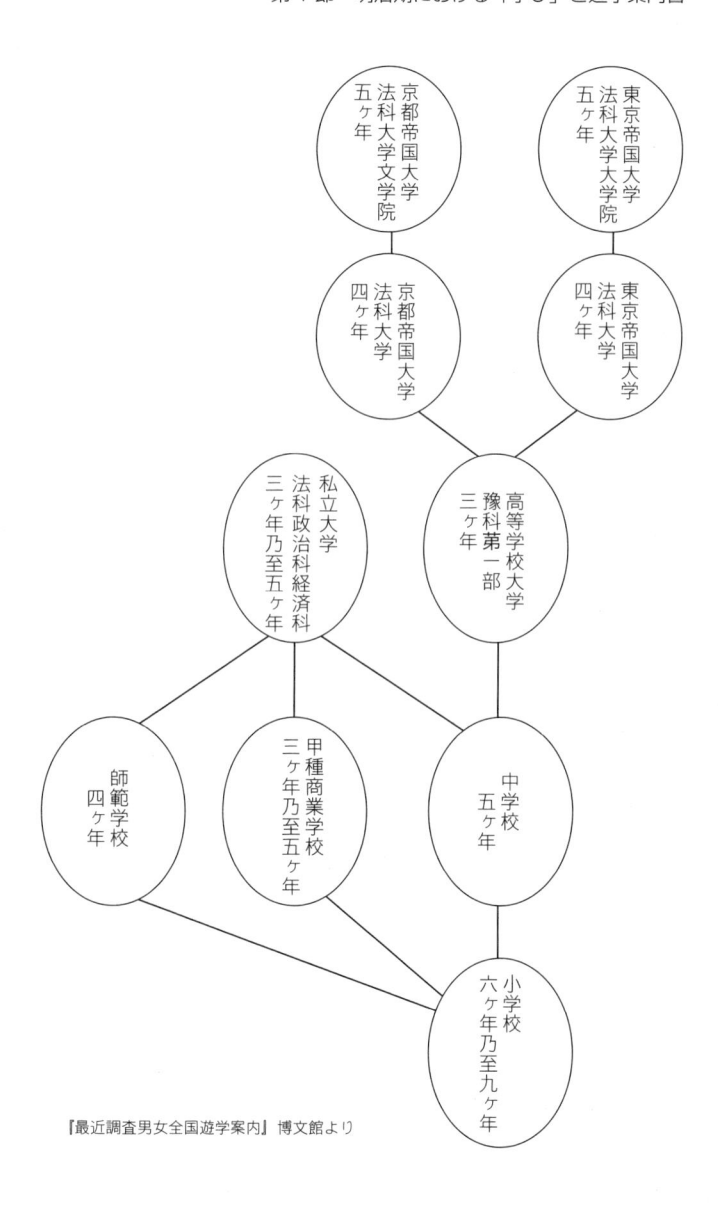

第 1 節　明治期における「学び」と進学案内書　197

```
  京都帝国大学法科大学文学院        東京帝国大学法科大学大学院
         五ヶ年                            五ヶ年
            │                                │
   京都帝国大学法科大学              東京帝国大学法科大学
         四ヶ年                            四ヶ年
            │                                │
            └──────────┬─────────────────────┘
                       │
              高等学校大学豫科第一部
                    三ヶ年
                       │
   私立大学法科政治科経済科        
    三ヶ年乃至五ヶ年
         │
  ┌──────┼──────────┬──────────┐
 師範学校  甲種商業学校      中学校
 四ヶ年  三ヶ年乃至五ヶ年    五ヶ年
   │          │              │
   └──────────┴──────────────┘
                  │
            小学校
          六ヶ年乃至九ヶ年
```

『最近調査男女全国遊学案内』博文館より

図 2.1.4　法律・政治・経済に関する学校系統

◎卒業後一年志願兵及び或る学校を卒業せる者は軍医又は主計候補生
　　　　を志願する事を得
　　　◎●或種の学校生徒は其の在学中より軍医，主計，海軍機関官の依託
　　　　生たることを得
　　▲就職上の特典
　　　●法科大学法律科卒業生は無試験を以て判検事，弁護士たるを得，
　　　　但し私立大学卒業生は其の試験を受くるの権を有す
　　　●或種の官立学校卒業生は無試験を以て中等教員免許又は医術開業
　　　　免許を得，但し少数の私立学校に於ては之と同様の特権を付与せ
　　　　らる
　　▲学資上の特典
　　　●給費（即ち官費）若くは貸費の制度あり
　　　●文部省其他の官省の留学生たること。

(3) 私立の長所

　私立は自由活動，官立は一般に束縛に失する（中略）比の外，私立の主要なる特長を見るべきは，(1) 官立よりも一般に修学年限の短き事，(2) 従つて学資よりも節減し得べき事，(3) 別に職業を有する者も余暇を利用すれば私立に入学し得る場合ある事などであるが，また (4) 私立にして官立になき特殊の学科を有する時，(5) 官立と同様，若は官立以上の成績ある学科を有する時（中略）私立学校は官立以外幾多の特色を有する学界の補助機関であつて，若し是れあるにあらずんば，我が学界は如何に惨憺たる光景を呈すべきかは，之を想像するに難くない。

(4) 私立に入る人と官立に入る人

　凡そ中等教育の階悌を経由して，既に高等専門の学校に進入せんとする者は，特別の志望若くは何等かの故障なき限りは，学生は宜しく当面の順路として官立学校を選むべきである。若し夫れ，体壮健にして，才学俊秀

学資豊富の者が，官立の大学予科を経て帝国大学に入学し，猶ほも進んで海外留学となす時は，容易に志を遂ぐること，盖し蛟龍の雲霧を得たると一般で有る。思ふに天下の学生をして，悉くより完備せる官立の卒業生たらしめたときは，何人と雖も之を希望する所であるが，（中略）官立の入学試験に失敗したる場合を除き，偶々左記の如き位置境遇にある者は，寧ろ私立を選ぶの勝れるに若かざるを信ず。(1) 私立学校にして官立になき特殊の学科ある時。又官立以上の成績ある学科を有する時。(2) 家事財政，又は健康の如何より長年の就学を許さざる時。(3) 他に職業を有し，其余暇を利用して通学せんとする者。（私立には夜間の授業をなすものあり。）(4) 自由の学校を喜び苛酷なる束縛を厭ふ者。（殊に文学宗教政治経済等の学生の如き。）(5) 自己の学力上私立に入学するの得策なる時。但し，結論は前に帰へる，我が国現時の私立学校は二三の例外を除いては，主義が朦朧で，設備が不完全で，（中略）故に吾人は，不健全なる官立志望者は排斥するが，当面の順路としては勿論官学を推奨し，同時に私立学校の志望者に対しては，飽くまで確固不変の意志を持し，放逸に流れず，遊惰に耽溺せざらん事を警告して置く。

（高橋素都武著『全国学校案内』1909 年，9 ～ 14 頁）

ここに端的に表現されているように，たしかに官立学校批判も登場するが，しかし，明治期全般を通じて流れる情報の基調は，官立学校と私立学校の区別であり，その区別を根拠づける論拠は，実態上の格差における両者の格差を助長し，情報化してゆく傾向を示している。

(3) 受験情報

進学案内書が受験に関する情報を提供するようになるのは明治 30 年代に入ってからのことである。このころになると，それまで 1 校であった帝国大学が京都にも設立された時期と重なる。入学試験に関する情報が流れるということは，下位に位置する学校と上位に位置する学校とをつなぐものが入学試験で

あり，体系的に一貫性を持つ時代，すなわち「受験体制」といわれるものが，徐々に確立してきた時期ではなかったかと思われるのである。明治20年代の案内書は受験情報を掲載していない。

では，少年園の案内書はどのように受験に関する情報を伝えたのか。

> 斯くて愈々上京を利益と認むるに至りたらば，笈を負うて闕下に遊ぶは諸君の自由なりと雖も，諸君は成るべく郷里に於て，若くは府県の学校に於て其目的とせる学校の入学試験に応じ得べき力を養ふを勉めらるべく，国語，漢文，作文は，東京に於てなすよりは，寧ろ地方にある中学に学ばるゝ方益ならむ　　　　（少年園編『東京遊学案内』1900年，7頁）

ここには，受験準備は東京に出ずに，それぞれが通学し，勉学している地元の中学校において行うことが肝要であることを説いているのである。このことは各府県に中等教育が整備されたことを物語っている。

しかし，案内書は「彼の外国語に至りては却て是に劣るが如し。されは地方より上京のものは，暫く中等教育を主とする私立中学にありて，英語もしくは獨仏語の補習をなす方利益なるべし」（同書7頁）と諭すのである。入学試験で最も基幹とされる教科，アカデミック教科とされた国語漢文，数学，英語については詳細に教科書・学習参考書を紹介している。

博文館の案内書は官立学校への入学が厳しくなった状況を伝えた。

> 今日のやうに諸官立学校へ入学するに困難になる時代はなからう，日清戦役時分までは，中学の数も少いから，随つて卒業するものも寡い，因て中学卒業者が高等なる学校に入学するにも左程困難でなかつた。されど今では中学校の濫設のため，全国を通じて其数公私立を合せて200以上に上り，去る32年末の統計にても，中学卒業生の数は7,747人に達して居るから，今日に至るまでには猶漸次増加して居る筈である。日清戦役の当時即ち28年の中学校の数96其卒業生1,581名に比すれば数倍になつて居る。

誠に驚くべき多数である。今最近調査の統計によりて，日本中の諸官立学校，特に中学卒業生が入学すべき学校が如何程の入学を許可せしかを見るに左（下…筆者）の通りである。

◯高等師範	198	美術学校	122
札幌農学校	181	音楽学校	82
高等商業	317	大阪工業	118
高等学校	1,708	東京商船	100
医学専門	582	郵便電信学校	151
東京工業	158	士官学校	719
◯工業教員	34	海軍兵学校	200
◯商業教員	29		
◯農業教員	31	海軍機関学校	66
外国語学校	529	通計	5,167

◯印は中学卒業の資格を必要とせず，師範学校卒業にても可なり
▲学習院高等科水産講習所は不明

　右（上…筆者）の表で見ると，毎年五千百余人づゝ中学卒業者が高等の学校に入学するやうであるけれども，其実は決して左様でなく，従来は，右の諸学校中でも，是非とも中学卒業といふ資格を必要としたは高等学校位のもので他は大概競争試験に採用し，只其入学試験が中学程度であると云ふに過ぎなかつたし，事実上未卒業生も試験を受けて沢山這入つたのであるから，入学者は悉く中学卒業者ではなかつたのである。尤も昨年専門学校令の発布せられてからは，高等の諸専門学校の入学者は，中学卒業者若くは同等の学力あると文部大臣の指定したる者か，然らずんば専門学校入学者検定試験なるものに合格したものでなくては本科へ這入られぬことになつて，未卒業者の入学が従来よりは厳重になる傍にて神戸，長崎，名古屋等其他各地に高等の実業学校が出来，或は出来つゝあるから，追ひ追ひは中学校卒業者の入学は今日のやうに困難なことは無くなるかもしれないが，目下の処は中学卒業後如何なる学校に入学すべきかゞまだ大問題であ

る。上に挙げた入学者の表（表略…筆者）は官立学校のみであるが，私立学校でも盛大なものは入学志願者が随分多く，又入学資格の制限が従来は官立より寛であつたが，今日では，専門学校令に依つて居るものは矢張官立同様入学が厳重になつたのである。高等の私立学校にして，中学卒業生が入学する学校と云はゞ，先づ慶応義塾大学部，早稲田大学，法学院大学，日本大学，明治大学，法政大学，国学院，哲学館大学等で，以上は皆文部省認可の専門学校であるから，中学卒業以外の者の入学は従来より厳重になつたことであるが，兎に角全国幾千の中学卒業生諸君が入学すべき学校を定むるは目下最も緊要な問題である。

（上村貞子『官公私立諸学校改定就学案内』1904年，3～6頁）

さらに，明治30年代後半になると試験のための技術や心構えといった記述もみられる。

我輩は諸君の前途を戦争に比較して聊か以て説明するあらんとす。暫らく之を聞け。第一諸君の前途は戦争なり。(中略) 就中中学を卒業して，従来大学教育を受けんとする諸君は (中略) 劈頭第一に発送点に於て各中学に於て心身を磨ける多数の志願者と劇烈なる競争を為さざる可からず。此競争に於ては最早将来の戦争に与るの資格なき否舞台の入口にも達し得ざる多数者生ず。幸にして此入学試験に及第すれば，第二には此処に始めて勝者と勝者との戦争となり，刻一刻戦争は劇烈ならんとす。此戦争も無事に通過して大学に入り，次で大学を卒業するとすれば，此処に始めて一個独立の人として社会の戦場に出陣せざる可らず，此戦争たるや，最も大旦長きものにして生涯の全部に亘るものなり。

高等学校の入学試験に及第せんとするものは，中学時代に於ては，単に一個完全なる中学生たらん事を期し，中学に於ける普通学を万遍なく修むれば即ち足る。(中略) 高等学校の入学試験を受けんとする者は中学の四年五年をミッシリと勉強するが肝要に候，あながち高等学校に入る者のみな

らず総じて中学の四年五年といふ末の二ヶ年間の勉強は最も大切に候，此二ヶ年の課業さへ真面目に勉強して来た人ならば高等学校と云はず他の専門校に入る上につきてもどちらへ廻っても頭の支えるようなことは無かるべく候。

（京都帝国大学自彊会同人編『学界先蹤青年修学指針』1906年，164〜165頁）

やがて，入学試験制度に対する批判的記事も出てきた。ある案内書の著者は「入学試験に就いて」という項目で次のように記した。

　年々各官立学校に於て行はれつつある入学試験の制度は，實に昭代の一大祥事であって，其有為の青年に毒しつつあること，蓋し尠少ならずと云ってよい。しかし官立学校に入らんと欲せば，是非とも此の一大厄門を潜ぐらざる可らざるを以て，茲に入学試験に関して聊か陳述するの要あるを見る。さて中等諸学校の卒業生が，自己の目的を選抜して，若し其の学校を官学に取らば，即ち當に入学試験の準備をしなければならぬ。（勿論私立の学校にも，入学試験を要するものが幾らもあるが）。
　然るに入学試験の準備としては，大凡そ次の如き三種の方法が有る。即ち（一）自宅勉強，（二）卒業せる学校の補習科，（三）受験学校入学。以上三種の方法の中に就て，第三の受験準備の学校には，一般に受験に適する良教師を有するを以て，第一及び第二の方法に依るよりも，遙かに好結果を収め得る様である。尚ほ受験準備の学校には，凡そ二個の種類があって，其の第一種に属するものは，東京其の他各地方にある高等豫備学校及び諸種の英語学校，数学理科学校等これに該當し，中学卒業程度の学生の入学する純然たる受験学校である。次ぎに第二種に属する受験学校は，普通の中学校に受験準備の臭味を加へたる者であって，彼の獨逸協曾中学校，商工中学校，成城中学校，攻玉礼中学校，及び海城中学校等の如きは，其の最も顯著なる者で有る。而して獨逸協曾は醫学及法律（獨逸語を教ふ），商工中学は商工業，成城，海城，攻玉礼等は軍事諸学校入学者の為めに便を

はかり，又東京第一中学は獨逸語，曉星中学は佛蘭西語を教授し，夫れぞれ受験上に好結果を示しつつある。

（高橋素都武『全国学校案内』1909年，16頁）

　このように入学試験の青少年に与える弊害がこの時期から問題にされていたということはではないかと思われるのである。
　さらに1912（明治45）年，博文館刊行の『男女全国遊学案内』は「受験と入学の心得」という章をもうけて「答案の書方」「身体の検査」などの情報を提供する一方で多くの頁をさいて約5年間の「官公立高等専門学校入学志願者と入学者の人員表」を掲載した（同書，16～49頁）。しかし，その一方で，この案内書の一年前，内外出版協会は『最新全国学校案内』を出版し，「学修法と記憶法」という項目を設けた。そして受験と学生たちの「脳障害」の原因について，次のように記した。

　　学生の脳障害を起す原因は，人々に依つて多少相違はあるが，根本は皆一つで，恐怖の念が主なるものである。例へば高等学校の入学試験に失敗した学生と仮定したならば，今度の試験に落第すると最早三年も損をする，愚図愚図して居ると，徴兵猶予の年限が切れるし，郷里よりの資金も続かなくなるといふような種々の恐怖が頭の大部分を占めて来る。そこで，本の一二頁を読む中に，「今度こそ及第せねば一生の運命に関する」とか，「扨どんな問題が出るか知らん」と云ふ空想の為に（中略）本は幾ら読んでも解らない。其れが果して落第でもすると，愈々恐怖と心配とに囚はれて憂鬱の人となツて，青年の鋭意が挫けて了ふのである。

（『最新全国学校案内』1911年，36～37頁）

　さらに「中等以下の者は勉強しなからも成績悪く，のみならず頭を傷める者が多い」と指摘し「如何に頭脳を使用すべきか」と問い「学問は試験に及第しようと，どツちでも構ふことは無い，という風に腹を据えてかゝるのである」

第 1 節　明治期における「学び」と進学案内書　**205**

(同書, 37 頁) とカウンセリングするのである。

　受験と入学の心得，受験の秘訣という項目を設け，案内書はいつしか入学試験についての案内が一つのメインストリームになってきているのである。

(4)　学問の選択に関する情報

　学問の選択についてである。ここでの学問というのは就業へつくための学問のことをさす。案内書がこの点に最初に言及するのは少年園の遊学案内としてはもっとも早く出版された，1891 (明治 24) 年の少年園『東京遊学案内』からである。

> 維新以来星霜を経ること茲に早くも二十四年，其間には社会の局面に随分変動もあり波瀾もありて教育の方針亦幾たびか変更したるには相違なきも，之を要するに少年子弟は多くは政治法律に志し，卒業の後は「政務社会」に其身を投ずるが常なるに似たり。今日にても大学生中多数を占むるは法科にして，彼の六大認可学校が私立学校の中に於ても無双の勢力を占むるを見れば，其勢焰の今以て熾んなることは想像し得べし。(中略) 併しながら之を以て立身の基礎となさむとするは大いに間違ったる考なるべし。昔時大勢の定らざる以前に在ては政府の官吏程気楽なるものはあらざりしが，代議政治の実施以来政府の一挙一動は帝国議会の牽制を受け，政治機関を運転する費用の供給も年々歳々議会の減削を受くる傾向となりて誠に心細き次第となれり。(中略) 然らば其報酬は大なるか，議員の俸給は如何といふに歳費僅に八百円，それも政党の運動費，選挙の競争費に全額を投じ，尚足らずして身代の半を投げ出すにあらざれば議員の地位だに保つ可からず。道楽商売に割のよき仕事にあらざるは勿論なるが，中にも国会議員の如は余程身代のこたへたる者ならざれば叶はぬ事なり。我等が政治家の地位を以て立身の基礎にあらずといふ所以の理由茲に在り。次に「軍務社会」の事情 (中略) 富国は強兵の基礎にして，軍人も亦彼の政務官と等しく其の供給を租税に仰ぎ，而して其租税は殖産社会より出すところのも

のなれば，費用の点に於て国会より常に干渉を免れず。加之，政務及び軍務の二大局部は国家に於て重要の機関なるは勿論なれども（中略）共に欠くべからざるは富資即物産是なり。物産の供給と分配とは「経済社会」の掌るところ，国家貧富の分るゝところにして，第一人民を養ふにも土地を守るにも之なくは所詮一日も支ふべきにあらず。（中略）我邦の人，動もすれば即に欧米諸強国の軍備機関の鋭利を説き，其編制の美を称賛すれども，殊に知らず其軍備の強大は民力進歩の結果にして彼等の国に於ては我邦に殆んど数倍せる租税の過半を皆海陸の軍備に費し，其通商貿易を保護し其植民地を拡張して益々民業の発達を図るを。然るに何事ぞ，我邦人は之に反して上下一般衣食を政治社会に求め，或は軍隊社会に入つて其身を過さむとする者多きは。（中略）以上列挙せる各種の社会は「国家」を構成する三大機関にして之を概括して我輩は茲に実務社会と謂ふ。（中略）尚此外に精神に属する機関の存すべければなり。学術社会，美術社会は即ち精神の区域に属し，其目的とするところは或る真理といひ或は美趣といひ主として無形の事に係り，一種不可言の霊能に依て之を発揮し之を感得し以て人間生活をして高尚優美ならしむものなり。（中略）今は我国も立憲時代の創始に際して政治軍備殖産興業いろいろ忙しき最中なれは，迚も学術や美術などと気長な事に身を入れて其日を暮らすべきにあらず

（少年園編『東京遊学案内』1891 年，10〜16 頁）

　明治 20 年代の案内書は，青年たちが今後どのような学問，職業方面に進むことが自らの人生をより豊かなものにするかというアドバイスとしての情報は提供してきたが，進学と自らの進路選択とをリンクさせた形でのものではなかった。ところが明治 30 年代に入ると，学校で取得する知識や技術の差違がその選択の重要なファクターになるという情報を提供するようになるのである。

　次に学校系統から注意すべきことがある。これは或工学者の話だが，同人は過ぐる年東京工業学校を卒業して，今は某会社の技師をやつて居る。

技倆の点から云つても，新来の工学士などよりは遥かに上手である。処が技師長が欠員となつた。工場内の衆望はあり，技倆もあり，会社にも多年忠勤を擢んで、居つたり，技師長の候補者は某氏ならでは他に適任者なかるべしとの衆評である。然るに豈図らんや技師長の跡釜には他工場の工学士を持つて来た，其辞柄は，工業学校では技師長とするに不適任だ，工業学校以上の学校，即ち工科大学の卒業生でなければならないと云ふのださうだ。これは誠に詰らぬことなれども，我工業社会にかゝる意思のある今日では，工業学校卒業生は一段の弱みがある，損な位置に立つて居るといつてよい。

某氏が歎じて云ふには「高等商業学校の卒業生は商業社会に幅が利く，会社に入つては支配人より重役までなれる資格がある，高等商業以上の学校がない為めに頭を抑へられる事はない。誠に羨むべしである」と，而して高等工業学校卒業生は，大工場の工務課長或は技師長は前云ふ通りの次第で，多くはヨリ高等なる工科大学の出身者の占むる所となるのであるから，高等工業に入学するものは，日本に其以上の学校があると云ふ事を知つて置かないと困る。これは今の年少諸君に取りて決して等閑に聞流すべきものでない。

学校系統は好く知つて置かねばならない。例へば軍医になるにしても，医学専門学校卒業生（即ち医学得業士）は，卒業後直ちに三等軍医又は少軍医に任ぜられ，年功を積んで一等軍医又は大軍医となるけれども，其以上即ち三等軍医正或は軍医小監などにはなかなかなれない，多くは尉官相当官に一生を終ることゝなる，佐官相当官となるには，中々の俊髦でなければならぬ，ところが医学士であるならば，卒業後直ちに二等軍医又は中軍医となり，ずんずん昇進して，左程の成績でなくとも，佐官相当官以上に進むことを得べく，人によらずして出身学校の如何によるものである。陸海軍の如く肩書を尊ぶ処では無理もない話しであるから，此学校系統のこともよくよく注意する必要がある，医学専門学校薬学科卒業生の薬剤官，農科大学実科，獣医科卒業生の獣医官，機械科卒業生の海軍技士などは，

皆前と同じく其昇進については，予じめ覚悟する所なかるべからざる事である。（上村貞子編『官公私立諸学校改定就学案内』1904 年，17 〜 20 頁）

　この記述から明らかなように，人生選択としての学問選択においても，どの学校に通うことが立身出世できるかを学校序列の成立との連関のもとに語っているのである。

　　第三章　高等文官志望者に与ふる解説
　　　第一節　概　　説
　茲に高等文官とは行政官たる高等官を指称するものにして過去の歴史は暫く之を措き現今に於ては或る特種の高等官を除きては等しく文官高等試験と云ふ関門を通過せざる可からす亦其特種の官吏とは彼の郡長典獄各省大臣秘書官の如き特別の任用に依り採用せらるゝもの是れ也此等は普通文官即ち判任官よりも昇進することを得敢て文官高等試験に及第せるを必要とせざる也亦彼の技術官たる技師教官たる大学教授の如きも同一也先づ大体に於て已上数種のものを除きては如何に才能あるものと雖も試験を経るにあらざれば高等行政官たるを得ざる也故に将来高等行政官たる志望を有する青年は須らく官の挙行する文官高等試験に応じ其登第の栄を得る準備を為すを要す但し高等文官中奏任勅任とありて其勅任官は現行法上敢て亦試験を要せざる也即ち地方長官たる可き高等官二等已上の県知事及各本省の局長已上の如き是れ也而も此等は吾人青年の今日只今一足飛びに企及し得可きことにあらず此れに付き能き先例あり先年彼の憲政党内閣の組織せられたる時に各国務大臣を始め多くの勅任官を政党員より採任せられたり然れども此等諸公先輩は学は洋の東西に渉り然らざる迄も多年の辛苦実験を経て才幹衆に秀で能く国家の大任を托するに足るものとして陛下の恩思召によりて任命せられたるものなるを以て此より修養に勉む可きもの或は学校を出て間も無き吾人青年は此等の考は暫く念頭外に置かざる可からず
（吉田甚蔵著『中学小学卒業生学問之選択　全』1905 年，12 〜 13 頁）

ここでは，学問選択は官吏任用試験をはじめとする資格の獲得と絡みながら人生決定の重要な要因であることを示しているのである。

3　小括——青年たちにとって進学情報とはなんであったか

　青年たちにとって進学情報とはなんであったかと問うとき，第1には基本的には官立学校を学校選択の第一として，それ以外は創業久しく，官立にはない特有の学課を用意し，学科課程や施設設備が整っている私学を選択することが得策とする情報を提供していた。

　第2には官高私低の構造をもった学校序列と資格制度とをリンクさせた形での学問選択が重要であると伝えた。案内書という情報ルートを通して国民の中に共有させる役割を果たしたものといえるのではないだろうか。

　ところで，寺﨑昌男氏は1900年前後には「帝大を頂点とし，そのすぐ下に予備教育機関である高等中学校を配する学校システムが制度的に整備と完成を遂げ，そしてピラミッド型の高等教育構造と結びついて法学・医学或は工業技術等に関するプロフェショナルな資格制度が設立してきたのもまさにこの時期であつた」「高等教育における官民格差，ピラミッド学校配置を基盤とする学歴主義，特定校への進学の集中と卒業生のキャリアパターンの固定化」（日本教育学会入試制度研究委員会編『大学入試制度の教育学的研究』1983年，東大出版）がなされ，また青年たちに「進学体系の王道」が出来上がったのも20世紀初頭と指摘している（『日本の教育課題6　選抜と競争』1994年，東京法令）。その指摘をメディアと言説を通して青年たちの前に届けた情報誌がこの進学案内書であったのではないかと考える。まさしく案内書の情報を歴史的に分析してみると寺﨑に同意するものである。

　このように案内書の著者たちは，第1には，帝国大学を頂点とする学校序列が20世紀初頭に成立したこと，第2には，案内書の内容はそこに重点を置く情報を中心とするものへと変化したこと。第3には，その変化は学校の実態におけるヒエラルヒーの成立と深く即応し，かつ強化するものとなったこと。そ

して第4には，実態と情報が相まって青年たちの「学び」（学習内容や様式と進学の志向など）をキャナライズしたのではないか，と指摘することができる。

おわりに──進学案内書の史料的性格

　最後にこの進学案内書の史料的性格について述べておきたい。近代日本の公教育史の展開にとってこの進学案内書とはなんであったかと問うとき，またその特質を構成する要素はなんであったかと問うとき，進学案内書は，一方では，教育政策の反映を示したものであり，もう一方では学習する側の人生選択にとっての権利を獲得する手段を得る情報という性格をもっていたと思われる。すなわち，進学に関する情報を媒体として，青年たちの修学・進学あるいは勉学の志と具体的な学校―制度としての学校―と彼らの志に一定の方向性を与える有力な要因であったと同時に，日本の近代学校の構造的・機能的性格を学ぶ者の側から捉え直すのに有益な示唆を与えてくれる有力な史料的性格をもっていたものと考えらる。

　しかし，この史料に限界がまったくなかったわけではない。例えば，第1にこれらの案内書の著者たちが決していわゆる著名人ではなかったこと，そのため彼らの経歴がつかめないこと，第2に第1の限界との関連で，そのためにはどのような意図，立場から出版されたものか，必ずしも明らかにならないこと，第3には，案内書の普及範囲が必ずしもつかみ取れないこと，第4として，商業主義的傾向が強い点もあげられる。

　今回は，文献学・書誌的な限界を考慮するよりも，むしろ全体としての流れに重点をおきつつ，この素材を使用することにした。

注
(1) 主要な「進学案内書」の目次
　〔1〕下村泰大（編）『東京留学案内　完』1885（明治18）年〔春陽堂〕目次
　　留学者ノ注意

〔2〕本富安四郎著『地方生指針』1887（明治20）年〔嵩山房〕目次
　　序
　　第一編　上　地方書生ノ東京ニ対スル妄想
　　学資金ノ通額
　　貧書生修学ノ方便
　　東京学校ノ両便利
　　私立学校入学ノ注意並ニ転校ノ害
　　地方ニ在ル間ニ学力ヲ養フノ必要
　　新上京者ノ注意諸件
　　下宿詳細事情
　　留学生衛生ノ注意
　　第一編　下　書生ノ東京繁栄ニ大関係アル事
　　在京各地書生気風ノ差
　　在京書生ノ品行
　　在京書生ノ衣服
　　在京女書生ノ事情
　　府下洋学ノ流行
　　東京諸学校ノ構造
　　東京市街ノ景況
　　第二編　上　諸官立学校規則（男女）
　　　　　　中　有名諸私立学校規則（男女）
　　　　　　下　諸官立学校入学試験問題

〔3〕黒川安治（編）『東京遊学案内』1891（明治24）年〔少年園〕目次
　　上編　遊学者の指嚴
　　　第一章　修学上の注意
　　　第二章　品行上の注意
　　　第三章　衛生上の注意
　　　第四章　経済上の注意
　　　第五章　交際上の注意
　　中編
　　　第一章　官立高等諸学校
　　　第二章　特別認可学校
　　　第三章　入学受験科学校
　　　第四章　私立各専門学校
　　　第五章　私立各女学校

下編　入学試験問題
　　第一章　各官立高等学校
　　第二章　特別認可学校

〔4〕木下祥真（編）『東京遊学案内』1902（明治35）年〔少年園〕目次
　上編　遊学者の方針
　　第一章　上京の準備
　　第二章　受検の格例
　　第三章　学費の概算
　　第四章　修学の年限
　　第五章　着京の注意
　　第六章　宿所の選定
　　第七章　衛生上の注意
　中編　各学校の規則
　　第一章　官立学校
　　第二章　公私立専門学校並に各種学校
　　第三章　官公私立中学校並に同程度の学校
　　第四章　高等女学校並に各種女学校
　下編　入学試験問題
　　付録　図書館

〔5〕今井翠厳著『最新増訂　男子東京遊学案内』1990（明治43）年〔博文館〕目次
　第一編　遊学者指針
　　第一章　上京の準備
　　第二章　学校の種類と選択
　　第三章　受検と入学の心得
　　第四章　各学校修業の年限
　　第五章　学費の予算
　　第六章　上京の注意
　　第七章　着京後の注意
　　第八章　宿所の選択
　　第九章　衛生上の注意
　　第十章　図書館と博物館
　第二編　各学校規則
　　第一章　法律，政治，経済，植民
　　第二章　文学，教育

　　　　第三章　軍事
　　　　第四章　農業，水産
　　　　第五章　工業
　　　　第六章　商業・簿記
　　　　第七章　医学
　　　　第八章　理科学
　　　　第九章　外国語学
　　　　第十章　美術，音楽
　　　　第十一章　宗教及び宗教主義
　　　　第十二章　高等学校及び大学予科
　　　　第十三章　官公私立中等学校
　　　　第十四章　雑種
　　　　第十五章　各種学校清国留学生部
　　　　第十六章　増補訂正追加

(2)　寺﨑昌男『日本の教育課題3　なぜ学校に行くのか』『日本の教育課題6　競争と選抜』東京法令出版，1994年，2000年，立教学院百二十五年史編纂委員会『立教学院百二十五年史　資料編　第1巻』1996年，天野郁夫『試験の社会史』東京大学出版会，1983年
(3)　「中学の夜学と編入試験」『受験界』第2巻第3号，1921年3月，14頁
(4)　この案内書の内容はおおむね，雑誌『少年園』第1号から「遊学の栞」として掲載されたものに加筆修正したものであったと思われる。内容は「はし書き」「出京前の注意」「東京の学事」「慶應義塾」「女子の遊学」「東京大学」「高等中学の三予備黌」「地方の少年へ」とからなっていた。
(5)　毎日新聞社新潟支社『青春の森（第4巻）長岡高校編』1980年
(6)　『地方生指針』序より
(7)　東京書籍組合『東京書籍商伝記収覧』青裳堂書店，1912年
(8)　坪谷善四郎『博文館五十年史』博文館，1937年，17〜8頁，山口昌男『「敗者」の精神史』岩波書店，1995年，230頁
(9)　明神健太郎『わが町の人々』高知県佐川町，1980年，6〜7頁
(10)　『群馬県人名大事典』上毛新聞社，1982年，579頁，日本文学館編『日本近代文学史大事典第五巻』講談社，1978年，210頁
(11)　相沢源七『日本力行会創立者島貫兵太夫』教文館，1986年
(12)　『少年文庫』第2巻第7号，1890年

第2節　女子進学案内書にみられる進学・学校選択・キャリア情報

樗松 かほる・野坂 尊子

はじめに

　女子進学案内書からは，どのような情報が発信されているのであろうか，そこには女性にとっての進学，学習，学生生活，キャリアの情報がどのように表れているのであろうか。

　これまでの進学案内書の研究は，概して男子青年の進学選択情報に焦点を当てて分析してきている。例えば菅原亮芳は，明治期の進学案内書を分析し，その結果を (1) 帝国大学を頂点とする学校序列は 20 世紀初頭に成立した，(2) 案内書の内容はそこに重点をおく情報を中心とするものへと変化した，(3) その変化は学校の実態におけるヒエラルヒーの成立に深く即応し，かつ強化するものとなった，(4) 実態と情報が相まって青年たちの「学び」(学習内容や様式の進学志向など) をキャナライズした，とまとめている。しかしながら，周知のように女子教育の状況は男子のそれとは異なっていたし，社会的な男女の性役割も異なっていた。そもそも明治後期は女性の高等教育機会はきわめて少なく，女子中等教育制度がようやく整った段階に過ぎなかった。また高等女学校卒業後の進路についても，結婚し，よき家人となることが「当たり前」のことであり，家政をつかさどり内助の功として存在することが社会的に肯定されていた。しかし，その後変化はなかったのだろうか。また，男子進学案内書とはどのような違いが見られたのか。

第2節　女子進学案内書にみられる進学・学校選択・キャリア情報

そこで本節では，女子向けの進学案内書を以下の二つに着目して検討する。

第1に，明治期，女子の進学案内書はどのような情報を伝えていたのか。第2に，その後の大正，昭和の進学案内書はどのように変化していったのか，その特徴はいかなるものか。この二つの作業を通じて，男子向けの進学案内書と比しての特色はなんであるのか。こうした一連の検討を通じて，女性にとっての進学，学習，学生生活，キャリアの関連構造の変化がどのように現れているのかを明らかにすることを目指したい。

これらを明らかにするためには，戦前期（1945年まで）にわが国で刊行された総数300冊以上にのぼるすべての「進学・受験案内書」を検討していく必要がある。しかしながらあまりにも多数のため，本節においては，第1段階の検討作業として，専ら「女子」を対象として編集されたものに焦点を当てたい。

では，「女子」を対象として編集されている案内書とはどういったものか。書名に「性別」がどのように表現されているかをみると，(1)『東京留学指針』（興文社，1889年），『官立私立東京諸学校一覧』（伊藤誠之堂，1889年），『学校の選び方と職業の決め方』（先進堂，1929年）のように，書名に性別は明記されておらず，読者を男女どちらかに想定しているとは言い切れないもの，(2)『最近調査男女全国遊学案内』（博文館，1912年）や『男女青年諸君は斯して立身出世を得べし』（東京堂書店，1924年）などのように，読者を「男女」ともに想定していると考えられるもの，(3)『最近調査男子東京遊学案内』（博文館，1909年），『標準東京男子学校案内』（春陽社，1937年）というように，読み手を「男子」に限定していると考えられるもの，(4)『東京女子遊学案内』（積文社，1901年），『実地精査女子遊学便覧』（女子文壇社，1906年）などのように読み手を「女子」に限定しているように考えられるもの，の4種がある。

ただし，実際には，女子の学校案内情報は，(3)の「男子」と冠されている書を除いて，(1)，(2)，(4)のタイプの情報誌に普遍的に掲載されている。もちろん，(1)の性別が記載されていない書名の案内書においては，女子に関する進学情報の量は男子のそれに比して劣る。また紹介されている学校数も少なく，女子の特性に言及した進学や受験上の心得や注意点などもほとんどないた

め，女子を読者対象として積極的に想定して編集しているとは言い切れない。

そこで本節では，読者として「女子」を編著者が意識していると想定できる案内書，すなわち (2) の「男女」及び (4) の「女子」と書名に付された案内書に着目して検討する。また，便宜上，前者を「男女進学案内書」，後者を「女子進学案内書」と呼ぶこととする。

以下，「概観」において書誌的情報を中心に述べ，その後，「受験・学校・キャリア情報の内容」として具体的に女子進学案内書に盛り込まれていた情報を検討したい。

1　概　観

（1）　刊行状況とその推移

「男女進学案内書」と「女子進学案内書」の刊行状況と出版された当時の女子教育の状況を概観してみよう。

表 2.2.1 は，資料編「近代日本における進学案内書の文献目録」から，書名に「男女」もしくは「女子」が冠され，女子を読者対象として想定している案内書を抜き出したものである。そこに示したように，わが国初の女子を読者として想定した進学案内書は，1901（明治 34）年に刊行された鈴木銷一編『東京女子遊学案内』である。それ以降，戦前期，1945（昭和 20）年までに刊行された「男女」及び「女子」を書名に冠した進学案内書数は 71 冊であり，これまでの研究で明らかになった全進学案内書数の約 2 割を占める。

図 2.2.1 に示したグラフからもわかるように，それら 71 冊の刊行時期を 10 年ごとに見ていくと，1901～10（明治 34～43）年に 19 冊，1911～20（明治 44～大正 9）年に 7 冊，1921～30（大正 10～昭和 5）年に 15 冊，1931～40（昭和 6～15）年に 23 冊，1941～45（昭和 16～20）年に 7 冊，と 1900 年代と 1930 年代とが大きな山となっていることがわかる。特に昭和戦前期には，全 71 冊中の半数以上である 42 冊が出版されている。内訳は，女子のみを読者として想定された「女子進学案内書」が 26 冊を占め，男子も併記された「男女進学案

第2節 女子進学案内書にみられる進学・学校選択・キャリア情報　217

表2.2.1 「男女」および「女子」進学案内書リスト

資料記号	No.	女子用	編(著)者	書名	発行所	発行年月	頁数	備考
A	1	＊	鈴木絹一	東京女子遊学案内	積文社	1901（明治34）年10月	164	
	2		蚊龍子	男女東京学校案内	大学館	1902（明治35）年9月	248	
B	3	＊	松原岩五郎	女学生の栞	博文館	1903（明治36）年6月	324	
	4	＊		遊学案内東京の女学生		1903（明治36）年	33	雑誌『婦人界』増刊
	5			男女東京遊学案内	修学堂	1904（明治37）年		
	6		酒井勉	男女東京遊学案内	修学堂	1905（明治38）年1月	375	増補第2版
	7		原田東鳳	男女東京遊学案内	大学館	1905（明治38）年3月	314	
C	8	＊	大月久子	新選東京女子遊学案内	文学同志会	1905（明治38）年9月	218	
	9		酒井勉	男女東京苦学遊学案内	修学堂	1906（明治39）年1月	444	
	10		荻野鳳用	明治三十九年度男女京都修学案内	中沢明徳堂	1906（明治39）年2月	242	
	11	＊	菅原臥龍	新選女子就学案内	便利堂	1906（明治39）年4月	154	
D	12	＊	星野すみれ	現代女学生宝鑑	益世堂書店東京堂書店	1906（明治39）年7月	260	
	13	＊	中村千代松	実地精査女子遊学便覧	女子文壇社	1906（明治39）年8月	194	
	14		酒井勉	男女東京遊学案内	修学堂	1907（明治40）年1月	444	
	15		酒井勉	男女東京遊学案内	修学堂	1908（明治41）年1月	444	
	16		太田龍東	男女学校評判記	明治教育会	1909（明治42）年2月	322	
	17		酒井勉	男女東京遊学案内	修学堂	1909（明治42）年5月	420	
	18		青年教育会	最近調査男女東京遊学案内	博愛館	1910（明治43）年4月	428	
E	19	＊	今井翠巌	最近調査女子東京遊学案内	博文館	1910（明治43）年9月	606	
	20		学芸社及社立志就学顧問部	男女立志之羅針盤東京就学乃栞	学芸普及社	1911（明治44）年7月	440	
	21		岩崎但堂	男女東京修学案内	大学館	1911（明治44）年9月	374	
	22		博文館編輯所	最近調査男女全国遊学案内	博文館	1912（明治45）年4月	584	

第2章 進学

資料記号	No.	女子用	編(著)者	書名	発行所	発行年月	頁数	備考
F	23		三友社編輯部	東京府中学校程度男女入学案内	三友社書店	1913（大正2）年2月	222	
F	24		川西房治郎	男女東京遊学案内	修学堂	1914（大正3）年		
F	25	＊	宝文館編輯所	中等学校女学校新撰入学準備書	宝文館	1915（大正4）年8月		日本書籍分類 10 巻、254p
F	26		太田英隆	入学選定男女東京遊学案内と学校の評判	二松堂	1918（大正7）年12月	389	
F	27		小山文太郎	男女学生の向かふべき職業と学校の選定	培風館	1923（大正12）年2月	262	附録：高等専門学校一覧表（附）諸学校令・規程・心得
F	28		日英書院	男女青年諸君は断じて立身出世を得べし	東京堂書店	1924（大正13）年4月	204	
F	29	＊	富田浩	女子高等専門学校入学受験提要	文信社	1925（大正14）年		
F	30	＊	大周社編輯部	最新調査女子高等専門学校入学受験案内	大周社	1927（昭和2）年2月	141	日本書籍分類 22 巻、10p
F	31	＊	吉見文雄	東京府官私立女学校女子入学案内	十條書房	1927（昭和2）年3月	370	附録：大正15年度全国高等女学校試験問題集
F	32	＊	新刊時報社	東京私立女子学校入学案内	恒生堂	1928（昭和3）年		昭和4年度「出版年鑑」
F	33	＊	中等教育社	東京女子諸学校案内	中等教育社	1929（昭和4）年3月	215	昭和5年度「出版年鑑」
F	34	＊	中等教育社	東京女子諸学校案内	中等教育社	1929（昭和4）年4月	215	日本書籍分類 24 巻、14p
F	35		女子大学講義録編輯部	職業別学校案内と婦人の職業指導	目白台	1929（昭和4）年9月	226	日本書籍分類 24 巻、18p
F	36		中等教育社	男女最近古学案内	東華堂	1929（昭和4）年		昭和5年度「出版年鑑」
F	37	＊	帝国教育向上社	女学校卒業者の進むべき上級学校と選ぶべき職業	帝国教育向上社	1930（昭和5）年1月	135	昭和6年度「出版年鑑」日本書籍分類 25 巻、18p
F	38		中等教育社	昭和五年版東京男女諸学校案内	東華堂	1930（昭和5）年2月	468	昭和5年度「出版年鑑」日本書籍分類 25 巻、22p

第2節 女子進学案内書にみられる進学・学校選択・キャリア情報

資料記号	No.	女子用	編(著)者	書名	発行所	発行年月	頁数	備考
	39		中等教育社	昭和五年版 東京男女諸学校女子部	東華堂	1930（昭和5）年2月	216	昭和6年度「出版年鑑」日本書籍分類25巻, 22p
	40		日昭館	新調東京男女学校案内	日昭館			昭和6年度「出版年鑑」
	41	＊	日昭館	新調東京女子学校案内及入学参考答案	日昭館			昭和6年度「出版年鑑」
G	42	＊	芳進堂編輯部	全国女子高等専門学校入学案内	武田芳進堂	1931（昭和6）年1月	150, 21	再版、初版1930（昭和5）年12月 附録：全国主要女学校一覧表
H	43	＊	芳進堂編輯部	最新東京女子学校案内	武田芳進堂	1933（昭和8）年11月	243	昭和9年度「出版年鑑」日本書籍分類28
	44	＊	大日本学生保護者協会	昭和十年版 女子用標準東京学校案内	春陽社	1934（昭和9）年10月	214	昭和9年度「出版年鑑」日本書籍分類29巻, 43p
	45	＊	大日本学生保護者協会	昭和十年版 標準東京学校案内女子部	春陽社	1934（昭和9）年10月		昭和10年度「出版年鑑」
	46	＊	日昭館	昭和十年版 新調東京女子学校入学案内及各学校入学考査解答	日昭館	1935（昭和10）年9月	219	昭和10年度「出版年鑑」日本書籍分類30巻, 51p
	47		日昭館	昭和十年版 新調東京男女学校案内及学校入学考査解答	日昭館	1935（昭和10）年9月	505	昭和10年度「出版年鑑」日本書籍分類30巻, 51p
I	48	＊	芳進堂	最新東京女子学校案内	武田芳進堂	1935（昭和10）年	238	昭和12年度「出版年鑑」日本書籍分類31巻, 45p
	49		箕輪香村	男女東京遊学指針 苦学と蝋職の秘訣	文憲堂	1936（昭和11）年11月	226	昭和12年度「出版年鑑」日本書籍分類31巻, 45p
	50	＊	春陽社	昭和十二年版 標準東京女子学校案内	春陽社	1936（昭和11）年	280	昭和12年度「出版年鑑」日本書籍分類31巻, 45p
	51		春陽社	昭和十二年版 標準東京男女学校案内	春陽社	1936（昭和11）年11月	683	昭和12年度「出版年鑑」日本書籍分類31巻, 45p

220　第2章　進学

No.	女子用	編(著)者	書名	発行所	発行年月	頁数	備考
52	＊	日昭館	昭和十二年版 新調東京女子学校案内及入学考査解答	日昭館	1937（昭和12）年1月	219	昭和13年度「出版年鑑」日本書籍分類32巻, 36p
53		日昭館	昭和十二年版 新調東京男女学校案内及入学考査解答	日昭館	1937（昭和12）年1月	550	昭和13年度「出版年鑑」日本書籍分類32巻, 36p
54		日本教育調査会	東京男女学校案内及各学校入学考査解答	日本教育調査会	1937（昭和12）年2月	286	
55	＊	春陽社	標準東京女子学校案内	春陽社	1937（昭和12）年10月	280	昭和13年度「出版年鑑」日本書籍分類32巻, 50p
56		長谷川弥兵	東京男女中等学校案内	大矢書店	1937（昭和12）年10月	51	昭和13年度「出版年鑑」日本書籍分類32巻, 50p
57	＊	春陽社	昭和十四年版 標準東京女子学校案内	春陽社	1938（昭和13）10月	342	昭和13年度「出版年鑑」日本書籍分類33巻, 30p
58	＊	日本教育調査会	新調 東京女子学校案内資格検定試験及職業案内	日昭館	1938（昭和13）年10月	102	表紙には日本教育普及会編とある。
59	＊	日本教育調査会	昭和十四年版 新調東京女子学校案内	日昭館	1938（昭和13）年10月	275	昭和14年度「出版年鑑」日本書籍分類33巻, 30p
60		日本教育調査会	昭和十四年度 新調東京男女学校案内	日昭館	1938（昭和13）年10月	507	昭和14年度「出版年鑑」日本書籍分類33巻, 30p
61		長谷川弥兵	東京男女中等学校案内	大矢書店	1938（昭和13）年11月	51	昭和14年度「出版年鑑」日本書籍分類34巻, 33p
62		長谷川弥兵	東京男女中等学校案内	大矢書店	1939（昭和14）年10月	66	昭和15年度「出版年鑑」日本書籍分類34巻, 43p
63	＊	春陽社	昭和十五年版 標準東京女子学校案内	春陽社	1939（昭和14）年10月	342	昭和15年度「出版年鑑」日本書籍分類34巻, 43p

第2節 女子進学案内書にみられる進学・学校選択・キャリア情報　　**221**

資料記号	No.	女子用	編(著)者	書名	発行所	発行年月	頁数	備考
	64		箕輪香村	男女東京遊学指針 苦学と就職の秘訣	文憲堂	1940(昭和15)年11月	226	
	65	*	春陽社	標準東京女子中等学校案内	春陽社	1940(昭和15)年9月	356	昭和17年度「出版年鑑」日本書籍分類36巻、71p
	66		大矢書店	東京男女中等学校案内	大矢書店	1941(昭和16)年9月	103	昭和17年度「出版年鑑」日本書籍分類36巻、71p
J	67	*	春陽社	標準東京女子学校案内	春陽社	1941(昭和16)年9月	355	
	68	*	大田原邦清	詳録最新東京府男女中学校案内(女子)	昭児堂	1941(昭和16)年9月	213	日本書籍分類36巻、89p
	69		皇民錬成指導協会	最新詳録東京府男女中等学校要覧	教育日本社	1941(昭和16)年11月	25	
K	70	*	婦人日日新聞社 石田昌	昭和十七年版 東京女子専門中等各種学校しらべ	イタリアの会	1941(昭和16)年12月	254	
	71	*	大原田邦清	最新詳録東京女学校案内(女子)	昭児堂	1942(昭和17)年	213	

(注)「資料記号」…本節において内容分析した案内書「No.」…女子・女子進学案内書刊行年月順「女子用*」…女子のみを読者と想定している案内書

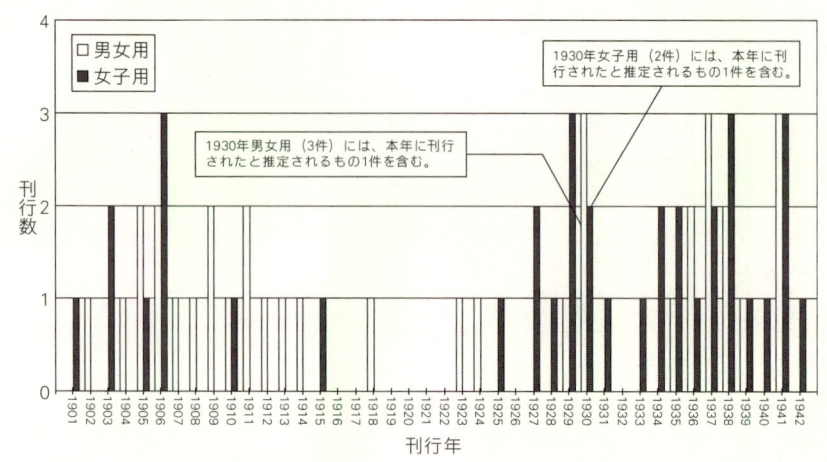

図 2.2.1 男女・女子進学案内書刊行数の変化

（グラフ内注記）
- 男女用／女子用
- 1930年男女用（3件）には、本年に刊行されたと推定されるもの1件を含む。
- 1930年女子用（2件）には、本年に刊行されたと推定されるもの1件を含む。
- 縦軸：刊行数
- 横軸：刊行年（1901～1942）

内書」の16冊を越えている。

　ちなみに，書名に「女」が含まれていないタイプの案内書の刊行状況は，明治期100冊，大正期57冊，昭和戦前期93冊となっており，時期を違えず半ば定期的に刊行されている。

　さて，女子を読者として想定された進学案内書が集中して刊行された1900年代と1930年代の女子教育はどのような状況だったのだろうか。

　わが国初の女子進学案内書が刊行されはじめた明治後期は，女子中等教育制度が整った時期である。「高等女学校令」(1899年) により，各県に高等女学校が設置されることが決定し，それを受けて公立高等女学校及び私立高等女学校数が増加した[1]。具体的な学校数をみると，公立女学校は，1905（明治38）年の88校から1910（明治43）年の145校と1.7倍，また私立高等女学校は，1900（明治33）年に日本女子大学校付属高等女学校が設立されたのをはじめとして，1905（明治38）年までに7校が設立され，1909（明治42）年までには，41校に増えている[2]。全国数でみると，1905（明治38）年に100校であったものが，1911（明治44）年には，250校にのぼり，また生徒数も，3万1918人から6万4809人と，2倍以上に増えている[3]。加えて，公立高等女学校において，受

験競争率が東京だけでなく全国で上昇した時期でもある。それより先の高等女学校令発布以前は，志願者数は定員程度であったものが，高等女学校令発布以後，年々学校数が増加し，募集人員が増えたにもかかわらず競争率は低下しなかったことからも，進学意欲の高まりがうかがえる[4]。全国から大都市に遊学する女子学生が増加の一途をたどった背景には，日露戦争後の婦人運動の活発化とともに女子教育の高まりがあった。つまり，女子を読者層として想定した進学案内書は，高等女学校令発布直後に発刊されはじめ，女子の進学意欲の高まりの中で刊行されていたのである。

翻って，女子進学案内書の刊行数が増加していった1930年代には，女子にとってどのような社会的な背景と教育状況があったのか。まず，世界恐慌を受けた経済状況の悪化によって，低賃金で雇える女子の社会的な雇用要請と家庭における経済援助要請があったことを留意する必要がある。他方，女子の高等教育促進の声が高まる大正期を経て昭和戦前期になると，高等女学校の激増とともに[5]高等女学校卒業生の労働市場への進出傾向が顕著であった。これとともに，有名高等女学校の入学競争が激しくなったりもした。就職者の増加傾向も加わり，女子高等教育を求める声が高まって，それを受けた動きも活発になっていた。文部省が打ち出した高等女学校に高等科を併置する方針もその一例である。これは，女子高等教育を求める声が高まっているにもかかわらず，臨時教育会議において女子大学の設置は時期尚早とする答申が出されたことを配慮して提示された，高等教育六ヵ年計画（1919年）という妥協策にもとづくものであった。

一方，上級学校への進学率は都市部で高く，1926（大正15）年の文部省資料によれば，高等女学校本科の卒業生の平均進学率は27％であったが，東京府を中心とした県下の有力高女の卒業生の上級学校平均進学率は50％を超える事例が少なくなかった。このように，1920年代には，女子高等教育を求める動きが活発になり，進学率も上昇した。

昭和に入って案内書がさかんに刊行される直前の大正後期は女子専門学校（女専）が拡大しはじめた時期であり，1918〜25（大正7〜14）年の間に，全国

で14校が新設され、学校数は21校に増加した。官公私立専門学校で学ぶ女子生徒数は3464人から7738人へと2倍以上に増加している[6]。また同時に、女専の拡大とともに、高等女学校に通う学生の中にも進学の気運が高まり、高等女学校がさらなる上級学校進学のための通過機関となりはじめ[7]、高等女学校数も相乗効果で引き続き増加していた。すなわち、昭和戦前期に次々と進学案内書が刊行されるようになった背景には、女子中等教育の著しい量的拡大とともに高等教育への進学希望者の増加があったのである。

さて、先にも触れたように、表2.2.1に示した71冊の案内リストと図2.2.1のアミで示された棒グラフ部分とを見比べるとわかるように、書名から明確に読み手を女子と限定している「女子進学案内書」は、71冊中の約半数37冊になる。このうち、私たちが実際に手にできたのは11冊である。この11冊を直接の対象として、刊行時期及び情報の種類に留意して内容を追っていこう。

それら11冊の刊行年を見ると、明治後期に刊行されたもの(5冊)と昭和戦前期に刊行された案内書(6冊)になる。繰り返しになるが、明治後期は、高等女学校が法的に整備されて全国に展開していく時期であり、昭和戦前期は、高等女学校の引き続いての増加のみならず、女子専門学校も急増した時期であった。進学案内書においても、掲載する情報内容、つまり進学受験情報、学生生活情報、具体的に紹介されている学校情報について、それぞれの時期の女子教育状況が反映されている。そこで本節では、明治後期を第1期、昭和戦前期を第2期と便宜的に区分して呼ぶこととし、11冊の案内書のうち、表2.2.1にある資料記号のA～E(5冊)は、第1期(明治後期:1901～10年)、資料記号F～K(6冊)を第2期(昭和戦前期:1927～41年)とする。

(2) 著者・編者と書名

女子進学案内書の著者・編者の個人的な背景、出版社の特性などについては、男子の進学案内書と同様に、明らかでない。しかしながら、著者・編者名と書名だけからも、時代の変化や特徴が見て取れる。

ここでは、手にできた11冊だけではなく、それを含めた71冊、すなわち表

第 2 節　女子進学案内書にみられる進学・学校選択・キャリア情報

2.2.1 に示した，女子を読者として想定している（「女」という文字が書名に付された）71 冊全体をひとまず取り上げ，著者・編者や書名にはどのような特徴があり，時代をさかのぼるにつれてどのような変化がみられるのかを見ていこう。

まず，71 冊の書名を見てみると，「東京」が付されているものは 71 冊中 55 冊にのぼり，案内対象地域は，男子を読者対象とした進学案内書と同様に「東京」が中心となっていることがわかる。東京以外の地名が付された案内書は，『明治三十九年度男女京都修学案内』（1906 年）と『昭和十七年度版大阪府中等学校男女入学案内』（1942 年）の 1 冊ずつに過ぎない。やはり男子同様，女子にとっても「進学」は，同時に「上京」であったと推定できそうである。

他方，情報内容が特化されていることが，書名から明らかなものもある。例えば，掲載されている学校を「女子専門学校」に絞ったものとして，『女子高等専門学校入学受験提要』（1925 年），『最新調査女子高等専門学校入学受験案内』（1927 年），『全国女子高等専門学校入学案内』（1931 年）の 3 冊がある。また，学校情報と卒業後の職業とを結びつけて紹介している案内書として，『男女学生の向かうべき職業と学生の選定』（1923 年）や『職業別学校案内と婦人の職業指導』（1929 年），『女学校卒業者の進むべき上級学校と選ぶべき職業』（1930 年）の 3 冊があげられる。

さらに，時代が下るとともに，書名の変化も見える。明治後期刊行の案内書の書名には，『男女東京遊学案内』（このタイトルは 2 社の出版社からのべ 7 冊刊行されている）に代表されるように，「遊学案内」という言葉が使われていることが多く，22 冊中 14 冊にのぼる。その他には，「〇〇案内」とはされず，『女学生の栞』（1903 年），『現代女学生宝鑑』（1906 年）といったものも散見できる。「女学生」という言葉が使われているのも，明治期の特徴であろう。

他方，大正末期の 1925（大正 14）年に刊行された『女子高等専門学校入学受験提要』，昭和に入っての『最新調査女子高等専門学校入学受験案内』（1927 年）にみられるように，「入学」「受験」といった言葉も，女子の上級学校への進学率の高まりとともに使われるようになってくる。さらに昭和に入ると，『東京女子諸学校案内』（1929 年）が出版されたのを皮切りとして，「進学先の学校紹

介」という印象が強く感じられる「学校案内」という言葉にほぼ一本化され（昭和期に刊行された42冊中32冊）、「遊学案内」という書名は見られなくなる。ちなみに、「遊学案内」が「学校案内」によって取って代わられる傾向は、「女」を冠していない男子読者が主と考えられる進学受験案内書にもいえることである。ただし、それら主として男子用と考えらえる案内書の書名によく用いられる「独学」「苦学」「自活」「立身」「成功」といった言葉は、女子のみを読者と想定した案内書については、皆無である。

　さて、先に触れた『女子高等専門学校入学受験提要』(1925年)という書名が示すように、大正末期になると「女子専門学校」(以下、女専)という特定の学校種のみを対象とした案内書が見られる。この時期は女専の数が急増を遂げ、その在籍者数は、前節で触れたように、学校数及び在籍者数の増加によって1920 (大正9)年から1925 (大正14)年の5年間に約3倍にも膨れ上がった。こうした女専の広がりとともに、その学校情報が積極的に発信されはじめたことがわかる。『女子高等専門学校受験提要』は、刊行の翌1926 (大正15)年に第3版が出されており、読者のニーズも高かったのではあるまいか。

　翻って、編者表記のスタイルにも時代の流れとともに変化が見られる。まず、明治後期に発行された22冊の案内書は個人名編著がほとんどであり、編著者不明の2冊を除き16冊にも及ぶ。しかも、個人名編著でない4冊は、1910 (明治43)年から1912 (明治45)年の明治末期に集中している。一方、大正期に入ると、個人名編著が少なくなり、出版社そのものが編者になっているものが少なくない。昭和期に至っては、個人名が著編者として掲げられているものなど42冊中8冊に過ぎない。時代が下るにつれて、個人編著から出版社そのものが編纂するようになり、それが表記にあらわれていることが見て取れる。

　さらに昭和期になると、同一出版社から「女子用」と「男子用または男女用」と読者層をそれぞれ割り当て、装丁や構成などを同一とした「セット本」が刊行される例も出てくる。1930 (昭和5)年に刊行されたと推測される、日昭館の『新調東京男子学校案内及入学考査解答』と『新調東京女子学校案内及入学考査解答』の例である。日昭館は、1935 (昭和10)年にもセットで『昭和十年度

第 2 節　女子進学案内書にみられる進学・学校選択・キャリア情報　**227**

新調東京女子学校案内及各学校入学考査解答』及び『昭和十年度新調東京男女学校案内及各学校入学考査解答』を刊行している。また 1935（昭和 10）年には，『最新東京女子学校案内』及び『最新東京男子学校案内』が武田芳進堂から出版されている（内容は後述）。

(3)　発刊の趣旨

　では，女子進学案内書はいったいどのような趣旨で刊行されたのであろうか。以下，実際に手に取ることができた 11 冊から見ていきたい。

　まず，冒頭部分の「序」や「緒言」などから，各案内書の刊行趣旨や，想定される読者を読み取ることができる。

　第 1 期（明治後期；1901～10 年）では，なぜ女子に学問が必要なのかといった発想で，女子が上京して進学する意義やその心得を説いたものが多くみられ，例えば，「遊学の必要」，「遊学者の心得」，「遊学者指針」，「遊学の目的」といった項目名で記述されている。また同様のことは，案内書冒頭部分の「序」や「緒言」などにもみられ，同時に各案内書の刊行趣旨や，想定される読者がだれであったかを読み取ることもできる。すなわち，進学案内書の発行の趣旨，その目的，上京して進学することや教育を受けることの必要，教養を身につけることの意義などについて述べている。女性がそれまでおかれていた教育機会の乏しい社会体制を批判し，国家の発展のためにも男女ともに教育の必要性があることを強調しつつ，しかも女子の場合は，良き家庭人，良妻賢母の育成といった女性の特質を強調した学びへのいざないがなされている。女子教育が普及してきたとはいえ，良妻賢母となるためには，ただ学校に通えばいいというものではなく，上京して適切な学校に行かねばならないと説く。その際，女子には男子に比してひとりで東京に暮らすことに危険が伴い，学問をまっとうすることを阻むような誘惑がたくさんあることを指摘し，それゆえに入学前の心構えがいかに大切であるか，そのためには正確な学校情報の知識がいかに必要かを訴えている。

　例えば，管見の限り初の女子進学案内書である『東京女子遊学案内』（1901 年）

の構成は,「上篇　遊学者の注意」と「下篇　各学校の規則」との2部から成り,上篇の最初は「遊学の必要」から始まっている。ここでは,まず,わが国も文明国になった以上,男女かかわらず資力のある父母は子の知能の発達と徳性の涵養を図ることが必要であることを述べた上で,郷里にいるままでは国家のためになるような家庭人を育成する十分な教育を受けることは不可能であり,「上京」が必要であることを強調している。

　　之が教養の任に當る者は,工夫百端,各其の見る所によりて,其の流弊を防過せんとするを以て,標榜するところ彌多く,従学に迷ふの徒亦多し,豈斯道の為傍観に附するを得んや凡学生の業専心に成りて,而して浮動に敗るゝは,素より言を俟たざる所なれど,世態の変動,又は道途の岐るゝこと多き時は,往々真否邪正の境に迷う事あるは,亦古来の通患にして鬢眉男子と雖も其の進路を過るもの無きに非ず,況んや繊弱の女子に於いてをや,殊に突然雲山遠く隔たるの異境に出て,四邉塵埃堆きの内に立つに於てをや,然と雖も,風気清潔なる江山の地,以て其の子女を教養するに余りありやと問はゞ,則未た以て輙く首肯するものは有らさる可し,殊に僻遠の地に至りては,幸に校舎の可なりに女子を待つ可きに足るものあるも,周囲の状態が能く當代の女子をして,自然の間に将来の家庭の進運を予想せしむるに足るものなく,是を以て,能く其の従学する所の科程を終し者も,其の見識に至りては,快く一家の将来を自任するを難するものなきにあらざる可し,(中略)一は真正の教養を完了して以て邦家の福祉を増進せめんことを欲し,広く京地学校及学生の現状と,家庭の進化とを観察し,之を編して以て地方の教学に志しある人の為聊補ふ所あらんと欲す。

　わが国初の女子向けの案内書とあって,女子にとっての教育が重要であることを単に述べるだけでなく,現況の女子の教育環境,進学に対する世間の誤解を払拭し,正しい学校選択を促し,実りある教育を受けてほしいと思う筆者の意図があることが,紙面数を多く割いていることからも伝わってくる。

第 2 節　女子進学案内書にみられる進学・学校選択・キャリア情報

一方で，女子の進学案内書として 2 番目と思われる『女学生の栞』（1903 年）においては，学校教育を受ければ良妻賢母になるというものではなく，学校教育以外の女訓の方法は多々あることを前提とした上で編集されている。著者の松原岩五郎による「題言」には，

> 今日女子教育の隆盛を来したる折柄，社会人心の嚮ふ處ろを見るに多く学校を以て全知全能の府となし，学校教育さへ受くれば以て良妻賢母となるに間違なしとするものゝ如し，その誤解の存する處ろはやがて今の女子教育の弊害の蟠まる處ろにして，吾人の遺憾とする處ろなり。是に於て吾人不文を省みず聊か一家の私見を陳述し，学校教育以外別に女訓の方法甚だ多き所以を知らしめんと欲するの趣意に外ならず。

とあり，良妻賢母の養成と学校教育とは結びつくものではないという見解を示している。目次は次項で紹介するが，本の構成自体も学校紹介や進学の案内書という要素に力点を置いているのではなく，女性は結婚をして主婦となっていくという前提でライフコース全体を捉え，その上で女性のあるべき姿を説いている。これを前提として，本の付録の末尾に学校紹介がなされているにすぎない。

明治末期になると，今井翠巌編『最近調査女子東京遊学案内』（1910 年）の「序」にあるように，女子に学問の必要性を説く際に，その内容は女子特有のものであるがゆえに女子用の進学案内が必要である，と指摘し，その上で，正しい情報を得るべきであるという主張が見られるようになる。「序」は 3 名の筆者によってそれぞれ書かれているが，そのうちのひとりである坪谷水哉は，

> 斯かる危険の多い年若き婦人が，遠く東京へ出て目的とする学問を修めんとするには，先づ以て自分の目的に適當したる学校は何所であるか，其れに入るには如何なる手続を履み，入学の後は如何にして自分の身を保護監督せらるゝか，静かに研究して置かないと，方向に迷うときが即ち外部の誘惑に乗せらるゝ時である。で，入るべき学校の選択と，入学前後の心得

とは，最も貴重なる研究問題である。(中略) 世間には如上の事に就て案内の書物も数種あるが，中には調査が粗漏で，案内記ある為に，却て読む者を迷わせる様なものもある。

と学校選択の情報吟味の大切さを指摘している。また，巌谷小波は，

女子には教育は不要であるなどゝ云う，無法な議論の時々出たのはもう疾うの昔噺に成つた。
蓋し人間と生まれて，教育の不要な者があろうか。萬一にもあるとすれば，それは飯を食はないでも生きて居られる人間であらう。
所詮働けば働くほど，人間には食物の要る如く，社会が進めば進むほど，教育はますます必要に成る。
殊に女子は男子に比べて，程度を高める必要こそ無けれ，その教育は実際的に，一層有用であらねばならぬ。是れやがて女子教育の，男子教育に比べて更に注意を要する所以である。

と，女子特有の教育の必要性を強調している。
　一方，時代が下って第2期(昭和戦前期；1927〜41年)になると，第1期に出版されたものとは異なり，女子の学問のあり方に対する一般社会の見方への批判などはみられない。女性にとっても教育を受けることが当然の時代となったことを指摘するようになる。また第1期とは異なり，学校選択が大切であるとは強調するものの，女子の学問の必要性や，なぜ女子が上級学校へ進学する必要があるのかなどは，あまり説かれなくなる。そもそも出版の目的は冒頭部分において簡潔に述べられる形式を取るようになる。また想定される読者として，女子のうちそれ以前にどのような教育歴をもった人を想定しているかなどを具体的に記載するようになる。また，本の冒頭部分において案内書の内容項目の紹介がなされ，手に取った人が簡単に本の内容がわかるような工夫もみられるようになる。

例えば、『全国女子高等専門学校入学案内』(1931年)の「緒言」には、「本書は、およそ高等女学校を出た方、又は将に出ようとする程の方が、『今後如何なる方面に進むべきか。』に就いてお考へになる場合の、或意味での相談相手になろうという點に目安を置いて編まれたものです」と述べられている。

一方、学校の選定を誤るべきではない、という主張については、第1期でも述べられているものの、第2期になると、進学情報自体が増えてきたことを背景として、いかに正確な情報を当該案内書が掲載しているかという積極的な宣言が見られるようになる。

『標準東京女子学校案内』(1941年)の「発行の趣旨」には、「真に自己の天分を尊重する学生諸君、真に子弟を愛する父兄諸賢には徒らに名誉、情実に捉はれて学校の選定を誤るが如き事のなきを期さねばならぬ」と述べた上で、続けて「本書は各学校より正確なる報告を基礎に親切に編纂されたるものにして最も進んだ形式をもちいたことは此種類書中嶄然自信を持つと同時に自負して推薦するものである」とある。

(4) 構成の変化とその特徴

女子進学案内書の構成にはどのような変化とその特質があるのであろうか。手にした11冊の目次、内容構成を見る限り、一貫したパターンや統一性などを見ることはできない。学校紹介を中心に編まれているものもあれば、上京し、独りで学生生活を送る方法や、その際の生活上の諸注意にページ数を割き、重きをおいている書もある。案内書の中には、書簡の書き方、料理、化粧品情報に至るまで多岐にわたる情報が記載され、概して女性の身につけるべき教養の教科書として編まれているものもある。学校紹介の方法においては、各学校の所在地や創設者、受験日や受験方法を箇条書きのように羅列したものがある一方で、筆者が実際に学校を訪問し、その感想などを踏まえて記述されているものもある。加えて、同一書内の学校紹介において、学校の沿革や学科案に至るまで細かに紹介される場合と、学校名のみの記述に留まっての紹介の場合が入り混じっている案内書もある。

こうしたさまざまな内容掲載の仕方や量における情報の不規則性は，時代の特徴として捉えることは不可能であり，明治後期から昭和戦前期全体の進学案内書一般を通して見られるものである。

ただし，構成の形式を別とすれば，案内書の情報内容は，大まかに四つ (1. 進学・受験，2. 学生生活，3. 卒業後の進路，4. 学校紹介) に分類することが可能である。

まず，「進学・受験」に関する情報には，女性が教育を受けることの意義や，東京という場において学校に通う意味，また修業年限や入学資格などを含めた教育制度の紹介，さらに学校生活を送るにあたっての学費や諸経費，受験準備の方法，受験倍率，実際に出題された過去の入試問題などが含まれる。

次に，「学生生活」に関する情報とは，上京・下宿の仕方やその際の注意点，女性であるがゆえの風紀上の懸念問題を含めた交友関係の築き方，親元から離れての健康管理方法，学校生活以外の学びの時間の使い方などを指す。

3点目の「卒業後の進路」に関する情報とは，卒業後に就くことが可能な職業の単なる紹介情報だけではなく，女性としていかに社会に進出していくべきか，これからの女性にはどのような選択肢が開かれているのか，社会における女性の活躍の可能性など，女性自らの生き方を奮起するような記述も含む。

そして，4点目は，「学校紹介」情報である。各案内書ともになんらかの分類指標を設け，その下に学校紹介を行っているものの，分類方法は本によって異なり，統一性は見られない。

図2.2.2は，筆者らが手にできた11冊（便宜上資料記号として〈A〜K〉と付した）の案内書に含まれる情報を上記の四つ及びそれ以外の情報「5. その他」を加えて5分類に大別し，当該情報掲載頁数が総頁数に占める割合を示したものである。グラフの縦軸にある「資料記号A〜K」は，表2.2.1とリンクしており，したがって上から下へ時代が下っている。

掲載情報の種類及びその分量の統一性は見られないと先に指摘したように，このグラフからも時代とともに増加するような情報の種類があるわけでなく，他方，消滅する情報種類もないことが示されている。

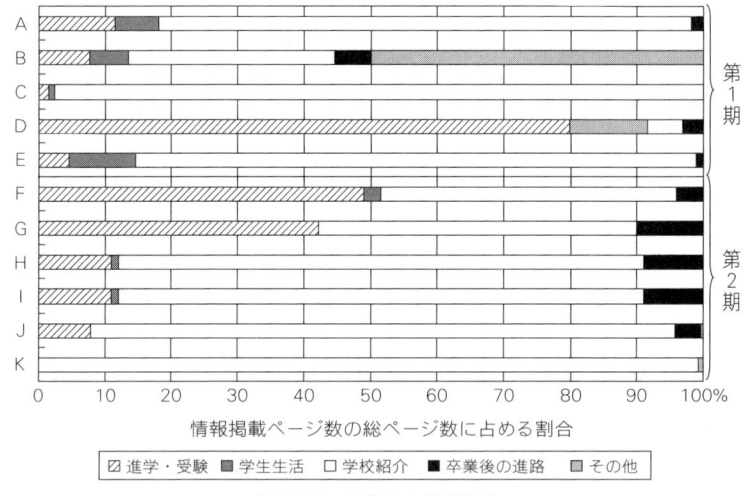

第2節　女子進学案内書にみられる進学・学校選択・キャリア情報

図 2.2.2　案内書の情報構成

（凡例：進学・受験／学生生活／学校紹介／卒業後の進路／その他）

ただし，概して以下の3点が指摘できる。(1) 第1期の案内書には，学生生活に関する情報が掲載されている割合が第2期の案内書より高い。反対に，(2) 職業との関連を踏まえた卒業後の進路について割く頁数は，第2期の方が多い。また，(3) 紹介される学校数が第1期に比べて第2期に多くなっており，学校紹介のページ数自体も増大している。言い換えると，時代が下るにつれて，学生生活情報が減り，代わりに学校紹介情報に比重が置かれるようになる。この変化は男子用の進学案内書の時代経過にみる構成の変化と同様であるといえるが，後者の場合，時代が下って，学生生活情報が減ることにより，それと併行して，女子に限定した情報内容が減っていく。すなわち，「女子用案内書」と「男子用案内書」の違いが見えにくくなっていく。

では，そうした特徴が表れている案内書の目次構成を紹介しよう。

第1期（明治後期1901～10年）に刊行され，先にも触れた『女学生の栞』(1903年）の目次は，

　　緒言

女学生の巻
　（一）　学問の早道
　（二）　理想と忍耐
　（三）　卒業後の心得
　（四）　女学生の前途
　（五）　品性の修養
　（六）　持参金の活用
主婦の巻
　（一）　婦人と忍耐
　（二）　婦人と勇気
　（三）　無形の宝
　（四）　理想的育児法
　（五）　母親のつとめ
　（六）　愛情論
付録
　　女子教育概論　　　下田歌子刀自
　　女教遺言　　　　　津田梅子刀自
　　女子教育の標準　　三輪田真佐子刀自
　　女子教育の方法　　矢島楫子刀自
　　婦人の天職　　　　鳩山春子女史
　　女子の住める世界　安井哲子女史
　　家庭教育遺言　　　棚橋絢子刀自
　　学校案内　　　　　日本女子大学校，女子高等師範学校，東京音楽学校，華族女学校，東京女学館，跡見女学校，三輪田高等女学校，他21校

と，先の発刊の趣旨でも触れたように，結婚し，主婦になるという当時の女性たちのライフコースの特性を踏まえた女性のあるべき姿を示している。たとえ

学校教育を受けたとしても，その後は家庭の主婦となり，母となることを当然のこととした構成となっている。女子教育及び女性像について，当時，新たな女性のあり方や女性の地位向上を訴えていた先駆者たちがそれぞれ稿を寄せているが，それらはあくまでも「付録」として位置づいているところは興味深い。さらに，最も後ろに，学校案内がされている。その頁数は，109頁であり，全体の3分の1に過ぎない。

一方，第2期（昭和戦前期1927〜41年）に刊行された案内書である，編纂春陽社編集部『標準東京女子学校案内』(1941年)の目次をみてみよう。

　　序編　学生と社会
　　　第一章　女子教育と大東京
　　　第二章　学校と職業
　　　　第一節　国民学校教員
　　　　第二節　中等教員
　　　　第三節　保母
　　　　第四節　美術家
　　　　第五節　音楽家
　　　　第六節　著作家・記者
　　　　第七節　医師
　　　　第八節　歯科医師
　　　　第九節　薬剤師
　　　　第十節　産婆
　　　　第十一節　看護婦
　　　　第十二節　各種事務員
　　　　第十三節　手芸家
　　　　第十四節　其の他の職業
　　本編　各学校案内
　　　　第一節　大学及専門学校の部　41校

第二節　高等女学校の部　123校
第三節　実業学校の部　49校
第四節　裁縫・手芸学校の部　33校
第五節　其の他の学校の部　33校
第六節　美術音楽学校の部　19校
第七節　職業学校の部　30校
第八節　保育・産婆・看護学校の部　20校
第九節　盲聾学校の部　8校
第十節　各学校令及規程抜粋　11種の令や規程

　先に触れた学校紹介が付録の末尾にある『女学生の栞』とは大きく異なる。「序編　学生と社会」と「本編　各学校案内」の2編立てとなっており，あくまでも学校案内が「本編」なのである。たしかに，「構成の変化とその特徴」で指摘したように，「学生生活情報」と「学校紹介」というカテゴリー別で示している点では，第1期に刊行された案内書と変化ないようにみえる。しかしながら，実際の頁数は，「学生と社会」については「序編」といっている通り16頁にとどまり，「各学校案内」の246頁の10分の1以下に過ぎない。つまり，第1期の案内書とは反対に，学校紹介情報を中心にすえた編纂方法へと変化したことがわかる。
　また，「第2章　職業と学校」における第1節〜第14節に象徴されているように，職業内容の紹介情報部分には，その職業に結びつきやすい具体的な学校名も数校ずつ併せて紹介する体裁をとっている。こうした卒業後の進路と学校教育を明確に結びつけて編まれるようになるのは第2期の特徴である。直前に紹介した『標準東京女子学校案内』だけでなく，芳進堂編集部『全国女子高等専門学校入学案内』(1931年)においても同様であり，職業と学校の関係すなわち，卒業後の進路と学校を軸に編まれていることが，「職業と学校」を第一編に配した目次構成からもわかる。以下に引こう。

第一編　職業と学校
　第一章　序説
　第二章　教育家
　　第一節　小学教師　　第二節　中等教員　　第三節　実業学校教員
　第三章　芸術家
　　第一節　音楽家　第二節　画家　　第三節　著作家・記者
　第四章　医師・薬剤師
　　第一節　医師　　第二節　歯科医師　　第三節　薬剤師
　第五章　其他各種の職業
第二編　関係法規及学資
　第一章　高等女学校関係事項　高等女学校令・高等女学校令施行規則・高女学校高等科入学試験規程
　第二章　専門学校関係事項　専門・学校令公立私立専門学校規程・実業学校令・専門学校入学者検定規程・高女卒業者と同等の指定者・女子実業学校卒業者の進路・実業学校卒業程度検定規程・女子師範学校卒業者の進路
　第三章　学費
第三編　各校学則綱要
　　凡例
　　教員養成所の学校　東京女子高等師範学校他
　　音楽の学校　東京音楽学校他
　　医学・薬学の学校　東京女子医学専門学校他
　　各種専門学校　大阪女子専門学校他
　　官立私立大学　東北帝国大学理学部他
　　高等女学校高等科　東京府立第一高等女学校高等科他
　　高等女学校専攻科　東京女子高等師範学校附属高等女学校専攻科他
　　各種の学校　女子高等学園他
　　其他の諸学校

第四編　受験要覧
　　　附　女子諸学校入学競争率
第五編　入学試験問題集
　　　東京女子高等師範学校他
附録　全国主要女学校一覧表

　ところで，先の「書名」の項で触れたように，案内書には，男子用，女子用がセットになって同一出版社から刊行されているものがある。これら「セット本」の内容に着目すると，女子進学案内書の時代における変化の特質が見えてくる。

　「セット本」体裁をとった案内書の最も早いものは，博文館から出された今井翠厳著による『最近調査女子東京遊学案内』(1910年)と『最近調査男子東京遊学案内』(1909年)である。出版年は1年半ほど女子用のものが遅いが，同一著者で編まれていること，表紙デザインを除いた本の体裁，目次構成も非常に似通っていることからもセット本と位置づけることができるであろう。

　ここに，『最近調査女子東京遊学案内』と『最近調査男子東京遊学案内』の目次構成を引く。ただし両書とも，節以下の項目は省略し，紹介学校名においてはすべてを記載していない。

　これら二つの案内書には，目次の前に巻頭グラビアかと見まがうほどに，約15頁にわたる各学校の概観写真が収められている。しかも掲載枚数は，1頁に4，5校ずつにものぼる。目次構成も，上記から明らかなようにほぼ同様であり，女子用男子用ともに「第1編　遊学者指針」の学生生活の指南書的な内容と，「第2編　各種学校規則」の各学校の沿革や学科課程までもが紹介されている。頁数からみると，第1編は，女子用が99頁，男子用が69頁となっており，女子用のほうが30頁多い。これは，女子用のみに記載されている「第7章　身辺の警戒と警察署」また「第11章　卒業後の心得」に記載されている五つの項目によるところが大きい。そこには，女性の特質を強調した事柄が述べられている。女性の生き方を，家庭における内助者であるべきことを第一と

表 2.2.2　進学案内書比較

『最近調査女子東京遊学案内』	『最近調査男子東京遊学案内』
第1編　遊学者指針	第1編　遊学者指針
第1章　上京の準備 　1　遊学の目的 　2　遊学の時季	第1章　上京の準備 　1　遊学の目的 　2　遊学の時季 　3　普通学の素養
第2章　学校の種類と選択 　1　学校の選択 　2　志操と決心 　3　官立私立高等専門女学校 　4　官立私立高等普通及各種女学校 　5　専門学校入学者検定試験	第2章　学校の種類と選択 　1　学校の選択 　2　志操と決心 　3　官公私立高等学校 　4　官公私立中等学校
第3章　受験と入学の心得 　1　受験の各科目 　2　答案に付ての心得（答案の書方） 　3　身体の検査 　4　年齢の制限 　5　身元保証人	第3章　受験と入学の心得 　1　受験の各科目 　2　答案に付ての心得（答案の書方） 　3　身体の検査 　4　年齢の制限 　5　身元保証人
第4章　各学校修業の年限 　1　女子高等師範と日本女子大学校 　2　学習院女学部 　3　官公私立高等専門女学校 　4　官公私立高等普通及各種女学校	第4章　各学校修業の年限 　1　分科大学と大学院 　2　学習院男子部 　3　官立高等諸学校 　4　私立高諸学校
第5章　学費の予算 　1　入学金及授業料 　2　寄宿又は下宿料 　3　書籍及諸雑費 　4　袴及制服費 　5　月額及年頭比較	第5章　学費の予算 　1　入学金及授業料 　2　寄宿又は下宿料 　3　書籍及諸雑費 　4　袴及制服費 　5　月額及年頭比較
第6章　上京の注意 　1　各学校学期と学年 　2　東京迄の汽車旅行 　3　各港汽船便 　4　旅行中の注意	第6章　着京の注意 　1　各学校学期と学年 　2　東京迄の汽車旅行 　3　各港汽船便 　4　旅行中の注意
第7章　着京後の注意 　1　市内の交通 　2　停車場と人力車賃 　3　電車鉄道 　4　需用品と勤工場 　5　寄留届と区役所 　6　書信と郵便局 　7　学友と交際 　8　身辺の警戒と警察署	第7章　着京後の注意 　1　市内の交通 　2　停車場と人力車賃 　3　電車鉄道 　4　需用品と勤工場 　5　寄留届と区役所 　6　書信と郵便局 　7　学友と交際

240　第2章　進学

第8章　宿所の選択	第8章　宿所の選択
1　下宿の種類と位置	1　下宿の種類と位置
2　完全の寄宿舎と学校	2　完全の寄宿舎と学校
3　厳粛懇切なる監督	3　厳粛懇切なる監督
4　本書購読者の特典	4　特に本書購読者に告ぐ
	5　本書購読者の特典
第9章　衛生上の注意	第9章　衛生上の注意
1　健康の要素	1　学生と病源
2　運動の種類と体質	2　医師と病院
3　精神的衛生	3　公園と動植物園
4　疾病と予防	4　体育と精神の修養
5　医師と病院	
6　公園と動植物園	
第10章　図書館と博物館	第10章　図書館と博物館
1　帝国図書館	1　帝国図書館
2　日比谷図書館	2　市立日比谷図書館
3　帝国教育会図書館	3　帝国教育会図書館
4　大橋図書館	4　大橋図書館
5　南葵文庫	5　南葵文庫
6　早稲田大学図書館	6　早稲田大学図書館
7　東京帝国大学図書館	7　東京帝国大学図書館
8　東京帝宝博物館	8　東京帝宝博物館
9　東京教育博物館	9　東京教育博物館
10　靖国神社附属図書館	
第11章　卒業後の心得	
1　理想と実際	
2　婦人の天職	
3　新婦の務	
4　処世の良決	
5　女子と職業	
第2編　各種学校規則	第2編　各種学校規則
第1章　高等専門及高等普通女学校	第1章　法律，政治，経済，殖民
1　日本女子大学校	1　東京帝国大学
2　学習院女学部	2　同　大学院
3　東京女子高等師範学校附属高等女学校	3　同　法科大学
4　東京府立第一高等女学校	4　早稲田大学
（など42校紹介）	（など13校紹介）
第2章　教育	第2章　文学教育
1　東京女子高等師範学校	1　東京帝国大学文科大学
2　奈良女子高等師範学校	2　早稲田大学文学科
（など12校紹介）	（など18校紹介）
第3章　技芸，裁縫	第3章　軍事
1　共立女子職業学校	1　陸軍大学校

第 2 節　女子進学案内書にみられる進学・学校選択・キャリア情報

2　東京裁縫女学校 （など 19 校紹介）	2　陸軍砲工学校 （など 20 校紹介）
第 4 章　音楽, 美術 　1　東京音楽学校 　2　女子音楽学校 （など 60 校紹介）	第 4 章　農業, 水産 　1　東京帝国大学農科大学 　2　農業教員養成所 （など 10 校紹介）
第 5 章　外国語学 　1　専門学校女子英学塾 　2　青山女学院 （など 8 校紹介）	第 5 章　工業 　1　東京帝国大学工科大学 　2　東京高等工業学校 （など 19 校紹介）
第 6 章　医学, 産婆, 看護 　1　東京女子医学校 　2　日本赤十字社 （など 18 校紹介）	第 6 章　商業 　1　東京高等商業学校 　2　早稲田大学大学部商科 （など 31 校紹介）
第 7 章　宗教及宗教主義 　1　東洋英和女学校 　2　青山女学院高等普通科 （など 10 校紹介）	第 7 章　医学 　1　東京帝国大学医科大学 　2　伝染病研究所及講習科 （など 16 校紹介）
第 8 章　商業, 簿記 　1　日本女子商業学校 　2　東京女子商業学校 （など 6 校紹介）	第 8 章　理科, 簿記 　1　東京帝国大学理科大学 　2　東京物理学校 （など 8 校紹介）
第 9 章　雑種 　1　東京蚕業講習所 　2　治庖会第四教場 （など 17 校紹介）	第 9 章　外国語学 　1　東京外国語学校 　2　正則英語学校 （など 14 校紹介）
附録　最新東京実測明細地図	第 10 章　美術, 音楽 　1　東京美術学校 　2　太平洋書会研究所 （など 8 校紹介）
	第 11 章　宗教 　1　真宗大学 　2　日蓮宗大学 （など 13 校紹介）
	第 12 章　高等学校及大学予科 　1　第一高等学校 　2　学習院高等科 （など 15 校紹介）
	第 13 章　官公私立中等学校 　1　学習院男子部中等科 　2　東京高等師範学校附属中学校 （など 38 校紹介）
	第 14 章　雑種

	1　商船学校
	2　東京航海学校
	（など15校紹介）
	第15章　各種学校清国留学生部
	1　早稲田大学清国留学生部
	2　明治大学経緯学堂
	（など11校紹介）
	附録　最新東京実測明細地図

し、「婦人の天職は、夫と子女の為めにつくして、間接に自己の人格を発揮するものなり」と位置づけ、女子の教育は、良妻賢母となるためのものであるとしている。これから結婚をする女子学生にとって貞操を守ることは非常に大切であり、「男子に比べて割りの悪いもの、また危険の多いもの」であるのだから注意しなくてはならない、と繰り返し述べている。また、女子の職業については、あくまでも夫と死別した場合やなんらかの天災があった場合の、非常事態における対策として紹介しているに過ぎない。こうした女子のキャリアの捉え方、時代が下るについてのその変容については、2の(3) キャリア情報において詳述する。

　第2編の「各種学校規則」は、女子は9、男子は15の分類を設け、章立てし学校紹介している。その分類は、「教育」「医学」「商業」「宗教」など原則的に学問分野をベースとしているようにみえる。順序を追ってみると、男子用案内書の章立ては、第1章から順に「法律、政治、経済、殖民」「文学教育」「軍事」「農業、水産」「工業」「商業」「医学」「理科、簿記」「外国語学」「美術、音楽」「宗教」と続く。一方、女子用は順に、「高等専門及高等普通女学校」「教育」「技芸、裁縫」「音楽、美術」「外国語学」「医学、産婆、看護」「宗教及主教主義」「商業、簿記」となっている。女子用は、「外国語学」が医学や商業の前に章立てされているのに比して、男子用は、「外国語学」が商業や医学よりも後ろに章立てされている。また女子用は「医学、産婆、看護」の学校が「商業・簿記」よりも前に紹介されているものの、男子用は、「商業」の後に「医学」が設定されている。また女子用では9章中の第4章に紹介されている「音楽、美術」は、

第2節　女子進学案内書にみられる進学・学校選択・キャリア情報　　**243**

男子用では15章中10章というように，後方に紹介されている。

　また男子用の各章に紹介されている学校に着目すれば，それは，帝国大学を頂点とした序列を反映しており，セット本であるという性格上，女子用のものもまた同様の発想に立っているとも考えられる。女子用では，東京女子高等師範学校や日本女子大学校が筆頭にあげられ，当時の女子教育における序列を表しているとも考えられる。他の同時期に発刊された案内書を用いての詳細な検討がなお必要であり，今後の重要な課題としたい。

　ところで，学校紹介に割かれた紙面数は，女子用が504頁，男子用が469頁と女子の方が確かに多いものの，男子の得られる教育選択の幅，及び機会と比して女子のそれがいかに狭いかについては同女子用の書の中で指摘されているとおりである。ちなみに，男子用については，翌1910年11月，つまり女子用が出版されたわずか2カ月後に改訂版である『最近増訂男子東京遊学案内』が出版されている。現物を手にすることができないので目次構成は定かではないが，そこでの総頁数は728頁と約200頁も増えていることから，男子の学校紹介情報もその後はさらに増加されたとも考えらえる。

　以上みてきたように，第1期のセット本タイプの案内書は，目次構成自体は男子用の案内書と同様に見えるものの，その内容は，同時期に出版されていた女子用の案内書と同様に，単なる学校紹介ではなく，女子のキャリア特質を強調した上での，女子教育のあり方を提示している。これについては，次項の2（1）受験情報において取り上げる。

　他方，時代が下って第2期，昭和期になって刊行された『最新東京女子学校案内』(1935年) 及び『最新東京男子学校案内』(1935年) では，「女子用案内書」と「男子用案内書」の違いがみえにくくなっている。

　まず，本の表紙のデザイン以外は，中表紙に書かれた書名の書体，目次の体裁も含めてまったく同じ版型を用いて刊行されている。目次構成もまったく同一であり，まさしく「セット」本であることが見て取れる。「緒言」と題した発刊の趣旨の部分にもまったく同一の文章が用いられ，「女子」「男子」という言葉の部分のみがそれぞれ入れ替えられているに過ぎない。「本編　各学校案

内」に載せられた学校情報についても，教育階梯別に分類して順に紹介されている。これは，それより先に刊行されてきた男子用案内書の学校紹介によく見られた分類方法である。総頁数も，男子用が286頁，女子用が238頁と第1期に比して近くなっている。これはまた学校種別，教育階梯は別として，女子対象の学校の全体数が大きく増加したことが反映されているのであろう。

　このように，先に紹介した第1期刊行のセット本とは異なり，女子用の案内書は，男子用の進学案内書の構成だけでなく，内容面でも男子用に近寄ったものとなっていったことがわかる。

2　受験・学校・キャリア情報の内容

　本節では，手にできた11冊（表2.1.1における資料記号A〜K）について，第1期（明治後期1901〜10年），第2期（昭和戦前期1927〜41年）の違いに留意しつつ，受験・学校・キャリア情報の内容を紹介したい。

(1)　受験情報と記述の特色

　女子への受験情報を記した章節には，狭義の受験情報のほかに，学校選択の指針となるべく，学生生活に関する情報がみられる。これには上京・下宿の仕方や注意点，女子であるがゆえの風紀上の懸念問題を含めた交友関係の築き方，健康管理・安全面への配慮，学校生活以外の図書館や博物館の学習環境情報などが含まれる。

　第1期の案内書は，東京という「誘惑」が多い場所だからこそ女子が単身で東京に出ることの注意点や，具体的な交通手段の説明も含んだ上京の方法，下宿の探し方，保証人の立て方，日々の食事にいたるまで，生活全般についての指南書となっており，かなりの頁数をそれら生活のあり方に割いている。風紀を乱さぬように自分自身を律して生活するようにと促す記述も多く見られる。また読み手に女子学生本人だけでなく，その保護者を想定し，娘を教養あるよき家庭の婦人とするためにも適切な「上京」が必要だと促すことに力点が置か

第2節　女子進学案内書にみられる進学・学校選択・キャリア情報　245

れて編纂されている。

例えば，第1期に刊行された，大月久子編著『新撰東京女子遊学案内』(1905年)の目次項目(アンダーライン部分)及びその概要は，以下の通りである。

　　第1篇　<u>総説</u>　緒言
　　第2篇　<u>高等女学校</u>　官立公高等女学校～(5校)，私立高等女学校(3校)三輪田高等女学校，東京高等女学校など
　　第3篇　<u>私立高等普通女学校</u>～(15校)東京女学館，跡見女学校，青山女学校，立教女学校など
　　第4篇　<u>専門女学校</u>　師範学校～(3校)東京女子高等師範学校など，音楽学校～(1校)，女子大学～(1校)日本女子大学，美術及裁縫女学校～(9校)共立女子職業学校，女子美術学校など
　　第5篇　<u>各種女学校</u>　(12校)英語専門櫻井女塾，東京女医学校など
　　第6篇　<u>入学試験問題</u>　(2校の事例)

「緒言」には，遊学者の心得，各種学校の分類，校則の要点，学風の特色を批評した上での勧告，志操の堅固，高等女学校生の上京の利害，都会観察，学校の選択方法，入学手続，住居，学費，など多岐に渡る情報が盛り込まれている。「官立はよいが，私立の中にはひどいのがある」という記述も見られ，「正しい」学校選択をするための基礎となる情報が，学校紹介だけにとどまらず生活上の心得までも含めて網羅的に記されている。

星野すみれ『現代女学生宝鑑』(1906年)は，こうした情報に特化し，女学生の一般的な知的教養を中心にすえた叙述になっている。その目次構成からも明らかに見て取れるので，ここに紹介する。((　)カッコ内は内容の紹介)

　現代女学生々活
　　　(希望の曙光，家庭の女王)
　学校の心得

(師弟の情宜，師恩，校則，質問，自己の義務)

下宿屋の心得

　(城廓，立志郷関ヲ辞ス，久米の仙人，素人下宿，面会を日定むるの必要，時間の貴重，冗費を節せよ，外泊すべからず，規律の遵奉，起床，就眠)

朋友の撰択

　(悪友，善友，屋室の撰択，居室の清潔)

勉強の心得

　(勉強，時間の区別，健康，一夜念仏)

交際の心得

　(交際，学生間の交際，村上博士の男女学生交際論，
　芳賀博士の男女学生交際に就て，海老名氏の男女学生交際談)

女子日本文典

　(名詞，代名詞，副詞，(以下略，全26項目))

作文の栞

　(起結，転略，略法)

女子記事文例

　(佐々木女史かものしたる鳥物語に序すなど3項目)

女子書簡文例

　(海外にある友の許へ遣す文など7項目)

作歌の栞

　(短歌，長歌)

新体詩作例

　(白藤など5項目)

仮名遣

　(はトわノ別など9項目)

万葉仮名

女子美文集

月の異名

類語集
漢文熟語解
婦女金言集
女子の作法
　（一般の心得など 12 項目）
四季の料理
西洋料理
　（オムレツなど 5 項目）
四季の生花
裁縫のしるべ
　（裁縫用具など 8 項目）
女子の運動
ロンテニス術
　（用具など 4 項目）
水彩画法
　（用具など 3 項目）
女子英文典大綱
　（冠詞など 4 項目）
英文句点法
　（ピリウドなど 7 項目）
女学生会話
　（二人の女学生など 7 項目）
数学公式一班
　（算術など 4 項目）
東京に於ける女学校
　（人材の搖籃）
東京女学校一覧
受験法

（答案は簡単明亮にすべし[ママ]など3項目）
　入学試験問題集
　　　（国語及文法など10項目）
　美的衛生法
　　　（顔など8項目）
　五官器養成法
　　　（眉の衛生など4項目）
　化粧品に就て
　　　（白粉など10項目）
　婦人の新職業
　　　（女子事務員の現状など6項目）
　世界各国々体
　各国大都会人口
　世界著名高山
　世界著名大河
　世界著名大湖
　貨幣度量内外比較

　さて，こうした学生生活の指南書的な性格は，第2期になると，一転して薄れる。下宿生活の仕方に関する情報は，掲載されたとしても下宿生活に際して過剰な費用がかからないための注意を促す程度である。前節の「構成の変化とその特徴」においても触れたように，割かれる紙面数は第1期に刊行されたものとは比較にならないほどに少なくなり，具体的な学校紹介が紙面の大部分を占めるものとなっていく。
　学費など，進学にあたっての諸経費についても，第1期と第2期では，情報の質が異なる。第1期には，進学にかかわる必要な費用について詳細に情報を提供しているものが多く，いわゆる入学金や授業料といった学資だけでなく，下宿料，書籍代，制服費なども含めた入学後に必要な下宿生活全般について何

第2節　女子進学案内書にみられる進学・学校選択・キャリア情報　249

にどのくらいお金がかかるのかの詳細な説明がなされている。また入学以前に必要な資金，例えば先に目次を紹介した今井翠厳『最近調査女子東京遊学案内』などは，受験のために上京する際の汽車の切符代にまで言及している。

　第2期になると，そうした上京にまつわる資金ではなく，各学校の学費に焦点が当たるようになっていく。第1期のように「進学の心得」のような部分に特記して「学費とは」と概念的に述べられるのではなく，各学校紹介の条項の中に，学校の所在地，学科課程などと並んで学費情報が具体的金額を記載する形で紹介されるようになる。

　さらに案内書には，学校選択の指針となる情報として，学校種，教育法規など，学校教育の基本情報についての説明がなされている。第1期においては，きわめて基本的な情報，例えば，入学時期というものがあること（学校によって異なり4月のものと9月のものもあることなど），入学年齢（何歳からという記述だけではなく，どのような教育歴をもっている必要があるかなど），修業年限の違い（卒業することを前提としておらず，進学者自身の進路や求める学びによって決定することができるなど）から紹介されているものもある。専門の技芸を取得するための学校と女学校，高等女学校の違いを卒業後の進路の違いに言及することによって在学年数とともに紹介しているものも多くみられる。その際，卒業することを目的として進学を促すのではなく，女性ならではの各自の個人的な家庭における状況をも考慮し，「家人」としての教養を身につけることを進学の目的とすることも道であると説くものが多い。

　他方，第2期になると，職業種ごとにどのような仕事内容か，資格の必要の有無などを紹介した上で，その職業に就くためには，いずれの学校に進学するべきなのかを具体的な校名をもあげて紹介するようになる。加えて，学校種別を「高等女学校令」や「専門学校令」といった関係法規を用いて説明するようになる。

　加えて受験に臨むための具体的な情報として，入学試験問題や，受験勉強の内容，受験に向けての心構えや実際の入試の際の答案の書き方などが紹介されている。時期変化の違いを見てみると，第1期においては，受験や進学前の勉

強についての心得的な要素が多く掲載されているにとどまっており，女性の進学において競争の性格がきわめて弱かったことを示している。『最近調査女子東京遊学案内』(1910年) には，「選抜試験」というもの自体まだ実施されることが稀であること，「選抜試験」とは，入学志願者が多いときのみに行われるのであって，「大抵の私立女学校は無試験」であると記載されていることなどからも，その実際がわかる。

一転して第2期になると，「入学試験の全廃は不可能」(『東京府官私立学校 女子入学案内』1927年) であり，合格するためにはいかなる準備が必要であるか，大切であるかが叙述されるようになる。過去の「入学競争率」なども，目次項目が設定されて掲載されるようになっていく。また，教員検定試験制度とは何かの情報説明やそれらの試験問題例も掲載される案内書も刊行されるようになる。第2期の後期，1935年代の案内書になると，各学校紹介情報の中に，項目として「選抜方法」があがってくるようになり (『最新東京女子学校案内』1933年)，女子にとっても時代が下るとともに受験の際の選抜，競争が当たり前のこととして存在していくことが見て取れる。先にも触れたように，女性の教育機会の拡大とともに上級学校への進学希望の高まりが反映されている。

(2) 学校情報

それでは，案内書には，具体的にどのような学校がどのように紹介されているのだろうか。

第1期及び第2期ともに，具体的に紹介されている学校は，普通教育を施す高等女学校や女子専門学校だけではなく，実科女学校，音楽や語学に関する学校，医学・薬学に関する学校，また簿記学校，裁縫学校，産婆養成学校，割烹学校，タイピスト養成学校など職業に直結する技術を養成するような教育機関，盲学校・聾唖学校などの特殊教育を施す教育機関も紹介され，機関の規模も多岐にわたっている。ただし紹介学校数は変化が大きく，紹介順序及び学校情報量等は一貫していない。出版当時に存在するすべての学校が案内書に紹介されているわけではなく，それぞれの案内書がなんらかの選定基準を設けて学校紹

介を行っている。

　学校紹介の順序や項目分けも，教育階梯別，学校種別，設置形態別によって類型化されて紹介されているものばかりとも限らず，なんらかの分類指標は設定されているものの，その分類方法に一貫性をみることができない。男子進学案内書によくみられるような分類方法，つまり教育法令に則って学校種別にして掲載しているものもあり，「高等女学校」「実科女学校」などといった分類指標によってリストになっているものもあれば，法令を指標としつつも「高等女学校・女子師範学校」や「高等専門及高等普通女学校」といった，複数の学校種を統合してリスト化して掲載している場合もある。他方，「教育」「音楽，美術」「医学，産婆，看護」などといった専門分野の観点から行ってリスト化されていることもある。ちなみに，同分類内の学校紹介順序については，五十音順でも，イロハ順でもない。必ずしも官立から私立へという「官高私低」が意識化されているようにもみえない。また，「中等教育機関」から「高等教育機関」，あるいはその逆など，教育階梯別に分類されているものばかりでもない。

　しかしながら，第1期と第2期の刊行時期には，やはりそれぞれ学校紹介の方法についての特徴が多少見えてくる。

　第1期においては，主に高等女学校を中心として紹介されている。もちろん，この頃の制度上の学校種としては，高等女学校だけでなく，師範学校，女子専門学校，各種学校もあり，それらの学校の紹介も原則として教育階梯別にされている。しかし，法制度上の分類と合致せずに紹介されている場合がある。この背景には，「専門学校令」の公布によって高等女学校が女子専門学校へと改組する移行時期であること，女学校が高等女学校へと次々と昇格する時期であったことに留意しておく必要があるだろう。実際に，「高等女学校令」や「専門学校令」に則った学校のみが掲載されているわけでもないし，各種学校が「女学校」として混交して紹介されている場合もある。ちなみに，わが国初の女子用進学案内書，『東京女子遊学案内』(1901年)においては，「官立諸学校」という分類項目から始まり，そこには，「華族女学校」「女子高等師範学校」「東京音楽学校」「東京盲唖学校」の順序となっている。続けて「高等女学校，女

子師範学校」の分類指標には,「女子高等師範学校附属」「高等女学校」など計6校,「私立専門学校,各種学校」の分類の下には,「日本女子大学校」「東京女学館」「女子美術学校」など計37校が紹介されている。

『新撰東京女子遊学案内』(1905年)では,高等女学校を中心に紹介されているものの,紹介の後半には,「各種女学校」という分類下に「東京音楽伝習所」,「東京女医学校」,「女子ミシン速成学会」などといった学校が紹介されている。このように,「音楽,美術」といった分類が設定されているのは,この時期の特徴である。前に目次を紹介した『最近調査女子東京遊学案内』の「第四章音楽・美術」には,「東京音楽学校」「女子美術学校」などに続いて「跡見花蹊」「横山大観」など54人もの個人名があげられ,音楽,美術の学びの場として紹介されている。それだけではなく,「雑種の学校」という区分の設けがあり,「東京蚕業講習所」「東京割烹女学校」「国語伝習所」「東京盲学校」「東京聾唖学校」などが紹介されている。

いずれにしても,第1期に刊行された案内書に紹介されている学校を通してみると,高等女学校などの普通教育機関をはじめとして,音楽,美術など「女性の教養教育」を施す学校を中心に構成され,職業に直接的に結びつくような形で学校紹介をしているわけではない。当時の社会一般上で求められていた女性像である「良妻賢母」を反映するような学校紹介情報となっていることがわかる。

翻って第2期は,前述したように,女子専門学校の拡大期であり,また女性自身による高等教育振興が強まってきた時期である。しかしながら,実際の案内書に紹介された学校名をみると,官立女子高等教育機関をヒエラルヒーの頂点とした学校序列がみえることは否定できないものの,さまざまな学校が多数存在し,多様な教育の場や教育内容があり,女子教育自体の裾野が広がっていることが見て取れる。

先にも紹介した『全国女子高等専門学校入学案内』(1931年)は,そのまさに書名からも女子専門学校の拡大が如実に感じられる案内書である。

掲載された学校紹介情報をみると,女子の教育の場が高等教育へと拡大され

ていることがわかる。各分野の専門学校紹介に続いて，「官私立大学」という分類が設定され「東北帝国大学理学部」「九州帝国大学法文学部」「日本大学」「同志社大学」などが紹介されている。しかしながら，続いて「各種の学校」という分類下に「女子高等学園」「文化学院」「アテネ・フランセ」「図書館講習所」「和洋裁縫女学校」「日仏女子整容学校」，また「其他の諸学校」として「成蹊高等女学校高等科」「東京タイピスト学校」「貞淑学園」などが紹介されている。

さらに，1933年及び35年に刊行された『最新東京女子学校案内』からは，学校種がさらに多彩になり，女子の教育内容の広がりがみえる。

学校紹介の分類指標には，「第一類　高等女学校」「第三類　実業学校」「第四類　専門学校及大学」などに続いて，「第六類　事務員の学校」「第十類　諸種の学校」「第十一類　東京市各区営実業補習学校」があり，例えば，「第六類　事務員の学校」には，「文部省図書館講習所」から始まり，「大原簿記学校」「村田女子経理学校」「日本タイピスト女学院」「外語協会学校」「東京ビジネス女学院」などがあげられている。「第十類　諸種の学校」には，「お茶の水美容女学校」などをはじめとする7校の美容・理容学校が紹介され，「東京割烹女学校」など料理学校，「東京鍼灸医学校」「野一色電気医学校」「東京盲学校」や「東京聾唖学校」などの特殊教育を施す学校，「救世軍士官学校」「東京聖書学校」「海外殖民学校」「東京自動車学校」「日本飛行学校」など多種多様な学校が紹介されている。入学資格もさまざまで，「高等女学校卒業者および之に準ずるもの」でなくとも，尋常小学校卒業者でもよいもの，誰かの推薦があれば入学できる学校もある。修業期間，入学時期，学費も多様である。年限は，1年，半年，3カ月などがあり，入学時期も随時の場もあるし，授業料などの諸経費も，月謝制であるところや，実費だけ徴収するもの，また無料のものもある。「第十一類　東京市各区営実業補習学校」には，神田区の「今川専修女学校」，四谷区「実科女学校」，本郷区「第二実業女学校」，品川区「大崎実修女学校」，中野区「中野実践女学校」，蒲田区「六郷実務女学校」，足立区「千住女子実業補習学校」，向島区「寺島実業専修女学校」などがある。さらに，「苦学とその

方法」や「夜学校」の紹介がなされるようになる。

　つまり，第2期には，夜学校や苦学，検定試験など，女子の進学ということに関して，男子と同じような「選抜」や「競争」の強まりへの広がりがみえるようになるのである。

　以上，女子進学案内書の情報内容を見てきたが，第1期・第2期を通じて，普通教育にとどまらない簿記，タイピスト，裁縫などといった実務的な学校が紹介されていることがわかる。そして，第1期では，女子の教養として，普通教育だけでなく，音楽，美術，裁縫教育等を行う学校紹介がなされていた。他方，第2期では，女専の情報が増大し，これまでの女子高等教育史研究からも明らかにされているような高等教育への振興が見て取れる。同時に，実務的な学校紹介情報が拡大しただけでなく，卒業後の職業と結びついた紹介となり，その情報が第1期より格段に充実しているということを指摘しておきたい。そしてつねに，その背景には，女性の社会進出拡大の実態があると同時に，学校教育を受けることは人生に必要な経歴である，という学校観の定着過程が見て取れる。

(3) キャリア情報

　第1期の明治後期は，前述したように良妻賢母のモデル教育を目指す高等女学校の普及が目覚ましい時期であった。高等女学校の生徒数は1892年（明治25）年では2800名ほどであったが，1907（明治40）年には4万人と約15倍に増加している。そのような時期，第1期に刊行された案内書には，卒業後の進路に関してどのような情報が見られるのであろうか。

　これまで見てきた女子の進学案内書では，卒業後の進路として，二つの異なった情報が示されていた。すなわち，家庭婦人への道と職業に就く女性の生き方とに分かれている。

　『女学生の栞』(1903年)には，「女子が学問をするのは「凡人」となるためです。女子教育の目的は女子をして当たり前の「おっかさん」とならしめ，当たり前の「おくさま」とならしめるに過ぎない。決して，紫式部や清少納言にな

るのではありません。一国の基は即ち一家に在る。としてみれば即ち一家の主婦たるものは，学問なく，知識なくして居るべからざる事は瞭々として火を見るより明らかである。女子の学問はなるべく浅くして広く亘るのが肝要とするなり。且つ成るべく実際的にして学問的ならず，応用を尊んで純理を排するの覚悟を要する」と，まさに高等女学校隆盛期にふさわしく，高らかに，女は家を守るという卒業後の明確な指針を示している[8]。『現代女学生宝鑑』(1906年)でも，良妻賢母観に立って「現代女学生生活は希望の曙光であり，将来は家庭の女王となることが約束されている。女子の卒業後の理想は才幹秀でたる青年と暖かい家庭を作ることである」と，その針路を明確に示している。

　他方，卒業後はもっぱら家庭婦人となるべきと主張しているこれらの書においても，女子の職業に関する情報を掲載していることは見逃せない。

　『女学生の栞』では，女子の職業について「万一の用意としての職業」と「終生独身を覚悟して従事すべき職業」に分けて紹介している。「万一用」として，裁縫教師，学校教師（小学校，幼稚園），美術工芸（刺繍，造花），速記術，音楽，語学教師，看護婦，割烹教師，家庭教師，簿記計算があげられている。「終生独身」の職業として，美術家（絵画，彫刻），音楽家，文学者（著述家），新聞記者，教育家（小学教員，女学教員，中学教員），医師，語学教師をあげている。

　「万一用」と「終生独身用」の職業を編者がどのような基準で区別しているのかあまり明白ではない。しいて言えば，「万一用」は比較的技術・資格を生かせる職業，「終生独身用」は継続的に技術を磨きながら取り組む専門的職種に分けられていると思われる。『現代女学生宝鑑』では，女子の職業として教師，手工品，速記術，タイプライター，写真師，女医，産婆，看護婦などがあるが，婦人の新しい職業として，女子事務員，鉄道作業局の女子雇員，電話交換手，電話交換手の資格，女子体操教員，造花の作成などを紹介している。『最近調査女子東京遊学案内』(1910年)では，進学の目的を明瞭に区分している。すなわち，「遊学の目的には二種ある。学術技芸で身を立てる者，教員官吏，会社事務員となり独身生活を送る者と帝国の女子として家庭の主婦たる資格をえる者である。女子と職業に関して，女子の天職は賢母良妻であるので職がなくて

もよいが，万一の準備として一芸を身につけておくとよい。お金と暇があれば，学ぶのもよい」と，ここでも職業に就いて独身生活を送るか，家庭婦人となるかの二者選択が示されている。さらに，「万一用」としての職業教育も消極的ながら進められている。

以上の論調とは異なった情報を提供している案内書もある。女子向けに最初に刊行されたと推測される進学案内書『女子東京遊学案内書』(1901年刊行)には，「高等師範又は音楽学校の如き官立諸学校を卒業する者は，直ちに指定の職業を得るに狼狽することなしと雖も，私立の各専門学校は生徒各自の技能に依りて自ら其の地位を作るに任すが通例なれば，在学の間は勉めて其の修養を積まざるべからず，世の文明に赴くと共に女子の職業益々拡大を来して，修養ある女子の需要は益々愈々頻繁を来すと同時に，供給者の数も亦少なからずして，自然生存競争の理法に置かれ，実力者の勝利を占むるに至るべければ諸子にして真に卒業後の針路を準備するに於ては須らく在学中の修養を惣にすべからざるなり」と，官立出身の女性は職業に就くことに迷いはないが，私学出身者は卒業後の進路を明確にして学習すべきだと述べ，女性の生き方の中にも社会進化論的競争原理を導入した見方が説かれている。

以上のことから第1期の情報の特徴について，二つのことが指摘できる。第1に，第1期の明治後期は，全体としては良妻賢母思想に立った論調が中心であるが，女性にとってもキャリアパスとしての学校観が登場していたということである。女子の最初の職業案内書は1895 (明治28) 年に出版された『婦人と職業』であったことを三好信浩は指摘している (『日本の女性と産業教育』2000年, 東信堂)。日清戦争前後の経済や社会的な状況の中で，女性の職業への関心が高まってきたことは容易に想像できる。こうした社会的動向があって，進学案内書においても，女性の職業に関する情報が掲載されていたと推測される。

第2に，卒業後の進路に関して二つの異なった考えがみられるということである。

『最近調査女子東京遊学案内』(1910年) に次のようなエピソードが紹介されている。1908年頃と推測されるが，日本女子大学校の卒業式で，校長であっ

第2節　女子進学案内書にみられる進学・学校選択・キャリア情報　257

た成瀬仁蔵は、「世界の大勢、日本の現状を述べて、結論として、方今多事なる日本を救い、かつ列強と伍して進み行かんとせば、婦人の活動を待たざる可らず、従来度外視せられたる婦人が、一人前に活躍するようになれば、我が国の勢力は急転して二倍になる（中略）など云へり」と紹介され、さらに「次に立ちたるは大隈伯にして、さうさう婦人がエラクなる必要なしと喝破して、良妻賢母主義以外求むる処なき旨を演説し、聞くものをして唖然たらしめたり」と、注釈なしに両論が並記されている。また、同時代に刊行された『女子の新職業』は、当時の文部次官沢柳政太郎が「高尚なる学問を修めるものの目的は、多く上流の家庭に嫁入らんが為の予備に過ぎないが、嫁入して後職業を執る必要がないのであるから、高等なる職業教育を一般の婦人に施す必要はないであらうと思ふ、若し女子に高等なる専門教育を一般婦人に施す必要ありとすれば、夫れは不幸なる女子かまたは学問を道楽に修める少数の女子に必要なのである、学問は能く出来ても容貌がわるい為に終生独身で暮さねばならむとか、又は不幸にして夫に死別れ、寡婦となって家を建てて行かねばならぬとか」との場合であると、女子の専門教育不要論を唱えたのをそのまま掲載している。しかし、これに対して、当時慶應義塾塾長鎌田栄吉は「婦人といえども男子と同様の学問を授けたならば、男子と同様に豪い人間が出来るに相違ないと思ふ」と、反発し、その反論もまた載せられている[9]。

　これらはまさに論争になりうるテーマである。当時、女性の社会進出に肯定的な考えが抬頭しつつあり、高等女学校の隆盛期であった当時は、「良妻賢母」理念の普及装置が拡大していたと同時に却って女性教育水準の向上によって、政策側が掲げる良妻賢母の教育理念が揺らいでいた。案内書の情報は、こうした新しい社会動向を伝えていたのである。

　次に、第2期の昭和戦前期の進学案内書にみられるキャリア情報を見てみよう。

　この時期の案内書の多くは女子の職業、学問と学校選択を関連づけて紹介している。1927（昭和2）年刊行の『東京府官私立校　女子入学案内』では、「高等専門の学校　音楽美術に関する学校　語学に関する学校　教員養成に関する学校　女医、産婆、看護婦に関する学校　技芸に関する学校　商業、事務員に

関する学校」と，専門分野を括って学校紹介を行っている。この専門分野と学校をつなげた編纂方式は，第1期の『最近調査女子東京留学案内』においてもすでにみられた形式だが，第2期に刊行された女子案内書では，職業情報と学校情報とを関連づけるという編集方法が，ほぼ定型化していたのが特徴である。

専門学校のみを扱った『全国女子高等専門学校入学案内』(1931年) では，特に「職業と学校」という編が組まれていた。「婦人が単に家庭の主婦としても従来のような教育程度では，其の本務を十分に果たすことはできない。専門職として，博士，弁護士などもでており，いずれ男子と天下を二分することになるかも」と良妻賢母といえども高学歴が必要であると説き，専門職に関しては男子と互角となろうとの展望を示している。教育家として，小学教師，中等教員，実業学校教員を，芸術家として，音楽家，画家のほか著作家・記者をあげている。医師・薬剤師の領域では，医師，歯科医師，薬剤師をあげ，其他各種の職業として，幼稚園保母，官庁勤め，製図手，製糸教婦，会社勤め，店員，速記者，伝道師，ガイド，産婆，看護婦，私立探偵，車掌・運転手，裁縫手，手芸家，其他として遊芸師匠，女優，電療家，温灸術者，派出婦，美髪師，美容師等々と，専門職から一般職まで多様な女子の職業が紹介され，それぞれの職業に就く方法や注意を記述している。

『標準　東京女子学校案内』(1940年) の序編にも，「一定の勉学修養を経なければ，婦人の務めを全うし得ない。実社会への女性の進出は目覚ましいものがあり，如何なる階級の人でもその基礎知識を必要とし，勉学は又欠くべからざるものとなっている」と『全国女子高等専門学校入学案内』と同様の論調がみられ，やはり本論には「学校と職業」の章が設けられている。そして，国民学校教員，中等教員，保母，美術家，音楽家，著作家・記者，医師，歯科医師，薬剤師，産婆，看護婦，各種事務員，手芸家，其の他の職業として店員，タイピスト，車掌，出札係，私立探偵，女写真師，スクリプト，アナウンサー，美髪・美容師，料理婦，歯科技工士，伝道師，速記者，運転手，スイートガール，照明技士，ホテルの女番頭，スケートガール，劇場内の放送嬢，公園の女指導員，ガイド，マネキン，レコードガール，女秘書といった職業が，専門，非専

門の区別なくあげられている。

　第2期に顕著にみられる専門分野と学校とを関連づけた編集方法は、明治期から男子の進学案内書に恒常的にみられたものだった。その点からみれば、女子にとっての進学の意味が男子に近づいてきたといえる。すなわち、昭和戦前期、女子にとっても学校がキャリアパスとして確実に機能化してきたといえるのではないだろうか。

　また、これらの案内書の情報から、女子の専門職としては、教師、医療、芸術、語学の分野が中心であったといえる。言い換えれば、案内書に紹介されている女子の専門分野は男子に比べて狭く、法律、経済の分野と、医学以外の理科分野はまず除外されている。同時に、女性の中に、医者、中等教員を頂点とする職業の序列化が整えられたといえる。

　ちなみに、安井哲や星野あいが中心となって「基督教教育同盟会」が行った全国公私立女子専門学校と高等女学校の卒業生を対象とした女子の職業調査がある。1932（昭和7）年から34（昭和9）年にかけての卒業生たちに対する調査である。その調査によれば、専門学校卒業生で就職した者のうち、医薬業に48％、教育関係に33％が進出している。教育関係就職者では、東京ならびに地方所在の私立専門学校出身者は、中等教員に60％以上進出し、地方の公立専門学校出身者も22％を占めている。一方、高等女学校卒業者で就職したもののうち、銀行、会社などに就職しているものは49％を占めるが、そのうち事務員が69％である。一方教育関係は23％で、その多くは初等教員となっている。

　この調査から、女子専門学校出身者は医薬、中等教員という専門職に、高等女学校出身者の多くは一般事務職、初等教員に就業していたことがわかる。なお、興味深いことに、公立より私立の専門学校卒業者のほうが中等教員に倍以上就職しており、私学のほうがキャリアパスとして上位であったとみられる。官学中心の男子の場合と異なっていた[10]。

　当該調査の概要を下に掲げておこう。

職業の種類（其主なるもの）
- ① 専門学校卒業者（高等科をも含む）
  1. 教育関係　　　　　就職者全部の33%

     調査の結果特に注意を惹きたるは東京所在の女子専門学校（主として私立）卒業者中

中等学校教員	70%
専門学校教員（主として母校助手）	7%
家庭教師	12%

     地方の女子専門学校卒業者中

     公立女子専門学校出身者中

中等学校教員	22%
小学校教員	70%
専門学校教員	2%

     私立女子専門学校出身者中

中等学校教員	64%
小学校教員	23%
幼稚園保母	13%

  2. 医薬業　　　　　　　　　　　48%

     四校の医学，薬学，歯科専門学校卒業者

  3. 銀行，会社，商店　　　　　　6%

     主として基督教主義女子専門学校卒業者にして英語を専修したる者

  4. 宗教社会事業　　　　　　　　3%

     主として基督教主義女子専門学校聖書科の卒業生

- ② 高等女学校卒業者
  1. 教育関係　就職者全部の内　　23%

小学校教員	69%
幼稚園保母	16%

  2. 銀行，会社，商店の内　　　　49%

第2節　女子進学案内書にみられる進学・学校選択・キャリア情報　261

	事務員	69％
	店員	18％
	タイピスト	4％
3.	官庁	11％
4.	医薬業	6％
5.	家事使用人	5％

　また，東京市役所が1931（昭和6）年に行った婦人有職者の調査がある。それによれば，女子の有職者の教育程度は，小学校程度が全体の67％（半分以上が尋常小学校程度），中学校程度は全体の30％（高等女学校2/3　実科，商業1/3），大学専門学校は1.37％となっている。調査主体である東京市は「学校と業種との関係をみると，ある職業には小学校，またある職業では中等学校という具合に，そこに一定の傾向がみられる」[11]と述べている。小学校程度が多いのは「女工，掃除婦，給仕，案内係の如く比較的筋肉労働に従事する者，中等学校程度はタイピスト，事務員，店員などの技能的職務に従事する者」と指摘している。

　これらの調査結果から，すでに学歴と職業が固定化する傾向が表れており，女子なりの学歴社会が成立していたとみられる。案内書の情報は，こうした実態に即した情報をも受験者に提供していたのである。

おわりに

　女子進学案内書の編著者の経歴や発行部数，読者層などは，男子の進学案内書と同様，今日のところ不詳部分がきわめて大きく，本節の考察にも資料的制約があることを指摘しておきたい。さらに，今回筆者らが入手できた資料自体も限られており，以上の検討を女子の進学案内書総体の特性として一般化するのは性急に過ぎるかも知れない。しかしそうした限界を認識しつつも，上記の分析結果を3点にまとめてみたい。

第1に進学・受験情報について見よう。
　明治後期には，高等女学校の設立とともに女子の進学熱の高まりは見られながらも，女性の進学における競争的性格はきわめて弱く，受験をせずに進学できるケースが大半であった。その反映であろう，案内書には，女子が上京し進学し教育を受けることの人生論的な意味が説かれ，女性独自の生き方を踏まえた上で適切な学校を選ぶことが大切であるという「諭し」に比重が置かれていた。他面，親元を離れての上京生活がいかに女子にとって危険をはらんでいるかを強調しているものも多い。
　ところが，昭和初期には一転して受験情報誌の色合いが強くなる。すなわち過去の受験問題や，受験の競争率などが掲載されるようになり，上京生活のための指南書的な性格は薄れる。
　第2に，案内書に紹介されている学校にも，時代が下るにつれて変化が見られる。明治後期には，紹介される学校は高等女学校及びそれ以外の「女学校」が中心であり，必ずといってよいほど首頭に掲載されていた。また，音楽や美術など女子の教養を高めるための学校が取り上げられていた。一方，昭和初期には多くの場合，専門領域別に学校紹介がなされ，男子の進学案内書に比較的近い編集形式が見られる。加えて，職業に結びつくような各種の学校の紹介部分も増大し，女子が受ける学校教育の裾野が広がった様子が見て取れる。また，今後の検討は必要だが，紹介される学校の分類方法やその順序から見て，男子用進学案内書と類似した女子にも学校序列，競争が生まれつつあったのではないかと推測される。
　第3に，案内書における女子の特性の捉え方についても変化があった。
　明治後期には，先述の通り「論争」的部分を含みながらも，良妻賢母思想にたって家庭婦人としての女子の特性を強調している。進学もあくまでもよき主婦，よき母となるためのものであると位置づけているものも多い。職業に就くことについても，天災なども含めた万が一のための措置としての位置づけであり，進学が直接的に職業に結びつくという捉え方ではなかった。一方，昭和初期では，女性の職業への関心は高まり，職業と学校・進学との密接な結合を前

第2節　女子進学案内書にみられる進学・学校選択・キャリア情報　　**263**

提とした編集に変化するようになった。

　以上のように，進学案内書が登場した明治後期，女子にとって進学・受験は，男子のそれとは質的に異なる面がかなり濃厚にあった。しかし，昭和初期に向けて次第に案内書の内容・構成は男子向けのそれに近づき，女子においても学校序列が形成され，受験競争の中に組み込まれていったのではないかと思われる。また一方で，手に職をつけて経済力を得るという自立的，主体的生き方も浸透し，「女子向け進学案内書」は，そのための情報誌としての役割も強めていったのではないかと考えられるのである。

注
(1)　1898年の文部省調査では，公立高等女学校25校，そのうち県立6校（翌1899年，県立7校）。1903年末には，郡市町村立校を県立の代用とした長野，福岡を除き，すべての府県に府県立高等女学校が設立されている。
(2)　1906年に6校，1907年に8校，1908年10校，1909年に7校。国立教育研究所編『日本近代教育百年史』第4巻，学校教育2，国立教育研究所，1974年，1108頁
(3)　桜井役『女子教育史』（教育名著叢書3），日本図書センター，1981年（初版1943年），176頁
(4)　深谷昌志『良妻賢母主義の教育』黎明書房，1966年，184頁
(5)　昭和2年697校，31万5765人，昭和20年，1272校，87万5814人。文部省『学制八十年史』，1954年
(6)　東京都立教育研究所『東京都教育史』（通史編3）東京都立教育研究所，1996年，261頁
(7)　国立教育研究所編『日本近代教育百年史』第5巻，学校教育3，国立教育研究所，1974年，225頁
(8)　松原岩五郎『女学生の栞』博文館，1903年，2～3頁
(9)　沢柳政太郎「不幸なる少数の女子のみ高等職業教育を受けさしむ可し」，鎌田栄吉「高等職業教育を婦人に与へぬは国家の不幸なり」『女子の新職業』新婦人社，1908年。
(10)　「女子職業問題委員会報告」委員長安井哲，基督教育同盟会編『第24回　基督教教育同盟会総会記録』1935年，41～44頁による。全国公私立女子専門学校及び高等女学校に対して，昭和7年より9年にいたる3年間の卒業者で，就職者，及び結婚者数と職業別，即ち教育関係，官庁関係，銀行会社及び商店，医薬業，宗教及び社会事業等に就職した者を調査し，その集計を数量的に整理している。各学校にあてて調査依頼を送付したが，高等女学校は依頼数598に対して回答数216，専門学校は依頼数40に対して回答数20の結果である。

(11) 東京市役所編『婦人職業戦線の展望』東京市役所，1931年，81頁

第3章　学校・大学

第1節 『児童研究』
――学校の学びと教育病理情報――

下山 寿子

はじめに

　かつて筆者は，不登校生徒を対象とした相談所でカウンセラーとして勤務していた。そこで出会ったひとりの生徒が，中学を卒業し当時の仲間たちと久しぶりに相談室を訪れた。仲間たちと談笑するうち，その生徒が当時の自分を振り返り，こうつぶやいた。「学校へ行かないと決めたとき死のうと思った」と。いつから学校は，人の命を脅かすほどの存在になったのだろう。そもそも私たちは，よりよく生きようとするため「学校」に通ったのではないだろうか。いつから「学校」は，私たちの生き方にこのように深くかかわるようになったのだろう。

　このような問題意識を持ちつつ本研究において筆者は，「教育」とりわけ「学校」にかかわる「病理」と呼ばれる事象について心理学的観点を加えつつ歴史的に検討してゆきたい。私たちはいつ頃から何を指して「教育病理」と呼ぶようになり，それはどのように変容していったのだろうか。人々は教育病理とされた事象にいかに対峙したのだろうか。現代の教育場面でみられる問題行動を考えるとき，ここで得られた知見は私たちに多くの示唆を与えてくれると考えている。

　ここでは明治中期から昭和戦前・戦中期を対象時期とし，『児童研究』という雑誌メディアを研究対象とする。『児童研究』に着目する理由の第1は，『児

童研究』は日本で最初の本格的な児童研究雑誌という特徴を有しているからである。この雑誌の発刊以前にも，教育総合雑誌の代表格である『教育持論』やキリスト教主義の総合雑誌『六合雑誌』などに，児童関係情報は散見された[1]。しかし，これらの総合雑誌は『児童研究』のように，児童の「科学的」研究を全面に打ち出し，教育学，心理学，医学など諸科学（＝学問）の成果を取り入れ本格的に児童研究に関するメッセージを発信したメディアとは言いにくい。第2に，『児童研究』は幾多の紆余曲折を経て100年以上にわたり刊行され続け現在に至るメディアである。時代々々の児童研究の歩みを映し出す鏡となっているだけでなく，『児童研究』が発信する情報がなんらかの意味で支持されてきたと考えられるからである。第3には，『児童研究』を編集・発行する上でその母体となった日本児童学会（前身は日本教育研究会，日本児童研究会）は，児童研究の草創期である明治20年代半ばから30年代に設けられ，日本の児童研究における中心的役割を担ったからである。そして児童研究を啓蒙する情報を発信した。日本における児童研究の歴史的，社会的性格を明らかにしていく上で，この学会の機関誌『児童研究』に着目することは自然なことである。筆者は『児童研究』の「教育病理学」欄に焦点を当て，その分析を試みたい。その理由は，このメディアの母体である日本児童研究会が教育病理という言葉を全面に打ち出した編集方針をとり，情報化していたからである。ここに児童研究が他の雑誌メディアと異なり積極的に教育病理問題を情報化した意味は大きいと考えるからである。当時の人々が教育病理という現象をどのようにみていたかを知る上で好個な欄といえよう。

次に，『児童研究』に関する先行研究をみておこう。管見の限り，心理学研究分野においては飯田宮子，石井房枝の研究[2]，教育学研究分野なかでも日本教育史研究における松島豊，山本敏子，茂木俊彦などの研究がある[3]。また「教育病理」という角度からの研究として山崎由可里[4]の研究がある。しかしこれらの研究においては，書誌的研究が丁寧に進められているとは考えにくい。また，教育病理という角度からの分析は少なく本格的に研究されているとは思えない。

ここでは現段階で能う限り収集した資料に基づき，第1には，『児童研究』の発行母体である日本児童学会の活動とその展開について概観し，第2には，編集主体・発行部数と想定される読者層，発行所，価格などの書誌的分析を行い，そして第3には，「教育病理学」欄に所載された情報を「精神病」「反社会的問題行動」「成績不良」という角度から分析したい。このような作業を通して近代日本における教育病理観についての一つの試論を加えたい。

1 『児童研究』誕生の経緯

(1) 『児童研究』創刊前史

1898(明治31)年11月，『児童研究』は創刊された。発行は「東京教育研究所」となっている。創刊号に祝辞をしたためた著名な心理学者，元良勇次郎は「頃日教育研究所に於て児童研究と云える雑誌を発行せんとするの挙ありて高島松本塚原諸氏亦之を賛し」と述べた[5]。ここでいう3人とは高島平三郎，松本孝次郎，塚原正次のことである。東京教育研究所の実態については不明であるが，「高島君独力にて雑誌発行の事を幹し，非常の熱心と，奮闘とを以て僅かに此処を維持せられたり」[6]と元良は評価している。時がたつにつれて『児童研究』の活動は高島が中心となったのである。高島は，なぜ『児童研究』に邁進したのだろうか。その秘密を探るためには，この雑誌が刊行されるまでの高島の学問形成の過程を明らかにしておかなければならない。そこで重要なアカデミーは，1890(明治23)年に設立された日本教育研究会である。日本教育研究会は，本庄太一郎，外山正一，元良勇次郎ら20名が創立者であった。このなかに高島は名を連ねていた。日本教育研究会はどちらかといえばヘルバルト教授法を批判し，新しい日本版の教授法を研究することに努力を傾注していた機関であった。しかし，高島は「広く教育の研究にありて，児童の研究はその一部分の事業たりき」[7]という不満を抱いていた。高島はその不満を解消するかのように，会の活動が消滅する1891(明治24)年の10月頃に東京高等師範学校教授，篠田利英が持ち帰ったホールの観察用紙を「我が国に於て，真に小

児の自然的発達を，科学的に研究せんとしたる企図の初なりというべし」[8] と高く評価し「我国ニ適ス可キ用紙ヲ造ラント」[9]，それをモデルとして「小児観察用紙」を作成配布したのである。その結果は，『教育時論』に「小児観察」として掲載された。第 325 号（1894 年 4 月 25 日）には 8 件，第 326 号（1894 年 5 月 5 日）には 14 件，第 327 号（1894 年 5 月 15 日）には 16 件，第 329 号（1894 年 6 月 5 日）には 17 件，第 331 号（1894 年 6 月 25 日）には 5 件，そして，第 332 号（1894 年 7 月 5 日）には 13 件掲載された。また，『教育時論』第 337 号（1894 年 8 月 25 日）には，「小児観察の流行」という記事が掲載され，「高島平三郎氏が，小児観察の表，一たび本誌に出でゝより，地方教育雑誌中之を転載せる向も少なからざりしが，此程其流行を極むるものと見へ，新聞雑誌に観察の結果を投寄するもの，チラホラ見へ初めたり」[10] とし，「大日本教育新聞」「読売新聞」の結果を転載している。そこに記された「小児観察」の実態に関しては不明であるが，高島の示した「小児観察」が，世に受け入れられたことを証明する資料として興味深い。

　しかし日本教育研究会では，高島の目指す「児童研究」を十分に展開することができなかった。1894 年 4 月号の『教育時論』は，「教育者として，小児観察の必要なることは，今更余輩の喋々を待たざるべし。余輩向に，外山元良諸先輩の驥尾に従ひ，日本教育研究会を起し，同志と共に之が研究に従事する事，茲にあり。然れども此会は，従来花々しき働きをなさざるを以て，未だ世の人の知る所とならず。従て研究の範囲を，拡張する手段に乏しきは，余輩の常に遺憾とする所なりき。頃日，畏友西村君を訪ひ，談偶此事に及び，遂に同君の承諾を得て，余が従来募集せし観察の結果を，教育時論に連載することとなりぬ。冀くは任に教育に在る人は勿論，苟も心を心理教育の学に留むる人は，細大となく小児の言行に注意し，時々報導の労を執られんことを」[11] と記した。

　日本教育研究会では広く教育に関する議論が行われ，時に形式的なものとなり実質的な成果が得られなかったため，高島自身はそのことに苛立ちを感じながらも，日本教育研究会に児童研究の源を見て，「小児観察用紙」を作成し高島の目指す児童研究への活路を切り開いていったのであろう。

超えて4年後の1895（明治28）年，近代日本の教員の職能団体である大日本教育会（後の帝国教育会）の「研究組合」として児童研究組合が組織された。研究組合設立の趣旨によればこの研究組合では，「心理学」の視点を中心として「日本教育の真基礎を建つる」ことを目指していた。メンバーは高島の他に嘉納治五郎，篠田利英，黒田定治，谷本富，元良勇次郎ら9名であった。

また，「児童研究組合」における活動の様子は，「我国に於ける児童研究の発達」のなかに散見される[12]。

　　　三種の講話を作りて，尋常小学校の生徒に話し聞かせ，之が記憶の状態等を験すること>し，広く全国の師範学校小学校等に分ちて，其実験を要め，之が答案の集まるものも少なからざるなり。
　　　二十八年の十一月には，黒田定治氏，帝国教育会に於て，児童の疑問と題する，趣味多くしてしかも有益なる演説をなし，其の筆記は，同会雑誌に掲載され，其の十二月中嶋泰藏氏も，児童の記憶に関する実験の結果を，同会雑誌に掲けたり。

ここに記されている「実験」の講話と「答案」は，『大日本教育会雑誌』1895年12月1日号にも収録されている。その形式は，第一話，二話は，「児童研究用説話（尋常小学校第一学年用）」「注意」「問題」「答記載雛形」で，第三話は，「児童研究用説話（尋常小学校第一学年用）」「予備問答例」「説話」「注意」「問題」「答記載雛形」となっている。図3.1.1は，第三話のみを再録したものである[13]。

また，黒田定治の演説は，『大日本教育会雑誌』1895年3月1日号に収録されている「子供の疑問に就て」であると推測される。中嶋泰藏の実験結果は，『大日本教育会雑誌』1895年11月1日号，「児童心理　実験之結果（第一回）」，『大日本教育会雑誌』1895年12月1日号，「児童心理　実験之結果」として収録されている。その他の児童研究組合の詳細な活動については判明しないが，現在収集し得た資料によれば，『大日本教育会雑誌』1895年12月1日号に「児

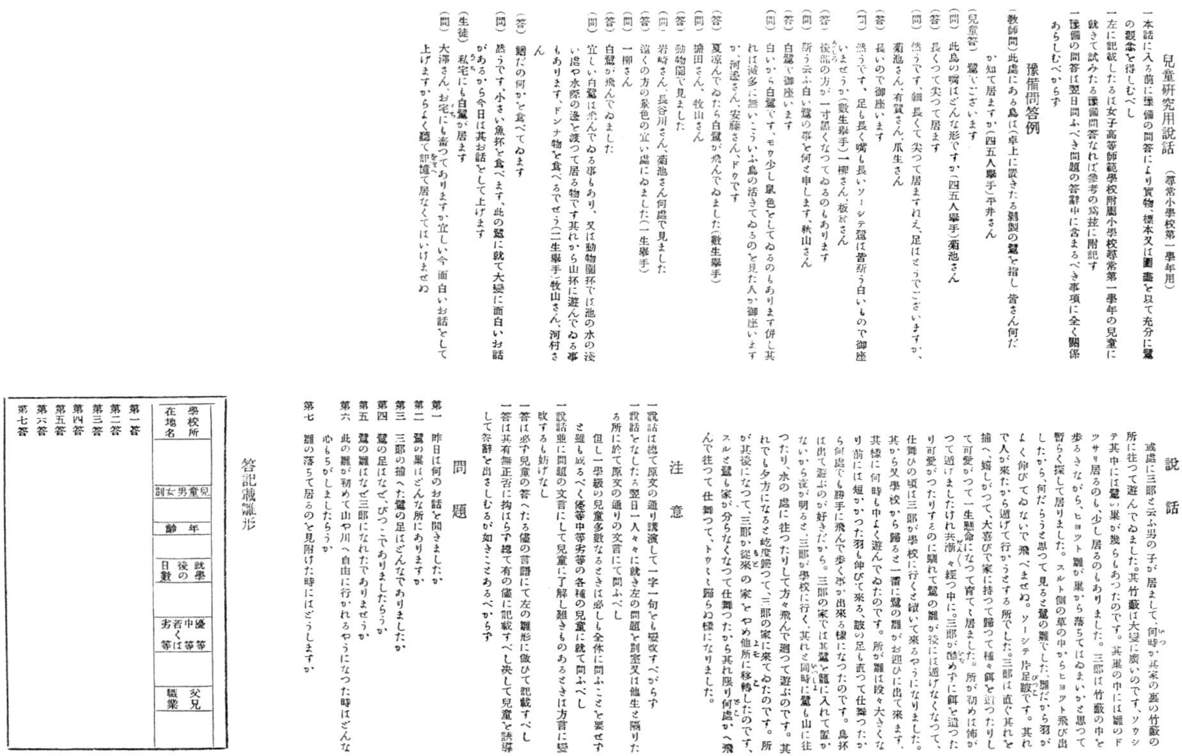

兒童研究用說話（尋常小學校第一學年用）

一本話に入る前に準備の問答により實物、標本又は圖畫を以て充分に鷺の觀念を得しむべし

一左に記載したるは女子高等師範學校附屬小學校尋常第一學年の兒童に就きて試みたる豫備問答なれば參考の爲茲に附記す

一豫備の問答は翌日問ふべき問題の答辭中に含まるべき事項に全く關係あらしむべからず

豫備問答例

（教師問）此處にある鳥は（卓上に置きたる剝製の鷺を指し）皆さん何だか知て居ますか（四五人擧手）平井さん

（兒童答）鷺でございます

（問）此鳥の嘴はどんな形ですか（四五人擧手）菊池さん

（答）長くつて尖つて居ます

（問）然うです、細長くて尖つて居ますねえ、足はどうでございますか、菊池さん、有賀さん、爪生さん

（答）長いので御座います

（問）然うです、足も長く嘴も長いソーシテ鷺は皆斯う白いもので御座いませうか（數生擧手）一柳さん、板村さん

（答）後部の方が一寸黑くなつてゐるのもあります

（問）斯う云ふ白い鷺の事を何と申します、秋山さん

（答）白鷺で御座います

（問）白いから白鷺です、モウ少し鼠色をしてゐるのもあります併し其れは滅多に無いこういふ鳥の活きてゐるのを見た人が御座いますか、河邊さん、安藤さん、ドウです

（答）夏涼んでゐたら白鷺が飛んでゐました（數生擧手）

（問）墉田さん、牧山さん

（答）動物園で見ました

（問）岩崎さん、長谷川さん、菊池さん何處で見ました

（答）遠くの方の景色の宜い處にゐました（一生擧手）

（問）一柳さん

（答）白鷺が飛んでゐました

（問）宜しい白鷺は飛んでゐる事もあり、又は動物園杯では池の水の淺い處や水際の邊を渡つて居る物です其れから山杯に遊んでゐる事もあります、ドンナ物を食べるでせう（二生擧手）牧山さん、河村さん

（答）鰌だの何かを食べてゐます

（問）然うです、小さい魚杯を食べます、此の鷺に就て大變に面白いお話があるから今日は其お話をして上げます

（生徒）私宅にも白鷺が居ます

（問）大澤さん、お宅にも畜つてありますか宜しい今面白いお話をして上げますからよく聽て卸饒て居なくてはいけませぬ

說話

或處に三郎と云ふ男の子が居まして、何時か其家の裏の竹藪の所に往つて遊んでゐました。其竹藪は大變に廣いのです、ソウシテ其中には鷺い巣が幾らもあつたのです。其巣の中には雛のドツサリ居るのも、少し居るのもありました。三郎は竹藪の中を歩るきながら、ヒョット雛が巣から落ちてはゐまいかと思つて暫らく探して居りました。スルト側の草の中からヒョット飛び出したから、何だらうと思つて見ると鷺の雛でした、雛だから羽がよく伸びてゐないで飛べませぬ。ソーシテ片足跛です。其れで人が來たから逃げて行かうとする所でした。三郎は直ぐ其れを捕へ、嬉しがつて、大喜びで家に持つて歸つて種々餌を遣つたりして可愛がつて一生懸命になつて育てゝ居ました。所が初めは怖がつて逃げましたけれ共漸々經つ中に。三郎が酷めずに餌を遣つたり可愛がつたりするのに馴れて鷺の雛が後には逃げなくなつて、仕舞ひの頃は三郎が學校に行くと續いて來るやうになりました。其から又學校から歸ると一番に鷺の雛がお迎ひに出て來ます、其樣に何時も中よく遊んでゐたのです。所が雛は段々大きくなり前には短かかつた羽も伸びて來る、跛の足も直つて仕舞つたから何處でも勝手に飛んで歩く事が出來る樣になつたのです。鳥杯は出て遊ぶのが好きだから。三郎の家では其鷺と籠に入れて置かないから夜が明ると、三郎が學校に行く、其れと同時に鷺も山に往つたり、水の處に往つたりして方々飛んで廻つて遊ぶのです。其れでも夕方になると屹度歸つて、三郎の家に來てゐたのです。所が其後になつて、三郎が從來の家とやめ他所に移轉したのです、スルと鷺も家が分らなくなつて仕舞つたから其れ限り何處かへ飛んで往つて仕舞つて、トウトウ歸らぬ樣になりました。

注意

一說話は總て原文の通り講演して一字一句とも變改すべからず

一說話をなしたる翌日一人々々に就き左の問題と別室又は他生と隔りたる所に於て原文の通りの文言にて問ふべし

但し一學級の兒童多數なるときは必しも全体に問ふことと要せずと雖も成るべく優等中等劣等の各種の兒童に就て問ふべし

一說話並に問題の文言にして兒童に了解し難きものあるときは方言に變改するも妨げなし

一答は必ず兒童の答へたる儘の言語にて左の雛形に倣ひて記載すべし

一答は其有無正否に拘はらず總て有の儘に記載すべし決して兒童と誘導して答辭を出さしむるが如きことあるべからず

問題

第一 昨日は何のお話を聞きましたか

第二 鷺の巣はどんな所にありますか

第三 三郎の捕へた鷺の足はどんなでありましたか

第四 鷺の足はなぜ、びつこでありましたらうか

第五 鷺の雛はなぜ三郎になれたでありませうか

第六 此の雛が初めて山や川へ自由に行かれるやうになつた時はどんな心もちがしましたらうか

第七 雛の落ちて居るのを見附けた時にはどうしますか

答記載雛形

學校所在地名	兒童男女別	年齢	就學後の日數	優等中等若くは劣等	父兄職業

第一答

第二答

第三答

第四答

第五答

第六答

第七答

図 3.1.1 「児童研究用説話（尋常小学校第一学年用）」「予備問答例」「説話」「注意」「問題」「答記載雛形」

童研究組合報告」が1回のみ掲載された。そこには，先に示した「三種の講話」のほかに，次のような記述がある[14]。

　　開会度数　十回
　　組合員　　九名
　　事　業　　別紙の四種の印刷物を調整し之を各地の篤志者に配附したれとも日尚ほ淺きを以て回報を得ること甚た少くして未た見るへきの結果を得す
　　　　　　　　　　　　　児童研究組合代表者
　　明治二十八年十月二十七日　　　　　　　　　　篠田利英
　　　大日本教育会長辻新次殿

「児童研究会組合設立の趣旨」に示された9名を組合員とし，東京高等師範学校教授・篠田利英が代表者であった。篠田はホールの観察用紙を持ち帰った人物であり，そこには「小児観察用紙」をひとつの起点として児童研究を展開しようとした意図が見て取れる。

(2)　高島平三郎という人物

　高島平三郎とは，いかなる人物であったのだろうか。
　高島は1865（慶応元）年10月1日，江戸は本郷駒込に生まれた。1868年，郷里福山に移住，1872年から福山藩彛誠之館に学び，翌年には福山西町上小学校に入学，1877年に卒業する。翌年，同校の授業生となり教員への一歩を踏み出した。のち数校の小学校で教員経験を重ねながら，1887（明治20）年3月には広島県師範学校に転勤し同校附属小学校訓導兼助教諭試補となる。同年10月に上京，東京高等師範学校教授掛補助となった。1888（明治21）年には学習院傭教師，1890（明治23）年には助教授となる。学習院の教員を続けながら，父の逝去にもかかわらず師範学校用教科書を上梓した。1895（明治28）年大日本教育会児童研究組合の創立者のひとりとなるも，翌1896（明治29）年長野師範学校傭教師となった。1897（明治30）年，長野県小学校教育乙種検定委員と

なる。しかし，1898（明治31）年には同校を辞して東京に戻り，小学校教科書の編纂に従事する傍ら，『児童研究』を発刊した。その後，高島はテキストメーカーとして多くの教科書を刊行しながら，1902（明治35）年，体操学校長となり，その後日本女子大学校，東洋大学，立正大学などで教授職を歴任し，1926（大正15）年に私立女子高等学園園長，1927（昭和2）年には立正女子高等女学校校長を就任した。1946（昭和21）年2月逝去，享年80であった。

高島は小学校卒の学歴から大学教授まで昇りつめた人物である。しかし「東洋大学教員調査事項報告書控〔昭和六年七月一五日〕」（『東洋大学百年史資料編Ⅰ・下』49頁）によれば高島の学歴は「元良勇次郎ニツキ哲学ヲ修ム」とされている。また大泉溥は，「1891～96年（明治24～29）年に元良勇次郎の私宅での研究会に参加して心理学を学ぶ」[15]と指摘している。高島は，元良によってその存在を認知されていたのである。他方，藤原喜代蔵は高島について，「官学に関係なくして，古くから心理学者と認められていた者に高島平三郎がある。しかし，彼は独修して得た語学の力により，外国の心理学書を読み，平易な文字を以てこれを紹介したのみであつた。児童心理講話といつた書が，一時大いに歓迎を受けたので，世間から心理学者のやうに思はれたが，元来，心理学の研究者ではないから，いつしかさうした方面から遠ざかり，教育家となつてしまつた」[16]と評している。しかし，世に「児童研究」の重要性を説いた高島の功績は十分に評価されるべきものであると考えられる。

(3) 『児童研究』の創刊

『児童研究』の創刊のねらいは，第1に「教育者」のためのメディアをつくることであった。児童の研究が急速に発展し，その必要性が問われるなかで，特に，教員など教育に携わる者の視点から考えていこうとした点が認められる。創刊号の「発刊の辞」によれば，欧米において「心理学」が独自の学問分野として確立してゆくなかで，とりわけ「児童心理学」の研究が急速に発達し，「児童学の新名称を附与し児童の心身全体に関する研究を創むる」こととなったとの指摘がある。なぜこれほどまでに児童の研究が熱心に行われたのか。それは，

「教育の如きは直接に児童に関係せるものなれば其研究の必要一層切を加ふるものあり」とし、「教育」は、直接児童にかかわるものとして重視されてきたからである。またこの点について創刊号「論説」欄に掲載された「児童研究の必要」で、「児童は、吾人の継続者として、将来この世界に立つべきものにして、古代より現今に至るまで、文明の進歩によりて得られたる諸般の結果を、更に後世に伝へ、以て一段の進歩をなさしむるものなり」とした上で、「児童の研究をなし、出来得るだけ良好な方法によりて、之を開発誘導するは、吾人が必ず免るべからざるの責任なり」[17]とし、児童への期待と、その児童にかかわる「教育者の責任」の重さを説いた。第2には、『児童研究』は日本独自の理論構築を目指すことを志向した。「発刊の辞」は、「自国の児童に就きて実際の経験観察を重ね之を欧米のものと比較して其異同を明らめ以て国家教育の基礎を置くべき確実なる根拠を得しめんこと」と記した。欧米の方法に倣いながらも、対象となる欧米と日本の児童の差異を踏まえ、日本独自の理論を確立し、それをとりわけ教育実践に反映させることを通して国家教育の基礎を確立しようとすることを願っていたのである。第3には、読者に対して研究的視点を持つことを求めていた。「児童研究法大意　第1回」では、「学校教師及び両親は、これらの専門学者に対して、材料を供給し、以て之を補助するを得べく、又かかる助力を与ふべき筈のものなり」[18]として、教育者、保育者、保護者に対して、研究協力を求めた。『児童研究』への研究協力、つまりは調査や事例の提供を求めることによって、教育実践における児童に対する「観察法」の重要性と研究的視点を鼓舞するねらいをもっていたものと考えられる。

(4) 日本児童研究会の成立と日本児童学会

1902（明治35）年12月4日、日本児童研究会は元良勇次郎を会長として結成され、『児童研究』は、1903（明治36）年1月号よりその機関誌となった。「日本児童研究会規則」には、「第二條　本会は児童の精神及び身体の状態を科学的に研究する」と目的を規定し、「第三條　本会々員は各種専門の学者、教育者、児童の保護者等児童研究の特志者に限る」「第十一條　毎年春秋二期に本会の

第 1 節　『児童研究』　275

表 3.1.1　日本児童研究会部会の設立状況

設立年月	設立部会名
1914 年 5 月	大阪児童学会
1914 年 6 月	東京児童学会
1915 年 1 月	神戸児童学会
1915 年 4 月	東北児童学会
1915 年 6 月	沼隈児童学会
1915 年 9 月	尾道児童学会
1915 年 9 月	西備児童学会
1916 年 1 月	広島児童学会
1916 年 4 月	三次児童学会
1916 年 4 月	岡山児童学会
1916 年 4 月	香川児童学会
1916 年 6 月	新治児童学会
1917 年 2 月	坂井児童学会
1917 年 5 月	足柄下児童学会
1917 年 11 月	鎌倉児童学会
1919 年 10 月	甲陽児童学会
1920 年 11 月	精道児童学会

總集会を開き演説，講話，討論等を行ふ」「第十二條　雑誌は毎月之を発行し会員には無料にて配布す」と記されている。このように第二條に見られるように，児童の精神と身体を対象に「科学的に研究する」という，日本教育研究会時代から高島が提唱してきた「児童研究」に対する姿勢を明記している点は注目される。その活動の一環として「総集会」で「演説，講話，討論等」を行い，雑誌を毎月発行し，会員に無料で配布していた。そして機関誌となった『児童研究』は，「児童研究が従来の児童研究に異なる点は何れにあるか。将，その発達し進歩し生長し拡張したる点は何れにあるか」[19] と問い，「従来主として児童の心的生活を研究して，其結果を教育に応用せんとするを目的とし，随つて其研究事項を主として，心理学的，若しくは教育学的の範囲を脱しなかつたのであるが，日本児童研究会の機関雑誌となるに及び，従来の心理学的・教育学的研究に加ふるに，更に生理学的・病理学的・人類学的等，各種の研究を掲載して，あらゆる科学の方面より児童を研究するの基礎を確立するに至つた」[20] と述べた。さらに，1907 年 7 月に同会は組織改革を行い，「従来は専ら

心理学的，教育学的研究を中心としたるも今後は身体的の方面より，更に一大研究をなし，児童心理学・教育心理学の他に，教育病理学・教育治療学・教育衛生学・学校衛生学・小児科学等の諸方面より攻究するため，心理学者，医学者，教育家及び児童保育者の協力を得ることとなり」[21]と記した。

日本児童研究会第7回総会は，1912（明治45）年4月6～7日に開催された。そこでは日本児童研究会を日本児童学会と改称すること，機関誌はこれまで通り『児童研究』とすることが決定された[22]。

ところで日本児童研究会の活動のなかで，注目すべきものの一つに地方における「部会」の設立がある。「日本児童学会沿革」などの記事をみると，1908（明治41）年10月27日第1回総会が開かれ，1908（明治41）年度から毎月1回例会を行い，児童研究に関する問題について研究・討議していた。この例会の目的は，「斯学の研究を目的として，小集会を開催すること」[23]であった。1914（大正3）年5月，「大阪児童学会」が「大阪市に於て日本児童学会総会開催を機とし，該地に部会の設立の議起り，同月二十八日，大阪市西区本田幼稚園にて有志相談会を開き，大阪児童学会規則を議定した。当日同会設立当初の会員数は百十六名」[24]をもって設立された。この大阪に続き，1914（大正3）年6月11日には，「東京児童学会」が設立され，表3.1.1のように部会活動が拡大し，児童研究の活動がますます全国各地に展開されていった。

(5) 休刊から現在

『児童研究』は創刊号（1898年11月3日）から1932年5月25日号までは，月刊誌である。1932年9月15日号まで事情は定かではないが約4カ月インターバルがあった，1932年11月15日号から1944年11月30日号までは隔月刊誌となっている[25]。

日本児童学会の活動を検証したい。1931（昭和6）年11月，片山国嘉会長が逝去した。翌32（昭和7）年，第27回総会で「会長，主幹制を止め，幹事の合議制とし，幹事長が本会を代表する」[26]と会則が改正された。7月の幹事会で富士川游が幹事長となった。1940（昭和15）年11月には，富士川游が逝去。翌

年4月「五月例会」で竹内薫平が幹事長に選任された。さらに，1943（昭和18）年6月臨時総会が開かれ会則の一部が変更され「本会の目的を『本会ハ児童ヲ生物学的並ニ文化的ニ研究スルヲ以テ目的トス』」[27]となった。しかし，「例会は毎月開催したが，空襲警報発令等のため時には中止するの止むなきに至つた。（中略）雑誌『児童研究』も昭和八年第三十六巻以来隔月刊行を継続して来たが，戦時統制下では紙数も極度に削減するに足り，戦局緊迫とともに印刷所杏林舎が戦災に罹つたため，ついに十九年十一月第四十二巻第七号を以て，一まづ休刊することとなった」[28]のである。戦争が終了した約3ヵ月後の，すなわち1945（昭和20）年11月7日から「日本医師会館」で協議がもたれ，翌年9月30日に第43巻第1号と明記された『児童研究』が竹内薫平の手によって再刊された。再刊の趣旨を竹内は次のように述べた[29]。

　　　本会は児童の局部的研究を志さず，常に全的研究である。一面的検索に非ずして必ず多面的である。こゝに児童の綜合的研究観が把握せらる。今や国家大変改に伴ふ社会事象の大変貌により無上の影響下に在る児童の研究は，其範囲方法に於て従来のまゝにては不満足たるを免れないのは当然である。又，研究の結果も徒らに研究の堆積たるの弊に陥ることなく，或は学界に対し或は社会に対し，又政府に対し研究結果に基づく実現の要望にまでも進展すべきであらう。このことたる文化の各方面より綜合的児童観を把握し得る本会のみの特権であるとさへ云へる。かくて直接に国家や社会の進運に寄與出来ることは本会の喜びであらねばならぬ。かく思ふ時，今日ほど本会の使命の重大なるを感じたことはないのである。

ここには日本児童学会が，「綜合的児童観」に基づく研究活動を，国家や社会に対して広く訴えることの必要性が説かれている。

その後，日本児童学会の事務局は，大妻女子大学，玉川大学，こどもの城などを転々として，2003年度から鎌倉女子大学児童学部内に移設された。雑誌『児童研究』は，現在第86巻（2007年6月）まで刊行され継続中である（2008年

2月調査)。

2 編集主体・発行者・発行所と想定される読者層・欄構成について

(1) 編集主体・発行者・発行所

　まず，編集主体・発行者・発行所の特色である。表 3.1.2, 3, 4 は，『児童研究』の奥付によりそれらを一覧化したものである。

　表 3.1.2 から明らかなように，編集者として最も長く携わったのは高島平三郎である。高島は，1907（明治 40）年 5 月 25 日号から 1926（大正 15）年 6 月 25 日号まで 19 年間にわたって編集の任にあった。高島に続いて長期に編集者を務めたのは，竹内薫兵である。竹内は，1926（大正 15）年 7 月 25 日号から 1944（昭和 19）年 11 月 30 日号まで 18 年間，編集者としてその責務を負った。編集者の経歴についてみてみると，高島以前の編集者は，冨山房を創設・経営した阪本嘉治馬のように出版人がその任を務めていたと思われる[30]。山下仲次郎，須永常次郎，瀬川光行，山本信孝，直井潔，横田国太郎の経歴などについては，現在のところ不明である。高島平三郎の経歴については，前述した通りである。また，先に述べたように，竹内薫平は長い間編集者に任にあっただけでなく，第二次世界大戦直後の混乱した時代にあって『児童研究』を再刊し，さらに長期にわたって編集に力を尽くした人物である。竹内は，「医博　竹内病院長　児科医」で，1883（明治 16）年 11 月 12 日生れ，「四十三年京大医科卒業同学副手拝命小児科教室」に勤務し，「大正九年現地に開業傍ら同十一年任東洋大教授同十二年学位」を受けた。春草会並びに医学雑誌『中外醫事新報』同人日本児童学会幹事となった人物であった[31]。

　次に発行者について検討する。発行者の経歴については不明な人物が多いが，判明したのが，千日亮と三田谷啓である。千日亮の詳細な経歴は不明であるが，日本児童研究会の会員になり，幹事を務めていたことだけは判明した。また千日は第二回総会において，「近視眼の遺伝に就て」というテーマのもとに講演をしている。他方，三田谷啓の経歴については，首藤美香子の『近代的育児観

第1節 『児童研究』 279

表 3.1.2 編集者・発行者などの一覧

発行年月日	巻・号	編集者兼発行者	編集兼発行人	編集者	発行兼印刷者	発行者
1898年11月3日～1899年9月3日	第1巻第2号～第2巻第1号	山下仲次郎				
1899年10月3日～1901年6月3日	第2巻第2号～第4巻第2号	須永常次郎				
1901年7月3日～1901年10月3日	第4巻第3号～第4巻第6号	瀬川光行				
1901年11月3日	第4巻第7号	不詳				
1901年12月3日～1902年2月3日	第4巻第8号～第4巻第10号	須永常次郎				
1902年3月5日～1902年12月5日	第5巻第1号～第5巻第10号	瀬川光行				
1903年1月31日～1904年10月25日	第6巻第1号～第7巻第10号		坂本嘉治馬			
1904年11月25日～1905年6月25日	第7巻第11号～第8巻第6号		山本信孝			
不詳	第8巻第7号	不詳				
1905年8月25日～1907年1月25日	第8巻第8号～第10巻第1号		山本信孝	山本信孝		
1907年2月25日	第10巻第2号			山本信孝		
1907年3月25日～1907年4月25日	第10巻第3号～第10巻第4号				元元堂書房	
1907年5月25日～1907年10月25日	第10巻第5号～第10巻第10号			髙島平三郎	直井潔	
1907年11月25日～1908年6月25日	第10巻第11号～第11巻第6号			髙島平三郎	横田國太郎	
1908年7月25日	第12巻第1号	不詳				
1908年8月25日～1909年1月25日	第12巻第2号～第12巻第7号			髙島平三郎		千日亮
1909年2月25日～1909年6月25日	第12巻第8号～第12巻第12号	不詳				
1909年7月25日～1910年12月25日	第13巻第3号～第14巻第3号			髙島平三郎		千日亮
1910年1月25日～1918年5月1日	第14巻第7号～第21巻第10号			髙島平三郎		千日亮
1918年6月1日～1926年6月25日	第21巻第11号～第30巻第3号	髙島平三郎				
1926年7月25日～1944年11月30日	第30巻第4号～第42巻第7号	竹内薫兵				三田谷啓

表3.1.3　発行所一覧

発行年月日	巻・号	発行所
1898年11月3日～1902年12月5日	第1巻1号～第5巻10号	教育研究所
1903年1月31日～1904年10月25日	第6巻1号～第7巻10号	冨山房
1904年11月25日～1907年1月25日	第7巻11号～第10巻1号	日本兒童研究會
1907年2月25日～1907年6月25日	第10巻2号～第10巻6号	元元堂書房
1907年7月25日～1907年8月25日	第10巻7号～第10巻8号	日本兒童研究會
1907年9月25日～1908年6月25日	第10巻9号～第11巻6号	日本兒童研究會事務所
1908年7月25日	第12巻1号	不詳
1908年8月25日～1909年1月25日	第12巻2号～第12巻7号	日本兒童研究會事務所
1909年2月25日～1909年6月25日	第12巻8号～第12巻12号	不詳
1909年7月25日～1910年11月25日	第13巻1号～第14巻5号	日本兒童研究會事務所
1910年12月25日～1926年3月1日	第14巻6号～第29巻6号	兒童研究発行所
1926年4月25日～1944年11月30日	第30巻1号～第42巻7号	日本兒童学会

表3.1.4　価格一覧

発行年月日	巻・号	価格（銭）
1898年11月3日～1900年2月3日	第1巻1号～第2巻第6号	7
1900年3月3日～1901年6月3日	第2巻7号～第4巻第2号	9
1901年7月3日～1902年12月5日	第4巻3号～第5巻第10号	10
1903年1月31日～1904年12月25日	第6巻1号～第7巻12号	不詳
1905年1月25日～1905年6月25日	第8巻1号～第8巻第6号	11
不詳	第8巻7号	不詳
1905年8月25日～1907年6月25日	第8巻第8号～第10巻第6号	11
1907年7月25日～1908年6月25日	第10巻7号～第11巻第6号	16
1908年7月25日	第12巻1号	不詳
1908年8月25日～1909年1月25日	第12巻2号～第12巻7号	16
1909年2月25日～1909年6月25日	第12巻8号～第12巻12号	不詳
1909年7月25日～1918年10月1日	第13巻1号～第22巻第3号	16
1918年11月1日～1920年8月1日	第22巻4号～第24巻第1号	20
1920年10月1日～1932年5月25日	第24巻2号～第36巻第2号	30
1932年9月15日～1944年3月31日	第36巻3号～第42巻第3号	60
1944年5月31日～1944年11月30日	第42巻第4号～第42巻第7号	不詳

への転換』に詳しい[32]。首藤によれば，三田谷は，1881（明治14）年，兵庫県の貧農の家庭に生まれ，苦学の末，1905（明治38）年，大阪府立高等医学校を卒業し上京した。ドイツ留学などを経て児童研究にかかわるようになり，「1927年には，『身体虚弱』『性格異常』『学業不振』等の児童を対象にした三田谷治療教育院を阪神間の精道村（現在の芦屋市）に創設」した人物である。

第1節 『児童研究』

このように，『児童研究』の発行当初，すなわち1898（明治31）年から1907（明治40）年までは，編集者・出版人が編集に携わっていたが，1907（明治40）年5月25日号から高島が編集の主導権をとりはじめたことがわかる。日本児童研究会は，先に述べたように1907（明治40）年7月その組織を革新し，諸科学の本質を取り入れ情報化するため，それらに精通している人物が求められた。それが編纂委員として名を連ねた，「医学士永井潜（生理学），文学士菅原教造（心理学），高島平三郎（心理学・教育学），文学士下田次郎（教育学・心理学），医学士三宅鑛一（精神病理学），ドクトル富士川游（神経病理学）」である。これら全体を取りまとめる人物として白羽の矢が立ったのは，右文館での編集者としての経験をもつ高島であったと考えられる。その後，1926年7月25日号から編集者が竹内薫平に交代した経緯についての詳細は不明である。しかし，同号「新役員打合会」には，「三，会務に関する協議　富士川主幹提案，日本児童学会の事務は庶務，会計，編輯，発送等にして，之を執務するに場所の統一を缺き居る現状なるを以て，今回，庶務，会計，発送は一括して日本橋區村松町二十五番地竹内薫平方に移し，編輯事務は中山文化研究所内に於て行ふことヽしたし満場異議なく可決。竹内幹事も承諾す」[33]との記述がある。

発行所は，表3.1.3に示すように，主に，既に紹介した日本児童学会，及びその前身である教育研究所，日本児童研究会による。価格は，表3.1.4に示す。注目すべきは，1932年9月15日号から，60銭になり前巻に比べると2倍の高値となっていたことである。

（2）発行部数と想定された読者層

『児童研究』の発行部数と想定される読者層にどのような特徴と変化があるのだろうか。『児童研究』の発行部数を十分に探し出すことはできなかった。しかし，部分的な資料の断片を繋ぎ合わせるとその一端がみえてくる。例えば，「日本児童研究会第一回総会」には，「現在の会員約四百五十名にして，之に雑誌読者を合すれば，約一千五百名に及ぶ」[34]との記述がある。つまり，会員数に比べ約3倍の発行部数があったものと推測される。しかし，それ以上に貴

重なのは，部分的であるが『児童研究』の母体である，研究組織団体としての教育研究所，日本児童研究所，日本児童学会の会員数が把握できることである。この点に関しては既に松島論文において明確にされている。松島論文を再引し，会員数の特徴とその変化を示したものが図 3.1.2 である。この図からわかることは，発足当初 37 名であった会員は，1917（大正 6）年に 1794 名とピークに達し，その後徐々に減少して，1943（昭和 18）年には 473 名となったことである。

会員数減少の要因は，明確には指摘できない。一つの仮説として，高島自身の身辺の変化や，高島と日本児童学会の関係性に要因があったのではないかと考えられる。しかしこの点はさらに検証が必要であろう。

ここに「日本児童学会会員簿（大正元年 10 月 20 日現在）」がある。それは，1912 年の『児童研究』（第 16 巻第 4 から 5 号）に掲載されたものである。ここに掲載された人数は，総勢 1097 名である。道府県別に会員数が多い順に整理し一覧化したものが表 3.1.5 である。この表からわかるように，会員の所在地は日本国内の他に，台湾・朝鮮・清国などにも見受けられる。ここでは会員数の多い道府県および地域のトップ 5 を抽出して，その会員数と所属の分析を試みた。まず，道府県別会員数である。第 1 位は東京府の 333 名，第 2 位は大阪府の 59 名，第 3 位は京都府の 49 名，第 4 位は福岡県の 42 名，そして第 5 位は広島県の 40 名である。これらを合わせると，都合 523 名で全体の 47.7％になる。

次に所属についてみてみよう。「会員簿」の氏名とともに付されている住所や学校名などからその所属を推測してみた。所属が推測されたものは，表 3.1.6 に示したように，151 名で全体の 28.9％である。

以下に各々の所属の内訳の一部をあげる。「初等教育関係」では，真砂小学校（東京），京都子守学校（京都）など。「大学・高等教育関係」では，広島高等師範学校（広島），福岡医科大学小児科教室（福岡）など。「医療関係」では，巣鴨病院医局（東京），天王寺精神病院（大阪）など。「役所関係」では，南葛飾郡役所内（東京），呉市役所（広島）など。「中等教育関係」では，府立今宮中学校（大阪），福岡師範学校（福岡）など。「寮関係」では，同志社第二寄宿舎（東京），学習院寄宿舎（東京）など。「幼児教育関係」では，フレーベル館（東京），日吉幼

第 1 節 『児童研究』 283

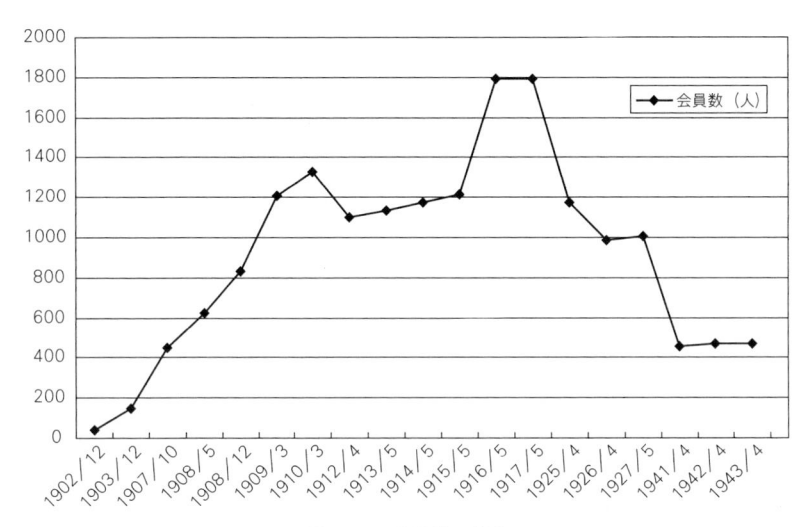

図 3.1.2 会員数の推移

(松島論文 107 頁より)

表 3.1.5 道府県別の会員数

道府県	人数	道府県	人数	道府県	人数
東京府	333	福島県	14	富山県	9
大阪府	59	埼玉県	14	三重県	9
京都府	49	福井県	13	大分県	8
福岡県	42	山梨県	13	岩手県	8
広島県	40	新潟県	13	高知県	7
神奈川県	35	群馬県	13	青森県	7
静岡県	29	佐賀県	13	香川県	7
兵庫県	29	台湾	13	茨城県	7
愛知県	27	岐阜県	12	山形県	6
長崎県	26	愛媛県	12	鳥取県	5
鹿児島県	24	清国	12	滋賀県	5
岡山県	19	石川県	11	奈良県	5
朝鮮	18	北海道	11	外国	4
千葉県	17	秋田県	10	徳島県	3
長野県	17	宮城県	10	栃木県	3
島根県	16	山口県	10	沖縄県	3
熊本県	16	和歌山県	9	宮崎県	2

表3.1.6　会員の所属とその数

所属	人数
初等教育関係	39
大学・高等教育関係	31
医療関係	29
役所関係	12
中等教育関係	10
寮関係	7
幼児教育関係	6
各種学校関係	4
宗教関係	3
特殊教育関係	2
その他	8

稚園（大阪）など。「各種学校関係」では，女子英学塾（東京），精華学校（東京）など。「宗教関係」では，バプテスト中央会館（東京），広尾祥雲寺内（東京）など。「特殊教育関係」では，白川学園（京都），福岡聾唖学校（福岡）。「その他」では，東京教育博物館（東京），大阪お伽倶楽部（大阪），土佐協会（東京），玩具商のヽや（東京），巣鴨家庭学校（東京），時事新報（東京）などである。これら上位5道府県であげたもののほかに，軍艦平戸士官室（長崎）など，軍関係の所属も見られた。

　先に指摘したように，雑誌『児童研究』は会員に無料で配布されており，これら会員が読者と考えられる。では，想定される読者層には，どのような特徴がみられるのだろうか。第1には，『児童研究』の読者は全国各地に広がっていた。特に大都市である東京により集中し，それ以外は大阪，京都，福岡，そして高島の出身地である広島と続いている。また，関東以西で広く受け入れられていたことも指摘できる。第2には，『児童研究』の読者の活動分野を推測すると，学校教育，医療，養育など，幅広い層であった。第3には，『児童研究』の読者がかかわる対象を推測すると，児童期及び青年期が中心であったと考えられる。それは小学校を中心とした「初等教育関係」のほかに，教育及び研究を含めた「大学・高等教育関係」，中学校を中心とした「中等教育関係」の数が多いためである。しかし，ここで忘れてならないのは，所属のない人々のこ

とである。このなかでどの程度保護者が含まれているのか，その検証なしに上記のような指摘をすることは危険なことであるかもしれないが，とりあえずここでは保護者の数を抜いた形での想定される読者層の特徴を指摘しておく。

(3) 欄構成の特徴と変化

　欄構成には，どのような特徴と変化がみられるのだろうか。雑誌『児童研究』の体裁，欄構成などの特色について検討してみる。『児童研究』創刊号（1898年11月3日）では，「現在の『児童研究』とほぼ同様の四六倍判型」で，「本文は，論説・研究・研究法・適用・紹介・雑録の各欄を設け，論説には，児童研究に関する論説を掲げ，研究にては，研究法大意・簡易心理実験法・研究実例に就て述べ，適用には，教材其他参考記事を記し，紹介には，内外各種児童研究に関する著書雑誌を抄録し，雑録には，各種学術上の記事・応問・教育界彙報，其他を蒐録」[35]であった。また，日本児童研究会の機関誌となった1903年1月31日号から，欄構成を「論説・研究・紹介・雑録・彙報」の五つの欄に新たに分類し直し，「論説」欄では「主として本会の目的に関係ある事項に対して，其の主張を発揮し」，「研究」欄では，「各専門家の研究を揚げ」，「紹介」欄では「内外各国の児童研究に関する著書論説等を抄録して紹介し」，「雑録」欄では，「実際児童教育上に参考すべき記事，趣味に富める医術上の記事，児童に関する文学等を集録し」，「彙報」欄では，「各学術界及び教育界の記事を記載する」[36]こととなった。体裁は，従来よりは小型の菊判型を採用していた。さらに，日本児童研究会の組織改革が行われた1907年7月25日号からは，「原著（児童研究に関する諸家の研究及び実験報告），教育心理学，児童心理学，教育，教育病理学，教育治療学，教育衛生，学校衛生（これ等の専門に関する西洋及び本邦諸家・論説の抄録），家庭のため（家庭のために児童教育及び児童研究に関する要項），雑録（児童に関する雑話・文学），彙報（児童研究に直接又は間接に関係ある事項）」[37]の欄が設けられた。

　このような記述をもとにして，欄構成がどのように変化し，その特徴はいかなるものであるのかを把握するため筆者は基礎データの作成を行った。その作

業は，まず全巻の目次をコピーして，その後各号ごとに欄項目を抽出し，一覧化し集計したものである。本節ではこの基礎データは割愛するが，そのような作業を通して判明したことは，第1には，創刊号から1944年11月号までの主な欄項目は39項目であり多岐にわたる。第2には，主な欄項目の誌面欄総数は2742件であった。そのうち50件以上同じ欄が続いていたものは，都合，2580件であり誌面欄全体の約94.0％にあたる。それらを多い項目から順に並べたものが表3.1.7である。欄項目の第1位は，「叢談・談叢」欄で全体の13.0％，第2位は，「論説」欄で12.3％，第3位は，「摘録」欄で11.7％であった。欄構成から検討し，これら三つの欄に掲載された論文は注目すべきものと考える。特に「論説」欄だけでなく，教育心理学・児童心理学等の細分化された項目を含んだ「摘録」欄は，児童研究の活動の展開を知る上で重要だと思われる。

　第3には，欄項目の変化から『児童研究』を3期に区分することができる。第1期は，「導入・模索期」としての創刊号（1898年11月3日）から1907年6月25日号，第2期は，「整備・拡充期」としての1907年7月25日号から1926年6月25日号，第3期は，「安定期」としての1926年7月25日号から1944年11月30日号である。以下に，各期の欄項目の変化の詳細について記す。第1期についてみてみよう。創刊号は，「論説」「研究」「研究法」「適用」「紹介」「雑録」「教育界彙報」という欄構成であった。その後，1901年11月3日号からは，「婦人（1902年12月号まで）」「青年（1902年11月号まで）」「体育（1902年8月号まで）」の欄が新設された。また，1907年1月25日号からは，「学校のため」「家庭のため」「児童文学」「思潮」「彙報」の欄が設けられた。1907年7月25日号からは，第2期にあたる。ここでは，「論説」が消え，「原著」「教育心理学」「児童心理学」「教育」「教育病理学」「教育衛生」「教育治療学」「学校衛生」の欄が設けられた。「原著」欄は1914年12月1日号まで。1915年1月1日号からは，「評論」欄が加わった。先にあげた「教育心理学」「児童心理学」などの欄は，1908年1月25日号から設けられた「摘録」欄のなかに含まれ，それぞれの項目が立てられるようになった。その他に，総数のなかで最も多かった「叢談」欄も同巻から設けられている。また先に示した「児童心理学」欄のほ

表 3.1.7　誌面欄件数

誌　面　欄	件数（％）
叢談・談叢	335 (13.0)
論説	318 (12.3)
摘録（含む教育心理学・児童心理学・教育・教育病理学・教育衛生・教育治療学・学校衛生・教育治療）	302 (11.7)
雑報	296 (11.5)
雑録	220 (8.5)
研究・研究法・研究実例	196 (7.6)
彙報	158 (6.1)
会報	149 (5.8)
紹介・翻訳及紹介	116 (4.5)
家庭のため・家庭	105 (4.1)
原著	90 (3.5)
評論	80 (3.1)
講義	77 (3.0)
適用	74 (2.9)
講演	64 (2.5)
合　　計	2580

か，「児童学彙報」欄が，1915年2月1日号から1917年12月1日号まで，「児童時事」欄が，1918年5月1日号に設けられており，「児童」という名称を全面に打ち出した欄構成がとられていることは注目に値する。第3期，すなわち1926年7月25日号からは，編集者兼発行者が高島平三郎から竹内薫平に変わる。欄構成に特に大きな変化は見られない。しかし，1908年6月25日号に新設され，1910年11月25日号以後登場しなかった「会報」欄が，1926年6月25日号から復活しその後毎号設けられている。そのほかにこれまでにはなかった以下のような欄も設けられている。「座談会」欄が1936年5月31日号から1937年7月31日号まで，「通俗講座」欄が1937年3月28日号から1938年3月30日号まで，「時言」欄が1942年3月31日号からその後も継続されている。

3 「教育病理学」欄にあらわれた教育病理情報

(1) 「教育病理学」欄の登場とその変遷

　「教育病理学」欄の登場とその変遷はどのようなものだったのだろうか。

　欄構成の変化は先述した通りである。なかでも1907（明治40）年7月25日号には、組織革新が行われ、「従来は専ら心理学的、教育学的の研究を中心としたるも今後は身体的の方面より、更に一大研究をなし、児童心理学・教育心理学の他に、教育病理学・教育治療学・教育衛生学・学校衛生学・小児科学等の諸方面より攻究するため、心理学者、医学者、教育家及び児童保育者の協力を得ること」[38]となった。ここで欄構成も大きく変化し、「教育心理学」などの欄とともに「教育病理学」欄が登場したのである。

　ところで『児童研究』の創刊後「教育病理学」欄が登場するまで、この誌上に「教育病理」に関する論文がまったくなかったわけではない。例えば、1900（明治33）年5月3日号、「学齢児童の色情に就きて」において富士川游が、「精神生理的及び病理的の方面に於ける研究の欠けたる如く見ゆるを覚ゆ」と指摘し、「児童研究を真に科学的に為し、而して之を教育の原理の上に応用せむとならば、先づ神経系統の生理的及び病理的機能を研究するの要ありと信ずればなり」[39]と述べた。その上で、「精神病理学者」や「小児科学者」が『児童研究』に注目するよう促しているのである。

　また同誌は、翌年12月3日号に、「教育病理学の必要」という次のような一文を掲載した[40]。

　　我が国に於て、従来此の種の学者なく著書なかりしは、一大欠陥なりしが、嚮に大村仁太郎氏が児童病弊論を訳して、僅に此の学に関する一の文籍を得、又近来高等師範学校に於ては、榊医学士が此の学に関して講義しつゝあり。富士川ドクトルの如きは、其の主管の医学雑誌に於て、之に関する意見を陳述し、女子大学に於ても、来年設くる教育部には、此の学を課することゝなさんとせり。

この記事が掲載された時代は，ちょうど近代公教育制度が成立する20世紀初頭であった。そして，義務教育が6年制となり就学率も約95％となった時期と呼応している。『東京都教育史』通史編二（1995年）は，服部教一のドイツ「補助学校又は助成級」と「マンハイム学校組織」の報告が，各教育関係雑誌に取り上げられることによって，特に小学校関係者に影響を与えたと指摘をしている(41)。また1908（明治40）年4月には，「東京高等師範学校附属小学校第三部『特別学級』」が設置された。同年12月には文部省普通学務局長は，「劣等児童の取扱方法」の調査を各府県知事に照会した。そして「低能児」「劣等児」「学業不振児」などへの各種調査が行われた。先述したように，就学率の高まりやドイツにおける教育病理学研究の影響，富士川游の存在，教育病理学への関心が理論と実践の両面から高まってきたのであろう。

　さて，「教育病理学」欄は，1908年1月号から，「摘録」欄の小見出しとして用いられるようになり，1914年6月号から1922年8月号まで欄としては消失している。1922年9月号から「摘録」欄が再び設けられるようになるとともに，小見出しとして「教育病理学」欄も設けられるようになった。が，1932年3月号から3度消失した。これらの「教育病理学」欄の消失と復活の経緯については現段階ではその理由は不明である。なんらかの編集方針の変更があったものと考えられる(42)。

(2) タイトルからみた「教育病理学」欄の記事傾向

　「教育病理学」欄に所載された記事のタイトルを一覧化した(43)。記事数は191件。その特徴は，第1には，ドイツ語の文献が多く使用されていたこと，第2には，「演述者」「紹介者・抄録者」ともに医学者と教育者が中心であったこと，そして第3には，そのなかでもとりわけ富士川游の影響が大きかったことを見て取ることができる。

(3) 記事の分類

　次に，「教育病理学」欄所載の記事を分類し一覧化したものが表3.1.8である。

表 3.1.8 「教育病理学」欄所載の記事の分類

項目	項　目	項目数（％）
発達障害	「精神低能」「低能者」「低能」「低能児」「低能児童」「白痴」「痴愚」「痴鈍」「精神薄弱」「蒙古種性痴愚」「病的魯鈍者」「身体知能薄弱児童」「精神遅滞」「モンゴーリスムス」「異常児童」「学齢児低格」	57（26.6）
精神病	「神経質」「神経質的習癖」「精神異常」「精神の異常」「精神衰弱」「神経性」「児童期痴呆症」「精神病者が産める児童」「沈鬱病者の児童」「疑倶神経症」「脳神経衰弱児童」「精神病性」「病的性格異常」「先天性神経病」「感情性精神病児」「精神病」「精神病理学」「後天性精神的機能障害」「精神障害」「接触恐怖症」「ヒステリー」「児童神経症」「夜行症児童」「プシハステニー」「低劣児童」「教育的精神病学」	36（17.0）
反社会的問題行動	「盗癖」「犯罪」「犯罪者」「未成年囚」「刑罰」「少年院収容少年」「不良児童」「児童の悖徳性」「倫理的不良少女」「道徳上の低能児」「道徳的愚鈍」「保護児童」「児童の陳述」「「フィルム」の影響」	27（12.6）
言語障害・盲聾唖等	「吃音」「吃訥」「吶吃」「言語障害」「中枢性発音障害」「聾唖」「眼児と耳児」「難聴」	17（ 7.9）
成績不良	「成績不良」「教育成績不良」「落第」「欠席と夜遊び」「環境児」「語盲」「読字欠陥と順応欠陥」「読方不能児」「問題児童」	12（ 5.6）
補助学校	「補助学校」「低格学齢児」「低格児童」	9（ 4.2）
飲酒	「酒毒」「飲酒」「アルコール」	6（ 2.8）
精神低格	「精神低格」「児童低格」	5（ 2.3）
癲癇	「癲癇」	5（ 2.3）
左利	「左利」	4（ 1.9）
性欲	「性欲」「手淫」	2（ 0.9）
春機発動期	「春機発動期」	2（ 0.9）
その他	「劣等生」「私生児」「痙攣」「寝小便」「児童」「詐病」「遅性児」「精神衛生問題」「身体発育と精神能力」「模倣病」「音楽の及ぼす影響」「小児侏儒」「学校生徒の聴力」「児童の夜間頭部運動」「病的感情」「実験心理学と教育学」「眼病の遺伝」「良性蛋白尿」「両親の教育程度と子供の死亡率」「自殺」「性格素因の不全」「流行性脳炎後の人格変化」「異常児の精神試験」「小学校生徒の体格」「脳の変化と精神の異常」「保護児童の精神病的検査」「長子の低格について」	32（15.0）
合　計		214（100）

　この資料から明らかなように，『児童研究』が取り上げた記事を，便宜上13のカテゴリーに分類した。なかでも記事数が最も多かったのは，「精神低能」「白痴」「精神薄弱」などを含む「発達障害」が57（26.6％），次いで「神経質」「精

神異常」「精神障害」などを含む「精神病」が36（17.0％），そして「盗癖」「犯罪者」「不良児童」などを含む「反社会的問題行動」が27（12.6％）と続いている。「教育病理学」欄では，「発達障害」に関わる記事だけでなく「精神病」「反社会的問題行動」「成績不良」「飲酒」「性欲」など，幅広い視点で記事が取り上げられていたことが明らかとなった。ここに，現代の教育・社会問題を伴った「不適応」あるいは「問題行動」の片鱗をうかがうことができるのである。

（4）「教育病理学」欄の時期区分

次に，カテゴリーをもとに「教育病理学」欄の記事の変移から時期区分をしてみると，次のように大きく3期に分けることができる[44]。

第1期「模索期」として，1907年7月（第10巻第7号）〜1912年7月（第15巻第12号）
第2期「展開期」として，1912年8月（第16巻第1号）〜1924年5月（第27巻第8号）
第3期「整備期」として，1926年4月（第30巻第1号）〜1932年9月（第36巻第3号）

全体的な傾向をみると満遍なく情報化されている記事は，「発達障害」「精神病」「反社会的問題行動」であった。しかしそれだけでなく，1期と2期を比較すると1期で指摘したような三つの概念に加え，「言語障害」「癲癇」「左利」などが「教育病理学」欄のなかに含まれてくる。さらに，第3期になると第2期の後半からその傾向が見えるが，「言語障害」の記事が少なくなると同時に，「成績不良」の記事が増えてくる。そして「反社会的問題行動」の記事も同様に増加してくる傾向を見て取ることができる。このことから「教育病理学」欄に内包される概念は，これらのものをすべて含んでいたことがわかる。

(5)「精神病」「反社会的問題行動」「成績不良」に関する記事内容の特徴とその変化

では、『児童研究』は、「教育病理学」欄において具体的にどのような教育病理に関する情報を提供していたのだろうか。ここでは、上述した時期区分に従い、「精神病」「反社会的問題行動」「成績不良」で取り扱われた記事の内容を分析してみる。なぜこれらの記事を取り上げたかと問われれば、それは現代の教育問題と密接に関連する内容を含んでいると考えられるからである。

① 「精神病」

精神病に関する記事が最も早く登場するのは、1907（明治40）年である。それは富士川游の手になる「学生神経質」という一文である[45]。少し長いが引用しておこう。

> 児童の精神異常には種々の階級ありて、立派なる精神病は準他（ママ）に少ないが、しかし大人に見るやうな精神病が児童に発することは事実である。(中略)しかし児童の精神病のことは別問題として、余は茲に、児童の精神異常の中で、現今西洋にても、我邦にても、漸々増加しつつある所の所謂、学生神経質の事を述やうと思ふ。(中略)学生神経質といふのは、身体的刺戟及び精神的刺戟に対する精神の反応が亢進し、不快性、緊張性、及び発揚性の感情が盛になりて、児童は容易に発揚し、動もすれば啼泣し、心悸、眩暈、胸内苦悶などありて、事物に倦み易く、睡眠安からず、寝言多く夢におそはれ、神思鬱々として楽まざるのが常である。(中略)これよりも一層著しい原因は、名誉心の亢進で、学校の方でも、家庭の方でも、蔭に陽に、学業の成績の好佳なることを強ふるので、児童は名誉心に駆られて、不良の感作をその精神に及ぼすに至る。それで此場合に児童の精神と両親及び教師との間の関係が調和せざるときは、遂に名誉心の亢進の結果として、自殺といふ現象が現はれる。(中略)学課の過度である。学課の過度といふことは、強ち学課の数と、時とが多いといふだけではなくて、神経質素因を有するものと、然らざるものとを、同一の組みとして教授するとい

ふことも甚だ不良の影響を致すもので，このために，精神の健全なるものには左ほど過度でもないものが，神経質の素因を有する児童のためには過度となって，このために遂に神経質を生ずるに至るのである。これは現今の教育法で，最も注意を要することであらうと思ふ。

　富士川は，第1には，児童も大人と同様の「精神病」を発症することがあること，第2には，学生神経質の症状について，第3には，その原因として，「名誉心の亢進」をあげ，「学校の方でも，家庭の方でも，蔭に陽に，学業の成績の好佳なることを強ふるので，児童は名誉心に駆られて，不良の感作をその精神に及ぼすに至る。それで此場合に児童の精神と両親及び教師との間の関係が調和せざるときは，遂に名誉心の亢進の結果として，自殺といふ現象が現はれる」と指摘している。

　1908年，同誌は，ワイガントの「精神異常の児童」に関する論文を次のように紹介した[46]。

　　独逸国ウェルツブルグ大学精神病学教授ワイガント博士は昨年四月十四日，ウイスバーデンに開かれたる南独逸小児科医師大会の席上にて，「精神異常の児童」に就て演述したり。(中略) 神経衰弱症の児童は，リーツ氏式田舎教育所に入れ，又はこれを休暇転地講習所 (Ferienklonicn) に送るを可とす。
　　これを精神病院に収容せんとならば，精神病院内に，児童部を特設せざるべからず。
　　精神異常の児童を看護するに，最も都合よきは家庭なり，両親及び出入の医師は互に相協力して，児童の治療及看護に従事すべし。
　　精神異常，殊に舞踏病の初期に在りては，その不従順なるがために，学校にて所罰せらるること多し，故にこの事につきては，両親及び教師の注意を喚起せざるべからず。

ここでは,「精神異常」の児童についてのより積極的な対処方法として,専門機関での対応と家庭と医師の連携を勧めている。また,精神異常を呈する一群に,「受験煩悶」という言葉をあて自殺にまで至ることもあることを指摘したのが,以下に紹介するテオドル,ヘルレルの「神経衰弱の児童」の研究である[47]。

> 精神の異常を呈する所の児童の一群に,少しく長く仕事を続けてするか,又は複雑なる仕事を有する時は,その身体上及び精神上に,重き不快の感受を起こすものあり。
> 右の病症を呈する所の児童に在りては,何の仕事をも果たすこと能はず。特殊の神経症(即ち受験煩悶)を起すに至る。
> 此の如き,病理的の不快感覚は,遂に児童をして自殺を遂げしむるに至る。
> 精神衰弱は,右に示すが如く,悖徳狂,魯鈍,「ヒステリー」及び破瓜狂に類似して,而もこれとは区別せざるべからざるものなり。

さらに同年同誌は,ゲー,フラタウの研究,「神経性の児童」を次のように掲げた[48]。

> 学齢児童にして,教科能力は之あるも,而かも一定の神経症状を存するが故に,一時又は久しき間,規律的の学校に居ること能はざるもの甚だ少からず。
> フラタウ氏は,此の如き,神経性の児童を区別して,種々の種類をよせしが,其第一は疲労し易き児童にして,此種の児童は学校の仕事に取りかかれば,漸く疲労し,顔面蒼白となり,頭痛を訴ふるを例とす。これを見て精神薄弱となすは不良なり。これこの場合に在りては,精神の容易に疲労するがために,学業の成績不良を致すものにして,その智力に足らざる所あるにあらず。
> 右の如き場合にありては学校にて,罰せられ,又は進級の遅るるがために,

その児童は学校を嫌ひ又はこれを恐るるに至るものとす。(中略) 故にこれ等の児童を収容して教育を施すの所，即ち学校保養院 (Schulsanatorium) を設くるを可とす。

ここには，学業の成績不良との関連のなかで，学校で罰せられたり進級ができない児童が，「学校を嫌い，恐れるようになる」と指摘した。
 さらに，神経質の原因が「疲労」であると述べたのが，スタッデルマンの「児童ノ神経質」である[49]。

著者ハ先ズ小児神経質ノ主タル原因ハ疲労ニアリトシ吾人ハヨク学校ニ入リテコレマデ精神，身体的健康ナリシ小児ガ神経質ニナルコトノ夥多ナルコトヲ説キ，疲労素因ヲ有スルカカル小児ハ健康ナル小児ヨリモソノ疲労症候ハ早ク来タリ且ツ強シト故ニ疲労衰弱ヲ早期ニ知ルコトハ神経質ヲ予防スル上ニ非常ニ必要ノモノトナリトシ，コノ点ニ関シテハ医師ト学校職員共ニ手ヲ携ヘ殊ニ授業時間教授法，教材ニ就テ注意セザルベカラザルコトヲ云ヘリ。

スタッデルマンは，「神経質」を早期に発見し対応することが重要であるとし，そのためには，医師と学校職員の連携，授業時間，教授法などに注意を払うことが必要であると述べているのである。
 1910年代に入ると「教育ト神経質」に関する次のような論文が掲げられた[50]。

神経質児童ヲ教育スルニハ，次ノ如キ注意ヲ要スルモノナリト論ゼリ，即ナハチ児童ノ精神ヲ興奮セシムルコトヲ避ケ，教育者ハ児童ノ内部観念ヲ洞察シ，此ト昆垤里様ノ状態ヲ認ムルトキハ，直チニコレガ攻撃ニ努メ (児童ニハ「神経質」トイフ語ヲ聞カシメザルコトヲ可トス)，神経質ノ人ヨリ児童ヲ隔離スルコト等必要ナリト云ヒ，終リニ著者ハ結論シテ，児童ヲ教育セントスルモノハ，自己ヲ省ミ，児童ヲ教育シツツ又タ自己ヲ修養セザルベ

カラズト云ヘリ。

ここには，「教育者ハ児童ノ内部観念ヲ洞察」することを勧め，さらに児童の教育に携わる者は，自己を省み自己修養するよう説いているのである。

また1912年のベー，ホツヘの「神経性児童」を，次のように紹介し掲載した[51]。

神経衰弱ハ実ニ二十世紀ノ疾患ト謂フヲ得ベク，其流布広クシテ其弊害ノ及ボス所大ナリ。世事ニ関与スル大人ハ勿論，可憐ノ児童ノ既ニ本症ニ悩ムヲ見ル。是レ或ハ遺伝的素因ノ存スルモノアランモ亦当今文化ノ弊，或ハ誤マラレタル教育法ニ依リ其原因ヲナス。就中児童ニ来ル症状ノ甚ダ興奮性ナルハ，教育者ニトリテ多大ノ注意ヲ要ス。

児童ノ一度本症ニ犯サルヽヤ其身体殊ニ脳髄ハ甚シク興奮サルヽヲ以テ他ノ児童ニ比シ活発トナリ，時ニ聡明或ハ精神早熟トシテ現ハレ，従ツテ記憶力強ク，質問ニ答案ニ怜悧機敏ヲ示ス。又各種ノ感情著シク亢進シ，想像力増進シ，妄想トナルコトアリ。故ニ斯ル児童ハ感情ニ走リ易ク，何等ノ理由ナクシテ涕泣シ，夜間悪夢ニ襲ハル。学校ニ於テハ喧嘩ヲ試ミ，成績概シテ不同トナリ，褒賞ヲ受クルコトアレドモ又譴責サルヽ事多シ。又斯ル児童ハ身体虚弱ニシテ顔色蒼白，一見疾病ノ急ナルヲ思ハシム。

以上ハ児童ニ於ケル興奮性神経衰弱ノ主徴ニシテ，吾人ハ茲ニ其治療ノ途ヲ講ズルニ先ダチ，該疾患ノ誘因ヲ追究セント欲ス。

現時ノ幼稚ナル智識ニテハ未ダ全ク精神開発ヲ望ムベカラズトハ屢々唱ヘラルヽ所ナリ。而シテ当今ノ学校教育ヲ見ルニ，多クハ学問所又ハ鑑別所ノ如キ観ヲ呈シ，生徒ハ及第スル為メ許多ノ材料ヲ脳裡ニ詰込マザルベカラズ。斯ル課程ニ，生徒ノ精神修養トナリ，将来ヲ稗益スルモノ果シテ幾許ゾヤ。加フルニ教室ノ不備ナル益々以テ神経衰弱ノ猖獗ヲ促スモノナリ。学力ニ従ヒ生徒ノ席次ヲ定ムルハ非教育的ト云フベク，徒ラニ学生ヲシテ表面ノ成績ヲ得ルニ務メシメ，精神過労ノ結果遂ニ病魔ノ襲フ所トナル。

又所謂専門教授ノ如キモ其弊害大ナルモノアリ，各専門教師ハ自己ノ教授スル学課ニ生徒ノ全精力ヲソソガシメントスルヲ以テ，勢ヒ生徒ハ家庭ニ於テ他ノ学課ヲ勉学セザルベカラズ。斯ノ如キ精神過労ハ軈テ心身衰弱ヲ惹起スルハ数ノ免ガレザル所ナリ。(中略) 故ニ書物ハ父兄ノ監督ノ下ニ撰擇セザルベカラズ。神経ヲ強壮ニスルハ是ヲ体育ニ俟タザルベカラズ，然ルニ現時ノ学校教育ハ智育ニ執着シ，体育ヲ軽視スル傾向アリ。故ニ家庭ハ此欠陥ヲ補フ為メ二重ノ責任ヲ要ス。

ホツヘは，「当今ノ学校教育」は，「学問所又ハ鑑別所」のようであると指摘し，「許多ノ材料ヲ脳裡ニ詰込マザルベカラズ」「学力ニ従ヒ生徒ノ席次ヲ定ムルハ非教育的ト云フベク，徒ラニ学生ヲシテ表面ノ成績ヲ得ルニ務メシメ，精神過労ノ結果遂ニ病魔ノ襲フ所トナル」と，学校教育の弊害について述べているのである。

時代が下り1930年代に入ると，「児童神経症ノ問題」に関する研究が掲載された(52)。そこには，神経症の予防と早期発見のため「医学ト教育家トガ常ニ協同セネバナラヌ」と主張されていた。

神経症モ，精神異常モ共ニ身体的ノ根拠ノ上ニアラハレルモノデアル。(中略) 予防及ビ早期ノ療法ガ極メテ必要デアル。サウシテ，ソレニハ医学ト教育家トガ常ニ協同セネバナラヌ。

このように，第1には，現代で使用されているような「神経症(的)」あるいは「情緒不安定」の概念と同様な概念が取り上げられていること，第2には，症状によっては「自殺」にまでつながる点が指摘されていること，第3には，「神経症」などの原因が，養育態度や学校教育のあり方と密接に関係していること，それゆえに第4には，その対応策として，家庭と学校と医師の連携が重要であるとしているのである。

② 「反社会的問題行動」

「反社会的問題行動」については，以下のような記事が掲載された。

> 幼年裁判所ノ新設ハ，近時進歩主義ノ教育家及ビ法律家ガ焦心配慮スル所ノ問題（中略）吾人ガ幼年及ビ幼年者ノ犯罪ヲ見ルコトノ全然一変セルガタメナリ。スナハチ，従前ハ報告的及ビ企図的刑罰ノ施行ヲ主トセルニ反シテ今ハ漸次ニ看護及ビ保護ヲ増加スルニ至レリ。
> 幼年犯罪者ニ対シテ，従来施サレタル法律的処置ハ，十分コレヲ訂正セザルベカラズ。児童ノ責任能力ハ不明ニシテ，刑罰ヲ加フベキ範囲ハ未ダ一定セズ。（中略）コレ一ニハ児童心理学ノ未ダ十分ニ発展セザルガタメナリ。二ニハ人類，殊ニ児童ノ自由意志ニツキテノ未ダ決定セザルガタメナリ。三ニハ精神病的ノ人類，殊ニ児童ノ責任能力ニ関スル問題ノ未ダ十分ニ闡明セザルガタメナリ。（中略）彼ノ村ニアリテ，児童ガ他人ノ所有スル所ノ樹木ノ果実ヲ窃取スルガ如キハ，頻次目撃スル所ニシテ，コレ等ハコレヲ悪戯トスベクシテ，コレヲ犯罪トハナスベカラズ[53]

> プロフエツソールケムジース氏ハ，伯林児童心理学会ニテ，学童犯罪及ビ学校刑罰ニツキテ述ベタリ。（中略）コノ種ノ学童ハ，地方学務局ニテ定メタル学校規定ニ従フノ義務アリテ，若シコノ規定ヲ犯ストキハ，処罰ヲ受クルナリ（中略）医師ハ処罰ノ悪結果ヲ臨床上ニ実験セリ，殊ニ精神ノ正常ナラザル児童ニアリテハ（中略）処罰ノ悪影響ハ甚ダ大ナルモノアリ，然ルニ学校ノ規定ニ於テハ，コノトコロニ鑑ミルコトナシ，コノ低能ニシテ精神病ノ素因アル児童ヲバ，度々ノ処罰及ビ不適当ノ家庭教育ニヨリテ益々不良ナラシムルコトヲ避ケントスルニハ，教師ハ十分ノ心理学上ノ智識ヲ以テ，十分ノ注意ヲナササルベカラズ[54]

これらの引用からわかるように，「幼年犯罪」については，児童の責任能力に関する問題が鮮明にされていないという指摘や，学童の犯罪及び学校刑罰に

ついては，教師が心理学上の智識をもち注意し，やたらと処罰をしてはならないと指摘した。

やがて1920年代に入ると，「犯罪児童」について次のような記事が掲載された。

> 社会ハ大イニ進歩シタトイツテモ不良児童ノ感化ニ対スル現存ノ組織ハ未ダ以テ不完全タルヲ免レナイ。悪事ヲ為スハ主トシテ身体及ビ精神ノ病的状態ト親密ノ関係ヲ持ツテ居リ，何レモ善悪ノ識別ニツキ充分ナ力ヲ賦与サレテ居ラナイノデアル。不良少年ノ多クハ精神欠陥デアツテ之カラ概シテ道徳的欠陥ヲ発生スルニ至ルノデアル。併シ，尚ホ多数ハ機能的神経障害ニ悩ミツヽアルノデアツテ，之ニ対シテハ心理的取扱如何ニ依ツテ著シイ進歩ヲ呈スル。殊ニ，道徳的不定ガ普通神経的体質ト称サレテ居ルモノト合併シタ時ニ於テ然リデアル。是等ノ児童ハ善良ナ影響ニハ屡々敏感デ普通ハ気分ガヨイノデアル。(中略)トニカク真ノ貧民トカ粗略ニ取扱フトカイフ様ナ外観的欠点ヨリハ，習慣態度ノ内的複雑ナ縺レヤ，モツト活動的先天的ナ心ニ生長スル反動ニ於テヨリ多ク見出サレルノデアル(55)

ここには，不良少年の多くが「精神欠陥」であり，このことから「道徳的欠陥」を発生するため「心理的取扱如何ニ依ツテ著シイ進歩ヲ呈スル」と述べている。このように「反社会的問題行動」については，第1には，その実態について十分に解明されていないこと，第2には，その原因として社会の変化によるものがある一方で，心理・精神病学的な理解を必要とするものがあること，第3には，その対応については，処罰することにこだわらず心理学上の知識をもって接することが必要と指摘していることが重要である。

③ 「成績不良」

次に「成績不良」についてである。

1923（大正12）年『児童研究』は，「教育成績不良ノ児童」という次のような一文を掲げた(56)。ここでは，学校において成績の不良の児童は，「精神薄弱」

「精神異常」「社会的ニ障害セラレタル児童」「病的児童」の4種類に分けられると指摘している。

> 学校ニアリテ，教育ノ成績ノ不良ナルモノヲ調査スルニ，ソノ児童ニハ大略左ノ四　種ニ属ス
> 　イ。精神薄弱（魯鈍ノ児童）
> 　ロ。精神異常（所謂精神病的児童）
> 　ハ。社会的ニ障碍セラレタル児童
> 　ニ。病的児童
> 　　　　　　　　　　（中略）
> 精神病的児童ノ軽度ノモノハ所謂神経質児童ニシテ，コレニ対シテ教育ヲ施スコトハ，治療ノ一法タルコトアリ，故ニ普通ノ教育ヲ施シテ差支ナキモ，重要ノモノニ対シテハ特別ノ学校ヲ選ブコトヲ要ス。

そして，1926年には「初等学校程度ニ於ケル問題児童」という一文を掲載し，教師から『問題ノ児童』とされた「原級ニ止マル者，神経質ノ者，学校嫌ヒノ者」38名の児童に調査が行われ，その結果「学校ハスベテ心理的社会的ニ優レタル家庭訪問者タル可キコト，同様ニ登校時間中児童ノ身体ノ健康ヲ配慮スル所ノ保母タル可キコト，第三ニハ結婚前ニ親タルノ準備ヲ授クルコト」と指摘している[57]。

> 著者ハ教師ヨリ『問題ノ児童』トシテ選バレタ幼稚園竝ニ小学校最下級生（原級ニ止マル者，神経質ノ者，学校嫌ヒノ者）三十八人ノ児童を調査シテイル。（中略）著者ハ彼等ノ両親ガ，衛生及ビ教育ノ最モ簡単ナル法則ニ就テモ無知ナルコト，児童ニ対スル理解ヲ欠イテイルコトヲ屢々見出シタノデアル。又，女教師ニ於テハ判断ノ不足及ビ先入見ノアル事ヲ決定シウルト信ジテイル，蓋シソノ判断ハ屢々知力試験ノ結果ト一致シナイカラデアル。而シテ此ノ調査ニ基イテ著者ハ三ツノモノヲ要求シテイル。即チ学校ハスベテ

心理的社会的ニ優レタル家庭訪問者タル可キコト，同様ニ登校時間中児童ノ身体ノ健康ヲ配慮スル所ノ保母タル可キコト，第三ニハ結婚前ニ親タルノ準備ヲ授クルコト。

以上のように，「成績不良」については，第1には，「成績不良」の状態が「精神異常」などの4種類に分類できること，第2には，「学校嫌い」という言葉が使用されていること，第3には，その対応として教育者のあり方が問われていることであった。

おわりに

本節は「近代日本の教育情報の歴史的研究」の一環として，児童そのものを「科学的」に研究しようとした日本で最初の雑誌メディア，しかも，長期にわたって刊行され，現在に至っている『児童研究』に着目し，その書誌的・内容分析を行った。今回の研究は即時的な研究であったかもしれない。しかし，この作業を通して，今とりあえずいえることについて，ここでは要約し，その上で今後の研究課題を述べたい。

まず，この作業を通して指摘できる第1は，他の心理学雑誌に比して早期に児童の「心性」を観察法を用いて研究する視点とその方法を提唱した雑誌であったことである。たしかに当時教育雑誌の中で『教育実験界』や『日本之小学教師』などは児童に関する記事を所載している。しかし，それらの記事は教授法の研究に集約され，くしくも，槇山栄二が，1910年雑誌『国民教育』に「児童の発問を研究せよ」という一文を所載し，「児童の発する質問に就いては是迄殆んど研究されてをらない」と指摘したように，また，「『児童の個性を発揮せよ』『児童の人格を尊重せよ』と云ふことは，近年屡々聞く所の呼び声である」と述べたことにも象徴されるように，1910年代には児童の側に立った教育学あるいは心理学の必要性が叫ばれていた。このような時代状況の中で，『児童研究』が誕生したのである。第2には，『児童研究』を発行する母体は幾度

か変更を余儀なくされる。その中でもこの『児童研究』の発刊を支え続けたのは，なにあろう，高島平三郎であった。そのことは書誌的分析の編集者の推移からも十分指摘することができる。第3には書誌的分析を通して，想定される読者層は，わずかな会員名簿からの分析であるが，なんといっても，活動分野から考えると学校教育・医療・養育など幅広い層であった。なかでもすでに指摘したように初等教育と大学・高等教育関係者が多かった。第4には，読者がかかわった対象を推測すると，児童期及び青年期が中心であったと考えられる。第5には，欄項目を整理して見ると，「叢談・談叢」「論説」「摘録」と続いている。「摘録」欄では海外の児童研究関係・著書や論文の紹介を多く取り入れながら，「論説」欄では会の児童研究の主張を行っていたことが判明した。しかし，欄構成の分析だけで記事の特徴を指摘するのは難しく，各欄ごとの記事分析が不可欠と考えている。第6には，「教育病理学」欄の二重の性格である。そこでは，ドイツにおける教育病理学研究の紹介と移入が図られていたことと，同時に日本人の手になる教育病理学研究が進んでいた。第7には，教育病理学という言葉がどのような意味で使われていたのかを述べるならば，戦前日本においてはたしかに，精神薄弱という「発達障害」に関する情報は提供されていたが，しかしそれだけかと問われればそうではなかった。そこには，「精神病」「不良児童」「成績不良」などという言葉も教育病理学という言葉の中に内包されていたのである。この点に関して，従来の教育病理学に関する教育学研究においては，「学校嫌い」「不登校」「非行」「自殺」「神経症（ノイローゼ）」などの問題は，学校化が進む1965年以後の問題であるとされてきたが，しかし以上の分析から明らかなように，これらの問題が既に明治中期・昭和戦前期においても生起しており「教育病理学」の概念に内包されていたことがわかる。他方，今回の研究では，現在問題視されている「いじめ」に関する情報を見出すことはできなかった。第8には，教育病理問題に取り組むためには教育と医学の連携の重要性と，教師や保護者などが医学的視点をもつことの大切さを訴えている点は，現代にも通じるものである。

　『児童研究』は，近代日本における学校化過程の中で，教育病理を「学ぶ者」

第 1 節 『児童研究』　303

　の側から理解するための有力な資料的性格を有していたものと考えられる。
　今後の課題としては以下のことが考えられる。今回は，仮設的に『児童研究』の発刊とその後の展開を3期に分類した。また，『児童研究』の特色について，三つの仮設を提示したがその検証が必要であると考えている。さらに執筆者とその特徴についても検討が必要であろう。それにもまして，重要な課題が残されている。それは『児童研究』の「児童」観の研究である。どのような立場の人間が「児童」という歴史的概念をどのように捉えていたのか，国家と教育という視点，心理学的な観点からの研究が緊急に求められる。さらに今後は，「論説」「研究」「研究法」欄などを研究対象として教育病理情報の歴史的分析を重ねてゆきたいと考えている。

　注
(1)　樺松かほる・小熊伸一・菅原亮芳『教育関係雑誌目次集成（Ⅰ期～Ⅱ期）』日本図書センター刊を参照されたい。
(2)　飯田宮子「高島平三郎の心理学研究(1)―雑誌『児童研究』を通して見る明治後期における日本心理学の概観―」『東京立正女子短期大学紀要』第23号, 1996年　石井房枝「高島平三郎の小児研究とその時代」『日本心理学史の研究』心理科学研究会歴史研究部会編, 法政出版, 1998年
(3)　松島豊「日本における児童研究運動の成立とその問題性―日本児童学会を中心とする児童研究運動の概観（1944年まで）―」『東京大学大学院教育学研究科修士論文』1982年, 山本敏子「明治期・大正前期の心理学と教育（学）―子どもと教育の心理学的な研究の動向を手がかりに―」『教育哲学・教育史研究室紀要』第13号, 東京大学教育学部, 1987年, 茂木俊彦「雑誌『児童研究』の分析を中心に（わが国における「精神薄弱」概念の歴史的研究）」『教育科学研究』第7号, 東京都立大学教育学研究室, 1988年
(4)　山崎由可里「戦前日本の精神病学領域における教育病理学・治療教育学の形成に関する研究」『和歌山大学教育学部紀要教育科学』第54集, 2004年, 19～36頁
(5)　「祝辞」『児童研究』第1巻第1号, 1898年11月
(6)　「開会の辞」『児童研究』第11巻第5号, 1908年5月, 33頁
(7)　「日本児童研究会の創設に就きて」『児童研究』第5巻第8号, 1902年10月, 1頁
(8)　「小児研究」『教育壇』第4号, 1897年5月, 11頁
(9)　同上, 22～23頁
(10)　「小児観察の流行」『教育時論』第337号, 1894年8月, 35頁
(11)　「小児観察」『教育時論』第325号, 1894年4月, 40頁

(12) 「我が国に於ける児童研究の発達」『児童研究』第 1 巻第 2 号，1898 年 12 月，14 頁
(13) 「大日本教育会児童研究組合報告」『大日本教育会雑誌』第 172 号，1895 年 12 月，71〜72 頁
(14) 同上，69 頁
(15) 大泉溥『日本心理学者事典』クレス出版，2003 年，620 頁
(16) 藤原喜代蔵『明治大正昭和教育思想学説人物史第 3 巻』東亜政経社，1943 年，844 頁
(17) 「児童研究の必要」『児童研究』第 1 巻第 1 号，1898 年 11 月，3〜4 頁
(18) 「児童研究法大意 第 1 回」『児童研究』第 1 巻第 1 号，1898 年 11 月，26 頁
(19) 「日本児童研究会の機関誌としての『児童研究』」『児童研究』第 6 巻第 1 号，1903 年 1 月，1 頁
(20) 「日本児童学会沿革（二） 日本児童研究会の設立」『児童研究』第 41 巻第 2 号，1942 年 1 月，37 頁
(21) 同上
(22) 「日本児童学会沿革（五）」『児童研究』第 41 巻第 5 号，1942 年 7 月，109 頁
(23) 「日本児童学会沿革（二）」『児童研究』第 41 巻第 2 号，1942 年 1 月，38 頁
(24) 「日本児童学会沿革（六）」『児童研究』第 41 巻第 6 号，1942 年 9 月，134 頁
(25) 「日本児童学会の発展の沿革（二）」には，「『児童研究』は第三十巻以来月刊であつたが，第三十六巻よりは，隔月刊刊行することとなつた」と記されているが正確ではない。
(26) 「日本児童学会の発展の沿革（一）」『児童研究』第 50 巻第 2 号，1964 年 12 月，3 頁
(27) 同上
(28) 「日本児童学会の発展の沿革（二）」『児童研究』第 50 巻第 3 号，1965 年 5 月，4 頁
(29) 「再刊に当りて」『児童研究』第 43 巻第 1 号，1946 年 9 月，1 頁
(30) 『出版文化人名辞典』第 3 巻，日本図書センター，1988 年，79 頁
(31) 『大衆人事録東京扁』国勢協会，昭和 15 年 11 月，475 頁
(32) 首藤美香子『近代育児観への転換』勁草書房，2004 年
(33) 「新役員打合会」『児童研究』第 30 巻第 4 号，1916 年 7 月，137〜138 頁
(34) 「日本児童学会沿革（二）」『児童研究』第 41 巻第 2 号，1942 年 1 月，38 頁
(35) 「日本児童学会沿革（一）」『児童研究』第 41 巻第 1 号，1941 年 1 月，18 頁
(36) 前掲 注 (34)，37 頁
(37) 前掲 注 (34)，38 頁
(38) 前掲 注 (34)，38 頁
(39) 富士川游「学齢児童の色情に就きて」『児童研究』第 2 巻第 9 号，1900 年，14 頁
(40) 「教育病理学の必要」『児童研究』第 4 巻第 8 号，1901 年 12 月，57 頁
(41) 『東京都教育史』通史編二，1995 年，813〜814 頁
(42) 欄を整理するなかで「教育病理」の語を含んだ欄として，「教育病理」欄と「教育

病理学」欄があった。そこに掲載された記事内容を比較してみたところ，それほど内容に差異がみられなかった。そこで本論文では，便宜上これら二つの欄を併せて「教育病理学」欄とした。また，1908年1月25日号（第11巻第1号）以降，「教育病理学」欄は「摘録」欄に含まれた。その欄の性質上，ここで取り扱う記事の多くは文献を紹介したものがほとんどであった。したがって，「論説」欄などのように直接的な編集の意図は表現されているとはいえない。しかし『児童研究』の編集者によって選択され掲載されたこれらの記事には，なんらかの編集方針が反映されていることは確かである。ゆえに，「教育病理学」欄に所載された教育病理情報を分析したい。

(43) 拙著「児童研究の研究 (2) ―『教育病理学』欄にあらわれた教育病理―」『高崎商科大学紀要』第20号，2005年，129～132頁を参照されたい。
(44) 同上 134～137頁
(45) 富士川游「学生神経質」『児童研究』第10巻第7号，1907年，26～29頁
(46) ワイガント「精神異常の児童」『児童研究』第11巻第1号，1908年，27～29頁
(47) テオドル，ヘルレル「精神衰弱の児童」『児童研究』第11巻第5号，1908年，23頁
(48) ゲー，フラタウ「神経性の児童」『児童研究』第11巻第6号，1908年，28～29頁
(49) スタッデルマン「児童ノ神経質」『児童研究』第12巻第9号，1909年，336頁
(50) アー，ストリユムベル「教育ト神経質」『児童研究』第13巻11号，1910年，391頁
(51) ベー，ホツヘ「神経性児童」『児童研究』第16巻第1号，1912年8月，23～25頁
(52) ウエー，モース「児童神経症ノ問題」『児童研究』第36巻第3号，1932年9月，70～71頁
(53) ルードウイツヒ，グルリット「幼年犯罪者」『児童研究』第13巻第1号，1909年7月，17～18頁
(54) ケムジース「学童ノ犯罪及ビ学校刑罰」『児童研究』第15巻第2号，1911年8月，49～50頁
(55) エー，アール，アベルソン「犯罪児童」『児童研究』第30巻第10号，1927年，306～308頁
(56) フアンネル，ウイルヂングホーフ「教育成績不良ノ児童」『児童研究』第26巻第5号，1923年，221頁
(57) ヂーレイ「初等学校程度ニ於ケル問題児童」『児童研究』第30巻第1号，1926年，20～21頁

第2節 『大学及大学生』
―― 大学の本質とあり方に関する専門情報誌 ――

浅沼 薫奈

はじめに

　第二次世界大戦前の日本において大学問題専門雑誌は皆無に近かった。その中にあって本節で取り上げる『大学及大学生』は，本邦初でほとんど唯一の大学問題専門雑誌であったといってよい。本節は，編集主筆の大学論と雑誌の特徴を紹介することを通じて，大正期にどのような新しい大学論とメディアが出現したかを探ることを目的としている。

　『大学及大学生』は1917（大正6）年11月1日～1919（大正8）年5月1日に月刊誌として刊行された，ごく短命の雑誌である。主筆は，元早稲田大学職員で約5年間（1912～17年）高田早苗の秘書[1]を務めた人物，橘静二であった。刊行時期から推察できるようにこの雑誌は，教育調査会・臨時教育会議等の高等教育制度改革論議を背景として創刊され，特に大学令（勅令第388号・1918年12月）を大きなイッシューとして取り上げた。日本の近代大学史として，この時期は「大学の拡張，高等教育の門戸開放によって特徴づけられ」[2]，「第二次世界大戦後の新制大学成立への重要な歴史的前提となった」[3]といわれている。また，『大学及大学生』の刊行の時期が「日本全体の大学発展史にとっても，決定的に重要な転換期」[4]であったと指摘されるように，『大学及大学生』はまさに高等教育機関が量的・内容的に大幅な変容を遂げようとしていた時期の刊行であった。

第2節 『大学及大学生』

本誌は主筆橘静二の個人雑誌的性格を濃厚に有していたことが特色であり、しかもそれ以前には類似のテーマの雑誌はなく、大学問題を専門的に扱った最初の大学問題雑誌であった。例えば、教育情報媒体として当時の教育界において最も大きな機能を果たしていた教育雑誌の一つである『教育時論』は、「社説」や「時事彙報」、「学説政務」欄に高等教育制度改革関連の情報・論稿を掲載しているが[5]、大学制度改革に関連した内容を散発的に扱うにとどまっていた。また、同時期の雑誌として、星島次郎が主幹となり1917（大正6）年1月～1920（大正9）年7月に刊行した『大学評論』という雑誌もあった。刊行時期は『大学及大学生』とほぼ重なっていたが、同誌のサブタイトルとして「社会と大学の連鎖」という編集意図を掲げているところからも推察できるように、「大学の知識を社会の実際に演繹」[6]することを目的とし、当時の日本における言論界をリードしていた総合雑誌『中央公論』に大きな影響を受けて発刊されたため[7]、政治や経済に関する論説記事が中心となっており、性格は一般誌に近かった。

さて、『大学及大学生』創刊第1号の巻頭言において橘は次のように述べている。

> 本誌微力、自ら惴ずして刊行を企てたる所以は、一に大学意識の普及を人類の最大急務と認めたが為である。本誌は素より一私人の経営に属し、世界の何れの大学とも何等の関係を有せず、而も自ら大学意識の普及を其の信念と為すは、本誌が無形の大学たり、本誌の同人自ら無〔形〕大学の経営者を以て任ずるが為に外ならない。実在の大学、実在の大学経営者は目覚めて以て大学意識の普及に努力し、本誌幸に相応じて一般世人のために大学意識の普及を計らば、現代日本の文化、或は一階段を登るを得べく、世界の文明も亦更に一飛躍を為すを得べきか。真理の討究、英俊の育成、文化の向上を以て大学存立の三大信條と為して、生命の一路に一歩を踏む。本誌の前途春洋の如きを覚える。[8]

このように創刊趣旨を示すとともに、口絵扉には全巻に「大学は真理の討究と文化の向上と英俊の育成とを以てその存立の第一義となす」と付してあり、橘の意図した創刊の目的はこれらの言葉に集約される。すなわち、大学は「真

理の討究」「文化の向上」「英俊の育成」を第一の存在理由とするものであるという信念に基づいて，橘は大学の教育・研究及び管理・運営のあり方を追求しようとしていたのである。このような，大学とは何か，大学経営とは何かと問い続けた姿勢は，廃刊となる第19号まで変わることはなかった。

『大学及大学生』の特徴は，まさに橘によるこういった刊行目的にあった。つまり大学の理念論を振りかざすのではなく，具体的な大学問題を取り上げることを通じて大学のあり方にメスを入れようとしたのである。例えば，大学のカリキュラム論や大学教授論，図書普及，通信教育論，学生の就職，大学経営等について具体的問題を論じており，特に大学経営という観点から，当時高等教育が直面していた教育革新問題を提起し，大学教職員の専門性（プロフェッショナル化）の必要について述べたのはきわめて先駆的な試みであった。さらに本節で検討していくように，橘は当時の日本の高等教育における帝国大学を頂点とするヒエラルヒー構造を批判し，理想的大学の経営は私立大学によってこそなしうるのだという信念を有していた。このような設置形態（官立・私立）を，大学のあり方を考える視点として提起したのは，帝国大学が絶対的な権威を持っていた当時においてきわめてユニークであり，今日においても再検討に値する問題といえよう。

これまでに，『大学及大学生』については田中征男氏の先行研究（「解説」[9]）がある。田中氏は，本誌を「大学と大学教育の本質にかかわるテーマを立て」「大学意識の向上・発展に努力している」[10]ものであったと評価し，帝国大学令や大学令に示された目的等と比較して本誌が「進歩的，民主的な価値をもっていたことは明瞭」[11]であると位置づけている。しかし，大学教育論研究の流れの中で橘の大学論がどう位置づけられるのか，『大学及大学生』が日本の大学発展にどのような意味を有していたのかについての考察は今後に残されたままである。一方，主筆である橘静二の生涯については原輝史氏の『大学改革の先駆者・橘静二』による伝記的研究がある。また，「特集・早稲田大学プロテスタンツ改革運動史」（『早稲田フォーラム』第49号）等の早稲田大学個別大学史研究によっても橘を含む同改革運動に参加した人物の研究を中心とした研究

がなされている。[12] これらの研究によって、橘と早稲田大学との繋がりや大学に関する橘の一般的見解が分析されているが、橘の主宰した『大学及大学生』にあらわれた大学論については十分な分析がなされていない。

本節は『大学及大学生』の分析を通じ、1) 大正期に起きた新しい大学教育論の特徴はどのようなものであったか、2) 当時として「大学経営」という斬新な視点がどのようにあらわれたか、3) 大学教育・教授方法についてどのような論説記事があらわれたか、4) 学制改革に対する意見はいかなるものであったか、という視点から考察を加えるものである。

1　橘静二のライフコースと『大学及大学生』の刊行

『大学及大学生』刊行の背景や編集方針は、主筆橘自身が職員として勤めた早稲田大学とどのようにかかわってきたかが大きく関係している（表3.2.1参照）。

『大学及大学生』の特色としては、次の3点を指摘することができる。第1に橘の私学職員としての経験に加えて2度にわたる欧米諸大学の視察旅行や学長高田早苗の秘書としての経験から、大学経営[17]の理念が全篇を通して貫かれていること、第2に刊行の時期や刊行目的、掲載記事内容などから、間近に迫った高等教育制度改革を強く意識していたこと、第3に橘自身の意見を含めさまざまな角度から大学論を展開することを目的に刊行された雑誌であったことである。

表3.2.1を見ると、橘にとって『大学及大学生』の刊行は公的な人生の最後の大事業であった。橘が『大学及大学生』中で提唱している大学論は、早稲田大学における自らの経験に基づくもの、すなわち欧米諸大学視察や早稲田大学プロテスタンツ同盟[18]と称する少壮教授グループからの依頼による大学改革案の粗稿作成等が大きな影響を与えていた。すなわち第三者として評論的立場から雑誌を刊行したのではなかった。橘には大学とは「文化向上の原動力」[19]でなければならないという考えがあった。大学が一方において「大学内部」の人々のものでありつつも、他方においては外部、つまり卒業生や一般社会の

表 3.2.1　橘静二 略年譜

1886 年 8 月	東京本郷に生まれる（父顕三，母栄子）。
1904 年 4 月	早稲田大学高等予科入学。
1905 年 9 月	早稲田大学文学部文学科へ進学。
1908 年 7 月	同卒業。同 9 月 早稲田大学事務員に採用。
1911 年 3 月	早稲田大学野球部のアメリカ遠征に随行。欧米の主要な大学の視察を行う。
1912 年 5 月	帰国とともに学長高田早苗から学長秘書に抜擢される。
1913 年 10 月	早稲田大学創立 30 周年記念式典挙行。[13]
1914 年 4 月	高田学長の慰安旅行に同行し渡欧。同年 11 月帰国。高田学長より早稲田大学改革案の調査案（「小手調べ案」）の作成を指示される。[14]
1915 年 8 月	高田の文部大臣就任により調査案の作成中止。学長秘書を辞任し文相秘書官に就任，早稲田大学研究室嘱託となる。
1917 年 2 月	早稲田大学プロテスタンツ同盟総会の依頼によって，早稲田大学改革案「プロテスタンツ原案」粗稿作成。
1917 年 9 月	早稲田大学辞職。[15]「橘顕三大学経営研究所」[16] を設立。同 11 月『大学及大学生』発刊。
1919 年 5 月	経営悪化により『大学及大学生』廃刊。同 12 月妹五三子を伴い渡米，シカゴに定住。日本人を対象とした邦字新聞「大日本」を発行。印刷会社に勤務。
1931 年 8 月	中学時代に患った大動脈瘤の手術後経過不良により死去（41 歳）。

　人々の「大学意識」が深められ広められることによって，国民の大学に関する知識と意識とを高めていかねば大学は発達し得ないという使命感が，自身の公的な生涯の最後に『大学及大学生』の刊行をなさしめたのである。
　雑誌としての『大学及大学生』の特徴を述べておこう。まず『大学及大学生』の刊行部数や読者層については明らかではなく，橘の巻頭言やかなり専門的な内容で構成されていることから，大学人や特に大学経営にかかわる人々を意識して刊行されたのであろうが，売れ行きはあまり芳しくなかったらしい。[20]また本誌を見ていくと，「橘君の御依頼に依って……」と書かれているものが多く見られることから，掲載されている論稿の多くは橘が個人的に執筆依頼をしていたことがうかがわれる。
　創刊第 1 号の目次は，「口絵」「大学論叢」「時の問題」「学会月旦」「時の人物」「学会報道」「学生生活」「通信と追憶」「大学文芸」「附録」「特別附録」といった構成からなっており，この目次構成は基本的に終刊までほとんど変わらずに

貫かれた。なかでも特に本誌の中心となっていたのは「大学論叢」欄であり，創刊より毎号，5人前後の著名人・知識人の大学教育論や大学制度論に関する論稿を掲載していた。また，「附録」には，終刊までパウルゼンの「独逸大学論」の日本語訳が掲載された。第1号から掲載が始まり，途中，第7・14・16・18号を除いて連載されたが，未完のままで廃刊となっている。不定期に掲載された「特別附録」は，第1，3，6，15，17号に見ることができる。この中で，第1号と第17号のものは橘静二による長大な論稿で，本誌のほぼ全篇にわたる非常に長大な論稿であった。一つは一人のアメリカ人女性宛の書簡の形で早稲田大学及び大学の理想を追求しつつわずか9年で早稲田大学を辞職しなければならなかった橘自身の半生を語った「早稲田を去る」(第1号)であり，もう一つは大学令の公布及び高等教育機関拡張計画の発表に対する批判を展開した「吾れ訴ふ」(第17号)であった。いずれも橘の大学論及び大学制度改革に対する考えを知る上で，非常に重要な論稿となっている。

　なお，第6号の「特別附録」は高根義人「大学制度管見」，第15号は福沢諭吉「教育論」，加藤弘之「女子の教育」，神田孝平「邦語を以て教授する大学校を設置すべき説」，西村茂樹「大学の中に聖学の一科を設くべき説」，ヘンリー・モーレ「倫敦大学の改革に就て」といったいずれも明治期に発表された大学教育論を復刻再掲しており，このことから明治期以降の大学論に関する体系的遺産を確認しようとしていたと推察することができる。

　その他，「学会月旦」「追憶と歴史」「学会報道」「学生生活」欄には，「ベルリン大学」「シカゴ大学の思出」「ケムビリッヂ大学の学生生活」「ローマ大学の思出」「パリ大学」といったように海外の大学の状況や留学記が多く見られ，主としてイギリス，ドイツ，ロシア，アメリカ，フランス，イタリアといった欧米各国の大学を取り上げていた。「時の人物」欄には，主として国内の大学人や知識人，例えば菊池大麓，鎌田栄吉，吉田熊次，佐藤昌介，中橋徳五郎，島村抱月，平沼淑郎，成瀬仁蔵，高田早苗，松浦鎮次郎らについての人物論や思い出が掲載された。また「大学文芸」欄には，第1号に正宗白鳥と田村俊子の小説，坪井士行の脚本等を掲載しており，第2号以降も吉井勇，鈴木悦，小

川未明，和辻哲郎等の小説や脚本，詩歌等，各号1本から最高で6本の文学作品を掲載していた。その内容は多彩であったが，特に初期には坪内士行「或る学生の群れ」(第1号)，同「留学生」(第3号)，鈴木悦「或る学生の日記」(第2号)，児玉花外「クローバー大学」(第4号)といったように大学に関連する作品が掲載されていたことが注目される。

　これらの各欄それぞれのテーマに共通していることは，国内外を問わずに広い国際的視野から大学を論じようとしていた姿勢である。また，新しい論説ばかりでなく，明治期に活躍した人物論や明治期に発表された大学論・大学教育論などを選択して掲載していた。このことから，『大学及大学生』は，単なる主筆橘の個人雑誌ではなく，実に多彩な大学人による論稿が寄稿されていた，同時代の多様な大学論を体系的に探ることができる稀有な高等教育メディアであったといえる。

2　欄構成の特徴

　前項でも述べたように，本誌の誌面構成は創刊から終刊までほとんど変化がなく，総じて「大学論叢」欄に誌面の多くを割く傾向にあった。例えば，創刊号の総頁数が344頁であったのに対して，「大学論叢」欄にはそのうち85頁を費やしている。ただし，創刊号の巻末には112頁に及ぶ長編論稿「特別付録『早稲田を去る』」が掲載されており，それを除く本編部分は232頁であったから，「大学論叢」欄は創刊号本編のうちの3分の1以上を占めていたこととなる（表3.2.2参照）。

　本誌の創刊の趣旨は，最初に述べたように「文化向上のための大学意識の普及」を目的とするものであった。創刊号の奥付には「創刊に際して」[21]と題して，「大学の洗礼を受けて始めて思想界の統一は実現せられ，学者，学生共に自ら立てる大地に，確実に足を置くの感あるべきである」と述べられている。すなわち，本誌の趣旨とするところの"大学意識の普及"のためには，大学に関係するあらゆる知識を交換して，大学関係者すべての共通認識としたいとするものであった。そのために「大学論叢」欄は敢えてテーマ性を設けなかった

第 2 節 『大学及大学生』　313

表 3.2.2　総頁数中「大学論叢」欄の占める頁数

号数	本誌頁数 (うち「大学論叢」欄頁数)	「特別附録」頁数	総頁数
1	232 (85)	112	344
2	183 (44)		183
3	240 (52)	52	292
4	236 (48)		236
5	238 (46)		238
6	327 (58)	57	384
7	240 (32)		240
8	240 (38)		240
9	223 (50)		223
10	226 (25)		226
11	216 (29)		216
12	180 (32)		180
13	202 (21)		202
14	195 (33)		195
15	224 (30)	36	260
16	198 (31)		198
17	151 (24)	114	265
18	163 (58)		163
19	159 (27)		159

と推察できる。あらゆる論稿をある程度雑多に掲載することによって，『大学及大学生』刊行の趣旨に即した，中心的役割を果たすことを可能にしたのである。
　例えば，創刊号の「大学論叢」欄には 7 本の論稿が掲載されており，福田徳三「大学の本義と其自由」，江木千之「大学制度の根本問題」，大山郁夫「大学生活と思想の自由」，島村抱月「大学程度の学生に注文」，橘静二「大学の自主的教授法（略論）」，エマジ「時評」，主筆「創刊の辞として大学意識を論ず」といった構成となっているが，これだけを見ても同欄に掲載された内容は，大学制度論や大学教育論，学生論に至るまで多様なものであったことがわかる（表3.2.3 参照）。また，第 2 号にはさらに沢柳政太郎「無意義なる官学・私学の別」や，湯原元一「高等師範教育の根本義」といった論稿も掲載されており，このことから，私立高等教育機関の大学昇格問題の渦中にあって，広く高等教育機関全体のあり方を言及しようとしていたことをうかがうことができる。

第3章 学校・大学

表3.2.3 創刊第1号目次

口絵（ハーバード大学名誉総長チーヤルス・ダブリュー・エリオット　カルフォルニア大学のグリーク・シアター　慶應義塾大学図書館　東京高等商業学校図書館　ソルボンの教授会議室　ペンブローク・カレッヂの食堂　ヴィエナ大学の正面）
表紙及カット………………………………………………………………………山本茂麿
大学論叢
時評…………………………………………………………………………………エマジ
創刊の辞として大学意識を論ず……………………………………………………主筆
大学の本義と其自由…………………………………………法学博士　福田徳三
大学制度の根本問題…………………………………………貴族院議員　江木千之
大学生活と思想の自由………………………………………………………大山郁夫
　　■「大学論」叢書の予告
大学程度の学生に注文………………………………………………………島村抱月
大学の自主的教授法（略論）………………………………………………橘静二
時の問題
学校争奪戦の解決　阪田香川県知事　新妻大分県知事　佐野長野県知事　川崎福島県知事
　　　　　　　　　岡田佐賀県知事　若林愛媛県知事　末松徳島県知事　柿沼高知県知事
　　　　　　　　　田川水戸市長　　高岡鹿児島県知事
学会月旦
ベルリン大学　………………………………………………………総長　スイング
文学士 MT 生
歴史の文部大臣………………………………………………………………蓬莱山人
時の人物
教育家としての菊池男爵………………………………………文部次官　田所美治
男爵菊池大麓小伝……………………………………………………………藤澤利喜太郎
学会報道
カイザア・ウィルヘルム科学研究所設立の顛末…………理学博士　田丸節郎（一）
　　■芸術小感
学生生活
早稲田慶應二大学野球確執の顛末
本年夏季に於ける学生生活の瞥見
グリー・クラブとスチューデンツ・ユニオン
通信と追憶
シカゴ大学の思出……………………………………………………………大山郁夫
ケムブリッジ大学の学生生活……………東京高等商業学校教授商学士　上田貞次郎
女子大学夏季寮の通信………………………………………………………薄墨
カレッヂ・ライフの思出………………………東京女子師範学校教授　岡田みつ子
オペラ・コミックで卒業試験…………………………東京音楽学校教授　神戸絢子
ローマ大学の思出……………………………………………法学博士　三潴信三

```
大学文芸
小説  盆踊り……………………………………………………正宗白鳥
    ■雑草
脚本  或る学生の群れ…………………………………………坪内士行
長詩  彼等の醉後………………………………………………服部嘉香
小説  旅より……………………………………………………田村俊子
附録  独逸大学論……………………………………………バウルゼン教授
    ■「早稲田を去る」の後に………………………………服部嘉香
特別附録  早稲田を去る…………………………………………橘靜二
```

　このように本誌の中心を担っていた「大学論叢」欄は，途中，第13号のみ掲載論稿数は3本と減少するが，それを除けば終刊の第19号まで4〜7本の論稿数を掲載し続けた。ただし，同欄に掲載された毎号7本前後の論稿のうち，2〜4本は主筆橘によるものである場合が多く，また，すでに発表されていた優れた論稿の再掲である場合もあった。例えば，第7号（1918年5月号）には十六博士による「大学制度改正私見」などが見られるが，この「大学制度改正私見」は，新渡戸稲造を中心とした少壮教授・大学関係者等によって1918（大正7）年2月に発表された大学制度改革案である。その中では，「各国を通じて理工医農等の自然的物理的諸学科と共に哲学宗教文芸歴史政治経済法律等社会的諸学科の深遠なる研究を益々必要とする」といった内容が述べられた上で，幅広い見地からの大学教育の必要性を説いているものであった[22]。

　一方，「時の問題」欄は，毎号テーマを設け時事問題を議論するものとなっていた（表3.2.4参照）。

　当時の高等教育機関関連の時事問題の中でも最大の関心事といえば，前述したように臨時教育会議が議論していた大学令の制定問題であった。連日各メディアが同問題を報じていた中，本誌でも大学令公布をめぐるさまざまな論点を取り上げていた。しかし，新聞のように最新の動向を報じるというよりは，独自の視点から論点を設ける傾向にあった。

　例えば，高等学校や高等専門学校の増設計画に対して，各県知事はどのように考え対処しようとしているのか個々の意見を募った「学校争奪戦の解決」

表3.2.4 「時の問題」欄のテーマ一覧

号数	テーマ
1	「学校争奪戦の解決」
2	「臨時教育会議の最高批判」
3	「大学と軍事教練」
4	「大学予科か高等中学か」
5	「中等教育を終れる弟妹に告ぐ」
6	「入学試験制度」
7	「高等教育機関に於ける最終学年短縮に就て」
8	「大学に於ける古典教育」
9	「学位は如何にすべきか」
10	「大学に於ける教授停年問題」
11	「教育研究所設置問題に就て」
12	「学期論」
13	「大学に於ける体育競技」
14	「美術館建設問題」
15	「人心帰嚮統一問題に就て」
16	「高等教育機関の拡張と大学令及び高等学校令」
17	「運動競技の入場料問題」
18	「学年制と講座制に就て」
19	「卒業生を売り込む悩み」

（第1号）や，大学における修業年限短縮の可否問題に関連して，高等教育機関での最終学年の教育のあり方を論じた「高等教育機関に於ける最終学年について」（第7号）など，「時の問題」欄では論点を独自に掘り下げたテーマを設けていることがわかる。そのほか，「大学と軍事教練」（第3号）や「大学に於ける古典教育」（第8号）など，大学での教授内容自体を課題に掲げて，検討する場合もあった。

　本誌の構成のもう一つの特徴として，「口絵」を指摘しておきたい。表3.2.3中の「口絵」を見てもわかるように，本誌には毎号1冊の中にかなり多くの「口絵」が挿入されていた。創刊号では7種の口絵が掲載されているが，ハーヴァード大学名誉総長の肖像のほか，カリフォルニア大学，ソルボンヌ大学など海外の大学構内写真や，国内のものとしては慶應義塾及び東京高等商業学校の図書館が掲載されており，実に多彩なグラビアとなっている。第2号以降において

第 2 節 『大学及大学生』　317

表 3.2.5　各号に掲載された「口絵」一覧

号数	「口絵」タイトル
1	「ハーヴァード大学名誉総長チャールズ・ダブリュー・エリオット」「カリフォルニア大学のグリーク・シアター」「慶應義塾大学図書館」「東京高等商業学校図書館」「ソルボンヌの教授会議室」「ペンブローク・カレッヂの食堂」「ヴィエナ大学の正面」
2	「(原色版) 瀬戸内軍楽長と本誌より贈りし花籠 (向って左は永井健子氏)」「東北帝国大学総長福原鐐二郎氏」「ハーヴァード・エール両大学フットボール競技の壮観」「新築せらるべきの立教大学鳥瞰図及平面図」「ライブラリー・オブ・コングレスの階段」「パリ法律大学」「グラスゴー大学」
3	「オックスフォード大学の学紋 (原色版)」「慶應義塾長鎌田栄吉氏」「ペンシルヴェニア大学の寄宿舎」「安土桃山時代のコレジオとセミナリオ」「東京帝国大学の赤門と大講堂」「ミュンシエン大学の正面」「ツリニヂイ，ケムブリッヂの礼拝堂」「キャリフォニア大学の学庭」
4	「東京帝国大学のスケッチ (原色版)」「故青山医科大学長肖像」「アマハアスト大学全景」「徳川生物学研究所正面図及設計図」「世界大学巡礼 (ケーニヒブルグ大学，キエフ大学，オックスフォード学位授与式)」
5	「坪内士行のハムレット (原色版)」「故手島東京高工名誉教授肖像」「ボウドイン大学全景」「青山学院大講堂」「九州帝大医大」「世界大学巡礼 (チユリッヒ大学，プロイセン王立図書館，バイロンの墓)」
6	「坪内士行のハムレット (原色版)」「ウッドロー・ウイルスンの肖像」「ブラウン大学全景」「南葵楽堂正面図及設計図」「世界大学巡礼 (プリンストン大学，リブアブウル大学，ハレエ王立大学)」
7	「土肥慶蔵博士肖像及署名」「キヤリホルニヤ大学希臘劇場・同上総長館・第三高等学校大典礼記念館・同上校長館」「世界大学巡礼 (メーイデー，ライプチヒ，モオダレン塔より見たるオックスフオード大学)」
8	「富井政章博士肖像及署名」「ショトーカ遠望・室内体育場三図」「帝国学士院受賞者六博士」「世界大学巡礼」
9	「桜井錠二・田中館愛橘二博士肖像及署名」「シカゴ大学全景」「キヤルホルニア大学創立五十年記念祭・同学生軍隊閲兵式」「世界大学巡礼 (トロントー大学，ボストン図書館，ハアロー絵画学校)」
10	「瀧本誠一博士肖像及署名」「コネエル大学全景」「立教大学新校舎」「世界大学巡礼 (ミシガン大学，ボストン図書館内庭，ウイン大学)」
11	「佐藤昌介博士肖像及署名」「コロムビア大学建築模型」「北海道大学農科大学校舎及実習光景」「世界大学巡礼 (エトン・カレッジ，巴里美術学校参考室，イリノイ大学音楽隊)」
12	「穂積陳重博士肖像及署名」「ダートマウス・カレッヂ全景」「玉川に新築成れる東大理科附属天文室」「世界大学巡礼 (フエライニヒテ・フリードリヒス・ウニフエルジテート，巴里医学校，ブリジストン大学)」
13	「新文相中橋徳五郎肖像及署名」「メルボルン大学校舎校庭」「明治神宮聖徳記念絵画館設計図」
14	「島村抱月氏肖像及署名」「ハアヴァード大学全景」「挿絵写真ジョンス・ホプキンス大学」

15	「ケムブリッジ大学校章（三色版）」「平沼淑郎博士及署名」「早稲田大学恩賜記念館・同上豊明会記念応用化学実験室」
16	―
17	「成瀬仁蔵氏肖像及署名」「女子大学講堂・家政館・桜楓館」
18	「高田早苗氏肖像及署名」「陸軍士官学校（ウエスト・ポイント）」
19	「松浦鎮次郎氏肖像及署名」「文部省全景」

も，やはり国内外の大学関係者及び構内写真が7点前後掲載されているが，総じて巻頭には大学総長（学長）や著名な知識人の肖像を大きく掲げる傾向がみられる。しかし，創刊時より掲載されていたこのような多量のグラビアも，第16号を境として終刊までの4冊では，それまでと比較してきわめてわずかなものとなってしまっている（表3.2.5参照）。

なお，本誌の誌面には，多くの広告が見られる。研究社や英語成年社，大学評論社，文英社，大倉書店などといった出版関係の広告が目立つほか，早稲田大学，日本大学，中央大学といった私立高等教育機関の広告もたびたび掲載されていた。

3 橘静二の大学論

橘が『大学及大学生』中で論じた大学論は言うまでもなく，前述した自身の早稲田大学における職員としての経験，すなわち学長秘書としての欧米諸国視察や早稲田大学改革案の作成といった経験が基礎となっていた。橘は，大学とは「文化向上の原動力」でなければならないという考えを持っていた。大学が一方において「大学内部」の人々のものでありつつも，他方においてはそれ以外の「外部より大学に対する人々，卒業生は素より，一般社会の民衆」による「大学意識」が深められ広められることによって，国民の大学に関する知識と意識とを高めていかねば大学は発達し得ないという使命感が『大学及大学生』刊行をなさしめたのである。

では，橘が希求した大学のあり方，大学の機能はどのようなものであったの

だろうか。

　第1に橘は大学の使命について,「実在の大学,現実の大学経営者は目覚めて以て大学意識の普及に努力し」「真理の討究,英俊の育成,文化の向上を以て大学の三大信条と為し」と述べている。先にも触れたように,真理の討究を行い,優れた人材育成,社会の文化水準の発展・向上への貢献という三大信条は,橘が「新真大学」[23]と呼んだ理想的大学の姿であった。

　第2に大学の独立性を主張し,「大学の独立意識よりいえば,私学は寧ろ官学に優越する」[24]とする考えを示している。「宇宙の森羅万象,悉く大学に出で大学に帰る」との信念のもと,橘にとって大学の存在は何ものにもとらわれず「あらゆる点に於て独立していなければならぬ」ものであった。大学が独立の存在であるべきであるという観点から官学私学ともに「同一使命をもつ文化発動の地」[25]でありつつも,「真の大学は私学にあらずんば存在し得ざるもの」[26]と考えた。なぜならば,大学の経営は国家によって制約されることなく,また寄付者の利害からも独立しなければならず,「大学と国家とは,同じ国家的自由独立の精神を以て対立する二物であ」[27]り,大学は国家に従属する組織ではなくそれと同格の独立性を保つべき組織であり,その点において私学が「優越」しているからである。

　第3に橘の考える大学の学問には国境,階級はなかった。大学の普及は平等思想の表現であり,「広く上下に亘りて普及することは学問の本来の性能であるが故に,普及せざる学問は,欠陥を有する学問である」[28]と考えていた。しかし,それはイギリスの「ユニヴァシティ・エクステンション」[29]とは異なるものであり,イギリスにおける「ユニヴァシティ・エクステンション」は紹介,解説,講演であって「普及」ではない。「普及」は「全然独立した,他の窺窬を許さぬ作用を以て大学の機能の一部を担当するもの」[30]であり,通信普及,図書普及,講義普及をもって大学レベルの学問の普及と考えていた。

　以上のように,大学そのものを国家と同格のものと捉え,完全な独立性を有すことを主張し,大学における学問の普及こそが重要であると考えた橘は,「大学経営はこの最高度の意識に達した場合には,伝道である。宣教である」[31]

とさえ記した。しかし他方，特筆すべきは，橘がその大学を「経営体」ととらえ，自ら経営者を意識していた点である。[32] 橘は，私学経営は寄付行為によって成り立つものであり，その資産管理，使用，処分に関しては寄附者の利益の均等が図られなければならないと考えていた。そうすることによって，大学は社会の多くの支援を受けることができ，自由に発展することができると認識していたのである。

4 『大学及大学生』にあらわれた大学論

(1) 大学における教育・教授方法論

　大正期の制度改革論の背景には，学生たちからの大学教育への見直し要求，例えば一方的な「講義」を中心とした教授方法や学年制度等への批判が台頭してきていたこともあった。これらの批判を受けて大正期高等教育制度改革は，各大学における学年制および全科目必修制から科目選択履修制度への移行，単位制度の導入・採用をうながした。さらに学年制でなくなったことにより，学生の自学自習原理のカリキュラム制度が可能となった。

　このような議論が起きていた中で，大学生に対して求める学習，大学で行われるべき教育について橘は，「大学の特性たる教育は訓育によって完成する」[33] と述べている。知育と体育を兼ねそなえるには「訓育」が必要であり，それは「審美感情」を養成する敬虔と「秩序操練」を実施する勤労からなると論じた。また表3.2.6に示した論稿の中で湯原元一は，大学教育とは学究の養成であるばかりでなく一種の職業教育であるとし，実際社会の多くの方面を大学卒業者が占めており，大学教育は社会の実際に適応していくべきと説いている。坪内士行はハーバード大学をはじめとした欧米の大学の多くが演劇倶楽部を有して演劇の研究を行っていることを紹介して，日本においても文学の一環ではない演劇実験所を大学内部に設置すべきであると述べている。五十嵐力は，昨今の大学生は正しい日本語の力が不足しているとして「作文科」が必要であるとするなど，さまざまな視点から大学教育充実と普及を提言している。さら

表 3.2.6 「大学論叢」欄に掲載された大学教育に関する論稿　　　　（　）は号数

大山郁夫	「大学生活と思想の自由」(1)
島村抱月	「大学程度の学生に注文」(1)
橘静二	「大学の自主的教授法（略論）」(1)
大山郁夫	「大学と研究と方法学」(2)
橘静二	「大学のための訓育法」(2)
橘静二	「自らを守れ！自由の民よ！」(3)
大山郁夫	「兵式体操と愛国心と官僚的形式主義・功利主義の教育思想」(3)
橘静二	「大学教育普及事業」(3)
芳賀矢一	「国語の困難と整理」(5)
『大学及大学生』記者	「東京帝国大学と米国講座」(5)
橘静二	「カアネギイ・ファウンデイションに関して」(5)
田中館愛橘	「萬国文字（ローマ字）」(5)
『大学及大学生』主筆	「人道的教科を先にせよ（主張）」(6)
瀧精一	「美術教育と博物館」(6)
『大学及大学生』主筆	「育英の感激（主張）」(7)
田中一貞	「大学図書館に就て」(8)
『大学及大学生』記者	「モリソン文庫に就て」(8)
坪内士行	「大学と演劇実験室」(9)
中島力造	「大学の理想に就て」(10)
湯原元一	「大学教育と実生活」(14)
五十嵐力	「大学に於ける作文について」(15)
カロリン・イー・ファネッス	「大学の学科課程に就て」(18)
麻生正蔵	「本校教育主義の三条項」(19)
アンドリュー・エフ・ウエスト	「戦後の文化的教育」(19)

に「時の問題」欄でも、「大学と軍事教育」や「大学に於ける古典教育」といった大学教育論が論じられている。

　一方で大学における教授方法に関して、橘は「啓発的態度で伝授する」[34]ことが望ましいとして「大学の自主的教授法」を説いている。すなわち、ドイツ、イギリス、アメリカ等のそれぞれの教授法を比較し、諸外国の大学においては予習、講義、先攻[35]、復習などの方法について自国の歴史を反映した研究法的な教授法が取り入れられつつある。しかし、日本の大学を見てみると講義法と先攻法とを併行して取り入れているのみである。日本の大学に適した新

様式の教授法を行うべきであり，まず学生に予習を課し，それによって自由な研究発表的講義をなし，その上でさらに復習を課して自主的・啓発的な自学自習の教授法をなすべきであり，それこそが知識の完全なる伝達教授であると論じている。このように，大学における自学自習を積極的に説いていることも本誌の大きな特徴であり，時代に呼応するものであったといえよう。

　以上のように，『大学及大学生』における大学教育のあり方に関する論点は多岐にわたるものであり，学問論のみでなく，大学教育が果たすべき役割や教授法，学習論にまで及ぶものであった。そして，そのような教育を行う大学を橘は国家と同格のものと捉え，完全な独立性を有すこと，すなわち私学こそが真の大学となりうることを主張し，大学における学問の普及こそが重要であると考えていた。加えてこの真の大学に達した場合の大学経営は，「伝道」であり「宣教」であると位置づけたのである。

（2）　女子高等教育論

　本誌に掲載された論稿を見ていくと，大学制度の改革論の中に女子の高等教育に関する論稿が多く含まれていることに気付く（表3.2.7参照）。

　当時，専門学校令に基づき設立された女子の高等教育機関は1918（大正7）年までに9つ[36]あった。大学令は女子の大学進学及び女子大学設立の制度的可能性を閉ざしたものであり，女子高等教育の指導者たちの多くは，大学への門戸開放あるいはさらに高度な女子高等教育の必要性と意義とを提唱していた。そのひとりに成瀬仁蔵があげられる。成瀬は，普通教育，賢母良妻教育，国民教育という3つの視点から女子高等教育を説いており，成瀬の生涯の協力者であった麻生正蔵と起草した「日本女子大学校設立之趣旨」にもこれらの視点が多分に組み込まれている。成瀬の女子教育理念は，専門学校的規則を脱して大学でこそ教育を実現すべきとするものであったことから，大学教育方法の改善も論じていた。例えば，各自が自身の課程を編成しうるような部門制と自由選択制とを結合した学科課程編成の提唱や，自学自習や実験研究を中心とする教授改善案なども提唱していた。すなわち女子のための高等教育改革を通して，

表 3.2.7 「大学論叢」欄に掲載された大学制度論や大学の形態に関する論稿 　（ ）は号数

主筆	「創刊の辞として大学意識を論ず」(1)
福田徳三	「大学の本義と其自由」(1)
江木千之	「大学制度の根本問題」(1)
主筆	「大学は国家である」(2)
沢柳政太郎	「無意義なる官学・私学の別」(2)
上田萬年	「分科制度に就て」(3)
小西重直	「カントの大学論と現今の大学」(3)
主筆	「光明現はる」(4)
三潴信三	「大学教育の充実策と競争講座」(4)
中川謙二郎	「女子と大学教育」(4)
『大学及大学生』主筆	「誰れか烏の雌雄を知らん」(5)
安井哲子	「女子の高等教育に就て」(5)
村岡典嗣	「大学の本質と文化史上の意義」(6)
バトン総長	「大学の経営と理想」(6)
麻生正蔵	「婦人の大学教育の過去及現在」(6)
沢柳政太郎	「大学制度論」(7)
十六博士	「大学制度改正私見」(7)
高田早苗	「大学の新制度に就て」(7)
『大学及大学生』記者	「帝國大学の自治（主張）」(8)
麻生正蔵	「婦人の大学教育と婦人問題」(8)
麻生正蔵	「婦人の大学教育と婦人問題」(9)
山田わか	「婦人と高等教育」(10)
佐多愛彦	「単科大学と医科大学」(11)
与謝野晶子	「女子と高等教育」(11)
麻生正蔵	「選択制度に就て」(12)
橘静二	「単科大学の可能性」(12)
『大学及大学生』主筆	「大学論上のロマンチシズム」(13)
下田次郎	「女子高等教育の過去現在未来」(13)
朝河貫一	「米国の教育」(14)
主筆	「戦後経営の根本問題」(16)
バァネット博士	「学校と大学」(16)
乗杉嘉壽	「米国の大学」(17)
ジョン・バアネット	「蘇国と普国との比較」(17)
主筆	「徴兵制度撤廃是非」(18)
鎌田栄吉	「機関拡張に関する論戦」(18)
カロリン・イー・ファネス	「大学の学科課程に就て」(18)
ジョン・バアネット	「蘇国と普国との比較」(18)

大学制度や専門への過度な早期集中などをいち早く批判していたのである。そして『大学及大学生』は、成瀬のこういった論策を引き継ぎ日本女子大学校の第二代校長をつとめ、日本女子大学の大学昇格を戦後果たすに至るまで尽力した麻生正蔵の女子高等教育論を積極的に掲載した。

ただし麻生の提唱する女子高等教育論はあくまで女子大学、婦人教育という視点であったのに対し、主筆橘は女子の高等教育については「学問の前に男女といふ性の区別はありません」[37]と述べた上で、男女共学が本来の姿ではあるものの、便宜的に男子のための大学と女子のための大学とが必要であるならば、男子のみを対象としている新大学令は女子のための大学設置に不都合であり欠陥を有していると断じている。

麻生は「婦人の大学教育の過去及現在」と題して、婦人の大学教育の起因、発端由来、現状の3面から女子高等教育の課題に言及し、特に婦人の大学教育の現状についてはドイツ、アメリカ、イギリス、フランスの4ヵ国の女子の大学進学の状況を紹介しつつ日本の女子高等教育に対する認識の遅れを説いている。さらに「婦人の大学教育と婦人問題」においては、婦人の能力問題や創造的研究力が問題とされる点に言及し、男女の差などないことを論じた。この麻生の意見に対し橘は、麻生論文の末尾に付して「知識階級に於てすら、尚実際に之を考慮し婦人の高等教育のために其如き境遇を得しめようと努力している人は少ない」とコメントしている。

そのほかの論稿を見てみると、中川謙二郎が「女子と大学教育」と題し、「性の為に学問を制限する道理は何れに在るか」として、「最高の学府であるならば、人間天賦の才能を発揮して（中略）決して性に依て学問を制する謂れは毫も無いと思ふ」、「共学を賛成する者ではない、併し今は先づ現在の大学の門を女子の為に開いて将に開かんとして開き得ざる花に機会を与ふることを最も急務なりとしんずる」と女子に対する大学開放を訴えていたり、安井哲子が女性の立場から高等教育を受けたいと望む人が増加しているとして、「将来の社会に其一員として生活し、且又未来の国民として其義務を全うせんとする者は、どうしても高等の教育を受けねばならぬと思ふのであります。而も高等教育の

必要は理屈を離れて，女子自身の要求であることは，事実上明らかなことであります。故に今は其教育の目的を明らかにし，之れを達する為に最良の方法を考究したいと思ふのでありますが，それには将来の社会の状態と，従来の教育の欠陥とを考察して，其参考に供したいと考ふるのであります」と述べたりしている。山田わか，与謝野晶子，下田次郎らも同様に女子高等教育の必要性についての論稿を寄せており，これらのことから『大学及大学生』が一貫して女子への大学門戸開放の必要性と男女平等を訴えている様を見て取ることができる。

(3) 学制改革論

前述したように，『大学及大学生』は時事問題として臨時教育会議における議題を特に多く扱っていた。

そもそも橘は，寺内内閣の高等教育政策について「吾人が使命とする真新大学の興隆が多少とも妨害さるべき所以」[38]であるとの批判的意見を有していた。その最大の理由として，現行制度の帝国大学を最高学府として教育制度を建設しようとしている政策をあげ，帝国大学は「国家の使用に便なる人間を養成する機関」[39]，つまり官吏養成機関であり，そのために真の教育機関とはなりえないとし，大学の制度は絶対に自由でなければならないのに画一的制度を以て律しようとしている，と批判したのである。

臨時教育会議は，諮問第3号「大学教育及専門教育ニ関スル件」に関する議題として，「(1) 帝国大学に代って低度の大学を創設し，これを学制の主流にすることの問題，(2) 官立総合大学としての帝国大学のほかに，単科大学，公私立大学をもみとめるかどうかの問題」[40]を取り上げた。前者は「低度大学」の設置構想であると同時に，大学予備教育機関の有無をも含んだ修業年限短縮問題であった。一方，後者は私立が大半であった専門学校の一部を帝国大学に準じる大学へと昇格させる構想，すなわち単科大学問題を含んだ私学の大学昇格問題であった。前者の修業年限短縮に関する議論は教育改革論議の中心をなすものであり，当然世論の注目度も高く，また多くのジャーナリズムは年限短

縮を支持する傾向にあった。例えば，『時事新報』には「学年問題の解決を以て急務」(1915年7月9日)といった記事が見られるし，『東京日日新聞』には「大学の入学期を四月にすべき」(1913年9月25日)，「時運から修業年限短縮を要求してやまず」(1917年9月20日)などの記事が掲載された。

　修業年限短縮問題が注目されていた中，『大学及大学生』も第7号(1918年5月)で「高等教育機関に於ける最終学年短縮に就て」を特集している。このテーマは，大学卒業までの修業年限が長すぎるため短縮すべきではないかとの議論を前提として，大学の卒業年次における教育の取扱い，大学の9月卒業期を3月へ繰り上げるかどうかといった学期問題のほか，授業時間数短縮問題など，多くの議論を含んでいた。なお，卒業期問題は大学生の就職問題とも密接な関係があり，私立大学大学生は帝国大学大学生の9月卒業の半年前，つまり3月に卒業した方が就職する上で有利ではないかとする意見もあった。

　橘は最終学年の取り扱いについて，現行大学制度は自主的研究時間が足りないため最終学年を補修時期とすべきで，その上で学科配当の工夫すなわち科目選択制度等の積極的導入によって大学における授業時間数を減らすべきと論じている。[41] 一方，神戸正雄は同問題について，最終学年のみで短縮を行うのでは修業が不完全となるため，入学期を含めた学制全体の根本的な改正をもって修業年限を短縮すべきだと主張している。[42] さらに同問題に密接な関連がある「学期論」を第12号(1918年10月)で扱っている。同号には，橘ときわめて縁の深かった高田早苗のほか，沢柳政太郎，吉田熊次，小林澄兄の論稿が掲載されている。特に学期問題を修業年限短縮問題の一つとして捉えたのは吉田であり，2学期制度を導入し新入学の時期を1年に2回置くことによって修業年限短縮と同一の効果がでると述べている。

　多くのジャーナリズムがさまざまな観点から同問題を取り上げ，大学における修業年限短縮を支持する傾向にあった理由としては，一つに時代背景として社会の大勢が私学に対して好意的，同情的になっていた点があげられる。前述したように，私立大学大学生の就職が帝国大学大学生と同時期になってしまっては私学にとって不利になるのではないかといった危惧もあった。二つに日本

社会として高等教育人材の不足があり，早急な高等教育人材の育成が望まれていた。しかし，修業年限短縮は，さまざまな観点から検討され，教育調査会や続く臨時教育会議の中心議論として位置づけられながらも，最終的な答申には盛り込まれなかった。したがって，結論から言えば，大学令条文中に「低度大学」構想は実現されなかったし，修業年限短縮も大学令の中に具体化されることはなかったのである。(43)

次に臨時教育会議における中心的議論のもう一つの論点，すなわち私立専門学校の一部を当時唯一の大学であった帝国大学に準じる大学に昇格させるかどうかの問題は，単科大学の可否問題と表裏の関係にあった。なぜなら，「そもそも大学は複数学部から成る」ということを前提とした場合，かりに私立大学の設置が認められたとしても，ほとんどの私学は財政的問題等から複数の学部を設置することは困難であったからである。

単科大学設置問題について，橘は次のように述べている。日本の教育は，（単科大学と総合大学という）「全然異なつたる二物が同一の取扱を受けて」いるが，実際はさまざまな取扱いが要求されてはじめて教育における「個性自らが向上発達する」(44)ものである。つまり橘の認める単科大学は，帝国大学のような「分立単科大学」(45)ではなく，「特殊の分科の独立単科大学」(46)であった。具体的には，高等職業学校が大学となる場合および思想や芸術を扱う大学のみが単科大学となることができる。「単科大学といふものは一般に信ぜらるるものの如き経費削減，資金不足などの窮境に対する救済策のためではなく，文化の華たる而して人世の根本たる思想及び芸術の為めの大学であらねばならぬ」(47)ものであるからである。この問題について創刊号で，すでにほかで発表されていた江木千之の単科大学問題に関する論稿「大学制度の根本問題」を再掲し，続く第2号では沢柳政太郎の「無意義なる官学・私学の別」とした私学の大学昇格問題に関する論稿を掲載するなど，深い関心を寄せている。その後も沢柳の「大学制度論」や上田萬年の「分科大学制度について」などの帝国大学制度に対する批判や，単科大学制度を含む多くの大学制度改革に関する論稿を掲載している。

おわりに

　以上検討してきたように，橘静二は，彼の提唱する「大学は真理の討究と文化の向上と英俊の育成とを以てその存立の第一義となす」こと，すなわち理想大学の経営を実現するには，大学意識の普及，徹底がなされなければならないとの考えのもとに『大学及大学生』を発刊した。間近に迫った大学令の制定施行を強く意識していたこと，ひとりの私学人でありジャーナリストである橘の大学論を展開することを目的として刊行された雑誌であったということさえできる。特に特徴としてあげられるのは，橘にとって大学とは「文化向上の原動力」であり，国民の大学に関する知識と意識とを高めていかねば大学は発達し得ないという使命感，すなわち「大衆的」でありながら「啓発的」でなければならないという先駆的な発想をもって大学を捉えていたということである。

　『大学及大学生』は，日本の大学と欧米諸大学とを比較しつつ広い視野に立って大学論を展開しようとしていた。そのため新しい論説ばかりでなく，明治期に活躍した人物論や明治期に発表された大学論なども復刻再掲していた。大学で行われるべき教育の種類，学生の自学自習を中心とした学習形態の重要性，「官学・私学」「総合・単科」といった大学の設置形態についてのさまざまな大学人や知識人の論稿を掲載し，日本の大学の可能性と発展とを問いかけ，時局的問題も積極的に扱い，臨時教育会議の議論もいち早く話題として取り上げていた。取り上げられた論稿に，女子大学の普及や女子高等教育機関の充実に関するものが多く見られたのも特徴的である。

　これらの点から，本誌は同時代の大学論を知る上で重要な雑誌であり，大学関係雑誌の中でも大学問題の専門誌として，進学情報誌や受験案内書，試験問題誌などとは異なった特徴を持つものであったということができる。

　橘は大学そのものが国家と同格であるという考えが強かった。大学が学者や学生による研究教育機関でありながら，一方において経営運営するものであると認識しなければ大学は沈滞するという信念が独自の大学意識普及運動へと進ませたのである。そのために大学はむしろ私学の方が適していると断言してい

る。特筆すべきことは，橘は「大学経営」という用語を『大学及大学生』誌上において何度も使用し，その普及に努力していたことである。大学を「文化向上の原動力」と考えた橘は，大学令制定過程で明らかになった問題を「時の問題」欄に取り上げ，たびたび論じた。その中で，橘自身は大学の独立性を主張し，官学優位の現状を鋭く批判している。少なくとも，大学は国家に従属する機関であってはならないとする考えを有していたため，官学，私学ともに「同一使命をもつ文化発動の地」でありつつも，独立性を有する私学が「真の大学」として適しているとの考えを導き出したのである。

なお，『大学及大学生』に掲載されている論稿の中には欧米の大学を比較対象とした大学論が多くあり，欧米で発表された大学論を翻訳掲載することも少なくなかった。本節では言及することができなかったが，これらの論稿は歴史的に近代日本の大学がどのような欧米大学モデルを摂取してきたのかを知る上でも興味深い示唆を与えてくれるものである。今後，大正期の国家・社会状況といった側面を含めて考察を試みたい。

注
(1) 橘は1912～1915年に早稲田大学学長秘書を務め，1915年に高田が学長を辞任し文相に就任したことに伴って1917年まで文相秘書を務めた。
(2) 寺﨑昌男「高等教育の発展」国立教育研究所編『日本近代教育百年史5 学校教育(3)』1974年，305頁
(3) 同上，307頁
(4) 原輝史『大学改革の先駆者 橘静二』1984年，行人社，66頁
(5) 例えば，「社説」には，「学位令案について」(第1053号，1914年7月15日)，「学制改革案」(第1066号，1914年11月25日)，「新学制案に就いて」(第1097号，1915年10月5日)，「大学令案を論ず」(第1115～1117号，1916年4月5・15・25日)，「高等教育会議に望む」(第1175～1176号，1917年12月5・15日)，「学説政務」欄には，菊池大麓「大学及高等学校に関する余の提案」(第1060号，1914年9月25日)，江木千之「学制改革案に就いて」(第1061号，1914年10月5日)などが見られる。
(6) 「巻頭言」『大学評論』第1巻第1号，1917年1月，1頁
(7) 太田雅夫『大正デモクラシー研究』新泉社，1975年，210頁
(8) 主筆(橘静二)「創刊の辞として大学意識を論ず」『大学及大学生』第1号，1917年

11月,11頁
(9) 田中征男『大学及大学生・解説』大空社,1989年
(10) 同上,49頁
(11) 同上,52頁
(12) 早稲田フォーラム編集委員会編『早稲田フォーラム』第49号,昭和61年1月。特に,寺﨑昌男「『大学改革の先駆者・橘静二』とその周辺—大学史研究の流れの中での本書について—」,村岡哲「橘静二と村岡典嗣」,原輝史「プロテスタンツ改革運動の殉教者たち」,矢澤酉二「橘静二の大学論に学ぶ—教育改革と私立大学のあり方にふれて—」などによって,橘の大学論に対する言及がなされている。
(13) 橘も式典準備委員として奔走。この時に披露された現在の早稲田大学でも使用されている校旗・式服・式帽の提案者は橘であったといわれる。
(14) 前掲 注(4) 274頁
(15) 早稲田騒動(学長人事抗争)の調停案に橘静二の解職の項目が含まれていたことによる。
(16) 「橘顕三」とは,1917年4月に逝去した橘静二の父の名。所員は所長の母榮子のほか,橘を含めて4人の研究員によって組織された。
(17) 橘静二は最初から将来の大学経営の幹部候補生として早稲田大学に迎え入れられており,そのため長期にわたる欧米視察旅行や,学長秘書として学内最高機関である評議員会といった最高レベルの会議への出席を許されるなど,最高スタッフとしての待遇を受けていた(前掲 注(4),19〜20頁)。
(18) 早稲田大学改革運動を行うことを目的に同大学少壮教授らによって結成された組織。橘は職員であったため正式なメンバーではなかったが積極的に活動していた。
(19) 前掲注(8),4頁
(20) 前掲注(4),32頁
(21) 「創刊に際して」『大学及大学生』第1号,1917年11月,奥付
(22) 「大学制度改正私見」の史料分析については,中野実「史料解説:新渡戸稲造他『大学制度改正私見』」『東京大学史紀要』第2号(1979年)に詳しい。
(23) 橘静二(大学及大学生主筆)「光明現はる」『大学及大学生』第4号,1918年2月,11頁
(24) 橘静二「大学は国家である(私学齎憲論序論)」『大学及大学生』第2号,1917年12月,5頁
(25) 同上
(26) 同上,8頁
(27) 同上,7頁
(28) 橘静二「大学教育普及事業」『大学及大学生』第3号,1918年1月,48頁
(29) 1873年にケンブリッジ大学が労働者階級を含めた民衆に対して講演を行ったことから始まる。大学拡張としての大学普及事業はイギリスの国民教育のみでなく,アメリ

(30) 前掲　注 (28)，49 頁
(31) 前掲　注 (24)，7 頁
(32) 『大学及大学生』第 14 号から第 18 号までには「早稲田大学新校規を評す」という橘の論稿が掲載されている。早稲田大学の新校規を批判し，大学の資産管理，寄附行為，最高統治機関の機能など大学経営に関する重要な指摘がなされている。前掲　注 (12)，寺﨑論文に詳しい。
(33) 橘静二「大学のための訓育法」『大学及大学生』第 2 号，1917 年 12 月，41 頁
(34) 橘静二「大学の自主的教授法」『大学及大学生』第 1 号，1917 年 11 月，79 頁
(35) 橘は，「先攻法」とは「ゼミナア」のことで日本でも取り入れられつつあるが未だ咀嚼しきれずにいるとした。
(36) 1904 年に日本女子大学校，女子英学塾，青山女学院，1909 年に帝国女子専門学校，神戸女学院，1912 年に東京女子医学専門学校，同志社女学校，1915 年に聖心女学院専門学校，1918 年に東京女子大学。
(37) 橘静二「吾れ訴ふ」『大学及大学生』第 17 号，1919 年 3 月，38 頁
(38) 橘静二(『大学及大学生』主筆)「誰れか烏の雌雄を知らん」『大学及大学生』第 5 号，1918 年 3 月，5 頁
(39) 同上，8 頁
(40) 海後宗臣編『臨時教育会議の研究』東京大学出版会，1960 年，576 頁
(41) 橘静二「最終学年の授業は刷新を要する」『大学及大学生』第 7 号，1918 年 5 月，9 頁
(42) 神戸正雄「短縮に就て工夫せよ」『大学及大学生』第 7 号，1918 年 5 月，2 頁
(43) 大学予科が準用することとされた「高等学校規程」の第 24 条に「学年ハ四月一日ヨリ翌年三月三十一日マテトス但シ九月一日ヨリ翌年八月三十一日マテト為スコトヲ得」と明文化された。これに基づいてほとんどの大学予備教育機関は 4 月学年始期とし，あわせて大学も自主的に 4 月学年始期制を導入したため，つまりそれまでの 9 月入学から 4 月入学へ転換することによって進学する際の時間的無駄がなくされ，事実上半年間の短縮がなされた。
(44) 橘静二「単科大学の可能性」『大学及大学生』第 12 号，1918 年 10 月，6 頁
(45) 同上，9 頁
(46) 同上，7 頁
(47) 前掲　注 (42)，2 頁

結　章

三上　敦史・菅原　亮芳

　本書が研究対象としたのは，書名の通り，近代日本においてさまざまな教育ジャーナリズムが伝えた教育に関する情報の内容分析であった。本章では，現段階で明らかになったことをメモしておくとともに，雑誌研究を進めることの意義を再確認しておくこととしたい。

　目次を眺めれば一目瞭然であるが，さまざまな雑誌がもたらした教育情報について各人（または各チーム）が分担して考察にあたる形式で執筆したものである。統一的なテーマによる言説研究や，仮説的なストーリーを先に立ててそれを論証することは，考えていない。あくまでもそれぞれの雑誌の歴史によりそい，その内容を読み解くことに徹したのである。それゆえ本書の成果については，まず本書の要約を各章節ごとに通観し，そのうえで本書が明らかにしたことを概括的に述べるのが妥当であろう。

1　要約とコメント

(1)　受　験

　第1章では受験に関する教育情報に注目し，5種類の受験雑誌について分析を試みた。

　第1節は，義務教育段階にある小学生を対象とする雑誌『受験と小学生』を取り上げた。

　同誌は，1927年の中等学校入学試験制度改革によって学科試験が廃止され，口頭試問が導入となった後の1933年頃，現代教育社が発刊した受験雑誌である。当然ながら，口頭試問対策が中心的な内容となり，これに通信模擬試験などを加えた構成であった。

　この時期の中等学校の受験情報を伝える雑誌は数少なく，また口頭試問を中

心として出版された雑誌は他に類例を見ない。その点において，特異な性格を持つといってよい。同誌を分析した結果，入学試験制度改革の直後は一般常識に加え，国語・算術の口頭試問が多かったが，次第に修身・国史・地理・理科などの各教科に関する口頭試問も増えていき，1934年以降は修身・国史に比重が置かれるようになったこと，出題内容は各教科の内容に関するものが圧倒的に多く，小学校の学習範囲に限定して出題されていたことが明らかになった。

第2節で取り上げたのは，高等教育機関受験専門情報誌である『受験と学生』である。

創業者小酒井五一郎の特異な経営手腕によって急成長した研究社によって出版されていた同誌は，高等教育機関拡張期の1918年から第二次世界大戦後まで発行を続け，特に1935年あたりから旺文社（欧文社）『螢雪時代』に発行部数で抜かれるまでは，最大級の受験雑誌であった。内容的には高等学校・専門学校の入試情報を伝えるとともに，懸賞模擬試験・受験体験記など多彩な記事を掲載していた。また，巻頭言では記者がタイムリーな受験情報を高等教育制度と入学選抜の関係を受験界の変化という視点からとらえ，迅速に読者に提供していた点も重要である。

同誌の場合，もう一つ注目されるのは特集号として学生生活情報や独学情報を頻繁に提供していた点である。中学校―高等学校―帝国大学と続く，いわゆる正系のエリート養成の系を進むには，学力のみならず（あるいはそれ以上に）学資を負担できるだけの経済力が必要であり，それができない者は，さまざまな官費学校や検定試験といった「傍系」の学びの系を進むほかなかったのである。特集号が頻繁に出された事実は，そうしたニーズが大きかったことの証左である。

第3節も高等教育機関受験専門情報誌である『螢雪時代』である。

創刊が1941年と近代の受験雑誌としては後発の同誌は，研究社の『受験と学生』などとは異なり，旺文社（かつての欧文社）社長の赤尾好夫の教育思想を前面に押し出した編集方針を採った。具体的には，巻頭言に赤尾のエッセイを掲載し，各界の識者や大学教授，中高教員，あるいは学生生徒たちが毎回学習

方法や受験対策，受験制度や学校制度などについて語り合う座談会や論説によって，学習論・学校論・時事問題を常に取り上げた。受験雑誌である以上，学習指導に関する記事が中心となるのは当然だが，それにとどまらない広がりを持っていた点が重要である。また，通信添削・懸賞問題・投稿欄によって読者参加型の誌面を形成していたことも見逃せない。

さらに同誌の場合，時代に即応する態勢が万全だったこと，換言すれば「変わり身の早さ」が注目される。1942年に「欧文社」から「旺文社」へと社名を変更したこともそうであり，陸海軍に委嘱して軍事関係記事を多数掲載したこと，そのこととも関連するが軍学校の受験情報を次第に多数掲載するようになったことなどにより，戦時下においても大量の出版部数を確保していた。一方，戦後になると赤尾は一時公職追放されるものの，『螢雪時代』は鮮やかに新体制に即応した誌面で復刊を遂げて現在に至っており，その嗅覚の鋭さには舌を巻く。

第4節は，専門学校入学者検定試験（「専検」）の受験専門情報誌であった『受験界』について，合格体験記を分析した。

正規の中等教育機関を卒業できなかった者が高等教育機関を受験しようと思えば，「専検」あるいは「高検」（高等学校高等科入学資格試験）・「実検」（実業学校卒業程度検定試験）に合格して受験資格を得ることが前提条件，そもそもの第一歩となる。「専検」制度が改正となった1924年前後から受験指導専門雑誌が相次いで出版されるが，同誌はその代表格であり，いわば『受験と学生』『螢雪時代』を読みふけるための前段階に位置するのが『受験界』であった。

そもそも中等教育機関への進学さえままならない者が多数存在することを前提として，多種多様な検定試験を設定していたのが近代日本の教育制度の特徴である。ところが，そうした検定試験に臨むべく，講義録などで学ぶ独学者に対してどのような教育情報が伝えられていたのかについては，解明されてこなかった。

合格体験記からは，「専検」受験者が主として経済的理由によって中等教育機関への進学を断念した者であったことが読み取れるのは当然であるが，それ

以外にも明らかになったことがある。それは彼ら／彼女らは講義録のみならず中学生と同様の参考書を使用して独学にいそしんでいたこと、合格者にはまったくの独学ではなく何らかの形で学校教育に触れる機会を持っていた者が多かったことである。「専検」をはじめとする検定試験の実相については、まだ研究が始まったばかりである。「文検」については、本共同研究メンバーの一部による寺﨑昌男・「文検」研究会編『「文検」の研究—文部省教員検定試験と戦前教育学—』(1997年)、同『「文検」試験問題の研究—戦前中等教員に期待された専門・教職教養と学習—』(2003年)があるが、全体としては少ない。本節の成果も踏まえ、今後さらなる深化が図られることを期待したい。

第5節では、国鉄に勤務する若年労働者及びその列に加わることを志望する若者たちを対象とする『鉄道青年』を取り上げた。

同誌は修養団体である鉄道青年会の機関誌であり、その代表理事たる益富政助が主導して出版されていた。しかし同誌は単に修養雑誌にとどまらず、1920年代に入ると鉄道省内の教習所や各職採用試験に対応した受験雑誌としての性格をも併せ持つようになり、やがて1920年代末からは講義録としての性格をも帯びるようになる。

修養団体の修養雑誌として世に出た雑誌が次第に受験の色彩を強めていく様は興味深い。その受験関係の記事を分析すると、採用・昇進には学科試験が伴う「学校化」された鉄道省の体質に対応して、中等教育機関に相当する教科の学習内容あるいは教育機関・資格に関する情報が多い。また、教習所が縮小されても読者の学習熱は減衰せず、残存する学科や各職採用試験に向かうほか、「専検」・教員検定など別の世界での発展を期する者の「宿り木」ともなった。

(2) 進 学

第2章で扱ったのは、男子および女子のそれぞれを読者とする進学案内書である。

第1節は男子向けの進学案内書である。

明治10年代半ばに登場した進学案内書は、各学校の所在地・学科内容・入

学試験・授業料・学風などを紹介するばかりでなく，上京遊学を奨励する内容の記事を掲載した。進学案内書としては当然のようにも思えるが，明治30年代以降は徐々に上京を抑制する内容の記事が増加してゆく。学校制度が整備されて正系の階梯を践んで高等教育機関を終えなければ立身出世はかなわなくなり，かつてのように猫も杓子も上京遊学すれば栄達が待っているといった夢物語を語れる時代ではなくなった，ということを雄弁に物語る資料だといえよう。

また，学校選択に関しては，基本的に官立学校を第一の選択肢とし，次いで官立にはない特異な学科を擁していたり，施設設備が特に整った私立学校について情報を提供する内容となっていた。「官高私低」の構造をもった学校序列と資格制度をリンクさせた形での学校選択の重要性が広く認識されるに至った過程において，進学案内書が果たした役割はきわめて大きいと考えられる。

第2節は女子向けの進学案内書である。

女子の場合，近代においては高等教育機関への回路がごくわずかしか存在しなかった点で，同じ進学案内書といっても位置づけは男子と大きく異なっていた。まず進学案内書の出版を確認できるのが明治30年代のことであり，それは男子の場合，上京遊学を抑制する内容の記事が増え出す時期に相当する。加えて，そもそも女子が親許を離れて学ぶということ自体が，社会的にポジティブな評価を受けられることではなかった。

その結果，当然のことだが明治後期の進学案内書では，女子が上京し進学するということ，教育を受けることの意味を問い，女性としての生き方を踏まえた上で，「堕落」を避けるためにも，適切な学校を選ぶための情報が主であった。登場する学校も，高等女学校を筆頭に音楽・美術など女子の教養を高めるための各種学校が並ぶといった形態であり，あくまでも家庭婦人として生きる女性像を基盤としていたことがわかる。職業に対する関心も，夫と死別・離別した際に困らないための「万一用」の職業に関する紹介が主であった。その結果，「生涯独身用」の職業紹介は通り一遍であり，職業婦人として生きることの意義を説くような積極さはみられなかった。

しかし明治後期以降，女性のキャリアパスとして学校を見る視点も登場する。

やがて昭和期に入ると職業に直結するような学校が多数登場してその専門領域別に配列する形態となり，また過去の受験問題や入試倍率といった受験情報が主となる。女子が受ける教育の範囲が拡大し，職業婦人という生き方が次第に是認されるようになったことで，進学案内書の男女差は薄まりつつあったといってよい。

(3) 学校・大学

第3章では，学校・大学に関する教育情報に注目し，2種類の特異な性格の雑誌について分析を試みた。

第1節『児童研究』は，児童そのものを「科学的」に研究しようとしたわが国で最初の心理学雑誌である。同誌は小学校卒の学歴で大学教授まで登り詰めた異色の研究家である高島平三郎が，学校教育（特に初等教育と高等教育）・医療・養育といった分野の読者を対象に発行した雑誌である。内容的には，児童期・青年期を中心に海外の研究動向を紹介するばかりでなく，論説欄で同誌の児童研究に関する主張を行っている。

とりわけ注目されるのは「教育病理欄」で，内容的には発達障害，精神病，反社会的問題行動，言語障害・盲聾唖等，成績不良，補助学校，飲酒，精神低格，癲癇，左利，性欲，春気発動期，その他となっており，教育におけるさまざまな不正常あるいはマイナーな状態について研究を深めようとしたものである。現代としてはやや不可解な広がりを持つ欄であるが，本分析により，明治中期にはすでに学校における「教育病理」の名のもと，学校嫌い・不登校・非行・自殺・神経症（ノイローゼ）といった教育問題が認識されていたことが明らかとなった。

第2節『大学及大学生』は，教育調査会・臨時教育会議などにおける高等教育制度改革論議を背景として，早稲田大学職員を辞職した橘静二が発刊した個人雑誌である。

内容としては，主筆及び各界の著名人が執筆した大学論からなる「大学論叢」を中心とし，時事的な問題を伝える「時の問題」「時の人物」，国内外の大学に

関するニュースや体験談を伝える「学生生活」「通信と追憶」，それに「大学文芸」となっていた。

　同誌で橘が目指したのは，大学の理念を直接論ずることよりも，具体的な大学問題を取り上げることによって「文化向上の原動力」である大学のあり方にメスを入れることであった。そこでは大学で行われるべき教育の種類，学生の自学自習を中心とした学習形態の重要性，「官学・私学」「総合・単科」といった大学の設置形態などに関する大学人・知識人の論考を掲載しているほか，臨時教育会議など時局的なニュースも取り上げていた。

　大学令制定を挟む時期に刊行された同誌は，周知のように「大学」名称が帝国大学の独占から公・私立大学へのそれへと拡大しようとしていた時期に公刊されたものである。それは図らずも，大学イメージの形成・確認が求められていた時期であった。本誌の内容は，刊行期間が極端に短かったにもかかわらず，上記の課題に対して貴重な情報源として機能したものと思われる。また，編者・橘の「大学」に対する全面的な肯定は特に注目される。

2　本書が明らかにしたこと

　序章で述べたように，私どもが目指したのは「雑誌を利用した研究」ではなく，「雑誌そのもの」の研究である。

　第1章で扱った『受験と小学生』『受験と学生』『螢雪時代』は，言わば正規の学校への受験・進学情報である。その情報は，もちろん「正系」の学校へのそれであった。

　これに対し，『受験界』は「傍系」の学校への情報であり，『鉄道青年』は狭い職域としての，日本国有鉄道で生きる青年たちへの学校・進学・受験情報であった。しかし，鉄道以外，例えば逓信省，軍関係，普通文官，看護婦，巡査などの広い職域で生きる青年たちへの情報を幅広く研究していくことが今後の課題となる。

　第2章で扱った「進学案内書」は，正系，傍系を問わず上級学校への進学に

必要な情報を網羅したものである。

　そして第3章で扱った『児童研究』は，就学行動そのものに対する心理学的研究の軌跡を示す情報を語っている。『大学及大学生』は，大学という機関をソーシャル・コンテクストの中に位置づけるメッセージを発信した雑誌である。

　研究の成果を踏まえて，以下の6点のコメントを加えよう。

　第1に，雑誌が提供する教育情報には，社会の空気を伝える高い臨場感あるいは雄弁さがあるということである。

　昭和初期の中等教育機関の入学試験制度改革によって口頭試問が登場したこと，また，その内容は単なる面接ではなく主要教科の内容に踏み入る口頭試問だったことは，教育史研究の世界では常識に属する。しかし，それを常識と言ってのけたとき，そこに対策を巡って呻吟する受験生（および父母・小学校教師）が無数にいたことにどれだけの思いをいたすことができよう。『受験と小学生』のように専門の受験雑誌が登場し，そこで口頭試問の内容と答え方が具体的に伝えられていたことを知ったとき，はじめて関係者の姿が活写されるのではあるまいか。

　第2に，いわゆる学歴社会が形成され，またそれが地方にまで浸透していく過程を如実に照らし出しているということである（『受験と学生』『螢雪時代』，進学案内書）。

　第3に，従来あまり取り上げられてこなかった女子進学案内書を正面から取り上げたことである。周知のように，近代日本学校制度形成史において女子への中等・高等教育拡大はきわめて遅かった。女子に対する学校・進学情報の提供もこれに応じて遅かった。明治期の学校・進学情報は，例え「男女用」と銘打たれた案内書であっても女学校・女子専門学校の一部に限られ，あくまで付加的であった。しかし1910年代になると女子への情報提供は本格的になり，昭和期に入ると全く独立した案内書群が多数刊行されるようになる。その特色は研究編で述べられた通りであるが，制度史・実態史の流れが正確に女子進学案内書にあらわれていることが明らかになった。

　第4に，従来，教育史研究の光があてられてこなかった非正規の学び——各

種検定，文部省所管外学校，軍隊内部の技能訓練など——の実相が，雑誌には鮮やかに現れるということである。『受験界』からは，独学者が字面通りにまったくの孤立無援であったのではなく，常に最新の教育情報に触れつつ，正規の中学校に通う者と同じ参考書・問題集などで学んでいた姿がうかがえる。『鉄道青年』からは，多くの若者が鉄道省所管の教育機関を正規の学校階梯と同様の進学先として意識し，初等・中等程度の学力獲得に向けて努力していたことがうかがえる。そのいずれもが，いわば歴史の水面下に潜って見えないもう一つの受験の世界である。しかし，水中の生物を無視した生物学が存在しないように，非正規の学校や教育制度を無視した教育史研究も成り立たないはずである。

　なお，鉄道省と同様の事態は，他にも多数存在する。例えば，逓信省には中等学校程度の逓信講習所，専門学校程度の逓信官吏練習所を中心とする独自の教育体系があり，それに対応した案内書や講義録も発刊されていた。筆者の一人，三上の手許にも大日本通信中学校編『逓信講習所受験案内』（1933年）があり，その巻末に掲載された進文館（東京市小石川区）の広告には，『小・中学各科勉強法』『中学英語辞典』といった図書と並び，『逓信受験講義録』『官費少年航空兵志願宝典』などが掲載されている。就職（志願兵となるのも下士官への就職にほかならない）であるとともに，官費学校への進学でもあるというように，進路は多様に開かれていたのであり，そこに目を向けないで進学の問題は語れない。そうした非正規の進路は，官報や文部省年報などに登場しないのが通例である。誤植・誤報などの危険性は踏まえた上で，近現代の歴史研究において，雑誌はもっと積極的に活用されるべきではなかろうか。

　第5に，教育問題に向けられるまなざしの基本は，時代によって変化しない，ということである。『児童研究』が注目した児童の諸問題からは，高度に「学校化」した現代における特有の病理と思われているさまざまな不適応現象が，明治の昔から存在し，なおかつその原因と改善策が研究的な模索のもとに検討されていたことが読み取れる。『大学及大学生』も同様で，今や，進学率上昇によって大学像が一様ではなくなったために，1990年代以降の大学増設など

が一つの社会問題として論じられている観のある大学は，その内容や語られ方は時代によってさほど変化していないのではないかというのが，われわれの実感である。

　第6に，やはり指摘しておかなければならないのは，それぞれの雑誌自体（あるいは主筆）の個性の豊穣さである。

　取材に苦労を重ねながら発行したであろう『受験と小学生』。受験雑誌の雄でありながら（あるいは雄だからこそ），特集号で頻繁に傍系の進路に関する情報を提供した『受験と学生』。『螢雪時代』ににじむ赤尾好夫のどぎつい個性と，変わり身の早さ。女性の社会進出は「万一」の場合だったはずが，社会の変化によって男子のものとさほど変わらない誌面構成に変更することを余儀なくされた女子進学案内書。同様に「修養」をうたいつつも次第に受験雑誌化・講義録化してゆく『鉄道青年』。そうした個性を感じること自体がわれわれにとっては喜びであった。その喜びが，今後もこの作業を継続していこうというわれわれの思いの紐帯となっている。

資 料 編

1　戦前日本における受験雑誌一覧および出版点数

小 熊 伸 一

以下の表は上級学校進学（資格を含めた）ジャーナルを掲載したものである。

	誌名	創刊年	月	発行所
1	中学世界　注1	1898	9	博文館
2	受験世界	1913		
3	法制	1914	4	日本通信大学法制学会
4	文検世界	1915	4	国民教育会
5	受験と学生	1917	1	研究社
6	受験界	1917	5	受験界社
7	考へ方	1917	9	考え方社
8	復習と受験	1919		南光社
9	受験界	1920	4	受験界社
10	奮闘	1922	2	忠誠堂
11	受験と学習	1923	11	文献書院
12	受験生の進撃	1923	11	教学研究社
13	受験生	1924	10	文明堂
14	受験雑誌	1925	8	受験新誌社
15	受験灯	1925	12	敬文館
16	陸海軍受験時代	1927	1	受験時代社
17	教員受験生	1927	11	大明堂
18	青少年の進路	1929	1	受験時代社
19	国家試験	1929	2	育成洞
20	文検受験生	1929	5	大明堂
21	受験と青年	1930	2	受験と青年社
22	孤立青年	1930	3	帝国教育会出版部
23	陸海軍の友	1930	7	東華堂受験時代社
24	文検受験教育修身研究	1931	6	精神文化学会
25	専検	1931	7	逓試社
26	一年の数学	1932	5	研究社
27	二年の数学	1932	5	研究社
28	三年の数学	1932	5	研究社
29	上級の数学	1932	5	研究社
30	高等数学研究	1932	10	京京教学研究社
31	受験旬報	1932	11	欧文社
32	駿台タイムズ	1933	1	駿台高等予備校出版部
33	陸海軍受験生	1934	1	陸海軍受験生社

34	進学指導		1934	4	英語通信社
35	受験戦		1934	5	英語通信社
36	受験		1935	12	日本普文大学出版部
37	受験タイムズ		1935	3	受験タイムズ社
38	受験往来		1936	1	
39	小学教員受験界		1936	1	新生閣
40	高等生受験の友		1936	4	高生社
41	武人		1936	6	新宿高等予備校
42	高数研究		1936	11	考へ方研究社
43	入試と受験		1937	2	健文社
44	独学		1937	3	山口独学受験生連盟出版部
45	進撃三年生の数学		1937	5	数学研究社
46	桂冠		1937	5	数学研究社
47	尚学同志		1938	5	早稲田尚学会
48	独学受験生		1938	3	西東社
49	鉄道受験研究		1938	5	鉄道情報社
50	受験と就職		1938	7	東京青年立志社
51	受験青年		1938	7	健文社
52	旬刊　受験指導		1938	9	城北通信指導学会
53	月刊　受験指導		1939	11	城北通信指導学会
54	帝鍼会報		1939	11	帝鍼灸医報社
55	教学錬成	注2	1941		受験界社
56	教育修身公民研究	注3	1941	11	精神文化学会
57	螢雪時代	注4	1941	10	欧文社

(注1)『中学世界』は，1898（明治31）年9月，創刊されたが，1907（明治40）年より受験の特集を組み，受験情報を掲載するようになる。

(注2, 3, 4) ここに掲げた3誌は，記名を変更した。

(出典) 受験雑誌の原物収集を基本とし，寺崎昌男氏，菅原亮芳氏の蔵書，竹内洋氏の諸研究，『出版年鑑』『雑誌年鑑』などを手がかりとして作成した。

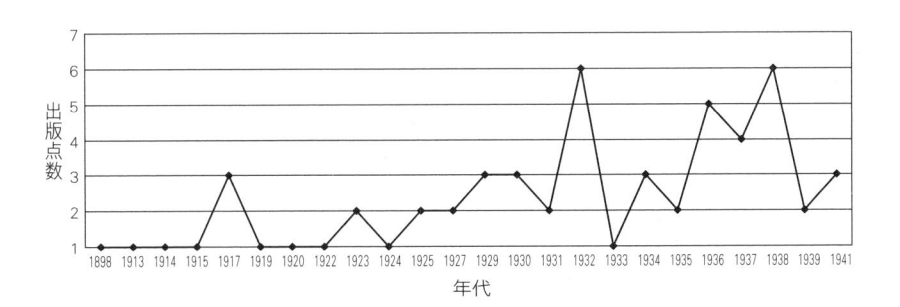

2 近代日本における進学案内書の文献目録
（未定稿，1883年～1946年）

菅 原 亮 芳

例　　言

① 1883年（明治16年11月）から1946年（昭和21年6月）までに刊行された「案内書」，あるいは刊行されたと記述のあるものを時系列に収録したものである。
② 刊行されたと記述のあるものに関しては各年度の『出版年鑑』と朝倉治彦監修『日本書籍分類総目録』（全40巻，日本図書センター刊，1985～88年）を利用し，該当箇所を備考欄に付した。
③ 書名は，原則的に奥付に拠った。奥付のないものについては，表紙の情報を転載した。書名に年数などの数字が入っている場合は，原資料の表記をそのまま用いた。また，編（著）者が不明なものは空欄とした。
④ 附録部分がある書については，附録の表題を備考欄に記載した。その際，原資料において「附録」「付録」「付」とされているものであっても，一律に「附録」とした。ただし附録の表題については，原資料を再現し，漢数字などをそのまま用いた。また，附録部分の頁数が明らかになっているものについては頁数の欄に併記した。
⑤ 研究の過程で現物を手にし得た資料については，初版年に拠るのではなく，資料そのものの発行年月日に拠った。また備考欄に初版，第2版などの版数を記載するように心がけた。版数については，アラビア数字を一律に使用した。
⑥ したがって，この文献目録では『中学世界』・『少年世界』（共に博文館刊）などの「少年雑誌」や『受験と学生』（研究社刊）などの「受験雑誌」に掲載された「案内書」の広告記事と各個別学校の入学案内・一覧・手引き・心得・栞などを省いた。さらに「受験案内書」群は省いたが，「入学受験案内」とタイトルに表記されているものは収録した。
⑦ この目録の作成にあたって，国立教育研究所編『明治以降教育文献総合目録』，国立国会図書館編『国立国会図書館明治期刊行図書目録教育の部』，『帝国図書館和漢図書書名目録明治大正編』，『明治三十七年十一月山口県立図書館和漢図書分類目録』，『明治四十三年六月印行山口図書館和漢書図書目録（明治四十二年十二月末現在）』，『山口図書館和漢書分類目録（大正五年末現在）附大正六七年中追加）』，財団法人大橋図書館（代表者主事，坪谷善四郎）編『明治四十年六月印行財団法人大橋図書館和漢図書分類目録』，『京都図書館分類書目和漢部（明治四十二年十二月現在）』，『明治四十三年十月印行私立成田山図書館和漢書分類目録（第一編）』，『大正三年四月印行私立成田山図書館和漢書

分類目録（第二編）』，『大正七年四月末現在長崎県立長崎図書館和漢図書目録』，東京都立中央図書館編『東京都立中央図書館蔵東京関係図書目録』，東京都中央区立京橋図書館編『東京都中央区立京橋図書館蔵戦前図書目録―明治‐昭和20（1945）和漢図書（一般，児童）・洋書―』，大阪府立図書館編『蔵書目録和漢書第3巻』，早稲田大学図書館編『早稲田大学図書館和漢図書分類目録教育の部1』等を参照した。ただし，発行年月日，頁数の不明なものは空欄とした。

また，国立国会図書館，東京大学教育学部図書室，早稲田大学図書館，慶応義塾大学図書館，立教大学図書館，財団法人三康文化研究所附属三康図書館，成田山文化財付属成田山仏教図書館，山口県立図書館，新潟県立図書館，日本近代文学館，東京大学大学史資料室，東京都立中央図書館，東京都中央区立京橋図書館，国立教育研究所附属図書館，日本私学教育研究所図書館の各蔵書を検索した。

さらに，寺﨑昌男，故中野実，羽田貴史，茅原健，村越純子，野坂尊子各氏には個人所蔵の「案内書」を見せていただいたり，「案内書」の所蔵情報を提供いただいた。懇篤のご協力を賜った各機関及び関係者の方々に深謝する。

⑧付記として，この目録には，筆者の力不足のため数多くの遺漏と誤謬（特に「出版年鑑」・「日本書籍分類総目録」などの記述と現物を照合していないため）を含んでいるのではないかと懼れている。より十分な目録作成を今後は重ねていかなければならないと考えている。大方のご叱正とご教示とをお願いする次第である。

No.	編（著）者	書名	発行所	発行年月	頁数	備考
1	小田勝太郎	東京諸学校学則一覧	英蘭堂	1883 (明治16) 年11月	716	
2	下村泰大	東京留学案内 完	春陽堂	1885 (明治18) 年7月	94	
3	下村泰大 和田民之助（補）	東京留学独案内	春陽堂	1885 (明治18) 年10月	189	増補再版
4	木富安四郎	地方生指針	嵩山房	1887 (明治20) 年6月	137	第2版
5	久野金治郎	官立私立東京諸学校一覧	伊藤誠之堂	1888 (明治21) 年2月	172	附録：入学試験科目及校則
6	江木巧	大阪学校便覧		1888 (明治21) 年9月	20	
7	児玉又七	官公私立東京諸学校規則便覧 明治二十二年改正新版	児玉又七	1889 (明治22) 年1月	一枚 (36×26cm)	
8	山本謙次郎	官立私立諸学校指針	日本法律社	1889 (明治22) 年6月	36	
9	興文社	東京留学指針	興文社	1889 (明治22) 年12月	107	附録：普通文官試験問題, 高等試験問題
10		東京遊学案内	少年園	1890 (明治23) 年		
11		道庁府県立学校表	文部省	1890 (明治23) 年-95 (明治28) 年		合本
12	黒川安治	東京遊学案内	少年園	1891 (明治24) 年6月	218	
13	黒川安治	官私立文学校案内	文学館	1891 (明治24) 年11月	61	附録：明治二十四年諸官立学校入学試験問題並文部省教員検定試験問題集
14	黒川安治	東京遊学案内	少年園	1892 (明治25) 年7月	286	附録：各書館一覧
15	黒川隆一	東京遊学案内	少年園	1893 (明治26) 年7月	292	附録：官省検定試問
16	須永金三郎	明治二十六年 東京修学案内	東京堂	1893 (明治26) 年7月	239	附録：海軍兵学校入学志願兵術試験 例題：陸軍一年志願兵術試験問題
17	黒川俊隆	東京遊学案内	少年園	1894 (明治27) 年7月	244	附録：官省検定試問
18	黒川俊隆	東京遊学案内	少年園	1895 (明治28) 年1月	258	附録：各書館規則

資料編　349

No.	編(著)者	書名	発行所	発行年月	頁数	備考
19	廣原 新	官立公立及ビ私立諸学校規則集 (改正)	廣原新	1895 (明治28) 年4月	160	
20	黒川俊隆	東京官立学校案内	少年園	1895 (明治28) 年5月	258	第3版
21		諸官立学校表 明治二十七、二十八年調	文部省	1895 (明治28) 年-96 (明治29) 年	12,13	合本
22	黒川俊隆	東京遊学案内	少年園	1896 (明治29) 年1月	262	第9版　附録：各書籍館規則
23	黒川俊隆	東京遊学案内	少年園	1896 (明治29) 年5月	286	第10版
24	大橋又四郎	東京遊学案内	少年園	1897 (明治30) 年1月	298	第11版
25	大門鉄太郎	官立公立及ビ私立諸学校規則集	旭昇堂	1897 (明治30) 年1月	58	
26		東京諸学校入学案内	嵯峨彦太郎	1897 (明治30) 年4月	205	
27	大橋又四郎	東京遊学案内	少年園	1897 (明治30) 年7月	298	第12版　附録：各図書館
28	安田太助	蚕業学校案内	丸山舎	1897 (明治30) 年8月	118,15	附録：蚕種検査法同施行規則
29	長井庄吉	東京入学便覧	上田屋	1898 (明治31) 年1月	204	標題紙に諸学校規則集改正とあり 第4版　附録：学科過程表
30	松本亀造	官公私立諸学校要覧	修学堂	1898 (明治31) 年3月	269	
31	大橋又四郎	東京遊学案内	少年園	1898 (明治31) 年7月	278	第13版　附録：各図書館
32	大橋又四郎	東京遊学案内	少年園	1899 (明治32) 年3月	297	第14版
33	松本亀吉	明治二十三年新刊東京遊学案内	修学堂	1899 (明治32) 年3月		附録：試験問題集
34	博文館編集局	就学案内	博文館	1899 (明治32) 年4月	234	日用百科全書第37編
35	大橋又四郎	東京遊学案内	少年園	1900 (明治33) 年4月	210	第15版
36	研玉社	新編日本遊学案内	尾呂志屋書店	1900 (明治33) 年10月	146	
37	光井 深	学生自遊法	大学館	1900 (明治33) 年11月	198	附録：東京諸学校案内,同入学試験問題
38	吉川庄一郎	自立自活東京苦学案内	保成堂	1901 (明治34) 年3月	90	附録：諸学校入学試験及手続

No.	編（著）者	書名	発行所	発行年月	頁数	備考
39	三好伸雄	東京就学案内	四海堂	1901（明治34）年5月	190	
40	小野磯次郎	全国高等学校規則便覧	丸善	1901（明治34）年6月	99	
41	秋山鎌吉	留学の栞、一名、下宿屋案内	留学の栞仮事務所	1901（明治34）年8月	65	
42	柳内蝦洲	東都と学生	新声社	1901（明治34）年9月	98,12	学生叢書第2編 附録：東京学校一覧
43	鈴木絹一	東京女子遊学案内	積文社	1901（明治34）年10月	164	
44	柳内蝦洲	学生の将来	新声社	1901（明治34）年12月	104	学生叢書第5編
45	松本竜蔵	立志成業東京修学案内	修学堂	1902（明治35）年1月	239,90	附録：諸官立学校最新入学試験問題集
46	村上逸雄	京都修学案内	山中勘治郎・中沢達吉	1902（明治35）年2月	112	
47	木下祥真	東京遊学案内	内外出版協会	1902（明治35）年3月	334	第17版
48		東京遊学案内	修学堂	1902（明治35）年4月	238	改訂第6版
49	佐久間恵美	東京遊学案内	中西印刷会社	1902（明治35）年6月	102	
50	帝国青年議会	実験東京苦学遊学手続	博報堂	1902（明治35）年9月	188	
51	蚊龍子	男女東京学校案内	大学館	1902（明治35）年9月	248	
52	西原実光	近畿遊学便覧大阪之部	近畿遊学便覧発行所	1902（明治35）年11月	99	
53	緒方流水	学生自活法	金港堂	1903（明治36）年1月	184	
54	山徳正之輔	最近東京遊学案内	明進堂	1903（明治36）年2月	213,146	附録：東京全図挿入
55	木下祥真	東京遊学案内	内外出版協会	1903（明治36）年3月	349	第18版 附録：図書館
56	徳田紫水	独立自活実験苦学案内	矢島誠進堂	1903（明治36）年5月	112	
57	松原岩五郎	女学生の栞	博文館	1903（明治36）年6月	324	
58	祖木散史	青年成功策	青木嵩山堂	1903（明治36）年9月	257	

No.	編（著）者	書名	発行所	発行年月	頁数	備考
59	吉川笠城	成功秘訣諸学校官費入学案内	保成堂	1903（明治36）年11月	75,16	附録：諸学校入学試験問題
60		遊学案内東京の女学生		1903（明治36）年	33	雑誌『婦人界』増刊
61	三好直蔵	明治三十七年改正最近東京遊学案内	東華堂書店	1904（明治37）年3月	156	再版、初版1904（明治37）年2月
62	上村貞子	官公私立諸学校改訂就学案内	博文館	1904（明治37）年7月	224	日用百科全書第37編
63	森泉南	東京自活苦学案内	東華堂	1904（明治37）年12月	301	
64		男女東京遊学案内	修学堂	1904（明治37）年	375	
65	酒井勉	男女東京遊学案内	修学堂	1905（明治38）年1月	240,156	附録：各種学校入学参考書
66	受験学会	東京遊学案内	東華堂	1905（明治38）年1月	314	増補第2版
67	原田東嵐	男女東京遊学案内	大学館	1905（明治38）年3月	247	附録：参考書及入学試験問題
68	山徳貫之輔	陸海軍志願者案内	大学館	1905（明治38）年4月	423	第20版
69	木下祥真	東京遊学案内	内外出版協会	1905（明治38）年5月	300	附録：各種実業界立身案内
70	吉田楚蔵	青年之成功各種実業学校教示	保成堂	1905（明治38）年6月	218	
71	大月久子	新選東京女子遊学案内	文学同志会	1905（明治38）年9月	340	第5版、初版1905（明治38）年2月
72	吉田楚蔵	中学小学卒業生志望確立学問之選定	保成堂	1905（明治38）年10月	444	
73	酒井勉	男女東京苦学遊学案内	修学堂	1906（明治39）年1月	231	
74	受験学会	最近東京遊学案内	東華館	1906（明治39）年1月	242	
75	臼田亜浪	最近学校評論	秋霜館	1906（明治39）年2月		
76	萩野鳳州	明治三十九年度男女京都修学案内	中沢明盛堂	1906（明治39）年2月	158	
77	小西福堂	立身要訣官費陸軍将校志願者案内書籍部	三八光商会	1906（明治39）年4月	154	
78	菅原臥龍	新選女子就学案内	便利堂	1906（明治39）年4月		

No.	編（著）者	書名	発行所	発行年月	頁数	備考
79	京都帝国大学自彊会同人 河野亀治	学界之先蹤青年修学指針	博文館	1906 (明治39) 年6月	684	
80	星野すみれ	現代女学生宝鑑	益世堂書店 東京堂書店	1906 (明治39) 年7月	260	
81	中村千代松	実地精査女子遊学便覧	女子文壇社	1906 (明治39) 年8月	194	
82	中島優二	官立学校入学秘訣 一名、受験者必携	近世社	1906 (明治39) 年9月	175	
83	佐藤尚友	学生の前途	実業之日本社	1906 (明治39) 年9月	252	
84	河村繁由	最新大阪遊学案内	野島明文堂	1906 (明治39) 年10月	102,17	附録：入学試験問題、大阪市全図
85	酒井 勉	男女東京遊学案内	修学堂	1907 (明治40) 年1月	444	
86	酒井 勉	東京苦学案内	修学堂	1907 (明治40) 年1月	127	
87	受験学会	最近東京遊学案内	東華堂	1907 (明治40) 年1月	438	
88	世外生	全国直轄学校入学案内	大学館	1907 (明治40) 年6月	112	
89	高柳曲水	小学校卒業立身案内	育英書院	1907 (明治40) 年11月	66	改訂第6版、初版1907 (明治40) 年4月
90	酒井 勉	男女東京遊学案内	修学堂	1908 (明治41) 年1月	444	
91	受験学会	東京遊学案内	東華堂	1908 (明治41) 年1月	252,182	附録：各種学校入学参考書
92	田山停雲	東京修学案内	井上一書堂	1908 (明治41) 年3月	46,389	第3版、初版1908 (明治41) 年2月
93	高橋都素武	全国学校案内	内外出版協会	1908 (明治41) 年3月	360	
94	太田龍東	男女学校評判記	明治教育会	1909 (明治42) 年2月	322	
95	村尾喜代治	青年自立案内（大阪ノ部）	大阪図書出版協会	1909 (明治42) 年2月	173	
96	河岡潮風	東都遊学校評判記	博文館	1909 (明治42) 年3月	350	

資料編　353

No.	編(著)者	書名	発行所	発行年月	頁数	備考
97	今井翠巌	最近調査男子東京遊学案内	博文館	1909 (明治42) 年3月	538	
98	大日本国民中学会	学生立身要鑑	東京国民書院	1909 (明治42) 年3月	604	
99	酒井 勉	男女東京遊学案内	修学堂	1909 (明治42) 年5月	420	
100	篠原静交	独立自活東京苦学の栞	山岡商店出版部	1909 (明治42) 年8月	205	
101	帝国少年会	東京苦学成功案内	帝国少年会	1909 (明治42) 年9月	62	
102	渡辺光風	立志之東京	博報堂	1909 (明治42) 年10月	199	
103	洞口北涯	中学卒業者成功案内	海文社	1909 (明治42) 年12月	133	
104	精華堂	三府遊学案内	精華堂	1909 (明治42) 年	438	
105	受験学会	最近東京遊学案内	東華堂	1909 (明治42) 年	324	日本書籍分類総目録5巻, 276頁
106	岡本 学	修学便覧	文成社	1910 (明治43) 年3月	704	
107	酒井 勉	最近調査東京遊学案内	修学堂	1910 (明治43) 年4月	436,12	附録：各学校令
108	帝国新聞社	帝国学校名鑑	学校新聞社	1910 (明治43) 年4月	428	
109	青年教育会	最近調査男女東京遊学案内	博愛館	1910 (明治43) 年4月	606	
110	今井翠巌	最近調査女子東京遊学案内	博文館	1910 (明治43) 年9月	728	
111	今井翠巌	最近増訂男子東京遊学校入学案内	博文館	1910 (明治43) 年11月	252,195	
112		成功秘訣官費入学案内	盛文社	1910 (明治43) 年11月	380	
113	受験学会	東京遊学案内	東華堂	1911 (明治44) 年2月	114	
114	内外出版協会	最新全国学校案内	内外出版協会	1911 (明治44) 年4月	424	附録：各学校令
115	苦学研究会	新苦学職業学校案内	弘文堂	1911 (明治44) 年5月	440	
116	相良桜崖	学生の進路	昭文堂	1911 (明治44) 年6月	374	附録：諸学校の案内
117	学芸普及社立志就学顧問部	男女立志之羅針盤東京就学乃栞	学芸普及社	1911 (明治44) 年7月	47	
118	岩崎但堂	男女東京修学案内	大学館	1911 (明治44) 年9月		
119		陸海軍軍学校官費入学案内	三洋堂	1912 (明治45) 年2月		

No.	編(著)者	書名	発行所	発行年月	頁数	備考
120	博文館編輯所	最近調査男女全国遊学案内	博文館	1912（明治45）年4月	584	
121	佐藤 正	中学を出でて如何に進むべきや	大成社	1912（明治45）年5月	286	
122	出口 競	全国高等学校評判記	敬文館	1912（明治45）年6月	262	
123	森本一瑛	専門学校入学者試験検定案内	錦葉堂	1912（大正元）年	59	
124	三友社編輯部	東京府中学校程度男女入学案内	三友社書店	1913（大正2）年2月	222	
125	帝國教育会	東京遊学案内	大洋堂	1913（大正2）年10月	223	附録：官立学校入学試験問題（大正2年版）
126	富屋翠軒	東京苦学立身案内	魁進堂	1913（大正2）年11月	60	
127	足利曉江	東都遊学就職案内	神田書房	1913（大正2）年	128	
128	中村柳葉	東京遊学成功法	東盛堂	1913（大正2）年		
129	立志期成学会	官公私立官費貸費入学案内	東江堂	1913（大正2）年		
130		最近東京遊学案内	東華堂	1913（大正2）年		
131	帝国青年指導会	官費貸費入学案内	明進堂	1914（大正3）年1月	105	
132	安蒜商店出版部	各種学校入学者顧問	安蒜商店	1914（大正3）年11月		
133	実業之日本社	中学卒業就職顧問	実業之日本社	1914（大正3）年11月	1039	日本図書分類9巻、52頁
134	長坂金雄	全国学校沿革史	東都通信社	1914（大正3）年		附録：東京学校案内
135	東華堂編集部	最近東京遊学案内	東華堂	1914（大正3）年		再版
136	川西房冶郎	男女東京遊学案内	修学堂	1915（大正4）年4月	79	
137	東京実業研究会	東京苦学女学成功法	大成館	1915（大正4）年8月		日本書籍分類10巻、254頁
138	宝文館編輯所	中学校女学校新撰入学準備書	宝文館	1916（大正5）年5月	164	附録：東京市全図
139	集文館編輯部	大正五年版新撰東京遊学案内	集文館			

資料編　355

No.	編 (著) 者	書名	発行所	発行年月	頁数	備考
140	東華堂編輯部	最近東京遊学案内	東華堂	1916 (大正 5) 年 5 月	446	再版、初版 1916 (大正 5) 年 4 月
141	東華堂編輯部	最近東京遊学案内	東華堂	1917 (大正 6) 年 2 月	400	日本書籍分類 12 巻、33 頁
142	小林角馬	立志向上中等学校卒業生の進路	積文館	1917 (大正 6) 年 3 月	372	日本書籍分類 12 巻、31 頁
143	出口 競	最新式大学案内	米山堂	1917 (大正 6) 年 10 月	362	
144	実業之日本社	各種職業青年無学資立身法	実業之日本社	1917 (大正 6) 年 11 月	514	
145	国民教育会	最近東京遊学之友	古屋香陽	1917 (大正 6) 年		
146	太田英隆	大学選定男女東京遊学案内と学校の評判	二松堂	1918 (大正 7) 年 12 月	389	
147	葛岡 敏	中学より大学卒業まで	国民書院	1918 (大正 7) 年 4 月	173	日本書籍分類 13 巻、37 頁
148	森泉南	東京自活苦学案内	東華堂	1918 (大正 7) 年 12 月	200	日本書籍分類 13 巻、37 頁
149	東華堂編集部	大正七年改正東京遊学案内	東華堂	1918 (大正 7) 年	406	日本書籍分類 13 巻、23 頁
150	帝国教育会	大正七年調東京遊学案内	太洋堂書店	1918 (大正 7) 年		日本書籍分類 13 巻、24 頁 附録：入学試験問題
151	東華堂編輯部	大正八年改正東京諸学校案内	東華堂	1919 (大正 8) 年 2 月	306	日本書籍分類 14 巻、31 頁
152	出口 競	高等学校受験秘訣	小西書店	1919 (大正 8) 年	286	
153	東華堂編集部	最近東京諸学校案内	東華堂	1920 (大正 9) 年		
154	村田 勤	帝都中学入学の栞	有明堂	1921 (大正 10) 年 2 月	162,77	附録：現在公私立中学校・名称・校長・位置
155	芳進堂編輯部	大正十年版最新東京学校案内	芳進堂	1921 (大正 10) 年 9 月	347	日本書籍分類 16 巻、23 頁
156	服部英雄	学校案内高等専門学校志望の諸君へ	弘道閣	1921 (大正 10) 年 11 月	361	訂正改版、初版 1921 (大正 10) 年 2 月
157	出口 競	東京の苦学生	大明堂書店	1921 (大正 10) 年 10 月	166	附録：自活勉学法

No.	編(著)者	書名	発行所	発行年月	頁数	備考
158	大生川吉志郎	東京夜学校案内	教成社	1921 (大正10) 年		
159	大生川志志郎	最新東京苦学案内	教成社	1921 (大正10) 年		
160	出口 競	一目瞭然東京遊学学校案内	大明堂	1922 (大正11) 年4月	308	日本書籍分類17巻、34頁
161	福井文雄	東京に於ける苦学の実際	受験界社	1922 (大正11) 年6月	134	
162	京都教育社	京都遊学学校案内	河合卯之助	1922 (大正11) 年11月	200	再版、初版1922 (大正11) 年10月
163	小山文太郎	男女学生の向かうべき職業と学校の選定	培風館	1923 (大正12) 年2月	262	附録：高等専門学校一覧表（附・諸学校令・規程・心得）
164	金子出版部	大正十二年版最新調査東京遊学学校案内	金子出版社	1923 (大正12) 年2月	262	日本書籍分類18巻、20頁
165	鎌田長江	現代立身策と苦学案内	博信舎	1923 (大正12) 年3月現在	136	
166		東京学校一覧表	帝国学芸通信社調	1923 (大正12) 年3月現在	34	
167	相澤秋月	実行の苦学	相澤秋月	1923 (大正12) 年5月	72	
168	中原隆三	東京各学校内情調べ修学案内	二松堂	1923 (大正12) 年	262	
169	出口 競	一目瞭然東京遊学学校案内	大明堂書店	1924 (大正13) 年3月	304	
170	森山正雄	震災後の東京学校遊学案内	啓文社	1924 (大正13) 年3月	286	
171	日英書院	男女青年諸君は斯くして立身出世を得べし	東京堂書店	1924 (大正13) 年4月	204	
172	髙木 亮	帝国大学入受験提要	文信社	1924 (大正13) 年10月	250	第6版
173	出口 競	高等学校入学の研究	実業之日本社	1924 (大正13) 年12月	287	附録：苦学生と其就職案内
174	中原隆三	最新試験問題入東京遊学苦学案内	日刊第三通信社	1924 (大正13) 年12月	756	附録：苦学成功の要諦

資料編　357

No.	編（著）者	書名	発行所	発行年月	頁数	備考
175	田村　初	高等学校各種専門学校入学受験案内	文久社	1924（大正13）年	247	日本書籍分類19巻、19頁
176	森山正雄	東京自活勉学法―苦学生と独学者の為に―	啓文社書店	1925（大正14）年5月	346	
177	学事研究会編	私学の熱叫東京遊学案内	学事研究会	1925（大正14）年		
178	清水由松	近畿学校一覧	清水由松	1925（大正14）年	1枚53×78cm	
179	富田　浩	女子高等専門学校入学受験提要	文信社	1925（大正14）年		
180	南光社	全国大学・専門学校入学案内	南光社	1925（大正14）年	190	日本書籍分類20巻、19頁
181	出口　競	東京遊学校案内	大明堂	1925（大正14）年	330,11	附録：大正14年東京府主要中学高女入学試験問題
182	芳進堂編集部	最新東京学校案内	武田芳進堂	1926（大正15）年4月	551	改訂第60版、初版1924（大正13）年6月 増訂第20版、1924（大正13）年10月 改増訂第25版、1925（大正14）年1月
183	芳進堂編輯部	最新東京学校案内	武田芳進堂	1926（大正15）年4月	551	改訂第60版 附録：東京府全図（1926（大正15）年版） 初版、1924（大正13）年6月 増訂第20版、1924（大正13）年10月 改増訂第25版、1925（大正14）年1月 大増訂第35版、1925（大正14）年4月 改増訂第40版、1925（大正14）年8月

No.	編（著）者	書名	発行所	発行年月	頁数	備考
184	東京市役所	東都学校案内	三省堂	1926（大正15）年12月	432,71	改増訂第45版，1925（大正14）年10月　改増訂第50版，1926（大正15）年1月　附録：学校卒業者就職状況調査を収録
185	富田　浩	女子高等専門学校入学受験提要	文信社	1926（大正15）年		第3版
186	吉村　正	諸学校案内	大阪明文堂	1926（大正15）年	46	
187	出口　競	一日瞭然東京遊学校案内	大明堂	1927（昭和2）年2月	334	日本書籍分類22巻，10頁
188	大周社編輯部	最新調査女子高等専門学校入学受験案内	大周社	1927（昭和2）年2月	141	日本書籍分類22巻，10頁
189	吉見文雄	全国及東京府私立学校入学案内	十條書房	1927（昭和2）年2月	451	日本書籍分類22巻，12頁
190	大周社編輯部	入学受験案内	大周社	1927（昭和2）年3月	241	日本書籍分類22巻，15頁
191	吉見文雄	東京府官私立学校　女子入学案内	十條書房	1927（昭和2）年3月	370	附録：大正15年度全国高等女学校試験問題集
192	田口卯三郎	小学校卒業官費入学案内	昭学社	1927（昭和2）年7月	105	附録：入学試験問題集
193	帝国教育会	全国高等専門学校入学提要	文信社	1927（昭和2）年10月	291	
194	東京市役所	東都学校案内　改訂版	三省堂	1927（昭和2）年10月	380,89	改訂第16版，初版1926（大正15）年12月，改訂第6版1927（昭和2）年10月18日　附録：教育法規抜粋，学校卒業者就職状況調査
195	吉見文雄	東京府官私立学校女子入学案内	十條書房	1927（昭和2）年12月	361	日本書籍分類22巻，12頁

358

資料編　359

No.	編（著）者	書名	発行所	発行年月	頁数	備考
196	佐伯嘗太郎	昭和二年度大阪府学校案内	ベビーヤ書店	1927（昭和2）年		
197	芳進堂	最近東京大学受験提要		1927（昭和2）年		増補第9版
198	鈴木 亮	帝国大学入学受験提要		1927（昭和2）年		昭和3年度「出版年鑑」
199	京都教育者	最新京都学校案内	カワイ書店			
200	箕輪香村	全国官費・公費・貧費学校入学指針	文憲堂書店	1928（昭和3）年2月	270	附録：最近入学試験問題集
201	鈴木 亮	昭和三年度版改訂増補帝国大学入学受験提要	文信社	1928（昭和3）年9月	373	附録：帝国大学入学試験問題集
202	東京市役所	昭和四年度版東都学校案内	三省堂			昭和4年度「出版年鑑」
203	新刊時報社	東京私立女学校入学案内	恒生堂			昭和4年度「出版年鑑」
204	谷野 厳	学校の選び方と職業の決め方	先進堂	1929（昭和4）年2月	202	附録：東京付近中等学校案内
205	中等教育社	東京女子諸学校案内	中等教育社	1929（昭和4）年3月	215	昭和5年度「出版年鑑」
206	中等教育社	東京女子諸学校案内	中等教育社	1929（昭和4）年4月	215	日本書籍分類24巻，14頁
207	女子大学講義録編輯部	職業別学校案内と婦人の職業指導	目白台	1929（昭和4）年9月	226	日本書籍分類24巻，18頁
208	中等教育社	全国官費入学案内	東華堂	1929（昭和4）年11月	278	日本書籍分類24巻，14頁
209	中等教育社	全国官費入学案内	中等教育社			昭和5年度「出版年鑑」
210	中等教育社	男女進学案内	東華堂			昭和5年度「出版年鑑」
211	帝国教育向上社	女学校卒業者の進むべき上級学校と選ぶべき職業	帝国教育向上社	1930（昭和5）年1月	135	昭和6年度「出版年鑑」日本書籍分類25巻，18頁
212	中等教育社	昭和五年版東京男女諸学校案内	東華堂	1930（昭和5）年2月	468	昭和6年度「出版年鑑」日本書籍分類25巻，22頁
213	中等教育社	昭和五年版東京男女諸学校男子部	東華堂	1930（昭和5）年2月	284	昭和6年度「出版年鑑」日本書籍分類25巻，22頁

No.	編(著)者	書名	発行所	発行年月	頁数	備考
214	中等教育社	昭和五年版 東京男女諸学校女子部	東華堂	1930（昭和5）年2月	216	昭和6年度「出版年鑑」日本書籍分類25巻、22頁
215	箕輪香村	全国官費公費貸費学校入学指針	文憲堂	1930（昭和5）年7月	270	昭和6年度「出版年鑑」日本書籍分類25巻、26頁
216	吉田雄司	新版高等学校案内	大同評論社	1930（昭和5）年9月	823	昭和6年度「出版年鑑」日本書籍分類25巻、17頁
217	文信堂編輯部	帝国大学入学提要	文信堂	1930（昭和5）年		改訂第5版 附録：大学試験問題集
218		上級学校選定より突破まで				昭和6年度「出版年鑑」
219	日昭館	新調東京男女学校案内	日昭館			昭和6年度「出版年鑑」
220	日昭館	新調東京男子学校案内及入学考査解答	日昭館			昭和6年度「出版年鑑」
221	日昭館	新調東京女子学校案内及入学考査答案	日昭館			昭和6年度「出版年鑑」
222	芳進堂編輯部	全国女子高等専門学校入学案内	武田芳進堂	1931（昭和6）年1月	150,21	再版、初版1930（昭和5）年12月 附録：全国主要女学校一覧表
223	受験研究社	最近官費・貸費学校入学案内	白永社	1931（昭和6）年9月	116	
224	松江武夫 小島鏡	昭和七年度官立大学入学指針	成文堂	1931（昭和6）年11月	305	日本書籍分類26巻、15頁
225	野村太刀雄	全国官公費貸給費入学受験案内	啓文社	1931（昭和6）年11月	334	
226	芳進堂編輯部	全国官立私立高等専門学校入学案内	武田芳進堂	1932（昭和7）年10月	347	昭和8年度「出版年鑑」日本書籍分類26巻、13頁
227	帝国大学新聞高校部	高等学校－進路と展望	考へ方研究社	1932（昭和7）年11月	368	

資料編　361

No.	編（著）者	書名	発行所	発行年月	頁数	備考
228	田村昇司	昭和八年版 全国学校案内	丸ノ内出版社	1933（昭和8）年1月	466	昭和9年度「出版年鑑」
229	芳進堂編輯部	最新東京女子学校案内	武田芳進堂	1933（昭和8）年11月	238.5	昭和9年度「出版年鑑」附録：東京女子諸学校入学競争率
230	榛名譲	大学評判記	日本公論社	1933（昭和8）年11月	299	昭和9年度「出版年鑑」
231	丸ノ内出版社	昭和九年度 最新大東京学校案内	丸ノ内出版社	1934（昭和9）年2月	463	昭和10年度「出版年鑑」
232	木村八郎	帝都大学評判記	三友堂	1934（昭和9）年3月	230	昭和10年度「出版年鑑」
233	箕輪香村	全国官費公費賞費給費学校入学指針	文憲堂	1934（昭和9）年3月	264	昭和10年度「出版年鑑」
234	大日本生徒保護者協会	昭和十年版 男子用標準東京学校案内	春陽社	1934（昭和9）年10月	308	昭和9年度「出版年鑑」日本書籍分類29巻、43頁
235	大日本生徒保護者協会	昭和十年版 女子用標準東京学校案内	春陽社	1934（昭和9）年10月	214	昭和9年度「出版年鑑」日本書籍分類29巻、43頁
236	大日本生徒保護者協会	昭和十年度 標準東京男女学校案内	春陽社	1934（昭和9）年10月	506	昭和9年度「出版年鑑」日本書籍分類29巻、43頁
237	大日本生徒保護者協会	昭和十年度 標準東京学校案内女子部	春陽社	1934（昭和9）年10月		昭和10年度「出版年鑑」
238	東京豫備学校出版部	最新大東京学校案内	鶴岡一雄	1934（昭和9）年11月		
239	大阪府教育会	大阪各学校入学要覧	大阪府教育会	1934（昭和9）年		昭和10年度「出版年鑑」
240	佐々木忠勝	東京中等学校入学要覧	尚学会			
241	丸ノ内出版社	昭和十年版 最新大東京学校案内	丸ノ内出版社			
242	木村八郎	帝都大学評判記	三友堂	1935（昭和10）年3月	232	昭和11年度「出版年鑑」日本書籍分類30巻、31頁

No.	編(著)者	書名	発行所	発行年月	頁数	備考
243	日昭館	昭和十年度新調東京男子学校案内及各学校入学考査解答	日昭館	1935（昭和10）年9月	337	昭和10年度「出版年鑑」日本書籍分類30巻、51頁
244	日昭館	昭和十年度新調東京女子学校案内及各学校入学考査解答	日昭館	1935（昭和10）年9月	219	昭和10年度「出版年鑑」日本書籍分類30巻、51頁
245	日昭館	昭和十年度新調東京男女学校案内及各学校入学考査解答	日昭館	1935（昭和10）年9月	505	昭和10年度「出版年鑑」日本書籍分類30巻、51頁
246	松江武夫 小島 競	昭和十一年度官立大学入学指針	成文社	1935（昭和10）年9月	234	昭和10年度「出版年鑑」日本書籍分類30巻、49頁
247	青葉学人	帝国大学入学受験法	大同館	1935（昭和10）年11月	484	
248	野口鶴扇	官立大学傍系者独学者入学受験法	大明堂	1935（昭和10）年12月	281	
249	文信社編輯部	昭和十年度帝国大学入学提要	大同館	1935（昭和10）年	787	昭和10年度「出版年鑑」日本書籍分類30巻、44頁
250	芳進堂	昭和十一年度最新東京男子学校案内	武田芳進堂	1935（昭和10）年	286,10	附録：東京男子各学校入学競争率
251	芳進堂	昭和十一年度最新東京女子学校案内	武田芳進堂	1935（昭和10）年	238.5	附録：東京女子諸学校入学競争率
252	箕輪香村	全国官立諸学校入学受験案内	東華堂	1936（昭和11）年2月	334	
253	箕輪香村	小学校卒業程度で入学できる官費学校入学案内	東華堂	1936（昭和11）年3月	218	
254	帝国教育研究会	昭和十一年版全国高等専門学校入学年鑑	成文社	1936（昭和11）年3月	176	日本書籍分類31巻、48頁
255	文信社	帝国大学入学提要	文信社	1936（昭和11）年6月	785	日本書籍分類31巻、45頁

資料編

No.	編(著)者	書名	発行所	発行年月	頁数	備考
256	和田 進	上級学校紹介及び受験対策	青雲堂	1936 (昭和11) 年10月	693	日本書籍分類31巻、49頁
257	箕輪香村	男女東京遊学指針 苦学と就職の秘訣	文憲堂	1936 (昭和11) 年11月	226	昭和12年度「出版年鑑」日本書籍分類31巻、45頁
258	春陽社	昭和十二年版 標準東京男女学校案内	春陽社	1936 (昭和11) 年11月	683	昭和12年度「出版年鑑」日本書籍分類31巻、45頁
259	春陽社	昭和十二年版 標準東京男子学校案内	春陽社	1936 (昭和11) 年	226	昭和12年度「出版年鑑」附録：著名学校所在地明細図入
260	春陽社	昭和十二年版 標準東京女子学校案内	春陽社	1936 (昭和11) 年	280	昭和12年度「出版年鑑」日本書籍分類31巻、45頁
261	文憲堂編輯部	昭和十一年度版 全国官立・公立・私立高等学校入学受験提要	文憲堂	1936 (昭和11) 年	121	日本書籍分類31巻、37頁 附録：入学試験問題全集
262	日本教育評論社	昭和十二年版 最新東京学校案内	日本教育評論社	1936 (昭和11) 年12月	193	改訂第2版
263	日昭館	昭和十二年版 新調東京男子学校案内及入学考査解答	日昭館	1937 (昭和12) 年1月	335	昭和13年度「出版年鑑」日本書籍分類32巻、36頁
264	日昭館	昭和十二年版 新調東京女子学校案内及入学考査解答	日昭館	1937 (昭和12) 年1月	219	昭和13年度「出版年鑑」日本書籍分類32巻、36頁
265	日昭館	昭和十二年版 新調東京男女学校案内及入学考査解答	日昭館	1937 (昭和12) 年1月	550	昭和13年度「出版年鑑」日本書籍分類32巻、36頁
266	日本教育調査会	東京男女学校案内及各学校入学考査解答	日本教育調査会	1937 (昭和12) 年2月	286	
267	文信社	帝国大学入学提要	文信社	1937 (昭和12) 年6月	676	第17版

No.	編(著)者	書名	発行所	発行年月	頁数	備考
268	春陽社	標準東京男子学校案内	春陽社	1937 (昭和12) 年10月	423	昭和13年度「出版年鑑」日本書籍分類32巻, 50頁
269	春陽社	標準東京女子学校案内	春陽社	1937 (昭和12) 年10月	280	昭和13年度「出版年鑑」日本書籍分類32巻, 50頁
270	長谷川弥兵	東京男女中等学校案内	大矢書店	1937 (昭和12) 年10月	51	昭和13年度「出版年鑑」日本書籍分類32巻, 50頁
271	箕輪香村	全国官費公費給費賞費学校入学指針	文憲堂	1938 (昭和13) 年4月	229	昭和14年度「出版年鑑」日本書籍分類33巻, 46頁
272	文信社編輯部	帝国大学入学受験提要	文信社	1938 (昭和13) 年7月	675	日本書籍分類33巻, 46頁
273	箕輪香村	東京陸軍航空学校入学受験案内	文憲堂	1938 (昭和13) 年10月	118	日本書籍分類33巻, 39頁
274	春陽社	昭和十四年版 標準東京女子学校案内	春陽社	1938 (昭和13) 10月	342	日本書籍分類33巻, 30頁
275	日本教育調査会	昭和十四年版 格検定試験及職業案内	日昭館	1938 (昭和13) 年10月	102	表紙には日本教育普及会編とある。
276	日本教育調査会	昭和十四年版 新調東京男子学校案内	日昭館	1938 (昭和13) 年10月	334	昭和14年度「出版年鑑」日本書籍分類33巻, 30頁
277	日本教育調査会	昭和十四年版 新調東京女子学校案内	日昭館	1938 (昭和13) 年10月	275	日本書籍分類33巻, 30頁
278	日本教育調査会	昭和十四年版 新調東京男女学校案内	日昭館	1938 (昭和13) 年10月	507	日本書籍分類33巻, 30頁
279	欧文社	全国上級学校大観	欧文社	1938 (昭和13) 年11月	1117	日本書籍分類33巻, 46頁
280	長谷川弥兵	東京男女中等学校案内	大矢書店	1938 (昭和13) 年11月	51	昭和14年度「出版年鑑」日本書籍分類34巻, 33頁
281	受験研究会	陸軍諸学校志願受験案内法	洛東書院	1938 (昭和13) 年12月	369	
282	箕輪香村	海軍軍人志願受験入学立身法	文憲堂	1939 (昭和14) 年1月		日本書籍分類34巻, 33頁

資料編　365

No.	編（著）者	書名	発行所	発行年月	頁数	備考
283	文信社	昭和十四年版 帝国大学入学提要	文信社	1939（昭和14）年6月	681	昭和15年度「出版年鑑」日本書籍分類34巻、44頁
284	野口絢斎	官立大学傍系者独学者入学受験法	大明堂	1939（昭和14）年8月	222,69	附録：最近施行問題集
285	欧文社通信添削会受験相談部	昭和十四年度入試準拠上級学校受験生必携	欧文社	1939（昭和14）年8月	214	日本書籍分類34巻、39頁
286	箕輪香村	東京陸軍航空学校入学受験案内	文憲堂	1939（昭和14）年8月	145	日本書籍分類34巻、39頁
287	松本書店	小学校から入学出来る東京男子全учи学校案内	松本書店	1939（昭和14）年9月	248	昭和15年度「出版年鑑」日本書籍分類34巻、40頁
288	「受験と学生」編輯部	全国高等学校・大学予科入学案内	研究社	1939（昭和14）年9月	176	日本書籍分類34巻、40頁
289	「受験と学生」編輯部	海軍各学校案内	研究社	1939（昭和14）年9月	189	日本書籍分類34巻、40頁
290	「受験と学生」編輯部	全国高等商業学校入学案内	研究社	1939（昭和14）年9月	198	日本書籍分類34巻、40頁
291	「受験と学生」編輯部	陸軍各学校案内	研究社	1939（昭和14）年9月	133	日本書籍分類34巻、40頁
292	「受験と学生」編輯部	全国飛行学校入学案内	研究社	1939（昭和14）年9月	133	日本書籍分類34巻、40頁
293	長谷川弥兵	東京男女中等学校案内	大矢書店	1939（昭和14）年10月	66	昭和15年度「出版年鑑」日本書籍分類34巻、43頁
294	春陽社	昭和十五年版 標準東京男子学校案内	春陽社	1939（昭和14）年10月	423	日本書籍分類34巻、43頁
295	春陽社	昭和十五年版 標準東京女子学校案内	春陽社	1939（昭和14）年10月	342	昭和15年度「出版年鑑」日本書籍分類34巻、43頁

No.	編(著)者	書名	発行所	発行年月	頁数	備考
296	伊藤邦居	中等学校入学教本	誠光居	1940(昭和15)年1月	218	昭和16年度「出版年鑑」日本書籍分類35巻, 39頁
297	「受験と学生」編輯部	全国高等学校・大学予科入学案内	研究社	1940(昭和15)年2月	176	昭和16年度「出版年鑑」日本書籍分類35巻, 38頁
298	「受験と学生」編輯部	全国高等農林・蚕糸学校入学案内	研究社	1940(昭和15)年3月	174	昭和16年度「出版年鑑」日本書籍分類34巻, 41頁
299	「受験と学生」編輯部	満州国諸学校入学案内	研究社	1940(昭和15)年3月	195	昭和16年度「出版年鑑」日本書籍分類35巻, 41頁
300	箕輪香村	全国官費公費貸給費学校入学指針	文憲社	1940(昭和15)年4月	230	昭和16年度「出版年鑑」日本書籍分類35巻, 37頁
301	春陽社	標準東京女子学校案内	春陽社	1940(昭和15)年9月	356	
302	春陽社	標準東京男子学校案内	春陽社	1940(昭和15)年10月	432	昭和16年度「出版年鑑」日本書籍分類35巻, 47頁
303	箕輪香村	男女東京遊学指針 吉学と就職の秘訣	文憲堂	1940(昭和15)年11月	226	昭和16年度「出版年鑑」日本書籍分類35巻, 53頁
304	教育錬成会	昭和十六年版 東京府内中等学校進学案内	教育錬成会	1941(昭和16)年5月	216	昭和16年度「出版年鑑」
305	箕輪香村	全国官費公費貸給費学校入学指針	文憲堂	1941(昭和16)年9月	236	昭和17年度「出版年鑑」日本書籍分類36巻, 71頁
306	大矢書店	東京男女中等学校案内	大矢書店	1941(昭和16)年9月	103	昭和17年度「出版年鑑」日本書籍分類36巻, 71頁
307	春陽社	標準東京男子学校案内	春陽社	1941(昭和16)年9月	432	昭和17年度「出版年鑑」日本書籍分類36巻, 71頁
308	春陽社	標準東京女子学校案内	春陽社	1941(昭和16)年9月	355	昭和17年度「出版年鑑」日本書籍分類36巻, 71頁
309	春陽社	標準東京学校案内	春陽社	1941(昭和16)年9月	355	
310	大田原邦清	詳録最新東京学校案内(女子)	昭晃堂	1941(昭和16)年9月	213	

資料編　367

No.	編（著）者	書名	発行所	発行年月	頁数	備考
311	大田原邦清	最新詳録東京学校案内（男子）	昭晃堂	1941（昭和16）年10月	242	
312	箕輪香村	男女東京遊学指針―苦学と就職の秘訣―	文憲堂	1941（昭和16）年11月	226	第3版、初版1940（昭和15）年11月、再版1941（昭和16）年2月
313	皇民錬成指導協会	最新東京府男女中等学校要覧	教育日本社	1941（昭和16）年11月	25	日本書籍分類36巻、89頁
314	石田昌	東京女子専門中等各種学校しらべ	イタリアの友の会	1941（昭和16）年12月	254	
315	小西元夫	昭和十七年版 東京府中等学校新入学案内	研究社	1942（昭和17）年1月	192	
316	教育新報社	昭和十七年版 大阪府中等学校男女入学案内	南昌堂	1942（昭和17）年2月		日本書籍分類37巻、83頁
317	進学社	昭和十七年版 大阪府学校案内	進学社	1942（昭和17）年2月		日本書籍分類37巻、83頁
318	大原邦清	最新詳録東京学校案内（女子）	昭晃堂	1942（昭和17）年	213	
319	欧文社編輯局	昭和十七年改訂版 全国上級学校年鑑	欧文社	1942（昭和17）年	403	日本書籍分類37巻、127頁
320	旺文社	昭和十七年版 全国上級学校綜覧	旺文社	1942（昭和17）年	232	昭和20年度「出版年鑑」日本書籍分類40巻、499頁
321	谷島正義	学区制実施による東京府中等学校入学案内	育成社	1943（昭和18）年3月		
322	箕輪香村	最新調査東京都学校案内	七星社	1946（昭和21）年6月	88	

あ と が き

下 山 寿 子

　研究室の隅に，十数冊のファイルが静かに並んでいる。これは2003年度以来続けられてきた菅原科研すなわち「教育情報史研究会」の記録である。
　2003年は，「高崎商科大学教職課程」誕生の年でもあった。研究代表者である菅原亮芳氏は，「研究」と「教育」そして「校務」と，まさに東奔西走して闘っていたが，ここに並ぶファイルには，そのたしかな「研究」の軌跡が刻まれている。この成果が，今，ここに上梓されることは，私ども共同研究者たちにとってこの上ない慶びである。
　しかし，私個人のことを記せば，ことは簡単ではなかった。この研究会に参加したのは第2回目からである。大学院時代の先輩でもある菅原氏に誘われた（それはほとんど「下命」に近かった）際，正直，戸惑った。なぜなら，私はこの種の研究にはまったくの門外漢であったからである。
　私は立教大学大学院において教育心理学，なかでも「カウンセリング」を学んだ臨床心理士である。そんな身が，歴史研究に手を染めることの恐怖とためらいは半端ではなかった。
　たしかに，私が大学院に在籍していた1980年代後半の立教大学大学院は，「日本教育史研究」のメッカであった。博士課程を終わった先輩たちが闊歩していた。私はと言えば，その中心からは遠く隔たった所に位置し，臨床家を志していたということもあり，直接的にその諸先輩方と接触する機会は少なかった。
　しかし，立派な髭をたくわえどっかと「教育学科読書室」のテーブル中央に座り「まあ座れや」と優しく声をかけられた故中野実氏，小さな相談でも親身に聞いてくださり，その都度たくさんの文献を親切に紹介してくださった小熊伸一氏，なかでも，長いカーキ色のコート，長髪スタイルの大股歩き，とても

近寄りがたかった菅原氏の姿は印象深かった。そんな私が氏と同僚となり，高崎商科大学教職課程を切り盛りするなどということを，当時は夢想だにしなかった。たしかに立教大学文学部在籍中に樺松かほる氏の「日本教育史」の講義は拝聴していた。しかし，それ以上でも以下でもなかった。教育史プロパーの諸先輩方の集団に飛び込み，学会発表し「菅原科研」の事務局長になろうとは……。

「近代日本における教育情報の歴史的研究」という壮大なテーマ，そのなかで私は何ができるのだろう。不安な気持ちを抱きながら加わったはじめての研究会。そこで課せられた最初の仕事は，手書きのコピー用紙をワープロ打ちし研究会メンバーに披露することだった。「重要なものだから」と手渡されたその用紙は，寺﨑先生による東京大学大学院のゼミでの発題レジュメ「日本教育史研究におけるジャーナリズム研究」であった。このゼミに参加していた樺松氏はそれを聞いて大きな刺激を受け，小熊，菅原両氏とともに『教育関係雑誌目次集成（全101巻・102種）』を編まれたのだと聞いた。

さて，「あとがき」を記すにあたって研究代表者である菅原氏に，本研究会の発足の経緯についてインタビューを試みた。発足の前史には，次のような背景があったと氏は語った。

1983年〜84年に内地留学で東大大学院の前期のゼミに参加しておられた樺松氏が深くかかわっておられる。先にも紹介した通り氏は，前期の発題講義に参加し，雑誌研究を進めるためには，主要な教育雑誌のバックナンバーの整理が不可欠と感じた。そして小熊・菅原両氏を目の前にして『教育関係雑誌目次集成』をつくると宣言されたのである。早速，氏は，日本図書センター社長高野義夫氏にはかり，作業が開始されたのは1984年であったという（「教育史学会会報」No.75を参照）。完成まで十数年の月日を要した。作業が完成した際に，寺﨑先生が音頭をとられて，故佐藤秀夫・中野光各先生を中心として大先学たちに祝賀会を開いていただいたのは望外の栄誉だったそうである。

しかし，菅原氏をはじめとする教育ジャーナリズム研究会のメンバーには，

心残りがあった。それは何かと尋ねると，「目次は作った。しかし『教育雑誌』そのものを研究対象とした本格的な研究には着手できなかった」ということであったという。

だが月日だけがいたずらに流れ過ぎていった。「まずいな」という気持ちを抱きつつあったころ，寺﨑先生が「教育情報の歴史的研究を科研申請してはどうか」と菅原氏にアドバイスされたそうである。しかし当時，菅原氏は，財団法人日本私学教育研究所の所員であったために科研費補助を申請できなかった。だが，氏は，翌2003年，寺﨑先生の御推挙により本学，高崎商科大学に赴任することになった。アドバイスを生かすときがきた。

「今思うと宝くじを買うつもりで，いやオリンピック精神に則り『参加することに意義がある』とだけ考えて申請した」と菅原氏は語る。

そして合格。一番驚いたのは本人であり，それまで支えてくださった多くの方々に感謝したとのことである。教育ジャーナリズム史研究会のメンバー，すなわち榑松・小熊・菅原の3氏自らが，全国の大学・図書館などを訪ね，点在する雑誌を一つひとつ探し出し，目次をコピーするという作業が10年余にわたって続き『教育関係雑誌目次集成』は完成した。気の遠くなるような作業の途中，図書館ではそれを使って研究を進める研究者の姿を横目に見て，焦りや苛立ちを覚えたこともあるという。その3氏が，雑誌を正面に据えた共同研究成果を発表するということは，積年の想いの花開く瞬間が来たのだと想像する。共同研究のメンバーとしても嬉しい限りである。

さて，こうしたさまざまな歴史の上に育まれた研究会で，いよいよ『児童研究』という雑誌を研究対象として，私の研究ははじまった。そのぼう大なバックナンバーを手にして，生まれてはじめて正面から読む旧字体で書かれた文章に戸惑いながらも，「書誌的分析」と呼ばれる方法で，発刊の経緯，編集主体，読者層，欄構成などの特色と変化を明らかにしてゆく。充実した，しかし困難な作業が続いた。

ある定型を取りながらも，さまざまな方向にアンテナを張り資料を用いるこ

の方法に，私は圧倒され途方に暮れることもしばしばであった。

　しかし，作業を進めるうちに，一つの考えが頭に浮かんだ。私は今，『児童研究』という名の「ひとりの人物」に向き合っている。この人物を，いつ誰が，どのような願いで誕生に導いたのか。願いはその後どのように生かされ，そのプロセスで何を問い，何に苦しんだのか。それを確かめてみよう。この視点に気づいたとき，ふっと肩の力が抜けた。

　誤解を恐れず言えば，臨床家である私が，これまで行ってきたことと何も変わりがないのだ。不登校の子どもと出会い，それまでどのように育ち，その子は何を問うているのかを見ていく過程と自然に重なったのである。ただ雑誌研究においては，今も生き続けているものもあれば，その生命を終えたものもある。その最期を迎えた時の意味を問うことも，また重要な作業である。このように考えると，雑誌『児童研究』が愛おしくなった。

　思い起こせば，臨床家の毎日は，悩みを抱えた方たちに自分はどのような助言ができるのだろうと，自問自答し思案する毎日である。臨床家自身も，悩み苦しむ。そんな時支えとなるのが，「理論」である。大学院時代から私は，その理論を探しあぐねていた。ところが，『児童研究』を創刊した高島平三郎は，「理論と実践」の両輪を重要視する心理学者であったことを知った。また，当時，高島はアメリカ，ドイツの理論に共鳴し，富士川游とともに「移入学問の紹介に過ぎない」などとの批判を受けながらも，日本人に即した理論を探ろうとした人物でもあった。現在も臨床心理学の分野ではフロイトやロジャーズなど，海外の心理学者の理論を学ぶ機会が多い。だが海外の理論に学びながらも，高島らのような日本の心理学者たちの営みに学ぶことは，稀なのではないか。

　私が本研究会への参加を決心したのは，先輩菅原氏の「下命」ということも大きな契機ではあったが，教育病理の史的概念を追求してみたいという興味・関心が，無意識のなかで醸成されていたからだと思う。今になって合理化した理由のように聞こえるかもしれないが，やはりそうであったのだと確信する。でなければ菅原氏のあの厳しい特訓に耐えられたはずもない。氏は歴史研究の「いろは」を徹底的に私にたたき込んだのである。

あとがき

　日本の心理学者たちの言説を追うこと，これが，私のライフワークの一つになった。

　とはいえ，「下山さん，まだ雑誌を好きではないね。雑誌を利用した研究だね」と寺﨑先生に指摘されたこともある。「雑誌研究」とは，雑誌の隅から隅まで「なめるように読む」ことからはじまるといわれるのである。指摘の通りである。この言葉を思い出すたびに，「雑誌研究」の底知れぬ深さに身震いすら覚える。

　2003年度に研究会が発足し，年を経るごとにメンバーが加わり最終年度には9人態勢で研究に臨むこととなった。研究会記録は次頁の表に示した通りである。この表を眺めるとさまざまなことが思い出される。学会発表も間断なく行った。そして何より雑誌本体や，マイクロフィルムが次々と集まってきた。高崎商科大学の「教育情報史料研究室」のスペースは瞬く間に一杯になってしまった。

　『受験と学生』『受験界』『受験灯』『鉄道青年』『受験と小学生』『大学及大学生』『螢雪時代』など。多くの「進学案内書」群。そして『児童研究』などがずらりと並んだ。稀購本といえる「進学案内書」群の元本は，そのほとんどが寺﨑先生がコレクションのすべてを研究会のために寄贈されたものである。

　この研究会に参加しなければ生涯出会うことはなかった立教以外の大学の皆様との出会いも，貴重なものであった。いつも笑顔で研究会を和ませてくださった船寄俊雄氏，少し離れたところから暖かく見守ってくださった三上敦史氏，何事にもひたむきに取り組まれ研究会を支えてくださった野坂尊子氏，研究協力者として尽力された浅沼薫奈氏。各氏の御支援と励ましがなければ，事務局長という大任を果たすことはできなかった。折々のお声かけと助言を賜ったことに心から感謝申し上げたい。

　研究会の開催を年表にすると下記のようになる。

教育情報史研究会の略年表

日　付	事　項
2003年 8月11～12日	第1回研究会（今後の研究計画）
2003年12月24～25日	第2回研究会（各担当雑誌の決定）
2004年 5月 1～ 2日	第3回研究会（新メンバー追加・観点の明示化）
2004年 7月29～30日	第4回研究会（日本教育学会発表に向けて）
2004年 8月27日	日本教育学会第63回大会発表　菅原・三上・浅沼発表（於：北海学園大学） 「近代日本における教育情報の歴史的研究（1）―研究計画・『大学及大学生』『鉄道青年』―」
2005年 2月12～13日	第5回研究会（各担当雑誌の進捗状況について）
2005年 6月 4～ 5日	第6回研究会（日本教育学会発表に向けて）
2005年 7月21～22日	第7回研究会（日本教育学会発表に向けて）
2005年 8月26日	日本教育学会第64回大会発表　小熊・菅原・船寄・下山（於：東京学芸大学） 「近代日本における教育情報の歴史的研究（2）―『進学案内書』・『受験と学生』『児童研究』―」
2005年12月10～11日	第8回研究会（各担当雑誌の進捗状況について）
2006年 3月25～26日	第9回研究会（各担当雑誌の進捗状況について）
2006年 5月27～28日	第10回研究会（日本教育学会発表に向けて）
2006年 7月15～16日	第11回研究会（日本教育学会発表に向けて）
2006年 8月24日	日本教育学会第65回大会発表　菅原・榑松・野坂（於：東北大学） 「近代日本における教育情報の歴史的研究（3）―進学案内書に見られる女子の学習選択情報―」
2006年10月	第12回研究会（報告書の作成について）

　会合は，ほとんどすべて合宿の形で行った。研究会には，本学の会議室を使わせていただいた。表を眺めると「科研費」がどれほど研究を進展させる潤滑油になっていたか，その貴重さをいやというほど知らされる。

　研究の過程でお世話に預かった方々も多い。特に『受験旬報』『螢雪時代』のマイクロ化については旺文社の川合季彦氏に大変お世話になった。マイクロ化の機会にあずからなければ，研究は進まなかった。また，本学大学院生の金子美希さんには基礎資料の作成を依頼し，学部生の萩原美沙緒さん，星野康盛君には口絵作成を手伝っていただいた。

　とりわけ本書の刊行にあたり，高崎佐藤学園理事長森本純生，法人部長森本淳，高崎商科大学学長淵上勇次郎各先生には，多大なるご高配とご厚情をいた

だいた。諸先生のご配慮により，本書は高崎商科大学出版助成金を受けたことを，ここに大書し，深謝するものである。また，事務局の加島勝一，森本圭祐各氏には，細かな配慮を惜しまれず，事務万般を助けていただいた。

　出版事情厳しいなか本書の刊行を快くお引き受けくださった学文社，特に三原多津夫氏にも厚く御礼申し上げたい。

　2008年2月

索　引

（人　名）

あ

赤尾 好夫　　81, 85, 100, 105, 334
天野 郁夫　　108, 180
淡路 円次郎　　24
飯田 宮子　　267
石井 房枝　　267
井上 敬次郎　　145
井野川 潔　　25
井深 梶之助　　145
今井 翠厳　　229
入沢 宗寿　　24
上村 貞子　　186, 195, 202, 208
内山 正如　　186
江木 千之　　313
江藤 惣六　　115
江原 素六　　143, 145
大隈 重信　　143
大宅 壮一　　110
大山 郁夫　　313
小川 未明　　311
小川 芳男　　82
長田 新　　25
小田島 政蔵　　118

か

笠松 慎太郎　　147
片山 国嘉　　276
加藤 弘之　　311
嘉納 治五郎　　270
鎌田 栄吉　　257, 311
神田 孝平　　311
菊澤 季麿　　117
菊地 大麓　　311
木下 淑夫　　148
木下 立安　　145

黒田 定治　　270
小酒井 五一郎　　49, 50, 79, 334
小西 重直　　24

さ

斉藤 英夫　　24
阪本 嘉治馬　　278
佐藤 昌介　　311
佐藤 忠男　　112
沢柳 政太郎　　257, 313
篠田 利英　　268, 270
島崎 藤村　　50
島貫 兵太夫　　186
島村 抱月　　311, 313
島 安次郎　　145
下村 泰大　　183, 188, 191
鈴木 悦　　311
鈴木 才次郎　　143
鈴木 省三　　48
須永 金三郎　　186, 193
関 正夫　　108
千家 尊福　　147

た

高島 平三郎　　268, 272, 281, 302, 338
高田 早苗　　306, 311
高根 義人　　311
高橋 都素武　　199, 204
田口 卯吉　　186
竹内 薫平　　277
竹内 洋　　108
武信 由太郎　　50
橘 静二　　306, 309, 313, 318, 328, 338
龍居 頼三　　147
田中 幸助　　118
田中 豊太郎　　24

田中 征男　308
谷本 富　270
田村 俊子　311
塚原 正次　268
坪井 士行　311
寺﨑 昌男　17, 180, 209, 336
留岡 幸助　145
外山 正一　268

な

中橋 徳五郎　311
成瀬 仁蔵　257, 311, 322
西村 茂樹　311
新渡戸 稲造　143, 145, 315
野田 義夫　24

は

長谷川 謹介　147
服部 教一　289
服部 嘉香　49
馬場 鋠一　115
原 仙作　82
原 輝史　308
ハリス (Harris, J. B.)　100
平井 晴二郎　147
平岡 繁樹　114
平岡 靖章　114
平岡 壽　113
平沼 淑郎　311
福沢 諭吉　311
福田 徳三　313
藤川 福衛　150
富士川 游　276, 281, 289, 292
藤野 信二　25
藤本 良多　145
星野 あい　259
星野 すみれ　245
本庄 太一郎　268

本富 安四郎　183, 184, 188, 191

ま

正宗 白鳥　181, 311
増田 義一　145
益富 政助　143, 174, 336
松浦 鎮次郎　311
松枝 良作　25, 26, 28
松島 豊　267
松原 岩五郎　229
松本 孝次郎　268
三田谷 啓　278
光井 深　184
茂木 俊彦　267
元田 作之進　145
元良 勇次郎　268, 270, 274
モーレ (Morlaix, H.)　311

や

安井 英二　23
安井 哲　259
柳内 蝦洲　189
山口 準之助　147
山崎 由可里　267
山田 邦佑　65
山之内 一次　147
山本 邦之助　144
山本 敏子　267
湯原 元一　313
横田 國臣　115
吉井 勇　311
吉川 庄一郎　186
吉田 熊次　311
吉田 甚蔵　208

わ

渡辺 光風　186, 190
和辻 哲郎　312

索引 **379**

(事項・文献)

あ

麻布中学校　33, 34
井上英語講義録　123
英語講義録　123
旺文社　47, 78, 334
欧文社　78, 114, 334
大阪数学院　123

か

海城中学校　48
外務省留学生　115
『学生』　49
『学生自活法』　184
カリフォルニア大学　316
『考へ方』　48
『官公私立諸学校改定就学案内』　202, 208
看護婦検定試験　125
給費学校　64
『教育時論』　307
教育病理　266
苦学　64, 117, 183, 186
軍学校　91
『蛍雪時代』　47, 49, 79, 80, 114, 334
研究社　114, 123, 334
県警部補　115
研数学館　123
現代教育社　24, 333
『現代女学生宝鑑』　245, 255
雇員採用試験　163
高検　53
高等学校　68, 69, 74
高等学校高等科入学資格検定試験（高検）　125, 162, 170, 285
口頭試問　22, 333
高等女学校　222
高等文官試験／高等試験（高文）　115, 125, 159, 170, 208
国民英学会　123
国民中学講義録　133

さ

『最近調査女子東京遊学案内』　229, 238, 255, 257
『最近調査女子東京留学案内』　258
『最近調査男子東京遊学案内』　238
『最新全国学校案内』　204
裁判所書記採用試験　115, 125, 170
『雑誌調整』　49
私設無線通信従事者資格検定試験　170
実業学校卒業程度検定試験（実検）　335
『児童研究』　266, 338
『受験界』　107, 335
『受験旬報』　49, 78, 80, 114
『受験生』　48
『受験と学生』　47, 114, 334
『受験と小学生』　22, 333
『出版年鑑』　24
少年園　200, 205
『少年倶楽部』　48
『女学生の栞』　229, 233, 254
『女子東京遊学案内書』　256
『新苦学法』　186
『新国民』　114
尋常小学校准教員資格検定　125
尋常小学校正教員資格検定　125
神職　115
森林主事試験　115, 125
誠之尋常小学校　31
正則英語学校　123
正則予備校　52, 123
『全国学校案内』　199, 204
『全国女子高等専門学校入学案内』　231, 236, 252, 258, 259
専門学校入学者検定試験（専検）　53, 55, 107, 115, 162, 335
専門学校令　110
ソルボンヌ大学　316

た

『大学及大学生』　306, 338

大日本教育会　270
大日本国民中学会　114
　——講義録　123
　——附属予備校　123
大日本中学講義録　123, 128
『地方生指針』　183, 186, 188, 191
『中央公論』　307
中央大学法科別科　123
『中学小学卒業生学問之選択　全』　208
『中学生』　48
『中学世界』　48, 114, 186
帝国教育会講義録　123
通信官吏練習所　170, 341
通信講習所　122, 129, 341
鉄道教習所　53, 122, 142, 148-150, 155, 336
鉄道省給費生　162
『鉄道青年』　336
鉄道青年会　139, 143, 336
東京教育研究所　268
東京基督教青年会　143
東京高等師範学校　24
東京高等予備校　52
『東京修学案内』　186, 193
東京女子高等師範学校　24
『東京女子遊学案内』　228, 251
東京数理専修学院講義録　123
東京帝国大学　31
東京鉄道中学　162
『東京府官私立校　女子入学案内』　257
東京府立第一中学校　32
『東京遊学案内』　200, 205
『東京留学案内』　183, 191
『東京留学案内　完』　188
『東都と学生』　189
独学　64, 117

な

二松学舎　123
日本教育研究会　267, 268
日本児童学会　267, 276
日本児童研究会　267, 274
日本女子大学校　322

日本大学専門部　123
　——別科　123
日本通信大学法制学会講義録　123
『日本の教学』　186
日本力行会　186

は

ハーヴァード大学　316
判検事試験　125
『標準東京女子学校案内』　231, 235
冨山房　278
普通文官試験／普通試験（普文）　115, 125, 170
『「文検」試験問題の研究—戦前中等教員に期待された専門・教職教養と学習—』　336
『「文検」の研究—文部省教員検定試験と戦前教育学—』　336
弁護士試験　125
弁理士　115
傍系入学　64

ま

明治大学夜間部　123
模擬試験　52, 53
文部省師範学校中学校高等女学校教員検定試験（文検）　115, 125, 170, 336

や

夜間実業学校　170
夜間中学　170
傭人採用試験　169

ら

『立志の東京』　190

わ

YMCA 英語夜学校　123
早稲田高等予備校　52
早稲田尚学会専検講義録　123
早稲田大学　207, 306, 309
早稲田中学講義録　123, 128

編者・著者紹介

菅原　亮芳（すがわら　あきよし）（口絵, はしがき, 序章, 第1章第2節・第4節, 第2章第1節, 結章, 資料編2）
立教大学大学院文学研究科博士後期課程満期退学
高崎商科大学流通情報学部教授　教職課程担当
［主著］『教育関係雑誌目次集成』（共編著, 日本図書センター, 1986年～94年）『「文検」の研究―文部省教員検定試験と戦前教育学―』（共著, 学文社, 1997年），『「文検」試験問題の研究―戦前中等教員に期待された専門・教職教養と学習』（共著, 学文社, 2003年）等

小熊　伸一（おぐま　しんいち）（第1章第1節, 資料編1）
立教大学大学院文学研究科博士後期課程満期退学
芦屋大学臨床教育学部教授
［主著］『雑誌「教育学術界」解説』（寺﨑昌男監修, 大空社, 1991年），「戦時体制下における教育情報の統制―教育雑誌の分析を通じて―」（『教育学研究』第61巻第2号, 日本教育学会, 1994年），『戦後日本における教育ジャーナリズムに関する基礎的研究』（「平成15年度～平成17年度科学研究費補助金基盤研究（C）研究報告書」, 2006年）等

船寄　俊雄（ふなき　としお）（第1章第2節）
広島大学大学院教育学研究科博士課程単位取得退学
博士（教育学）
神戸大学発達科学部教授
［主著］『「文検」の研究―文部省教員検定試験と戦前教育学―』（共著, 学文社, 1997年），『近代日本中等教員養成論争史論』（学文社, 1998年），『「文検」試験問題の研究―戦前中等教員に期待された専門・教職教養と学習』（共著, 学文社, 2003年）等

寺﨑　昌男（てらさき　まさお）（第1章第3節）
東京大学大学院教育学研究科博士課程修了
教育学博士
立教学院本部調査役
東京大学・桜美林大学名誉教授
［主著］『「文検」の研究―文部省教員検定試験と戦前教育学―』（共著, 学文社, 1997年），『「文検」試験問題の研究―戦前中等教員に期待された専門・教職教養と学習』（共著, 学文社, 2003年），『大学の自己改革とオートノミー』『大学教育の創造』『大学教育の可能性』『大学は歴史の思想で変わる』『大学改革　その先を読む』（いずれも東信堂, 1998年, 1999年, 2002年, 2006年, 2007年）等

浅沼　薫奈（第1章第3節，第3章第2節）
桜美林大学大学院博士後期課程単位取得満期退学
大東文化大学専門嘱託

［主著］「橘静二と『大学及大学生』―大正期にあらわれた新しい大学論―」（『大学教育学会誌』第27巻第1号（通巻第51号），2005年），「私立専門学校の『大学』名称獲得に関する一考察―早稲田・同志社を事例として―」（『大学史研究』第21号，2005年），「『拓殖大学』時代の新渡戸稲造」（『桜美林国際学論集』第8号，2003年）等

三上　敦史（第1章第5節，終章，索引）
北海道大学大学院教育学研究科博士後期課程単位取得退学
博士（教育学）
愛知教育大学准教授

［主著］『近代日本の夜間中学』（北海道大学図書刊行会，2005年），『職業と選抜の歴史社会学―国鉄と社会諸階層―』（共著，世織書房，2004年），「札幌遠友夜学校の終焉―北海道帝国大学関係者による社会事業と総力戦体制―」（北海道大学編『北大百二十五年史』論，2003年）等

榑松　かほる（第2章第2節）
立教大学大学院文学研究科修士課程修了
桜美林大学教授

［主著］『小泉郁子の研究』（単著，学文社，2000年），『教育関係雑誌目次集成』（共編著，日本図書センター，1986年～94年），『「文検」の研究―文部省教員検定試験と戦前教育学―』（共著，学文社，1997年）等

野坂　尊子（第2章第2節）
桜美林大学大学院博士後期課程単位取得満期退学
桜美林大学健康・福祉学群専任講師

［主著］『大学基準協会55年史』（共著，（財）大学基準協会，2005年），「戦後高等教育改革における『家政学』理解―『家政学部設置基準』の制定過程に見る―」（『大学教育学会誌』第23巻第2号，2001年11月），「新制大学創設直前における『家政学』―それを支えた人物と団体―」（『家政学原論研究』第37号，2003年）等

下山　寿子（口絵，第3章第1節，あとがき）
立教大学大学院文学研究科博士後期課程満期退学
高崎商科大学流通情報学部准教授　教職課程担当

［主著］『芸術療法実践講座③コラージュ療法・造形療法』（共著，岩崎学術出版会，2004年），『新臨床心理学』（共著，八千代出版，2004年），「雑誌『児童研究』の研究（1）―書誌的分析を中心として―」（『高崎商科大学紀要』第19号，2004年），「雑誌『児童研究』の研究（2）―『教育病理学』欄にあらわれた教育病理―」（『高崎商科大学紀要』第20号，2005年），「雑誌『児童研究』の研究（3）―『論説』欄と教育病理―」（『高崎商科大学紀要』第21号，2006年），

受験・進学・学校
―― 近代日本教育雑誌にみる情報の研究

2008年3月31日　第1版第1刷発行

編　者　菅原　亮芳

発行者　田中　千津子　　〒153-0064　東京都目黒区下目黒3-6-1
　　　　　　　　　　　　電話　03（3715）1501代
　　　　　　　　　　　　FAX　03（3715）2012
発行所　株式会社　学文社　http://www.gakubunsha.com

Ⓒ Akiyoshi SUGAWARA 2008　　　印刷所　新灯印刷
　　　　　　　　　　　　　　　　製本所　小泉企画
乱丁・落丁の場合は本社でお取替えします。
定価は売上カード，カバーに表示。

ISBN978-4-7620-1778-0

寺﨑昌男・「文検」研究会編 **「文検」の研究** ——文部省中等教員検定試験と戦前教育学—— A5判 466頁 定価5250円	「文検」とは文部省検定中等学校教員資格試験を意味し，戦前日本の中学校，高等女学校，実業学校等の教員の40％前後は，この試験の合格者によって構成されていた。いま，はじめてその全貌解明に迫る。 0698-2 C3037
寺﨑昌男・「文検」研究会編 **「文検」試験問題の研究** ——戦前中等教員に期待された専門・教職教養と学習—— A5判 560頁 定価6300円	戦前日本における最大規模の教員資格試験であった「文部省師範学校中学校高等女学校教員検定試験」の具体的試験科目問題に関する精緻な分析研究。戦前の教員養成システムの実態を明らかにした。 1192-4 C3037
TEES研究会編 **「大学における教員養成」の歴史的研究** ——戦後「教育学部」史研究—— A5判 483頁 定価6090円	戦後教育養成理念と法制，教育学部の成立・展開過程にかかわる諸問題を再整理。またそれらにもとづく認識と提言をここにまとめた。「教師養成教育」「教育学教育」「教育学研究」を貫く原理と方法を求める。 1005-7 C3037
船寄俊雄／無試験検定研究会編 **近代日本中等教員養成に果たした私学の役割に関する歴史的研究** A5判 600頁 定価9450円	教員養成に果たした私学の役割を，「許可学校」という制度から改めて振り返る。私学出身中等教員の供給の内実と，質的貢献を探る。多岐にわたる学科目の差異にも着目，様々な視点から分析する。 1382-9 C3037
門脇厚司著 **東京教員生活史研究** A5判 340頁 定価4725円	東京という生活圏で教師という仕事を選択し暮らしていた一群の人々について多角的な視点から把握するとともに，その個々の生きた軌跡をも辿り，その群像を掘り起こす。 1280-8 C3037
二谷貞夫・和井田清司・釜田 聰編 **「上越教師の会」の研究** A5判 336頁 定価3150円	新潟県上越地域において，内発的な学校改革を推進してきた民間教育サークル「上越教師の会」。創立50周年を迎え，半世紀にわたって「子らと地域を見つめた」会の教育理念と実践の記録を集成。 1700-1 C3037
永井理恵子著 **近代日本幼稚園建築史研究** ——教育実践を支えた園舎と地域—— A5判 480頁 定価7980円	幼稚園教育実践のための物的環境である「園舎」について，明治初期〜昭和戦前期の建築形態の変遷と成立過程を事例分析。園舎成立の原理とその価値を考究し幼稚園教育文化史に新たな1ページを刻む。 1467-3 C3037
平沢信康著 **五無斎と信州教育** ——野人教育家・保科百助の生涯—— 四六判 438頁 定価3675円	閉塞感が語られ，野性の復権が叫ばれて久しい。五無斎こと保科百助こそ，強烈な野趣に富む教育家として注目すべき教育者のひとりである。勇気とユーモアをふるい，ひた生きた彼から力が賦活されよう。 1007-1 C3037